普通高等教育“十二五”规划教材·金融学系列

证券投资学

刘用明　战　松　肖慈方　主编

科学出版社

北　京

内 容 简 介

本书主要介绍证券投资的基础理论和运作实务，包括证券市场基础知识、证券投资分析技术和现代证券投资组合理论等三大部分。全书共分十章：第一章和第二章介绍证券市场、证券交易及证券投资工具等基础知识；第三章至第五章阐述证券内在价值的确定、证券投资基本分析和证券投资技术分析；第六章至第九章分析有效市场假说、马克维茨投资组合理论、资本市场均衡理论、行为金融投资理论等现代证券投资组合理论的主要观点和基本方法；第十章对证券投资组合的实务操作进行总结。本书以全新的视角来介绍证券投资的基础理论、分析技术和操作规则，并注重结合国内外证券投资理论和实践发展的最新动态，加强对基本原理、基本方法、基本指标的介绍、运用、分析及评价，突出实际操作性和业务指导性。

本书可以作为高校经济管理、金融、贸易等相关专业的高年级本科生、硕士研究生和 MBA 学生的教材；同时也可以用于希望提高自身投资理论素养的证券投资从业人员，作为业务操作指南的参考阅读或培训教材。

图书在版编目（CIP）数据

证券投资学/刘用明，战松，肖慈方主编. —北京：科学出版社，2016.3
普通高等教育“十二五”规划教材 • 金融学系列
ISBN 978-7-03-047871-9

Ⅰ. ①证… Ⅱ. ①刘… ②战… ③肖… Ⅲ. ①证券投资–高等学校–教材 Ⅳ. ①F830.91

中国版本图书馆 CIP 数据核字（2016）第 058424 号

责任编辑：兰 鹏 王丹妮 / 责任校对：李 影
责任印制：吴兆东 / 封面设计：蓝正设计

科学出版社 出版
北京东黄城根北街 16 号
邮政编码：100717
http://www.sciencep.com
固安县铭成印刷有限公司印刷
科学出版社发行 各地新华书店经销
*
2016 年 6 月第 一 版 开本：787 × 1092 1/16
2024 年 8 月第四次印刷 印张：20 3/4
字数：492 000

定价：48.00 元

（如有印装质量问题，我社负责调换）

前　言

证券投资学是经济类和管理类大多数专业都会涉及的课程，也非常受非经济、管理类专业的本科生、研究生的欢迎，但是目前大多数高校教材的内容还局限在对传统理论和基础知识的介绍，这样虽然简便易懂，但已经逐渐脱离了正日新月异的证券投资市场，给人以理论性不深、实用性不强的感觉。

本书的编撰者都是具有多年证券投资专业相关教学经验的高校教学科研工作人员，其中多数还具有多年的相关从业或实际操作经验，无论是在课堂教学还是在实务操作中，都对传统的证券投资学教材中的理论与实践相脱节的现象颇有感触。因此，本书的编撰强调理论与实践的结合，力求与最新的理论和实务的发展接轨。本书的理论深度较传统教材有所加深，涉及面也有所拓展，希望能够达到开拓读者的思维，适应高校教学中理论与实践相结合的需要，并满足社会群体阅读的趣味性需求的目的。通过阅读或学习本书，能够很好地把握现代证券投资领域的实务活动的特点及趋势，这也是本书最希望达到的目的。

本书突出了“内容新颖、理论深入、面向实务、服务专业”的特点，结合现代证券投资实务活动的新变化，适当加强了现代证券投资组合理论、资本资产定价理论、行为金融投资理论等内容，同时压缩了证券投资分析等传统理论的比重。为了便于教师授课和学生自学，还在每一章后附有课后练习，引导学生在学习理论的同时也加强对中国乃至世界证券市场的发展现状及趋势的关注。

本书的编撰大纲由刘用明、战松和肖慈方共同策划；刘用明、邓一撰写第一章、第二章；刘星海撰写第三章；刘伟撰写第四章；刘晋科撰写第五章；战松、范小慧撰写第六章至第八章；徐洪海撰写第九章、第十章。感谢科学出版社的大力支持和协助。本书在编撰过程中，参阅、引用了国内外相关文献资料，在此也一并向这些作者表示衷心的感谢。尽管我们殚精竭虑，书中仍难免存在疏忽和遗漏，敬请广大专家、读者批评指正。

刘用明　战　松　肖慈方

2016年1月

前言

目　录

第一章

证券市场

证券市场是金融市场的重要组成部分，在金融市场体系中居于基础性地位。证券市场是指以股票、债券、证券投资基金等有价证券为对象进行交易的场所和机制的总和。证券市场包括证券发行市场和证券交易市场。证券发行市场的基础性功能是将分散的、闲置的资金聚集成为生产经营资金，满足资金需求者的资金需要。证券交易市场的主要功能则是为有价证券提供流动性，为投资者提供投资机会。通过利率、汇率、股价的变化，揭示有价证券价格变动的趋势，传递经济运行信息。证券交易市场分为场内交易市场和场外交易市场。场内交易市场是指在证券交易所内进行的证券交易活动；场外交易市场是指在证券交易所之外进行的证券交易活动，包括柜台交易市场（又称店头交易市场）、第三市场、第四市场等形式。

第一节　证券市场概述

一、证券市场的内涵

证券市场是指以股票、债券、证券投资基金等有价证券为对象进行交易的场所和机制的总和。证券市场是金融市场的重要组成部分，证券市场通过证券发行（一级市场）实现资金融通，通过证券交易（二级市场）引导资金流动，实现筹资与投资的对接，有效缓解资金的供求矛盾，提高资源的配置效率，支持和推动经济发展。因此，证券市场在金融市场体系中居于基础性地位。

二、证券市场的功能

（一）资金融通功能

资金融通是证券市场的首要功能。在国民经济运行过程中，货币在各部门之间循环与周转。受宏观经济政策、行业特征、生产周期、季节性因素等影响，不同类型的经济主体在一定时期的收入与支出不可能完全相等，既有收入大于支出的资金盈余者，也有收入小于支出的资金短缺者。一般情况下，居民大多是资金供给者，为了实现资金的保值增值，需要借助于一定的渠道进行投资。而政府和企业往往是资金需求者，需要筹集资金以满足其经济和社会活动的需要。因此，资金需求者与资金供给者之间需要借助一定的平台和载体融通资金，以维持和推动社会经济生活的正常运行。证券市场以证券形式为资金需求者和资金供给者提供了一种良好的资金融通机制和场所，资金需求者通过发行证券融入资金，以弥补财政资金、信贷资金和生产经营资金的不足，而资金供给者通过投资证券实现资金的保值增值。

（二）资本配置功能

证券市场的资本配置功能是指通过证券价格引导资本的流向而实现资本合理配置的功能。在证券市场上，证券投资者对证券的收益十分敏感，而证券的收益在很大程度上取决于企业的经济效益。一般来说，经营状况好、发展潜力大的企业，经济效益较好，投资这些企业发行的证券能获得较高的预期报酬率。由于这些证券的预期报酬率较高，对投资者具有更好的吸引力，因而其未来价格较高，对投资者具有更大的吸引力，筹资能力增强。这样，证券市场就通过价格机制引导资本流向能产生高报酬率的企业或行业，从而使资本发挥尽可能高的效率，实现资本的合理配置。

（三）监督与评价功能

证券市场的价格变化在很大程度上反映了证券发行者的生产经营状况、盈利能力、资本实力、未来发展前景及公众形象。仅就公司本身而言，一家公司证券价格的上涨往往表明投资者看好该公司的经营前景和市场竞争力；反之，如果证券价格下跌，则表明投资者对该公司的信任度降低，预期公司的经营效益和市场竞争力会下降。所以，证券市场价格变化在反映企业实际经营状况、未来发展前景、资本实力和市场竞争力变化的同时，可以给企业施加强大的外部压力，从而有效地促进企业不断改善经营管理，提高经济效益，增强市场竞争力和树立良好的社会形象。

（四）宏观调控功能

证券市场也是一国中央银行实施宏观调控的场所。从宏观经济角度看，证券市场不仅可以有效地筹集资金，而且具有资金“蓄水池”的功能，即通过市场引导资金的吞吐和投向，影响和调节经济运行。各国中央银行正是通过证券市场这种“蓄水池”的功能来实现其对货币流通量的宏观调节，以实现货币政策目标。

中央银行借助证券市场调节货币流通量主要是通过公开市场业务来实现，从而达到调控宏观经济的目的。公开市场业务是指中央银行通过在公开市场上买卖有价证券从而间接地控制货币供应量的行为。

当投资规模过大、经济过热、货币供给量大大超过市场客观需求量时，中央银行应实施紧缩性的货币政策，从而在证券市场上卖出有价证券，回笼货币，以提高融资成本，紧缩投资，控制资金需求。即紧缩性的货币政策：央行卖出有价证券→货币回笼→货币、信贷供给收缩→利率上升→总需求减少。

当投资不足、经济衰退、货币供给量不能满足市场需求时，中央银行需实施积极或扩张性的货币政策，在证券市场上买进有价证券，增加货币投放，以降低融资成本，扩大投资，刺激经济增长。即扩张性的货币政策：买进有价证券→货币投放→货币和信贷供给扩大→利率下降→总需求扩大。

（五）分散风险

证券市场不仅具有投融资功能，而且还具有分散风险的功能。对于上市公司来说，通过证券市场融资可以将经营风险部分地转移和分散给投资者，公司的投资者越多，单个投资者承担的风险就越小。另外，企业还可以通过购买一定的证券，保持资产的流动性和提高盈利水平，减少对银行信贷资金的依赖，提高企业对宏观经济波动的抗风险能力。

对于投资者来说，可以通过买卖不同证券和建立证券投资组合来转移和分散投资风险。证券作为流动性相对较好的资产形式，投资者通过把资产分散投资于不同的证券，不仅可以有效地满足投资者的不同投资偏好，而且可以选择不同性质、不同期限、不同风险和收益的证券构建证券投资组合，分散证券投资的风险。

三、证券市场的构成要素

证券市场的构成要素主要包括证券市场主体、证券市场客体和证券交易场所等。

（一）证券市场主体

（1）证券发行者。证券发行者是指为筹集资金而发行债券、股票等有价证券的公司（企业）、金融机构、政府及其他机构、组织等。证券发行者是证券发行的主体，是有价证券的提供者和资金需求者。

证券发行者主要分为三类：政府类（包括中央政府和地方政府），金融机构类（包括政策性金融机构、开发性金融机构和商业性金融机构），公司类。

（2）证券投资者。证券投资者是指以获得利息、股息或资本利得为目的而买入有价证券的机构和个人。证券投资者是证券市场的资金提供者，也是有价证券的购买者。证券投资者类型和数量众多，投资的目的也各不相同。通常，证券投资者可分为机构投资者和个人投资者两大类。

机构投资者是指拥有资金、信息、专业人才等优势，能影响某个证券价格波动的投资者，包括商业银行，证券公司、共同基金、保险公司、养老基金等非银行金融机构、企业和事业法人。机构投资者的资金来源、投资目的、投资标的虽各不相同，但一般都具有资金量大、收集和分析信息的能力强、注重投资的安全性、可通过有效的资产组合分散投资风险、对证券市场影响大等特点。

我国证券市场的机构投资者分为：第一，政府机构类投资者，如中国人民银行、中国投资有限责任公司、中央汇金投资有限责任公司等；第二，金融机构类投资者，如银行业金融机构、证券经营机构、保险经营机构、信托投资公司、金融租赁公司、财务公司等；第三，合格境外机构投资者（QFII）、合格境内机构投资者（QDII）及人民币合格境外机构投资者（RQFII）；第四，基金类机构投资者，如证券投资基金、社保基金、企业年金等；第五，企业和事业法人类机构投资者。

个人投资者是指从事证券投资的居民个人。个人投资者是证券市场最广泛的投资者，个人投资证券的主要目的是追求盈利，谋求资产的保值和增值。

（3）中介机构。证券市场中介机构是指为证券的发行和交易提供服务的机构。证券市场中介机构是连接证券投资者与筹资者的桥梁，证券市场功能的发挥，很大程度上取决于证券市场中介机构的活动。通过证券市场中介机构的经营服务活动，加强了证券需求者与证券供应者之间的联系，保证了各种证券的发行和交易，提高了证券市场的流动性和效率。证券市场中介机构主要包括证券公司和证券服务机构。

证券公司是指依法设立可经营证券业务的、具有法人资格的金融机构。证券公司的主要业务有承销、经纪、自营、投资咨询、购并、受托资产管理、基金管理等。证券公司是证券市场重要的金融中介机构，对证券市场的运行和效率发挥着重要的作用。一方面，证券公司是证券市场投融资服务的提供者，为证券发行者和投资者提供专业化的中介服务；另一方面，证券公司也是证券市场重要的机构投资者，具有较强的信息分析和处理能力，通过资产管理业务，为投资者提供证券及其他金融产品的投资管理服务。按照《中华人民共和国证券法》，我国证券公司的业务范围包括：证券经纪；证券投资咨询；与证券交易、证券投资活动有关的财务顾问；证券承销与保荐；证券自营；证券资产管理；融资融券服务及其他业务。

证券服务机构是指依法设立的从事证券服务业务的法人机构，主要包括证券投资咨询公司、会计师事务所、资产评估机构、律师事务所、证券信用评级机构等。

（4）自律性组织。通常，自律性组织是指为协调行业内部相关成员关系而成立的自我约束的“公约性”组织。证券市场自律性组织包括证券交易所、证券业协会、证券登记结算机构、证券投资者保护基金等。

证券交易所是依据相关法律，经政府证券主管机关批准设立的，为证券集中竞价交易提供场所和设施，组织和监督证券交易，实行自律管理的法人。其主要职责包括：提供交易场所与设施；制定交易规则；提供交易信息；维护交易秩序；监管在该交易所上市的证券以及会员交易行为的合规性、合法性，确保市场的公开、公平和公正。

证券交易所的组织形式有两种：公司制和会员制。我国内地目前有上海证券交易所和深圳证券交易所两家证券交易所。我国内地的证券交易所是实行自律管理的会员制事业法人。

证券业协会是证券行业的自律性组织，是社会团体法人。证券业协会的权力机构为由全体会员组成的会员大会。

中国证券业协会成立于1991年8月28日，是根据《证券法》《证券投资基金法》等设立的证券业自律性组织，属于非营利性社团法人，并接受中国证监会和国家民政部的业务指导和监督管理。我国对是否加入证券业协会采取的是自愿入会与强制入会相结合的方式。根据《中华人民共和国证券法》，证券公司应当加入证券业协会。证券业协会应当履行协助证券监督管理机构组织会员执行有关法律法规，维护会员的合法权益，为会员提供信息服务，制定规则，组织培训和开展业务交流，调解纠纷，就证券业的发展开展研究，监督检查会员行为，以及证券监督管理机构赋予的其他职责。

证券登记结算机构是为证券交易提供集中登记存管与结算服务，不以营利为目的的法人。证券登记结算公司的主要职能包括：证券账户、结算账户的设立和管理；证券的存管和过户；证券持有者名册登记及权益登记；证券交易所上市证券交易的清算、交收及管理；

受发行者委托派发证券权益；办理与上述业务相关的查询、信息、咨询和培训服务等。

我国的证券登记结算机构包括中国证券登记结算公司和中央国债登记结算公司。

证券投资者保护基金是根据《证券投资者保护基金管理办法》筹集形成的、在防范和处置证券公司风险中用于保护证券投资者利益的基金。证券投资者保护基金的建立，对保护投资者利益和我国证券市场的健康发展具有重要意义。证券投资者保护基金公司负责证券投资者保护基金的筹集、管理和使用，其主要职责是在证券公司被撤销、关闭和破产或被证监会实施行政接管、托管经营等强制性监管措施时，按照国家有关政策规定对投资者正当债权予以收购，以此来保护投资者的合法权益。

（5）证券监管机构。证券监管机构是由国家或政府组建的对证券市场实施监督管理的机构。加强证券市场监管对于维护证券市场良好秩序、发展和完善证券市场体系、保障投资者合法权益等具有重要意义。证券市场监管的手段包括法律手段、经济手段和行政手段，其监管目标是：保护投资者；保证证券市场的公平、效率和透明；降低系统性风险。

我国的证券监管机构是指中国证券监督管理委员会及其派出机构，它是国务院直属的证券监督管理机构，依法对证券市场进行集中统一监管。根据《中华人民共和国证券法》，证券监督管理机构的职责包括：依法制定有关证券市场监督管理的规章、规则，并依法行使审批或者核准权；依法对证券的发行、上市、交易、登记、存管、结算进行监督管理；依法对证券发行者、上市公司、证券公司、证券投资基金管理公司、证券服务机构、证券交易所、证券登记结算机构的证券业务活动进行监督管理；依法制定从事证券业务人员的资格标准和行为准则，并监督实施；依法监督检查证券发行、上市和交易的信息公开情况；依法对证券业协会的活动进行指导和监督；依法对违反证券市场监督管理法律、行政法规的行为进行查处；法律、行政法规规定的其他职责。

（二）证券市场客体

证券市场活动必须借助一定的交易对象或手段来实现，这就是证券市场客体即证券交易工具，也即证券交易对象。证券交易工具主要包括：政府证券、金融证券、公司（企业）证券及金融衍生证券等。证券交易工具的三个重要属性是：流动性、风险性、收益性。通常，流动性与风险性负相关，流动性越强，风险性越小；流动性越弱，风险性越大。流动性与收益性负相关，流动性越强，收益性越低；流动性越弱，收益性越高。收益性与风险性正相关，收益性越高，风险性越大；收益性越低，风险性越小。

（三）证券交易场所

证券交易场所，即证券交易市场，包括场内交易市场和场外交易市场两种形式。场内交易市场是指在证券交易所内进行的证券买卖活动，这是证券交易场所的规范组织形式；场外交易市场是在证券交易所之外进行证券买卖活动，包括柜台交易市场（又称店头交易市场）、第三市场、第四市场等形式。

自上海证券交易所和深圳证券交易所成立以来，我国的证券交易所市场已经经历了20 多年的发展历程，目前已经形成了主板、中小板和创业板并存的市场格局。我国的场外交易市场主要由银行间交易市场、全国中小企业股份转让系统（俗称“新三板”）、区域性股权交易市场、券商柜台市场、私募基金市场、机构间私募产品报价与服务系统等几个部分构成。

第二节　证券发行市场

一、证券发行市场的内涵

证券发行市场，又称为证券一级市场或证券初级市场，是指证券发行者为筹集资金发行新的有价证券的市场，分为初次发行市场和再发市场。证券发行市场的主要功能是筹资、投资，实现储蓄向投资的转化。在证券发行市场上，政府、金融机构、企业、国际组织等资金需求者通过公开发行债券、股票等有价证券筹集所需资金，投资者通过购买这些有价证券进行投资并与证券发行者建立债权债务关系或所有权关系，在承担风险的同时获得合理的投资收益。因此，借助证券发行市场，社会的闲散资金被有效集中并转换为投资，实现金融对实体经济的支持，加快社会经济的发展。

证券发行者和证券投资者是证券市场的重要参与者。随着证券市场的广度和深度的加强，为了节约社会融资成本、提高证券市场的效率、降低融资风险，要求专业性的中介机构从事证券发行业务，充当证券发行者和证券投资者的媒介。因此，一个完善、有效、规范的证券发行市场通常由证券发行者、证券投资者和承担发行中介的各类专业金融机构组成，这些专业性金融机构通常包括证券公司、投资银行、商业银行、基金管理公司、证券交易所等。

二、证券发行市场的功能

证券发行市场的基础性功能在于将分散的、闲置的资金聚集成为生产经营资金，满足资金需求者的资金需要。无论是新公司的成立，还是已有公司的增资或举债，都要通过证券发行市场，借助于发行、销售证券来筹集资金，使资金从供给者手中转入需求者手中，把储蓄转化为投资，从而创造新的金融资产和实物资产，增加社会生产能力，促进社会经济的发展。因此，证券发行市场既是连接储蓄与投资的纽带，又是以价值手段配置社会资源的主要方式和重要途径；它既为产权流通与重组提供灵活的机制，又对经济发展提供强有力的资金支持；它不仅是国民经济运行的晴雨表，还是政府实施间接宏观调控的重要场所。

证券发行市场是整个证券市场的基础，没有证券的发行，就没有证券的流通。因此，证券发行市场是证券流通市场的前提和基础，发行市场的规模和质量将影响流通市场的发展。证券发行市场的基本功能具体如下。

（一）筹措资金的重要渠道

证券发行者可以根据其需要和可能，结合各种证券的发行成本、收益水平、期限、流通性、风险程度等不同特点，选择合适的证券工具，并依据当时证券市场行情和供求关系来确定证券发行数量和价格。另外，发行市场上的中介机构则接受发行者的委托，利用其信息、资金、人才、技术和网点等优势向投资者推销证券，帮助发行者及时筹措到所需资金，提高证券发行的效率。

（二）实现储蓄向投资的转化

政府、企业和个人在经济活动中都可能出现暂时闲置的货币资金，证券发行市场为其提供了各种各样的投资机会和投资工具，从而实现储蓄向投资的转化。

（三）优化资源配置

证券市场的发展，使得资本的价值形态（资金）的流动性大大超过资本的实物形态（生产要素），生产要素都随着资金流动。因此，只有实现了资金的优化配置，才有可能实现社会资源的优化配置。证券发行市场通过市场机制选择发行证券的企业，那些产业前景好、经营业绩优良和具有较大发展潜力的企业更易从证券市场上筹集所需要的资金，从而使资金流向经济效益更好的行业和企业，实现资源的优化和配置。

三、证券的发行与承销

（一）证券发行方式

1. 公募发行和私募发行

公募发行又称公开发行，是指发行者向不特定的社会公众广泛地发售证券的一种方式。公募发行既可以由发行者自己直接发售，也可以委托金融中介机构代理发行。私募发行又称内部发行，是指面向少数特定投资者发行证券的一种方式。发行对象一般是与发行者有特定关系的投资者，可以是个人也可是机构投资者，如发行者的职工或与发行者有密切关系的金融机构、公司、企业等。

公募发行的证券可以上市流通，具有较高的流动性，因而易于被广大投资者接受。对发行者而言，公募发行提高了发行者的社会信誉，扩大了社会影响，能够在较短时间内筹集到大量资金。因此，公募发行适合于发行数量较多、筹资额较大的发行者。公募发行的不足在于其发行过程比较复杂，登记核准所需时间较长，发行成本较高。

私募发行有确定的投资者，发行手续相对简单，可以节省发行时间和委托中介机构的手续费，降低发行成本，还可以调动股东和内部的积极性，巩固和发展公司的公共关系。私募发行的不足之处是投资者数量有限，证券的流通性较差，而且也不利于提高发行者的社会信誉。

2. 直接发行和间接发行

直接发行是指发行者自己直接向投资者发售证券。这种发行方式能使发行者直接控制发行过程，实现发行意图，降低发行成本。直接发行方式一般适用于发行风险较小，手续较为简单，酬资金额不多的证券发行。间接发行是指发行者不直接参与证券的发行过程，而是委托投资银行、证券公司等证券中介机构代为向广大投资者发售证券的一种方式。间接发行对于发行者来说，虽然要支付一定的发行费用，但有利于提高发行者的知名度、筹资时间短，发行者风险也较小。因此，一般情况下，证券发行者大都采用间接发行方式。

（二）证券承销方式

根据证券承销商在承销过程中承担的责任和风险的不同，证券承销可分为包销、代销及余额包销三种形式。

（1）包销。包销是指发行者与证券承销商签订合同，由证券承销商以双方协商决定的价格将准备发行的证券全额买下，并按合同规定的时间一次性将价款支付给发行者，证券承销商再以略高的价格向社会公众出售该证券。采用这种销售方式，证券承销商要承担销售和价格风险。如果证券不能全部销售，证券承销商必须自己购买。这样，发行失败的风险就从发行者转移给了证券承销商。然而，承销商承担风险是要获得补偿的，这种补偿通常是通过扩大包销差价来实现。对于发行者而言，他无需承担证券销售不出去的风险，而且可以迅速筹集资金。因此，包销特别适合于那些资金需求量大、社会知名度低而且缺乏证券发行经验的发行者。

（2）代销。代销是指证券承销商只作为发行者的证券销售代理人，按照规定的发行条件尽力推销证券，发行结束后未售出的证券退还给发行者，证券承销商不承担发行风险。采用这种方式，证券承销商与发行者之间纯粹是代理关系，证券承销商为推销证券而收取代理手续费。

（3）余额包销。余额包销是指证券承销商先代理发行、后全额包销，是代销和全额包销的结合。余额包销通常发生在股东行使其优先认股权时，即需要再融资的上市公司在增发新股之前，向现有股东按其目前所持有股份的比例提供优先认股权，在股东按优先认股权认购股份后若还有余额，证券承销商有义务全部买入这部分剩余股票，然后再转售给投资者。

根据《中华人民共和国证券法》，证券的代销、包销期限最长不得超过90日。证券公司在代销、包销期内，对所代销、包销的证券应当保证先行出售给认购人，证券公司不得为本公司预留所代销的证券和预先购入并留存所包销的证券。

四、证券发行价格

（一）债券发行价格和利率的确定

1. 债券发行价格的确定

债券投资者认购新发行债券时支付的价格即为债券发行价格。发行债券时，通常先决定发行总额、期限和票面利率，然后再根据当时的市场利率水平确定发行价格。债券票面利率一经确定，在到期之前一般不再变动，而市场利率则是不断变动的。因此，债券票面利率与市场利率通常不相一致，从而使债券的实际价格与其发行价格也不一致。将到期偿还的债券面值以市场利率换算成现值，再将根据债券票面利率将各期所发放的利息按市场利率换算成现值，将两个现值加总起来，所得金额就是确定债券发行价格的依据。债券发行价格的计算公式表示如下：

$$债券发行价格=\sum_{t=1}^{n}\frac{i\cdot D}{(1+r)^t}+\frac{D}{(1+r)^n}=\frac{1}{r}\left(1-\frac{1}{(1+r)^n}\right)iD+\frac{D}{(1+r)^n}$$

其中，D 为债券面值；i 为债券票面利率；r 为市场利率；n 为债券的期限；$\sum_{t=1}^{n}\frac{1}{(1+r)^t}=\frac{1}{r}\left(1-\frac{1}{(1+r)^n}\right)$为复利现值系数，可以从复利现值表中查得。

影响债券发行价格的因素主要包括利率、信用水平、发行期限和金额、流动性等。由于市场利率与债券票面利率通常不一致，因此，债券发行价格有三种情况：平价、溢价、折价。

2. 债券利率确定和影响利率水平的因素

从前面债券发行价格的确定公式可以看出，债券的发行价格与利率直接相关。通常，溢价发行债券的票面利率高于市场利率，即使其发行价格高于面额，潜在的投资者也乐于购买。相反，折价发行债券的票面利率低于市场利率。

影响债券票面利率的因素主要包括债券期限的长短，期限越长，债券利率则越高，反之，则越低；金融市场状况，主要包括同期银行利率、未来的物价指数、证券市场上债券的供求状况、债券的流动性等；发行者的信用状况、财务状况及行业背景等；债券发行的附加条件等。

（二）股票发行价格

1. 股票发行价格的种类

按照股票票面金额与发行价格之间的关系，股票发行价格一般有以下三种。

（1）平价发行。平价发行就是以股票票面金额为发行价格。一般说来，票面金额既不代表股票的实际价值，也不代表公司的实际资产，仅具有簿记作用。标明股票票面金额特别是普通股股票票面金额的目的在于：使发行公司在出售股票所有权时，能获得公正的价格；防止那些同公司内部人员有联系的投资者，以较低的价格获得新股票；为了在股票交易中，有一个可供参考的起售价格。平价发行的主要缺陷是发行者筹集的资金量较少。我国最初发行股票时曾经采用过平价发行。

（2）溢价发行。溢价发行是指发行价格高于票面金额。溢价发行可以使公司用较少的股份筹集到较多的资金，同时还可以降低融资成本。我国《证券法》规定，股票发行采取溢价发行的，其发行价格由发行者与承销的证券经营机构协商确定。

（3）折价发行。折价发行是指低于股票票面金额发行，即按照票面金额打一定的折扣发行，其折扣的大小，主要取决于发行者的声誉和业绩状况。我国《公司法》规定：股票发行价格可以按票面金额，也可以超过票面金额，但不得低于票面金额。

2. 影响股票发行价格的因素

股票的发行价格受到多种因素的影响，主要包括以下几种。

（1）股票的市场价格。股票市场价格的高低反映出股市状态，影响股票的发行价格，即二级市场的股票价格水平直接关系到发行市场的发行价格。在确定发行价格时，应考虑二级市场股票价格水平在发行期内的变动情况。若股市处于“熊市”，定价太高则无人问津，因此，发行价格要定得低一些；若股市处于“牛市”，股票发行价格可以定得高一些。

（2）净资产。净资产是股票发行定价的重要参考，二者之间呈正向相关关系。

（3）经营业绩。公司的经营业绩特别是税后利润水平直接反映了一个公司的获利能力和上市时的价值，每股税后利润的高低直接影响股票发行价格，二者之间呈正比关系。

（4）发展潜力。公司经营的发展潜力和盈利预测是影响股票发行价格的又一重要因素。在总股本和税后利润既定的前提下，公司的发展潜力越大，未来盈利趋势越确定，市场所接受的发行市盈率也就越高，发行价格也就越高。

（5）发行规模。单从发行规模上考虑，若股票发行的规模较大，为了能保证销售期内顺利地将股票全部出售，发行价格应适当定得低一些；若发行规模小，发行价格可定得高一些。

（三）股票发行价格的确定方法

1. 市盈率法

市盈率又称本益比（P/E），是指股票市场价格与每股收益的比率。计算公式为

$$市盈率=\frac{股票市价}{每股收益}\times 100\%$$

按照市盈率法确定股票发行价格，首先应根据审核后的公司财务报表计算出发行者的每股收益；然后根据二级市场的平均市盈率、发行者的行业情况、发行者的经营状况及其成长性等拟定发行市盈率；最后根据发行市盈率与每股收益之乘积决定发行价。

按市盈率法确定发行价格的计算公式为

$$发行价=每股收益\times 发行市盈率$$

$$每股收益=\frac{税后利润}{发行前总股本数}$$

2. 净资产倍率法

净资产倍率是指每股市价与每股净资产的比值。净资产倍率越小，说明股票的投资价值越高；反之，则投资价值越低。净资产倍率法又称资产净值法，指通过资产评估和相关会计手段确定发行者拟募股资产的每股净资产值，然后根据证券市场的状况将每股净资产值乘以一定的倍率，以此确定股票发行价格的方法。其公式是

发行价格=每股净资产值×溢价倍率

净资产倍率法在国外常用于房地产公司或资产现值要重于商业利益的公司的股票发行。以此种方式确定每股发行价格不仅应考虑公平市值，还须考虑市场所能接受的溢价倍数。

3. 竞价确定法

投资者在指定时间内通过证券交易所交易网络，以不低于发行底价的价格并按限购比例或数量进行认购委托，申购期满后，由交易场所的交易系统将所有有效申购按照“价格优先、同价位申报时间优先”的原则，将投资者的认购委托由高价位向低价位排队，并由高价位到低价位累计有效认购数量，当累计数量恰好达到或超过本次发行数量的价格，即为本次发行的价格。

如果在发行底价上仍不能满足本次发行股票的数量，则底价为发行价。发行底价由发行者和承销商根据发行者的经营业绩、盈利预测、项目投资的规模、市盈率、发行市场与股票交易市场上同类股票的价格及影响发行价格其他因素共同协商确定。

4. 现金流量折现法

现金流量折现法是根据公司预期的未来盈利能力，按一定的折现率，计算出公司的净现值，再依此确定股票发行价格。现金流量折现法的基本思想是增量现金流量原则和时间价值原则，也就是任何资产的价值是其产生的未来现金流量按照含有风险的折现率计算的现值。因此，该方法首先是采用一定的会计方法预测公司每个项目未来若干年内每年的净现金流量，再按照市场公允的折现率，分别计算出每个项目未来的净现金流量的净现值。公司的净现值除以公司股份数，即为每股净现值。

第三节 证券交易市场

一、证券交易市场的内涵

证券交易市场是转手买卖已发行证券的市场，是为已从发行市场获得证券的投资者提供流动性的市场。流动性是有价证券的基本特征，证券交易市场为各类有价证券提供了以合理价格进行转让和变现的交易平台。证券交易市场的主要功能是为有价证券提供有效的流动性，为投资者提供投资机会，通过交易市场上的利率、股价的变化，揭示有价证券价格变动的趋势，传递经济运行信息。

从证券市场组成结构来看，证券发行市场与证券交易市场构成完整统一的证券市场体系，两者相互联系、相互依赖、缺一不可。证券发行市场是证券交易市场的基础，没有发行市场就不可能有交易市场；证券交易市场是证券发行市场的条件，没有发达有效的交易市场，发行市场就难以生存和持续发展。

尽管证券交易市场的交易仅仅表现为证券投资者直接的交易活动，不会直接影响有价证券数量和实际资本的形成数量，也不直接向筹资者提供资金，但证券交易市场在储蓄向投资转化的过程中发挥着重要作用，是证券发行市场持续发展、顺利实现筹资功能的必要保障。首先，证券交易市场是证券能够吸引投资者的重要因素，是保证资金占用的必要条件；其次，证券交易市场具有价格发现功能，能够形成公平合理的价格，从而为证券发行市场定价提供参考，并引导资源的合理流动和有效配置；最后，证券交易市场为交易者创造了获取价差收益的机会，促使更多投资者参与证券市场活动，从而吸引社会资金的进入，为筹资者提供更多的资金。

证券交易市场分为交易所市场即场内交易市场和场外交易市场。

二、证券交易所市场

（一）证券交易所的内涵和特征

我国《证券法》（2015 年）中规定：证券交易所为证券集中交易提供场所和设施，组织和监督证券交易，实行自律管理的法人。

证券交易所是证券交易市场中有组织、有固定地点，并能够使证券集中、公开、规范交易的场所，是证券流通市场的主体与核心。证券交易所作为一个高度组织化的市场，其本身不从事证券买卖业务，更不决定证券交易价格，只是为证券交易提供场所和各项服务，并对证券交易进行周密的组织和严格的管理，以保证证券交易活动持续、高效地进行。因此，证券交易所具有以下特征：第一，实行“公开、公平、公正”的原则，并对证券交易实施监督管理；第二，参加交易者为具备会员资格的证券经营机构，交易采取经纪制，即一般投资者不能直接进入交易所买卖证券，只能委托会员作为经纪人间接进行交易；第三，交易对象限于符合一定标准的上市证券；第四，通过公开竞价的方式决定交易价格；第五，集中了证券的供求双方，具有较高的成交速度和成交率；第六，有固定的交易场所和交易时间。

（二）证券交易所的组织形式

从组织形式上看，证券交易所主要有公司制和会员制两种。这两种证券交易所既可以是政府或公共团体出资设立，也可以是私人出资设立，还可以是政府和私人共同出资设立。

1. 公司制证券交易所

公司制证券交易所是指以公司形式设立的、以营利为目的、以便利证券商的交易与交割的公司法人。公司制证券交易所不参与具体的证券交易活动，只对证券商提供从事交易活动所需的各种服务，其收入主要来源于收取发行者的上市费和证券交易的佣金。公司制证券交易所设有股东大会、董事会、监事会和各职能部门，公司章程成为公司设立、运行的主要依据。瑞士的日内瓦证券交易所、美国的纽约证券交易所和我国香港的联合证券交易所都实行公司制。

公司制证券交易所的优点主要表现为：①由于证券交易所本身不参与证券买卖，在证券交易中处于中立地位，有助于保证交易的公平与公正；②证券交易所对在本所内的证券交易负有担保责任，通常设有赔偿基金，对交易违约而使买卖双方中任何一方受损负有赔偿责任，这有助于获得公众的信任，促进证券交易的发展；③在营利目的的驱使下，交易所更注重提供完备的交易设备和良好的服务，从而保证证券交易的顺利进行。

公司制证券交易所的缺点主要表现为：①交易所的收入主要来源于按成交量计算的佣金，其收入高低与证券交易量紧密关联，容易导致交易所人为扩大证券交易量，助长过度投机行为；②上市费和交易手续费较高，将导致一些大额交易为节省成本而转入场外进行交易。

2. 会员制证券交易所

会员制的证券交易所是由会员组成的、不以营利为目的的事业法人。证券交易所会员一般由证券公司、投资银行等券商组成，只有具有会员资格的证券商和享有特许权的经纪人才能进人交易所内直接参与交易活动，其他投资者必须通过会员买卖证券交易所上市的证券。

会员制证券交易所设会员大会、理事会和专门委员会，会员大会和理事会是会员制的证券交易所的决策机构。会员大会是最高权力机构，其主要职权包括：制定和修改证券交易所章程；选举和罢免会员理事；审议和通过理事会、总经理的工作报告；审议和通过证券交易所的财务预算、决算报告；决定证券交易所的其他重大事项。理事会为决策机构，其主要职能是：执行会员大会的决议；制定、修改证券交易所的业务规则；聘任总经理和副总经理；审定总经理提出的工作计划；审定总经理提出的财务预算、决算方案；审定对会员的接纳、对会员的处分；根据需要决定专门委员会的设置；会员大会授予的其他职责。

会员制的证券交易所的优点主要表现为：①由于会员制的证券交易所实施自治、自律性管理制度而不以营利为目的，其收入来源主要是会员会费和上市费，不收取佣金，因此，交易成本较低，有利于交易的活跃；②没有破产风险；③由于交易费用低，可以有效防止上市证券的场外交易。目前，世界上大多数国家的证券交易所都实行会员制，我国上海证券交易所和深圳证券交易所均实行会员制。

会员制的证券交易所的缺点主要表现为：①交易所由会员共同经营，会员本身又可以参与证券交易，因而容易引发证券交易的不公正性；②交易所管理者和参与者合一，不利于交易所自身的管理，也不利于形成公平竞争的环境和提高证券交易服务质量。

我国证券交易所的发展是从区域性的发展逐渐转向全国性的发展。1990 年 12 月和 1991 年 6 月，上海证券交易所和深圳证券交易所相继成立，标志着我国证券市场的正式形成。截至 2016 年 3 月初，我国证券交易所上市公司已达 2833 家，股票市值达 42 万亿元。

三、场外交易市场

（一）场外交易市场的定义

场外交易市场，又称柜台交易市场或店头交易市场，是指在交易所以外由证券买卖双方直接议价成交的市场。在早期银行业与证券业未分离之前，由于证券交易所尚未建立和完善，许多有价证券的买卖都是通过银行进行的，投资者直接在银行柜台上进行证券交易，所以称为柜台交易。实行金融分业制以后，这种通过银行柜台进行的证券交易转由证券公司承担。由于场外交易市场的上市条件较低，而且管制较少，交易灵活方便，因而成为中小企业和具有发展潜力的公司证券交易的主要场所。随着通讯技术的发展，许多场外交易市场并不直接在证券公司柜台前进行，而是由客户与证券公司通过电话、互联网等进行交易。

随着信息技术的发展，证券交易的方式逐渐演变为通过网络系统将交易指令汇集起来，场内交易市场和场外交易市场都可以采取电子交易方式，因此，场内交易市场和场外交易市场的物理界限逐渐融合。当前，场内交易市场与场外交易市场的区别主要表现为市场的组织方式、市场管理架构、上市或挂牌条件、信息披露制度、交易结算制度、交易方式、证券产品设计、投资者约束条件等差异化安排方面。

场外交易市场最初形成于欧美等国，在证券交易所产生发展过程中，欧洲的许多国家逐步取消了场外交易市场，但在美国、日本等国，场外交易市场依然十分活跃并不断扩大，其证券交易量甚至远远超过证券交易所的交易量。

（二）场外交易市场的特点

与证券交易所市场相比，场外交易市场具有以下特点。

（1）非集中交易市场。场外交易市场是一个分散的、无固定交易场所的抽象市场或无形市场。它既没有一个供集中交易的固定场所，也没有统一交易时间、交易规则，它是由众多彼此独立经营的证券商分别通过电话、手机、电报、电传和互联网进行联系和交易。

（2）挂牌标准相对较低，更关注公司的成长性。场外交易市场通常是各国、各地区资本市场体系中较低的一个层次，在其中挂牌的公司通常无法达到交易所上市的要求，这些公司的普遍特点是规模较小但成长性较强，具有一定发展潜力。

（3）证券种类繁多。与证券交易所市场相比，场外交易市场对挂牌证券的限制条件相对比较少，能更好满足众多难以在证券交易所上市的公司及其证券的交易需求。

（4）信息披露要求较低，监管较为宽松。为适应挂牌公司规模较小，对信息披露、财务审计等挂牌相关费用承受力弱的特点，场外交易市场通常对其信息披露频率和内容要求较低，监管较为宽松，市场透明度不及交易所市场。

（5）特殊的管理模式。场内交易的管理主要借助证券交易所自律管理和国家证券监管机构的强制管理来完成，证券交易所对证券商和交易活动拥有很大的管理权。场外交易的管理则相对比较宽松，监管机构通常只就交易中的违法行为加以处理，日常交易活动由证券商在法律规定的范围内实施，或由证券业协会加以适度的监督。

（6）交易制度通常采用做市商制度。做市商制度也称报价驱动制度，是指做市商向市场提供双向报价，投资者根据报价选择是否与做市商交易。相对于交易所市场常用的竞价交易制度，场外交易市场的投资者无论是买入还是卖出证券，都只能与做市商交易，即在一笔交易中，买卖双方必须有一方是做市商。近年来，随着计算机和网络通讯等电子技术的应用，场外交易市场和交易所市场在交易方式上日益趋同，场外交易市场也具备了计算机自动撮合的条件。目前的场外交易市场早已不再单纯采用集中报价、分散成交的做市商模式，而是掺杂着自动竞价撮合，形成了混合交易的模式。

（三）场外交易市场类型

（1）店头交易市场。店头交易市场又称证券商柜台交易市场，是指在证券商开设的柜台上进行交易活动。店头交易市场交易的证券主要是按照证券交易法公开发行但未在证券交易所上市的证券。在美国，店头市场分布十分广泛，该市场由数以千计的证券商为中心联结组成，证券商大多数同时兼有自营商和经纪商的双重身份，在店头交易市场中发挥着做市商功能和经纪商功能。

（2）第三市场。第三市场是指那些已经在证券交易所上市交易的证券却在证券交易所以外进行交易而形成的市场。它实际上是上市证券的场外交易市场，属于场外交易市场的一部分。第三市场的出现是与证券交易所采取的固定佣金制度相联系的。20 世纪 70 年代以前，美国各大交易所要求会员公司买卖所有在交易所上市的股票时都要支付固定的佣金。这样，大的机构投资者进行大批量交易时就要付出高额的佣金。然而，由于场外交易市场中的交易商不是交易所的会员，最低佣金制对他们没有限制，这些交易商就通过减少交易差价和交易成本来与交易所的会员公司竞争。因此，机构投资者纷纷转向第三市场，形成以大额上市证券为主要交易对象的场外交易市场。第三市场的出现无疑对证券交易所构成了的强有力竞争，其结果是促使交易所尤其是一些老资格交易所进行改革，包括降低佣金比例，改善交易条件，引进先进的电子交易手段等，以吸引更多的上市证券重新在证券交易所进行买卖。

（3）第四市场。第四市场是指买卖双方不通过经纪人，而是通过电子计算机网络直接进行大宗证券交易的场外交易市场。这是近年来在美国出现的场外交易形式。第四市场这种交易形式的优点在于：①交易成本低，因为买卖双方直接交易，没有经纪商的介入，买卖双方没有佣金支出；②价格合理、成交迅速，买卖双方直接洽谈成交，可望获得双方都满意的较好价格；③可以保守交易秘密，因无须通过经纪人进行交易，有利于机构投资者匿名进行证券交易，以实现其真实投资目的；④不冲击证券市场，有利于防止证券市场的价格动荡。我国定向募集公司法人股的转让，就其交易形式而言，与第四市场有相似之处。

我国的场外交易市场主要包括银行间交易市场、全国中小企业股份转让交易系统（俗称“新三板”）、区域性股权交易市场、券商柜台市场、私募基金市场、机构间私募产品报价与服务系统等。

第四节 证券交易实务

一、证券交易的制度规则

（一）交易单位及价位

证券交易所的证券标准买卖单位通常称为一手。所有买卖应是一手或其整倍数，每手的证券数量并无统一的标准，由证券交易所根据证券品种确定。

上海证券交易所和深圳证券交易所都规定，股票交易的报价为每股价格，基金交易为每份基金价格，权证交易为每份权证价格，债券现货交易为每百元面值债券的价格，债券质押式回购为每百元资金到期年收益率，债券买断式回购为每百元面值债券的到期购回价格。

证券价格变动的最小单位称为价位。价位大小由证交所根据证券种类和证券价格高低确定。《上海证券交易所交易规则》（2013 年修订）规定：A 股、债券交易和债券买断式回购交易的申报价格最小变动单位为 0.01 元人民币；基金、权证交易为 0.001 元人民币，B 股交易为 0.001 美元；债券质押式回购交易为 0.005 元人民币。《深圳证券交易所交易规则》（2013 年修订）规定：A 股交易的申报价格最小变动单位为 0.01 元人民币；基金、债券、债券质押式回购交易为 0.001 元人民币，B 股交易为 0.01 港元。另外，根据市场需要，我国证券交易所可以调整各类证券单笔买卖申报数量和申报价格的最小变动单位。

（二）竞价方式

1. 口头竞价、书面竞价与电脑竞价

（1）口头竞价。口头竞价指证券商在规定的交易台前或划定区域内，相互以口头喊价的方式讨价还价直至达成交易。

（2）书面竞价。书面竞价主要包括申报、成交、结果处理等程序，它与口头竞价的区别在于成交过程须经中介经纪人配对撮合才能成交。

（3）电脑竞价。电脑竞价即证券商利用计算机联网系统进行证券交易。计算机的交易程序主要由申报输入、撮合成交、成交信息反馈等。

2. 集合竞价与连续竞价

（1）集合竞价。集合竞价是指对一段时期内接受的买卖申报一次集中撮合的竞价方式。

因此，集合竞价方式下只有一个成交价格，集合竞价的所有交易以同一个价格成交。我国沪深证券交易所股票交易的开盘价就是采用集合竞价方式得出的，根据我国证券交易所的相关规定，集合竞价确定成交价的原则是：①可实现最大成交量的价格；②高于该价格的买入申报与低于该价格的卖出申报全部成交的价格；③与该价格相同的买方或卖方至少有一个全部成交的价格。

需要说明的是：集合竞价过程中，如果有两个以上申报价符合上述条件的，上海证券交易所选取这几个基准价格的中间价格为成交价格；深圳证券交易所则选取距上一交易日收盘价最近的价位为成交价。之后证券交易所主机进行集中撮合处理。所有买方有效委托按价格优先、同等价格下时间优先的顺序依次成交，直至成交条件不满足为止，即所有买入委托的限价均低于卖出委托的限价，所有成交都以同一价格成交。集合竞价中未能成交的委托则自动进入连续竞价。

（2）连续竞价。连续竞价是指对买卖申报逐笔连续撮合的竞价方式。这是证券交易所普遍使用的方法。连续竞价过程中，当新进入一笔卖出委托时，如果委托价小于等于已有的买入委托价时，则按买入委托价成交；当新进入的买入委托价大于等于已有的卖出委托价时，则按卖出委托价成交。我国沪深证券交易所上午 9 点 30 分正式开盘后，集合竞价未成交的委托自动进入系统，参与连续竞价。深圳证券交易所还规定，连续竞价期间未成交的买卖申报，自动进入收盘集合竞价。

连续竞价时，成交价的确定原则为：①最高买入申报与最低卖出申报价位相同，以该价格为成交价；②买入申报价格高于即时揭示的最低卖出申报价格时，以即时揭示的最低卖出申报价格为成交价；③卖出申报价格低于即时揭示的最高买入申报价格时，以即时揭示的最高买入申报价格为成交价。

（三）委托指令

按照不同的方式，有不同形式的委托指令。根据委托订单的数量，可以分为整数委托和零数委托；根据委托时效，分为当日委托、当周委托、无期限委托、开市委托和收市委托；根据证券买卖的方向，分为买入委托和卖出委托；根据委托价格限制，分为市价委托、限价委托、止损委托和限价止损委托。

市价委托是指客户发出委托指令时不确定价格，而委托给证券经纪人按市场上最有利的价格买卖证券。市价委托的优点是成交率高，缺点是成交价格可能与客户委托时的市场价格有较大差异。

限价委托是指证券经纪人执行客户委托指令时，必须按照客户限定的价格或者比限定价格更优的价格买卖证券。限价委托的优点是客户能以预期价格成交，控制交易成本，谋求最大利益，缺点是成交速度慢甚至无法成交。

止损委托是一种限制性的市价委托，在有些情况下，投资者可能不会经常地关注证券价格的变动。为了保证投资者不会因证券价格的突然变动而受损失，可以下达停止委托单。例如，买进止损委托，将给出一个止损价格，这一价格大于当前市价。一旦证券价格涨至止损价格，委托单则开始生效，变为市价委托。投资者之所以要以比市价高的价格买入，是认为价格超过某阻力点后会迅速上升，因而要在市价超出正常水平时入市。卖出止损委托的止损价格将低于市场价格，这种委托具有锁定利润的作用。

限价止损委托是止损委托与限价委托的结合，这种委托包括两个指定价格——止损价格和限价。如果证券的市场价格达到止损价格，这种委托自动变为限价委托。限价止损委托的特点是可以保证执行价格被限制在一定的范围内，但却不能保证委托的执行。

目前，我国股票市场上客户只能采用限价委托或市价委托的方式来委托会员（证券公司）买卖证券。同时，证券交易所也接受会员的限价申报和市价申报。

（四）交易费用

证券交易费用是证券交易的直接成本之一，虽然从单笔交易来看并不算高，但投资者进行频繁交易所产生的交易费用会大幅度地侵蚀其投资收益。投资者在委托买卖证券时需支付多项费用，如佣金、过户费、印花税等。

佣金是投资者在委托买卖证券成交后按成交金额一定比例支付的费用，是证券经纪商为客户提供证券代理买卖服务所收取的费用，由证券商经纪佣金、证券交易所手续费及证券交易监管费等组成。在我国，证券交易所手续费和证券交易监管费由证券公司代收后上交给交易所，交易所再将证管费交付给证券监管机构。佣金的收费标准因交易品种、交易场所的不同而有所差异。

印花税实际上是一种交易税，不论盈亏与否，交易双方都要缴纳。是否征收印花税及征收比例，各国也各不相同。我国税收制度规定，股票成交后，国家税务机关应向成交双方分别收取印花税。为保证税源，简化缴款手续，现行的做法是由证券商在同投资者办理交收过程中代为扣收；然后由证券商同中国证券登记结算有限公司的清算、交收中集中结算；最后，由中国证券登记结算有限公司统一向征税机关缴纳。

过户费是委托买卖的证券成交后，买卖双方为变更证券登记所支付的费用。上海证券交易所和深圳证券交易所在过户费的收取上略有不同。在上海证券交易所，A 股的过户费为成交面额的 1‰，起点为 1 元；在深圳证券交易所，免收 A 股的过户费。对于 B 股，这项费用称为结算费。上海证券交易所和深圳证券交易所均为成交金额的 0.5‰，且深圳证券交易所最高不超过 500 港元。基金交易目前不收过户费。

（五）清算与交收

证券的清算是指证券商在证券交易成交后，对应收、应付的证券数量、价款分别同证券交易所进行轧抵的差额计算过程。通常，清算在成交后当即进行。由于计算机和网络技术的发展，证券交易均采取计算机自动对盘和“无纸化”交易方式，证券清算也通过证券交易所或专门的结算机构负责。

证券的交收则是指根据清算的结果在事先规定的时间内履行证券交易合约的行为，即买方支付价款、获得所购证券，卖方交付所售证券、获得相应价款。因此，交收的实质是依据清算结果实现证券与价款的收付，从而结束交易过程。

从时间发生和操作流程分析，清算是交收的基础和保证，交收是清算的后续过程及目的，只有通过交收，才能最终完成证券和资金收付，结束交易过程。由此可知，清算和交收的本质区别在于：清算是计算应收、应付的证券数量和价款，并不发生财产的实际转移；交收则是根据清算结果办理证券、价款的收付，实现财产的实际转移。

证券交易从结算的时间安排划分，证券交收分为滚动交收和会计日交收。我国股票市场目前采用滚动交收方式，滚动交收包括两种滚动交收周期，即 T+1、T+3。其中，A 股交易采取 T+1 滚动交收，B 股交易采取 T+3 滚动交收。

二、证券交易的原则

（一）一般性原则

证券交易活动要遵循“三公”原则，即公开、公平、公正。

（1）公开原则。公开原则又称信息公开原则，指证券交易是一种面向社会的、公开的交易活动，其核心是实现市场信息的公开化。根据这一原则，证券交易参与各方应依法及时、真实、准确、完整地向社会发布有关信息。从国际上来看，1934 年美国《证券交易法》确定公开原则后，它就一直为许多国家的证券交易活动所借鉴。在我国，强调公开原则有许多具体的内容。例如，上市的股份公司财务报表、经营状况等资料必须依法及时向社会公开，股份公司的一些重大事项也必须及时向社会公布等等。按照这个原则，投资者可以更充分、真实、准确、完整地了解所购证券的信息。

（2）公平原则。公平原则是指参与交易的各方应当获得平等的机会。它要求证券交易活动中的所有参与者都有平等的法律地位，各自的合法权益都能得到公平保护。在证券交易活动中，有各种各样的交易主体，这些交易主体的资金规模、交易能力等可能各不相同，但不能因此而给予不公平的待遇或者使其受到某些方面的歧视。

（3）公正原则。公正原则是指应当公正地对待证券交易的参与各方，以及公正地处理证券交易事务。在实践中，公正原则也体现在很多方面。例如，公正地办理证券交易中的各项手续，公正地处理证券交易中的违法违规行为等等。

（二）特定原则

“三优先”即价格优先、时间优先和委托优先。价格优先包括两层含义。一是委托买卖时，市价申报优先于限价申报；二是买进申报时，出价高的优先于出价低的，卖出申报时，卖价低的优先于卖价高的。时间优先即指相同价位上的申报，以申报的时间先后为序。委托优先即指在同一价格、同一时间上的申报，委托买卖应优先于自营买卖。

三、证券交易方式

证券交易方式可以从不同的角度进行划分。根据交易合约的签订与实际交割之间的关系，证券交易的方式有现货交易、远期交易和期货交易等。在短期资金市场，结合现货交易和远期交易的特点则形成了证券的回购交易。如果投资者买卖证券时允许向证券商融资或融券，则会发生信用交易。

（一）即期交易

即期交易又称为现货交易，是指证券买卖双方在成交后就办理交收手续，买入者付出资金并得到证券，卖出者交付证券并得到资金。所以，即期交易的特征是“一手交钱，一手交货”，即以现款买现货方式进行交易。采用即期交易方式的投资者一般不是为了投机，而是为了投资，希望能在未来的时间内获得较稳定的利息或股利收入。

即期交易是最普通的交易，证券交易所内的证券交易和柜台交易市场上的证券交易，大多数都属于即期交易。因此，即期交易是证券交易的基本类型。

（二）远期交易

远期交易是双方约定在未来某一时刻（或时间段内）按照现在确定的价格和数量进行交易。远期交易是在即期交易基础上产生和发展起来的，是即期交易的一种补充。远期交易和即期交易本质一样，买卖双方最终是为了交易标的物的交收或交割。远期交易既可以作为一种投资方式，也可以通过远期交易控制市场风险。

（三）期货交易

期货交易是在交易所进行的标准化的远期交易，即交易双方在集中性的市场以公开竞价方式所进行的期货合约交易。期货合约则是由交易双方订立的、约定在未来某日期按成交时约定的价格交割一定数量的某种商品的标准化协议。

期货交易与远期交易有类似的地方，都是现在定约成交，将来交割。但远期交易是非标准化的，在场外市场进行；期货交易则是标准化的合约，一般在交易所进行。另外，现货交易和远期交易以通过交易获取标的物为目的；期货交易在多数情况下不进行实物交收，而是在合约到期前进行反向交易、平仓了结。

（四）期权交易

期权交易是指交易双方所进行的期权合约交易。期权合约则是指由买卖双方订立合约，并在合约中规定，由买方向卖方支付一定数额的权利金后，即赋予买方在规定时间内按双方事先约定的价格购买或出售一定数量的某种有价证券的权利的一种契约。期权合约也是一种远期合约，期权交易通常是在场外市场进行。期权交易将买卖双方的对称风险转化为非对称风险，交易者既可以通过期权交易进行套期保值、限定风险，也可以通过期权交易获取投资收益。

（五）回购交易

回购交易是指证券卖方出售证券的同时向证券买方承诺在指定日期以约定价格再购回证券的交易行为。回购交易更多地具有短期融资的属性。从运作方式看，它结合了现货交易和远期交易的特点，通常在债券交易中运用。在债券回购交易中，当债券持有者有短期的资金需求时，就可以将持有的债券作质押或卖出而融入资金；相反，资金供应者则因在相应的期间内让渡资金使用权而得到一定的投资回报。

（六）信用交易

信用交易是投资者通过交付保证金取得证券商信用而进行的交易，也称为“融资融券交易”。这一交易的主要特征在于证券商向投资者提供了信用，即投资者买卖证券的资金或证券有一部分是从证券商借入的。融资融券交易分为融资交易和融券交易，是指投资者向经纪商提供担保物，借入资金买入上市证券或借入上市证券并卖出的行为。

在融资融券交易中，投资者和证券商之间具有特定的财产信托关系，投资者为委托人，证券商为受托人，投资者以其账户中的保证金、融资买入的全部证券、融券卖出所得资金，以及上述资金、证券所生孳息等，整体作为对证券商融资融券债务的担保，由证券商名义持有，证券商享有信托财产的担保权益，投资者享有信托财产的收益权。

课后练习

一、名词解释

证券发行市场　证券流通市场　证券交易所　场外交易　第三市场　第四市场　信用交易　回购交易　集合竞价　连续竞价　证券包销与代销

二、简答题

1. 什么是证券市场？证券市场的功能有哪些？
2. 简述我国股票一级市场、二级市场的价格形成机制。
3. 证券市场交易的产品有哪些？
4. 证券一级市场和二级市场的区别与联系是什么？
5. 证券交易的制度规则有哪些？
6. 简述公司制交易所与会员制交易所的优缺点。

三、延伸性阅读推荐

1. 上海证券交易所，http: //www.sse.com.cn
2. 深圳证券交易所，http: //www.szse.cn
3. 我国不同债券品种一级市场发行与二级市场交易流程
4. 证券业从业人员一般从业资格考试辅导教材编委会. 金融市场基础知识(2015 年). 北京：中国财政经济出版社，2015

　　第二章　证券市场主体

　　第三章　股票市场

第二章

证券投资工具

有价证券是指标有票面金额，证明持券者有权取得一定收入，并可自由转让和买卖的所有权凭证或债权凭证。有价证券具有流动性、风险性、收益性等特征。股票、债券、证券投资基金是有价证券的主要表现形式。股票是指股份有限公司签发的证明股东所持股份的凭证。股票包括三个基本要素：发行主体即股份有限公司、股份、持有者即股东。因此，股票实质上代表了股东对股份有限公司的所有权。股东凭借股票获得公司的股息和红利，参加股东大会并行使相关权力。债券是政府、金融机构、工商企业等经济主体为筹集资金依法向投资者发行、承诺按一定利率支付利息并按约定条件偿还本金的债务凭证。债券反映的是发行者和投资者之间的债权债务关系的法律凭证。证券投资基金（简称投资基金或基金）是指通过公开发售基金份额募集资金，由基金托管人托管，由基金管理人管理和运用资金，为基金份额持有人的利益，以资产组合方式进行证券投资的一种利益共享、风险共担的集合投资工具。证券投资基金既是一种大众化的信托投资工具，也是一种积少成多的整体组合投资方式、投资制度，对于那些资金不多，或没有时间和精力，或缺少证券投资专门知识的投资者而言，是很好的投资选择。

第一节　证券及有价证券概述

一、证券的内涵

证券是指各类记载并代表一定财产所有权或债权凭证的统称，是用来证明证券持有者或第三方有权按照证券记载的内容获得该证券拥有的特定权益的书面凭证。例如，债券、股票、证券投资基金、票据、信用证、提单、保险单、存单等。

证券实质上是具有财产属性的民事权利，特点在于把民事权利表现在证券上，使权利与证券相结合，权利体现为证券，即权利的证券化。

证券作为彰显一定民事权利的书面凭证，从不同视角，可以将证券分为证据证券、凭证证券和有价证券；商品证券、货币证券和资本证券；上市证券与非上市证券；记名证券与无记名证券。

二、有价证券及其特征

（一）有价证券的定义

有价证券是指标有票面金额，证明持券者有权取得一定收入，并可自由转让或买卖的所有权凭证或债权凭证。

由于有价证券能为持有者带来一定的收益，因而可以在证券市场上流通转让或买卖。影响有价证券价格的因素多种多样，但主要影响因素则是证券的预期收益和市场利率，因此，有价证券价格实际上是资本化了的收入。

（二）有价证券的特征

有价证券具有以下基本特征。

（1）收益性。有价证券的收益性是指投资者持有有价证券可获得一定的收益。有价证券代表的是投资者对某种特定资产的权利，由于这种资产的权利属于证券投资者，投资者持有证券也就同时拥有取得这部分资产及其增值收益的权利。因此，有价证券本身具有收益性。有价证券的收益表现为利息收入、股利、股息、红利收入和买卖证券的差价收入，收益的高低通常取决于有价证券的种类、市场利率；有价证券的票面利率、股息率；有价证券的期限及价格水平。

（2）流动性。有价证券的流动性是指证券持有者可根据自己的需要，按照一定的价格方便灵活地在证券市场上流通转让或变现。流动性是证券的生命力所在，流动性不但可以使证券持有者随时把证券转变为现金，而且使持有者可以根据自己的偏好选择持有不同种类或期限的证券。不同证券的流动性不同，流动方式亦不一样。有价证券的期限、种类，发行者的信用状况，证券市场的完善程度，政策制度，以及投机性等都将影响证券的流动性。有价证券的流动可以通过背书、贴现、转让、兑付、买卖等方式实现。

（3）风险性。有价证券的风险性是指证券投资者面临着预期投资收益不能实现，甚至使本金也可能遭受损失的可能性。在市场经济条件下，未来经济的发展变化有些是投资者可以预测的，而有些则无法预测，这些变化会影响证券发行者的经营状况和盈利能力。因此，投资者难以确定其所持有的有价证券将来能否取得收益和能获得多少收益，从而就使持有有价证券面临收益不确定的风险。有价证券的风险不仅取决于发行者的资信状况、行业特征、经营能力和盈利能力，还受宏观经济状况、证券市场完善程度的影响。通常，有价证券的风险与其收益成正比，预期收益越高，风险越大；预期收益越低，风险越小。

三、有价证券的分类

（一）政府证券、金融证券和公司证券

（1）政府证券一般是指政府债券，是指政府为筹措财政资金或建设资金，凭借其信誉、采用信用形式，按照一定程序面向投资者发行的一种债权债务凭证。政府债券又分为中央政府债券（即国债券）和地方政府债券。

（2）金融证券是指金融机构为筹措资金而向投资者发行的一种有价证券。主要包括金融债券、大额可转让定期存单、股票、混合资本债券等。

（3）公司证券是指非金融企业为筹措资金而发行的有价证券。公司证券包括的范围比较广泛，如股票、公司债券、可转换债券、短期融资券等。

（二）货币证券、资本证券和货物证券

（1）货币证券指可以用来代替货币使用的有价证券。货币证券在范围和功能上与商业票据基本相同，其功能则主要用于企事业单位之间的商品交易、劳务报酬的支付及债权债务的清算等经济往来业务。

（2）资本证券指由金融投资或与金融投资有直接联系的活动而产生的证券。资本证券主要分为权益证券和债权证券，如股票、股权证、债券、基金证券、金融期货、金融期权、金融互换、可转换债券等。

（3）货物证券是证明证券持有者可以凭单提取单据上所列货物的证券。货物证券主要包括栈单、运货证明书及提单等。

（三）上市证券和非上市证券

（1）上市证券是指经证券主管部门批准，并向证券交易所注册登记，获得资格在交易所内进行公开买卖的有价证券。

对上市公司来说，证券上市可以扩大上市公司的社会影响，提高公司的知名度，便利融资。对投资者来说，由于上市公司必须定期公布其经营及财务状况，因而有利于投资者及时了解相关信息，做出合理的投资决策。

（2）非上市证券是指未在证券交易所登记挂牌，由公司自行发行或推销的证券。非上市证券不能在证券交易所内交易，但可以在交易所以外的场外交易市场进行交易。

与上市证券相比，非上市证券的筹资成本较高，对扩大公司的社会影响有限，投资者也不能及时了解公司信息。总体而言，非上市证券的交易比上市证券的规模大。

（四）固定收益证券和变动收益证券

（1）固定收益证券是指证券持有者可以在特定的时间内取得固定的收益并预先知道取得收益的数量和时间，如固定利率债券、优先股股票等。

（2）变动收益证券是指因客观条件的变化其收益也随之变化的证券。如普通股、浮动利率债券等。

一般说来，变动收益证券比固定收益证券的收益高、风险大，但是在通货膨胀条件下，固定收益证券的风险要比变动收益证券大。

（五）国内证券和国际证券

（1）国内证券是指一国政府或金融机构、企事业单位等主体在国内金融市场上以本国货币计价发行的证券。

（2）国际证券则是由一国政府、金融机构、企事业单位或国际经济机构在国际证券市场上以他国货币计价发行的证券。

（六）公募证券和私募证券

（1）公募证券是指发行者通过中介机构向不特定的社会公众投资者公开发行的证券。公募证券的审批较严格并采取公示制度。

（2）私募证券是指发行者向少数特定的投资者发行的证券。私募证券的审查条件相对较松，投资者也较少。私募证券的投资者多为与发行者有特定关系的机构投资者或自然人。

（七）基础证券和金融衍生证券

（1）基础证券指的是直接从实物资产演变而来的金融资产，如股票、债券和投资基金等。基础证券是最活跃的投资工具，是证券市场的主要交易对象。

（2）金融衍生证券是指由基础证券派生出来的证券交易品种，主要有金融期货、金融期权、金融互换、可转换证券、存托凭证、认股权证等。

（八）记名证券、无记名证券和指示证券

（1）记名证券是在证券上记载证券权利人的姓名或名称的证券，如记名的票据、债券和股票等。记名证券一般不能流通转让。

（2）无记名证券是证券上不记载权利人的姓名或名称的证券，如国库券和无记名股票等。无记名证券上的权利由持有者享有，无需背书即可自由转让，转让者不承担连带责任。

（3）指示证券是指在证券上指明第一个权利人的姓名或名称的证券，如指示支票、汇票等。指示证券的转让，须由权利人背书并指定受让者。如多次转让，则背书必须连续。

第二节　股票

一、股票及其分类

（一）股票的定义

根据我国《公司法》的规定，股票是指股份有限公司签发的证明股东所持股份的凭证。股票包括三个基本要素：发行主体即股份有限公司、股份、持有者即股东。因此，股票实质上代表了股东对股份公司的所有权。股东凭借股票获得公司的股息、股利和红利，参加股东大会并行使相关权力。

股票作为一种所有权凭证，具有一定的格式。我国《公司法》规定：股票采用纸面形式或国务院证券管理部门规定的其他形式。股票应载明的事项主要有公司名称、公司登记成立的日期、股票种类、票面金额及代表的股份数、股票的编号等。股票由法定代表人签名，公司盖章。发起人的股票应当标明“发起人股票”字样。

股票与股份的内涵是不同的。股份的表现形式是股份证书，不同类型的股份制公司，其股份证书的具体形式不同。只有股份有限公司用以表现公司股份的证书才是股票。股票根据股份所代表的资本额，将股东的出资份额和股权予以记载，以供投资者认购和交易。

投资者持有股票即意味着拥有相应股份，取得了股东资格。

股票只是投入公司的现实资本的纸质复本，本身并没有价值。股票之所以有价格，可以买卖和转让，是因为它能给股票持有者带来预期收益。股票的交易和转让并不直接影响真实资本的运动。股票一经认购，持有者不能要求退股，只能通过流通市场进行交易和转让。

（二）股票的分类

1. 普通股和优先股

1）普通股

普通股是指在公司的经营管理、盈利及财产的分配上享有普通权利的股份。普通股是最常见的一种股票，也是发行量最大、最为重要的股票。在满足所有债权偿付要求及优先股东的收益权与求偿权要求后，普通股持有者拥有对企业盈利和剩余财产的索取权。

普通股持有者拥有以下基本权利。

第一，公司重大决策参与权。普通股股东或其代理人有权参与股东大会，拥有建议权、表决权和选举权。

第二，利润分配权。普通股股东在优先股股东取得固定股息之后，有权从公司利润分配中获得股息。普通股股东所获股息的多少取决于公司盈利状况及其分配政策。

第三，优先认股权。公司增发普通股股票时，现有普通股股东有权按其持股比例优先购买一定数量的新发行股票。赋予股东优先认股权的目的：一是能保证普通股股东在股份公司中原有的持股比例保持不变；二是能保护原普通股股东的利益和持股价值。

第四，剩余财产分配权。当公司破产或清算时，若公司的财产在偿还欠债后还有剩余，其剩余部分按先优先股股东、后普通股股东的顺序进行分配。

2）优先股

优先股是指公司在筹集资金时，给予投资者某些优先权的股票。这种优先权主要表现为股息分配优先和公司破产清算或结业清算时获得剩余资产优先。优先股股东一般不参加公司的红利分配，亦无表决权，不能借助表决权参加公司的经营管理。因此，优先股与普通股相比较，虽然收益和决策参与权有限，但承担的风险较小。

按照不同的方式，优先股分为累计优先股与非累计优先股、参加优先股与非参加优先股、可转换优先股与不可转换优先股、可赎回优先股与不可赎回优先股、股息率可调整优先股与股息率固定优先股。

2. 记名股票和无记名股票

记名股票是指在股票票面和股份公司的股东名册上记载股东姓名的股票。根据我国《公司法》，股份有限公司向发起人、国家授权投资的机构、法人发行的股票，应当是记名股票，并应记载该发起人、机构或者法人的名称，不得另立户名或者以代表人姓名记名。向社会公众发行的股票，可以是记名股票，也可以是无记名股票。公司发行记名股票的，应当置备股东名册并记载下列事项：股东的姓名或名称及住所、各股东所持股份数、所持股票的编号、取得股票的日期。

无记名股票是指在股票票面和股份公司股东名册上均不记载股东姓名的股票。与记名股票相比，其差别不是在股东权利方面，而是在股票记载方式上。我国《公司法》规定：股份有限公司向社会公众发行的股票，可以为记名股票，也可以是无记名股票。发行无记名股票的，公司应当记载其股票数量、编号及发行日期。目前，我国证券市场流通的股票基本上都是记名股票，都应办理过户手续才能生效。

3. 有面额股票和无面额股票

有面额股票是指在股票票面上记载一定金额的股票。这一记载的金额也称为票面金额、票面价值或股票面值。股票票面金额的计算方法是用资本总额除以股份数。另外，同次发行的有面额股票，其每股票面金额是等同的。大多数国家的股票都是有面额股票。我国《公司法》规定，股份有限公司的资本划分为股份，每一股的金额相等，股票的发行价格可以和票面金额相等，也可以超过票面金额，但不得低于票面金额。

无面额股票，是指在股票票面上不记载金额的股票。无面额股票并非没有价值，而是不在票面上标明固定的金额，只记载其为几股或股本总额的若干分之几。因此，无面额股票的价值将随股份公司资产的增减而相应增减。无面额股票与有面额股票的差别仅在表现形式上，两者的股东享有同等的股东权利。世界上很多国家（包括中国）的公司法规定不允许发行无面额股票。

4. 我国的股票类型

我国的股票按投资主体不同，可以划分为国家股、法人股、社会公众股和外资股等不同类型；按上市地点和投资者不同，可以划分为 A 股、B 股、H 股；按流通受限与否，可划分为有限售条件股份、无限售条件股份。

1）国家股

国家股是指有权代表国家投资的部门或机构以国有资产向公司投资形成的股份（包括公司现有国有资产折算成的股份）。在我国企业股份制改造中，原来一些全民所有制企业改组为股份公司，从性质上讲，这些全民所有制企业的资产属于国家所有。因此，在改组为股份公司时，就折成国家股。另外，国家对新组建的股份公司进行投资，也构成了国家股。国家股由国务院授权的部门或机构持有，或根据国务院的规定，由地方人民政府授权的部门或机构持有，并委派股权代表。

国家股从资金来源上看，主要有三个方面：第一，现有国有企业整体改组为股份公司时所拥有的净资产；第二，有权代表国家投资的政府部门向新组建的股份公司的投资；第三，经授权代表国家投资的投资公司、资产管理公司、经济实体性总公司等机构向新组建股份公司的投资。

国家股是国有股权的一个组成部分（国有股权的另一组成部分是国有法人股）。在我国，国有资产管理部门是国有股权行政管理的专职机构，国有股权由国家授权投资的机构持有；在国家授权投资的机构未明确前，则由国有资产管理部门持有或由国有资产管理部门代政府委托其他机构或部门持有。如国有股权委托持有的，国有资产管理部门一般要与被委托单位办理委托手续，订立委托协议；如国家授权投资的机构持有国有股权的，国有资产管理部门代授权方拟定有关协议。国家股股利收入由国有资产管理部门监督收缴，依法纳入国有资产经营预算，并根据国家有关规定安排使用。国家股可以转让，但转让应符合国家制定的有关规定。

2）法人股

法人股是指企业法人和具有法人资格的事业单位和社会团体以其依法可支配的资产投入公司形成的股份。法人持股所形成的也是一种所有权关系，是法人经营自身财产的一种投资行为。根据法人认购的对象，可将法人股进一步分为境内发起法人股、国有法人股、外资法人股和募集法人股。

作为发起人的企业法人或具有法人资格的事业单位和社会团体，在认购股份时，可以用货币出资，也可以用其他形式的资产，如实物、知识产权、非专利技术、土地使用权等作价出资。但对其他形式的资产必须进行评估作价，核实财产，不得高估或者低估作价。国有法人股是具有法人资格的国有企业、事业单位及其他单位以其依法占有的法人资产向独立于自己的股份公司出资形成或依法定程序取得的股份。

3）社会公众股

社会公众股是指股份公司采用募集设立方式向社会公众募集的可上市流通的股份。在社会募集设立方式下，股份公司发行的股份除了由发起人认购一部分外，其余部分应该向社会公众公开发行。因此，个人认购的股份，就构成了社会公众股。我国《证券法》（2015年）第 50 条规定，股份有限公司申请股票上市的条件之一是：公开发行的股份达到公司股份总数的 25%以上；公司股本总数超过 4 亿元人民币的，公开发行股份的比例为 10%以上。

4）外资股

外资股是指股份公司向外国和我国香港、澳门、台湾地区投资者发行的股票。这是我国股份公司吸引外资的一种方式。外资股按上市地域，可以分为境内上市外资股和境外上市外资股。

境内上市外资股是指股份公司向境外投资者募集并在我国境内上市的股份。这类股票称为 B 股。A 种股票以人民币标明面值，在境内上市，供境内投资者用人民币认购。B 股虽然也以人民币标明股票面值，在境内上市，但最初是专供外国和我国香港、澳门、台湾地区的投资者以外汇认购、买卖的股票，故属于外资股。经国务院批准、证监会决定，沪深 B 股市场从 2001 年 2 月 19 日起，允许境内居民以合法持有的现汇存款、外币现钞存款和从境外汇入的外汇资金开立 B 股账户，进行 B 股交易。自从 B 股市场对境内投资者开发后，境内投资者逐渐取代境外投资者成为 B 股投资主体，呈现“外资股”演变为“内资股”的趋势。

境外上市外资股是指股份公司向境外投资者募集并在境外上市的股份。境外上市外资股采取记名股票形式，以人民币标明面值，以外币认购。在境外上市时，可以采取境外存股证形式或者股票的其他派生形式。在境外上市的外资股除了应符合我国的有关法律法规外，还必须符合上市所在地国家或地区证券管理部门或交易所制定的上市条件。

5）A 股、B 股、H 股、N 股、S 股、L 股

A 股的正式名称是人民币普通股票。它是由我国境内的公司发行，供境内机构、组织和个人以人民币认购和交易的普通股股票。

B 股的正式名称是境内上市外资股。它是以人民币标明股票面值，以外币认购和买卖，

在境内证券交易所上市交易。B 股公司的注册地和上市地都在境内，B 股的投资者主要包括：境内居民个人，外国的自然人、法人和其他组织，中国香港、澳门、台湾地区的自然人、法人和其他组织，定居在国外的中国公民，中国证监会规定的其他投资人。

H 股，即注册地在中国内地、上市地在中国香港地区的外资股。香港地区的英文是 Hong Kong，取其字首，在香港上市的中国内地企业的股票被称为 H 股。同理，在纽约、新加坡、伦敦上市的外资股分别被称为 N 股、S 股、L 股。

另外，在我国香港上市的股票中有不少红筹股，红筹股不属于外资股。红筹股的概念诞生于 20 世纪 90 年代初期，中国香港和国际投资者习惯把那些在中国境外注册、在中国香港上市，但带有中国内地概念的股票称为红筹股。早期的红筹股主要是一些中资公司收购中国香港中小型上市公司后改造形成，其后出现的红筹股，主要是内地一些省市将其在中国香港的窗口公司改组并在中国香港上市后形成的。红筹股是内地企业进入国际资本市场融资的重要渠道。

6）有限售条件股份

有限售条件股份是指依照法律法规规定或按其承诺具有转让限制的股份，包括因股权分置改革而暂时锁定的股份，内部职工股，董事、监事、高级管理人员持有的股份。

有限售条件股份主要分为以下三类。

第一类是股权分置改革所产生的受限股。根据中国证监会 2005 年 9 月 4 日颁布的《上市公司股权分置改革管理办法》，该类受限股中首次公开发行前股东持有股份超过 5%的股份在股改结束 12 个月后解禁流通量为 5%，24 个月流通量不超过 10%，在其之后成为全部可上市流通股。该类股份被市场称之为“大非”。股东持股数低于 5%的称为“小非”，“小非”在股改完成后 12 个月即可上市流通。

第二类有限售条件股份是“新老划断”（指对股改后首次公开发行股票的公司不再区分流通股和非流通股）后的公司首次公开发行股票所产生的受限股。此类受限股包括：首次公开发行前公司持有的股份自发行者股票上市之日起 36 个月的锁定期内不得流通；战略投资者配售的股份自本次公开发行的股票上市之日起 12 个月不得流通。

第三类有限售条件股份是上市公司非公开发行产生的受限股。根据中国证监会 2006 年 5 月 6 日公布的《上市公司证券发行管理办法》规定，针对非公开发行受限股，本次发行的股份自发行结束之日起，12 个月内不得转让；控股股东、实际控制人及其控制的企业认购的股份，36 个月内不得转让。

7）无限售条件股份

无限售条件股份是指流通转让不受限制的股份，具体包括：人民币普通股、境内上市外资股、境外上市外资股等。

二、股票的价值

股票是一种虚拟资本，它本身没有价值。从本质上讲，股票所以能够有价，是因为股票的持有者不但可以参加股东大会，影响股份公司的经营决策，还享有股份有限公司参与分红与派息的权利。同理，凭借某一单位数量的股票，其持有者所能获得的收益越多，股票的价值相应的也就越高。

股票的价值可分为：股票的票面价值、股票的账面价值、股票的清算价值、股票的内在价值、股票的市价等五种。

（一）股票的票面价值

股票的票面价值，是股份公司在所发行的股票票面上标明的金额，其作用是用来表明每一张股票所包含的资本数额。这种股票被称为“有面额股票”。在我国上海和深圳证券交易所流通的股票的面值均为一元人民币，即每股一元人民币。

股票的票面价值的作用之一是表明股票投资者在股份公司的投资中所占的比例，作为确定股东权利的依据。如某上市公司的总股本为 100 000 000 元人民币，则持有一股股票就表示在该公司占有的股份为 1/100 000 000。作用之二是在首次发行股票时，将股票的票面价值作为发行定价的依据之一。一般来说，股票的发行价格都会高于其面值。当股票进入二级市场后，股票的面值就与股票的价格相分离，彼此之间并没有什么直接的联系。

（二）股票的账面价值

股票的账面价值又称为净值或每股净资产，是用会计和统计的方法计算出来的每股股票所包含的资产净值。其计算方法是用公司的净资产除以总股本，得到的就是每股净资产。股票的账面价值越高，则股东实际拥有的资产就越多。由于账面价值是财务统计、计算的结果，数据较精确而且可信度很高，所以它是股票投资者评估和分析上市公司实力的重要依据之一。股票账面价值的高低对股票交易价格有重要影响，通常情况下，股票账面价值并不等于股票市场价格。因此，在股票市场中，投资者除了要关注股份公司的经营状况和盈利水平外，还需特别注意股票的净资产即股票的账面价值。

（三）股票的清算价值

股票的清算价值是指股份公司清算时每一股份所代表的实际价值。从理论上讲，股票的清算价值应与股票的账面价值相一致，但企业在清算时，其财产价值是以实际的市场价格来计算的，而在进行财产处置时，其售价一般都会低于实际价值，再加上需要支付一定数额的清算费用。所以股票的清算价值就会与股票的账面价值不相一致，通常都小于账面价值。

（四）股票的内在价值

股票的内在价值即理论价值，也即股票未来收益的现值。股票的内在价值决定股票的市场价格，股票的市场价格总是围绕其内在价值波动。证券投资基本分析的重点就是研究和发现股票的内在价值，并将内在价值与市场价格比较，作为投资决策的依据。

（五）股票的市价

股票的市价是指股票在交易过程中交易双方达成的成交价，因此这一价格又称为股票行市，通常所指的股票价格就是指市价。股票的市价直接反映股票市场的行情，是投资者购买股票的依据。由于受众多因素的影响，股票的市价处于经常性的变化之中。

三、股票的性质

（一）股票是一种有价证券

有价证券是财产价值和财产权利的统一表现形式。持有有价证券一方面表明拥有一定价值量的财产，另一方面也表明有价证券持有者可以行使该证券所代表的权利。因此，股票是有价证券的一种。虽然股票本身没有价值，但其包含着股东要求股份公司按规定分配股息、股利和红利的请求权，同时代表着拥有股份公司一定价值量的资产，股票与其代表的股东权利密不可分，两者合为一体。

（二）股票是一种要式证券

所谓要式证券，是指证券所记载的事项通过法律形式加以规定，如果缺少规定要件，证券就无法律效力。作为一种有价证券，股票记载事项应全面真实，并通过法律形式对应记载的事项加以规定。在我国，股票应具备《公司法》规定的有关内容，如果缺少规定的要件，股票就无法律效力。而且，股票的制作和发行须经证券主管机关的审核和批准，任何个人或团体不得擅自印制、发行股票。

（三）股票是一种证权证券

证券可以分为设权证券和证权证券。设权证券是指证券所代表的权利本来不存在，而是随着证券的制作而产生，即权利的发生是以证券的制作和存在为条件。而证权证券是指证券是权利的一种物化的外在形式，它是权利的载体，权利是已经存在的。股票代表的是股东权利，它的发行是以股份的存在为条件的，股票只是把已经存在的股东权利表现为证券的形式，它的作用不是创造股东的权利，而是证明股东的权利。股东权利不随股票的损毁、遗失而消失，股东可以依照法定程序要求公司补发新的股票。

（四）股票是一种资本证券

发行股票是股份公司筹资的重要手段，对于认购股票的投资者来说，购买股票就是一种投资行为。因此，股票是投入股份公司的资本份额的证券化，属于资本证券。股份公司通过发行股票筹集的资金，是公司用于营运的真实资本。但是，股票独立于真实资本之外，只是凭借着它所代表的资本额和股东权益在股票市场进行独立的价值运动，是一种虚拟资本。

四、股票价格指数

（一）股票价格指数的内涵

股票价格指数是基于报告期与基期的一组股票价格进行平均计算和动态对比后得到的、反映股票市场上各种股票市场价格的总体水平及其变动情况的指标（简称为股票指数或股指）。它是由证券交易所或证券服务机构通过选取若干具有代表性股票编制出股票价格指数并公开发布，作为市场价格变动的指标。投资者据此可以检验自己投资的效果，并以此预测股票市场的动向。同时，企业和媒体也以此为参考指标，来观察、预测经济发展形势。因此，股票市场价格指数常常被认为是反映一个国家或地区政治、经济发展状况的信号，是一个国家或地区经济的“晴雨表”。

（二）股票价格指数计算方法

股票价格指数是以计算期样本股市价总值除以基期市价总值再乘上基期指数而得到的，是反映不同时点上股价变动情况的相对指标。

股票指数的计算方法分为：平均法、综合法、加权法。平均法又称相对法，是先计算各样本股票指数，再加总求出总的算术平均数。其计算公式为：股票指数=n 个样本股票指数之和/n。综合法是先将样本股票的基期和报告期价格分别加总，然后相比求出股票指数。即：股票指数=报告期股价之和/基期股价之和。加权法是根据各期样本股票的相对重要性予以加权，其权数可以是成交股数、股票发行量等。按时间划分，权数可以是基期权数，也可以是报告期权数。以基期成交股数（或发行量）为权数的指数称为拉斯拜尔指数；以报告期成交股数（或发行量）为权数的指数称为派许指数。

股票指数的计算通常应考虑三个因素：一是抽样，即在众多股票中抽取部分具有代表性的成分股；二是加权，按单价或总值加权平均，或不加权平均；三是计算程序，计算算术平均数、几何平均数，或兼顾价格与总值。

计算股价平均数或指数时应考虑以下四点：第一，样本股票必须具有典型性、代表性，为此，选择样本应综合考虑其行业分布、市场影响力、股票等级、适当数量等因素。第二，计算方法应具有高度的适应性，能对不断变化的股市行情作出相应的调整或修正，使股票指数有较好的敏感性。第三，要有科学的计算依据和手段。计算依据的口径必须统一。第四，基期应有较好的均衡性和代表性。

（三）常用的股票价格指数

目前全球比较流行的股票指数包括：道·琼斯股票价格指数、金融时报证券交易所指数、标准·普尔股票价格指数、纽约证券交易所股票价格指数、日经指数、香港恒生指数、上海证券交易所的股价指数、深圳证券交易所的股价指数。

1. 道·琼斯股票价格指数

道·琼斯股票价格指数由道·琼斯公司的创始人查理斯·道于 1884 年创立、是世界上历史最为悠久、影响最大、最有权威性的股票价格指数。道·琼斯股票价格指数最初是根据 11 种具有代表性的铁路公司的股票、采用算术平均法进行计算编制而成。其计算公式为：股票价格指数=入选股票的价格之和/入选股票的数量。

现在的道·琼斯股票价格指数是以 1928 年 10 月 1 日为基期，以后股票价格同基期相比计算出的百分数，就成为各期的股票价格指数。道·琼斯股票价格指数共分五组：第一组是工业股票价格指数，由 30 种有代表性的大工商业公司的股票组成，大致可以反映美国整个工商业股票的价格水平。第二组是运输业股票价格指数，包括 20 种有代表性的运输业公司的股票（8 家铁路运输公司、8 家航空公司和 4 家公路货运公司）。第三组是公用事业股票价格指数，是由代表着美国公用事业的 15 家煤气公司和电力公司的股票所组成。第四组是平均价格综合指数，是综合前三组 65 种股票价格水平而得出的综合指数。第五组是公正市价指数，是以700种不同规模或实力的公司股票作为编制对象，于1988年10月首次发布。该指数所选的股票兼顾了公司的行业分布、规模和实力，因此具有相当的代表性。

2. 金融时报证券交易所指数

金融时报证券交易所指数（FT指数）是英国最具权威的股价指数，现由《金融时报》和伦敦证券交易所所拥有的富时集团编制。该指数包括三种股价指数：①金融时报工业股票指数（又称“30种股票指数”），该指数样本分布在烟草、食油、电子、化学药品、金属机械、原油等行业，并以1935年7月1日为基期，基期指数为100；②100种股票交易指数（又称“FT-100指数”），该指数挑选了100家有代表性的大公司股票并于1984年1月3日起编制并公布；③综合精算股票指数，该指数以700多种股票作为样本并于1962年4月10日起编制和发布。

3. 标准·普尔股票价格指数

标准·普尔股票价格指数是美国最权威的证券研究机构即标准·普尔公司编制的股票价格指数。该指数以1941～1943年抽样股票的平均市价为基期，以上市股票数为权数，按基期进行加权计算，其基点数为10。以当前的股票市场价格乘以股票市场上发行的股票数量为分子，用基期的股票市场价格乘以基期股票数为分母，相除之数再乘以10就是标准·普尔股票价格指数。

标准·普尔股票价格指数最初包括230种股票，1957年扩大到在纽约证券交易所上市的500种股票，并分成95种组合，其中最重要的四种组合是工业股票组、铁路股票组、公用事业股票组和500种股票混合组。几十年来，虽然有股票更迭，但始终保持为500种股票。因此，标准·普尔股票价格指数又称为标准·普尔500股票价格指数。由于该指数样本公司的行业分布广，样本公司市值约占总市值的80%，并且考虑了发行量的影响，信息资料齐全，代表性强。

4. 纽约证券交易所股票价格指数

纽约证券交易所股票价格指数是由纽约证券交易所编制的股票价格指数，该指数于1966年6月开始编制和发布，先是普通股股票价格指数，后来改为混合指数，包括在纽约证券交易所上市的1500家公司的1570种股票。具体计算方法是将这些股票按价格高低分开排列，分别计算工业股票、金融业股票、公用事业股票、运输业股票的价格指数，最大和最广泛的是工业股票价格指数，由1093种股票组成；金融业股票价格指数包括投资公司、储蓄贷款协会、分期付款融资公司、商业银行、保险公司和不动产公司的223种股票；运输业股票价格指数包括铁路、航空、轮船、汽车等公司的65种股票；公用事业股票价格指数则有电话电报公司、煤气公司、电力公司和邮电公司的189种股票。

5. 日经指数

日经指数是由日本经济新闻社于1950年9月编制并公布的反映日本股票市场价格变动的股票价格平均数。1975年5月1日，日本经济新闻社向道·琼斯公司买进商标，采用美国道·琼斯公司的修正法计算，该股票指数也就改称“日经道·琼斯平均股价”。1985年5月1日在合同期满10年时，名称改为“日经平均股价”。按计算对象的采样数目不同，该指数分为两种，一种是日经225种平均股价。其所选样本均为在东京证券交易所第一市场上市的股票，样本选定后原则上不再更改。另一种是日经500种平均股价。这是从1982年1月4日起开始编制。由于其采样包括有500种股票，其代表性就相对更为广泛，但它的样本是不固定的，每年4月份要根据上市公司的经营状况、成交量和成交金额、市价总值等因素对样本进行更换。

6. 香港恒生指数

香港恒生指数由香港恒生银行于1969年11月24日编制，是香港股票市场上历史最久、影响最大的股票价格指数。恒生指数包括从香港500多家上市公司中挑选出来的33家有代表性且经济实力雄厚的大公司股票作为成分股，分为四大类：4种金融业股票、6种公用事业股票、9种地产业股票和14种其他工商业（包括航空和酒店）股票。

恒生指数的编制是以1964年7月31日为基期，计算方法是将33种股票按每天的收盘价乘以各自的发行股数为计算日的市值，再与基期的市值相比较，乘以100就得出当天的股票价格指数。

7. 上海证券交易所的股价指数

上海证券交易所的股价指数是指上海证券交易所编制并发布的上证指数系列，包括综合指数类和成分指数类。其中最早编制的为上证综合指数。

上证综合指数类包括上证综合指数和新上证综合指数。上证综合指数由上海证券交易所编制和发布，该指数以1990年12月19日为基期，以全部上市股票为样本，以股票发行量为权数，按加权平均法计算。新上证综合指数由上海证券交易所于2006年1月4日首次编制和发布，该指数以已完成股权分置改革的上海证券交易所上市公司为样本，实施股权分置改革的股票在方案实施后第二个交易日纳入指数。该指数是一个全市场指数，包括A股市值和B股市值。此外，上证综合指数类还包括A股指数、B股指数、工业类指数、地产类指数、公用事业类指数、商业指数等。

上证成分指数类包括上证180指数、上证50指数、上证380指数等。上证180指数是上海证券交易所从上海证券市场选取180只A股作为样本编制而成，用以取代原来的上证30指数。上证180指数入选的个股均是一些规模大、流动性好、行业代表性强的股票。该指数不仅在编制方法的科学性、成分选择的代表性和成分的公开性上有所突破，同时也恢复和提升了成分指数的市场代表性，从而能更全面地反映股价的走势。上证50指数是从上证180指数样本中挑选市场规模大、流动性好的最具代表性的50只股票组成样本，以综合反映上海证券市场最具有影响力的一批龙头企业的整体情况。上证380指数样本股主要考虑公司规模、盈利能力、成长性、流动性和新兴行业的代表性，侧重反映在上海证券交易所上市的中小盘股票的市场表现。

8. 深圳证券交易所的股价指数

深圳证券交易所的股价指数是指由深圳证券交易所编制并发布的深证指数系列，包括深证成分股指数、深证100指数、深证系列综合指数。

深证成分股指数由深圳证券交易所通过对所有在该所上市的公司进行考察，按一定标准选出500家（最早为40家）有代表性的上市公司作为成分股，以成分股的可流通股数为权数，采用加强平均分编制而成。深证100指数由深圳证券交易所根据流通市值和成交金额两项指标，从该所上市的股票中选取 100 只 A 股作为成分股（每半年调整一次成分股），以成分股的可流通 A 股数为权数，采用派许综合法编制。深证系列综合指数包括深证综合指数、深证 A 股指数、深证 B 股指数、行业分类指数、中小板综合指数、创业板综合指数、深证新指数等。

9. 中证指数有限公司及其指数

中证指数有限公司由上海证券交易所和深圳证券交易所共同出资并于 2005 年 8 月 25 日成立，是一家专业从事证券指数及其指数衍生产品开发服务的公司。该公司的股票指数主要包括沪深 300 指数和中证规模指数。

沪深 300 指数是沪深证券交易所第一次联合发布的反映 A 股市场整体趋势的指数，由上海和深圳证券市场中选取 300 只 A 股作为样本编制而成的成分股指数。沪深 300 指数样本覆盖了沪深市场六成左右的市值，具有良好的市场代表性，有利于投资者全面把握市场运行状况，也进一步为指数投资产品的创新和发展提供了基础条件。该指数基准日为 2004 年 12 月 31 日，基点为 100 点。

中证规模指数包括中证 100 指数、中证 200 指数、中证 500 指数、中证 700 指数、中证 800 指数和中证流通指数。这些指数的技术、修正、调整方法与沪深 300 指数相同。

第三节　债券

一、债券的内涵

（一）债券的定义

债券是政府、金融机构、工商企业等经济主体为筹集资金依法向投资者发行、承诺按一定利率支付利息并按约定条件偿还本金的债务凭证。债券反映的是发行者和投资者之间的债权债务关系的法律凭证，其中发行者是资金的借入主体即债务人，投资者是资金的出借主体即债权人。由于债券的利息通常是事先确定的，所以债券属于固定收益证券。

（二）债券的票面要素

债券作为证明债权债务关系的凭证，通常以有一定格式的票面形式来表现，债券票面上的基本要素包括以下几方面。

1. 票面价值

债券的票面价值是债券票面标明的货币价值，是债券发行者承诺到期偿还给债券持有者的金额。在债券的票面价值中，首先要规定票面价值的币种，即以何种货币作为债券价值的计量标准。确定币种主要考虑债券的发行对象。一般来说，在国内发行的债券通常以本币计价；在国际金融市场筹资，则通常以债券发行地所在国或地区的货币或以国际上可自由兑换的货币计价。计价货币确定后，还要规定债券的票面金额。债券票面金额的确定，应综合考虑发行对象、市场资金供给情况及债券发行费用等因素。

2. 偿还期限及付息方式

债券偿还期限是指债券从发行之日起至偿清本息之日止的时间。债券的偿还期限短则几个月，长则几年，甚至十几年、几十年。因此，根据偿还期限，债券分为短期、中期和长期。发行者在确定债券期限时，应统筹考虑资金用途、市场利率变化、债券变现能力、发行规模等因素。

债券的付息方式分为一次付息与分期付息两大类。一次性付息有三种形式：单利计息、复利计息、贴现计息。分期付息一般采取按年付息、半年付息和按季付息三种方式。

3. 票面利率

债券的票面利率是债券利息与债券票面价值的比率，通常用百分比表示。债券利息对于债务人来说是筹资成本，对于债权人来说是其投资收益。因此，票面利率是债券票面要素中不可缺少的重要内容。影响债券票面利率的因素主要有债券的性质、信用级别、发行规模、期限及市场利率等，通常，票面利率在债券的约定期限内是固定的。

4. 债券发行者

债券发行者是指债券的债务主体即资金需求者，是债权人获取利息和到期收回本金的行使对象。

多数情况下，债券发行者是以公告或条例形式向社会公布发行债券的相关信息，因此，上述四个要素在发行时并不一定全部在债券票面上标明。

二、债券的性质

（一）债券属于有价证券

首先，债券反映和代表一定的价值，是债券投资者投入资金的量化表现。其次，债券持有者可以按期取得利息，利息是债券投资者收益的价值表现。最后，债券与其代表的权利联系在一起，拥有债券也就拥有债券所代表的权利，转让债券也就一并转移了债券代表的权利。

（二）债券是一种虚拟资本

尽管债券有面值，代表了一定的财产价值，但它也只是一种虚拟资本，而非真实资本。因为债券的本质是证明债权债务关系的证书，在债权债务关系建立时所投入的资金已被债务人占用，因此，债券是实际运用的真实资本的证书。债券的流动并不意味着它所代表的实际资本也同样流动，债券独立于实际资本之外。

（三）债券是债权的表现，具有法律效力

债券代表债券投资者的权利，这种权利不是直接支配财产，也不以财产所有权形式表现，而是一种债权。债权人不同于财产所有人，财产所有人可以视作公司的内部构成分子，而债权人是与公司相对立的。债权人除了按期取得本息外，对债务人无权作其他干预。

三、债券的分类

（一）根据发行主体的不同，债券分为政府债券、金融债券和公司债券

（1）政府债券是政府为筹集资金向投资者出具的、承诺在一定时期支付利息和到期偿还本金的债权债务凭证。根据发行主体的不同，政府债券分为中央政府发行的债券（即国

债）和地方政府发行的债券（即地方政府债）。

国债是中央政府为筹集财政资金而发行的一种政府债券。由于国债以中央政府的信用为保证，风险小，流动性强，利率也较其他同期限债券利率低。新中国成立后，从1950年首次发行国债（“人民胜利折实公债”）至今，我国的国债规模越来越大、品种不断丰富，市场基准作用日益增强。国债品种包括面向机构投资者为主的记账式国债和面向个人投资者为主的凭证式国债、储蓄国债（电子式）；既有固定利率国债，也有浮动利率国债；既有1年期以下的短期国债，也有1年期以上的中长期国债。

地方政府债是由地方政府发行并负责偿还的债券。地方政府债一般以当地政府的税收能力为保证，主要有两种发债模式：地方政府直接发债；中央政府发行国债，再转贷给地方。我国地方政府债发行始于1950年。1981年恢复发行国债后，在很长一段时间内没有发行过地方政府债。2009年我国又开始恢复发行地方政府债，目前，我国地方政府债的发行模式包括：代发代偿（财政部发行并代偿）；自发代偿（地方政府发行、财政部代办还本付息）；自发自还（地方政府发行并负责支付本息）。

（2）金融债券是由银行及非银行金融机构按照法定程序发行并约定在一定期限内还本付息的债券。由于金融机构一般有雄厚的资金实力，信用度较高，政府对它们的运营又有严格的监管。因此，金融债券的违约风险相对较小，具有较高的安全性。按照发行主体的不同，金融债券分为政策性金融债券和商业性金融债券，前者由政策性金融机构发行，后者由商业性金融机构发行。

我国的金融债券发行始于1982年，主要品种包括政策性金融债券、商业银行债券类（商业银行金融债券、商业银行次级债券、混合资本债券）、证券公司债券类（证券公司债券、证券公司次级债券、证券公司短期融资券）、财务公司债券、保险公司次级债、资产支持证券、金融租赁公司债券和汽车金融公司债券等。

（3）公司债券是指工商企业依照法定程序发行、承诺在未来的特定日期偿还本金并按事先规定的利率支付利息的有价证券。公司发行债券的目的主要是为了满足其生产经营所需资金。由于公司债券的发行者主要以其经营利润作为还本付息的保证，因此公司债券风险与公司本身的经营状况直接相关。如果发行债券后，公司经营状况不佳，连续出现亏损，可能无力支付投资者本息，投资者将面临风险。所以，主管部门和金融监管当局应对发债公司进行严格的资格审查或要求发行公司以财产做抵押，以保护投资者利益。另一方面，公司债券由于具有较大风险，利率通常也高于政府债券和金融债券的利率。

在国外，企业发行的债券统称为公司债券。在我国，企业发行的债券分为企业债券和公司债券。企业债券是按照《企业债券管理条例》规定发行与交易、由国家发展与改革委员会监督管理的债券，其发债主体为中央政府部门所属机构、国有独资企业或国有控股企业，很大程度上体现了政府信用。公司债券管理机构为中国证券监督管理委员会，发债主体为按照《中华人民共和国公司法》设立的公司法人，其信用保障是发债公司的资产质量、经营状况、盈利水平和持续盈利能力等。公司债券在证券登记结算公司统一登记托管，可申请在证券交易所上市交易，其信用风险一般高于企业债券。我国企业债券与公司债券的区别见表2.1。

表 2.1　我国企业债券与公司债券的区别

品种	企业债券	公司债券
发行主体	以大型企业为主发行	不限于大型公司，一些中小规模公司只要符合一定法规标准，都有发行机会
审批主体	国家发展和改革委员会	中国证监会
审批制度	采取审批制	采取核准制
担保要求	较多地采用了担保方式，同时又以一定的项目为主	募集资金的使用不强制与项目挂钩，包括可以用于偿还银行贷款、改善财务结构等股东大会核准的用途，也不强制担保，而是引入了信用评级方式
发行定价方式	企业债券的利率不得高于银行相同期限居民储蓄定期存款利率的 40%	利率或价格由发行者通过市场询价确定

资料来源：证券业从业人员一般从业资格考试辅导教材编委会.金融市场基础知识（2015 年）. 北京：中国财政经济出版社，2015

（二）按计息方式，债券分为单利债券、复利债券、贴现债券和累进利率债券

（1）单利债券是指在计算利息时，不论期限长短，仅按本金计息，所生利息不再计入本金计算下期利息的债券。

（2）复利债券是指计算利息时，按一定期限将所生利息计入本金再计算利息，逐期滚算的债券。复利债券的利息包含了货币的时间价值。在名义利率相同的情况下，复利债券的实得利息要多于单利债券且与复利频率正相关。

（3）贴现债券是指不含票面利率，发行时按规定的折现率折价发行，到期按面值偿还的债券。美国的国库券和日本的贴现国债都是典型的贴现债券。我国 1996 年开始发行贴现国债，期限分别为 3 个月、6 个月和 1 年。贴现债券与单利债券或复利债券的重要区别在于前者是在期初将利息预先扣除，而后者是在期末支付利息。

（4）累进利率债券是指以利率逐年累进方法计息的债券。单利债券和复利债券的利率在偿付期内是固定不变的，而累进利率债券的利率随着时间的推移，后期利率将比前期利率更高，呈累进状态。而且，这种债券的期限往往是变动的，但有最短持有期和最长持有期。

（三）根据票面利率是否固定，债券分为固定利率债券和浮动利率债券

（1）固定利率债券是指在发行时规定票面利率并在整个偿还期内票面利率保持不变的债券。固定利率债券不考虑市场变化因素，因而其筹资成本和投资收益可以事先预计，不确定性较小，但这种债券将使发行者和债券持有者面临因市场利率波动带来的风险。

（2）浮动利率债券是指发行时规定债券票面利率随市场利率变动而变动的债券，亦即债券票面利率在偿还期内可以变动和调整。浮动利率债券往往是中长期债券。由于债券票面利率随市场利率浮动，采取浮动利率债券形式可以避免债券的实际收益率与市场收益率之间出现的重大差异，降低市场利率波动而产生的风险。同时，浮动利率债券可以较好地抵御通货膨胀风险。

（四）根据券面形态，债券分为实物债券、凭证式债券和记账式债券

（1）实物债券是一种具有标准格式和实物券面的债券。在标准格式的债券券面上，一般印有债券面额、债券利率、债券期限、债券发行者、还本付息方式等票面要素。有时，债券利率、债券期限等要素也可以通过公告向社会公布，不再在债券券面上注明。发行期内，投资者可直接在销售实物债券的柜台购买，发行期结束后，实物券持有者可在柜台卖出，也可将实物券交证券交易所托管，再通过交易系统卖出。我国发行的无记名国债就属于实物债券，它以实物券的形式记录债权、面值等，不记名、不挂失，可以上市流通。

（2）凭证式债券是一种债权人认购债券的收款凭证。凭证式债券是一种储蓄债券，可记名、挂失，但不能上市流通。我国从 1994 年开始通过银行系统发行的凭证式国债即属凭证式债券，该债券券面上不印制票面金额（而是根据认购者的认购额填写实际的缴款金额），可记名、挂失，以“凭证式国债收款凭证”记录债权，不能上市流通，从购买之日起计息。在持有期内，持券人如果遇到特殊情况，需要提取现金，可以到购买网点提前兑取。提前兑取时，除偿还本金外，利息按实际持有天数及相应的利率档次计算。

（3）记账式债券没有实物形态的票券，而是在电子账户中记录债权。从 1994 年开始，我国通过沪、深交易所的交易系统发行和交易的记账式国债就属于记账式债券。由于记账式国债的发行和交易均无纸化，所以效率高、成本低、交易安全。记账式国债购买后可以随时在证券市场上转让，流动性较强。

（五）按有无担保，债券分为信用债券和担保债券

（1）信用债券是指仅凭债券发行者的信用发行的、没有抵押品或第三方作担保的债券。由于无抵押担保，债券的发行主体须具备良好的信用并遵守一系列的规定和限制，以提高债券的信用等级。政府债券和金融债券大多为信用债券。

（2）担保债券是指以抵押财产或第三方为担保而发行的债券。按照担保品的不同，担保债券分为抵押债券、质押债券和保证债券。公司债券大多为担保债券。

（六）按募集方式，债券分为公募债券和私募债券

（1）公募债券是指以不特定的投资者为募集对象的债券。公募债券需经证券主管部门批准方可在市场上公开发行，发行者负有信息公开的义务，并向投资者提供相关财务报表和资料。

（2）私募债券是指仅向与发行者有一定特定关系的投资者募集的债券。私募债券的发行者一般为金融机构，债券的流通性较差。

（七）按可否提前偿还，债券分为可赎回债券和不可赎回债券

（1）可赎回债券是指在债券到期前，发行者可以以事先约定的赎回价格购回的债券。公司发行可赎回债券主要是考虑到公司未来的投资机会和回避利率风险等问题，以增加公司资本结构调整的灵活性。发行可赎回债券最关键的问题是赎回期限和赎回价格的确定。

（2）不可赎回债券是指不能在债券到期前购回的债券。

（八）其他衍生债券

（1）发行者选择权债券，是指发行者有权利在计划赎回日按照面值赎回该债券。因此，发行者选择权债券的实际存续期存在不确定性。

（2）投资者选择权债券，是指投资者有权在计划回售日按照面值将该债券卖还给债券发行者，从实际操作角度来看，投资者卖还与否依然是借助于市场利率与票面利率的高低比较来判断。

（3）可转换债券是指债券持有者在一定期限内依据约定条件可以转换为其他类型的有价证券的债券，通常为普通股可转换债券。可转换债券由于附加转换选择权，兼有债权投资和股权投资的双重优势。当发行公司的经营业绩突出，持有者可以在约定期限内，按照约定的转换价格转换成该公司的股份，以分享公司业绩增长带来的收益。

（4）可交换债券是指上市公司的股东依法发行、在一定期限内依据约定的条件可以交换成该股东所持有的上市公司股份的公司债券。可交换债券与可转换债券的相同之处是发行要素与可转换债券相似，也包括票面利率、期限、换股价格和换股比率、换股期限等；对投资者来说与持有标的上市公司的可转换债券相同，投资价值与上市公司价值相关，在约定期限内可以以约定的价格交换为标的股票。可交换债券与可转换债券的区别是：①发债主体和偿债主体不同，前者是上市公司的股东，通常是大股东，后者是上市公司本身；②适用的法规不同，在我国发行可交换债券的适用法规是《公司债券发行试点办法》，可转换债券的适用法规是《上市公司证券发行管理办法》，前者侧重于债券融资，后者更接近于股权融资；③发行目的不同，前者的发行目的包括投资退出、市值管理、资产流动性管理等，不一定要用于投资项目，后者和其他债券的发债目的一般是将募集资金用于投资项目；④所换股份的来源不同，前者是发行者持有的其他公司的股份，后者是发行者未来发行的新股；⑤股权稀释效应不同，前者换股不会导致标的公司的总股本发生变化，也不会摊薄每股收益，后者会使发行者的总股本扩大，摊薄每股收益；⑥交割方式不同，前者在国外有股票、现金和混合三种交割方式，后者一般采用股票交割；⑦条款设置不同，前者一般不设置转股价向下修正条款，后者一般附有转股价向下修正条款。

（九）按发行地域，债券分为国内债券和国际债券

（1）国内债券是指一国政府、金融机构、工商企业为筹集资金在本国发行并以本币计价的债券。

（2）国际债券是一国政府、金融机构、工商企业或国际组织为筹措资金，在国际证券市场上发行的，以外国货币计价的债券。同国内债券相比，国际债券具有下述特点：资金来源广泛；计价货币为普遍可接受外汇；发行规模大；面临汇率风险性和国家风险。

国际债券分两类：外国债券和欧洲债券。外国债券是指某一国借款人在本国以外的某一国家发行并以发行地货币计价的债券；欧洲债券是指借款人在本国境外市场发行的，并以发行地所在国以外的外国货币计价的债券。

对外发行债券是我国吸引外国资金的重要渠道。从20世纪80年代初开始，我国进入国际债券市场筹集资金，主要的国际债券品种为政府债券、金融债券。

四、债券与股票的区别

（一）代表的法律关系不同

债券与股票作为有价证券，都分别代表着各自的法律关系，即发行者与投资者间有一定的权利义务关系。股票是所有权凭证，代表一定的所有权关系，持有股票者作为公司的股东，享有经营管理权和收益分配权。债券是债权凭证，代表一定的债权债务关系，债券持有者享有债券契约规定的到期收回本金、取得利息的权利，在发行者破产时，其对剩余财产的分配权优先于发行公司股东的权利。

（二）期限不同

股票是股东投入的股本的证明，为了保证公司经营的稳定性，股本可以由公司永久使用，除非公司停业清理或解散。因此，股票无期限。债券通常有期限，债权债务关系随着债券的发行开始，随着债券本息的偿还而终止。一般债券都在发行时即确定期限，投资者据此确定其投资行为。

（三）发行主体的范围不同

股票的发行主体只能是股份公司。债券的发行者可以是政府、国际经济组织、金融机构、公司、企业。

（四）收益的保障程度不同

股票的收益作为公司的一项分配，随公司的经营业绩，股利政策等不同而变化，而公司经营业绩又受宏观经济形势、行业发展前景、公司经营情况等的影响，因此股票的收益不确定性较大。债券的收益主要是利息收入，不受公司经营情况的直接影响，收益有保障。此外，在公司破产时，债券的持有者可以先于股东分配公司的资产。所以，债券的收益比股票的收益更有保障。

（五）风险不同

债券风险相对较小，而股票风险则较大。

五、违约风险与债券评级

（一）债券的违约风险

债券的违约风险又称信用风险，指债券发行者不能按时支付债券利息或偿还本金而给债券投资者带来损失的风险。违约风险对债券投资者的损失是最为巨大的。因此，违约风险也是衡量债券信用最为重要的指标之一，一般情况下债券违约风险越高，债券票面利率也越高。

债券的违约风险主要包括利息无法支付的违约风险和本金无法支付的违约风险。由于国债的发行主体为国家，所以国债几乎没有违约风险，通常也将国债利率作为无风险利率。因此，在国债的基础上，可以将债券市场中的任何一种债券做如下分解：一部分是类似于同期限国债的收益率；另一部分风险溢价为信用利差，即补偿债券因违约风险而导致的与无风险债券的风险溢价。为了确定这种利差的大小，信用评级机构专门负责衡量债券的违约风险并对违约风险进行评级。

（二）债券的信用评级

债券信用评级是指以企业或经济主体发行的债券为对象进行的信用评级，是建立债券风险控制机制的重要手段。通常，债券信用评级是指对企业债券信用评级，其目的是为投资者购买债券和债券的流通转让活动提供信息服务。

债券信用评级的意义在于，一方面，从投资者的角度来看，信用评级是投资者进行债券投资决策的重要依据，投资者购买债券需要承担一定风险，如果发行者到期不能偿还本息，投资者就会蒙受损失。债券的信用风险因发行后偿还能力不同而有所差异，对广大投资者尤其是中小投资者来说，事先了解债券的信用等级是非常重要的。由于受到时间、知识和信息的限制，投资者无法对众多债券进行分析和选择，因此需要专业机构对准备发行的债券还本付息的可靠程度进行客观、公正和权威的评定即进行债券信用评级，以方便投资者决策。另一方面，从发行者的角度来看，债券的信用评级是信誉高的发行者降低筹资成本的重要手段。通常，资信等级越高的债券，发行者可以以较低的票面利率筹资；而资信等级低的债券因风险较大，发行者只能以较高的票面利率发行债券。

债券的信用评级由独立的信用评级机构进行，国际上公认的最具权威性的信用评级机构，主要有标准•普尔公司、穆迪投资者服务公司和惠誉国际信用评级有限公司。其中，美国的两家公司负责评级的债券包括地方政府债券、公司债券、外国债券等，由于它们占有详尽的资料，采用先进科学的分析技术，又有丰富的实践经验和大量专门人才，所做出的信用评级具有很高的权威性。标准•普尔公司信用等级标准从高到低可划分为：AAA 级、AA 级、A 级、BBB 级、BB 级、B 级、CCC 级、CC 级、C 级和 D 级。穆迪投资者服务公司信用等级标准从高到低可划分为：Aaa 级、Aa 级、A 级、Baa 级、Ba 级、B 级、Caa 级、Ca 级、C 级。两家机构信用等级划分大同小异。前四个级别债券信誉高，风险小，是“投资级债券”；第五级开始的债券信誉低，是“投机级债券”。惠誉国际信用评级有限公司是唯一的欧资国际评级机构，总部设在纽约和伦敦。该公司的评级对象包括金融机构、企业、国家、地方政府和结构融资评级，评级范畴包括国际长期评级和国际短期评级。国际长期评级标准从高到低可划分为：投资级（AAA 级、AA 级、A 级、BBB 级）和投机级（BB 级、B 级、CCC 级、CC 级、C 级、RD 级、D 级）。国际短期评级标准从高到低可划分为：F1 级、F2 级、F3 级、B 级、C 级、D 级。

我国银行间债券市场中长期债券信用评级等级划分为三等九级，符号表示为：AAA、AA、A、BBB、BB、B、CCC、CC、CC，除 AAA 级，CCC 级（含）以下等级外，每一个信用等级可以“+”“-”符号进行微调，表示略高或略低于本等级。短期债券则划分为四等六级，符号表示为 A-1、A-2、A-3、B、C、D，每个信用等级均不进行微调。

第四节 证券投资基金

一、证券投资基金的内涵

证券投资基金是指通过公开发售基金份额募集资金，由基金托管人托管，基金管理人管理和运用资金，为基金份额持有人的利益，以资产组合方式进行证券投资的一种利益共享、风险共担的集合投资工具。证券投资基金在不同国家或地区有不同称谓，美国称为“共同基金”，英国和我国香港地区称为“单位信托基金”，日本和我国台湾地区称为“证券投资信托基金”。

投资基金既是一种大众化的信托投资工具，也是一种积少成多的组合投资方式、投资制度，即投资者将资金委托给具有丰富的证券投资知识和经验的专家经营管理，进行分散投资，趋利避险，以达到分散投资风险，并兼顾资金的流动性和安全性而获利的目的。对于那些资金不多、没有时间和精力、缺少证券投资专门知识的投资者而言，是很好的投资选择。

证券投资基金通过发行基金份额的方式募集资金，并以股票、债券等金融工具为投资对象，投资者通过购买一定数量的基金份额参与投资。因此，证券投资基金是一种间接投资工具。

二、证券投资基金与股票、债券的关系

（一）证券投资基金与股票、债券的区别

（1）反映的经济关系不同。股票投资者是公司的股东，有权对公司的重大决策行使表决权；债券的投资者是债券发行者的债权人，享有到期收回本息的权利；基金单位的持有者是基金的受益人，体现的是信托关系。

（2）风险程度不同。一般情况下，股票的风险大于基金和债券，对中小投资者而言，由于受可支配资产总量的限制，只能直接投资于少数几只股票，当其所投资的股票因股价下跌或企业财务状况恶化时，将面临很大的投资风险；而基金的基本原则是组合投资、分散风险，把资金按不同的比例分别投资于不同期限、不同种类的有价证券，投资风险较低。债券在一般情况下，本金得到保证，收益相对固定，风险比基金和股票要小。

（3）收益情况不同。基金和股票的收益是不确定的，而债券的收益是确定的。一般情况下，基金收益比债券高，但比股票低。

（4）投资方式不同。与股票、债券的投资者不同，证券投资基金是一种间接的证券投资方式，基金的投资者不再直接参与有价证券的买卖活动，而是由专家具体负责投资方向的确定、投资对象的选择。

（5）投资回收方式不同。债券投资是有一定期限的，期满后收回本息；股票投资是无限期的，除非公司破产、进入清算，投资者不得从公司收回投资，如要收回，只能在证券交易市场上变现；投资基金则要视所持有的基金形态不同而有区别：封闭式基金有一定的期限，期满后，投资者可按持有的份额分得相应的剩余资产，在封闭期内还可以在交易市

场上变现；开放式基金一般没有期限，但投资者可随时向基金管理人要求赎回。

（二）证券投资基金与股票、债券的联系

虽然证券投资基金与股票、债券有以上的不同，但彼此间也存在不少联系：

（1）基金、股票、债券都属于有价证券，对它们的投资均为证券投资。

（2）基金份额的划分类似于股票，股票是按“股”划分，计算其总资产；基金资产则划分为若干个“基金单位”，投资者按持有基金单位的份额分享基金的增值收益，契约型封闭基金与债券情况相似，在契约期满后一次收回投资。

（3）股票、债券是证券投资基金的投资对象，有专门以股票、债券为投资对象的股票基金和债券基金。

三、证券投资基金的功能

（一）投资基金为中小投资者拓宽了投资渠道

对中小投资者来说，存款或购买债券较为稳妥，但收益较低；投资于股票有可能获得较高收益，但对于手中资金有限、投资经验不足的中小投资者来说，投资股票有很多障碍。一方面，购买股票需要一定的资金量，小额资金入市较难；另一方面，在资金量有限的情况下，很难做到组合投资、分散风险。此外，股市变幻莫测，中小投资者缺乏投资经验，加上信息获取的限制，难以在股市中获得很好的投资收益。证券投资基金作为一种组合投资工具，把众多投资者的小额资金汇集起来进行组合投资，由专家来管理和运作，经营稳定、收益可观，可以说是专门为中小投资者设计的间接投资工具，大大拓宽了中小投资者的投资渠道。

（二）投资基金通过把储蓄转化为投资，有力地促进了产业发展和经济增长

投资基金通过吸收社会上的闲散资金，为企业在证券市场上筹集资金创造了良好的融资环境，实际上起到了把储蓄资金转化为生产经营资金的作用。这种把储蓄转化为投资的机制为产业发展和经济增长提供了重要的资金来源，而且，随着基金的发展壮大，这种作用将越来越大。

（三）投资基金对证券市场的发展具有重要意义

首先，投资基金的发展有利于证券市场的稳定。证券市场的稳定与否，同市场的投资者结构密切相关。投资基金的出现和发展，能有效地改善证券市场的投资者结构，成为稳定市场的中坚力量。投资基金由专家来经营管理，他们专业知识精通、投资经验丰富、信息资料齐备、分析手段先进、投资行为相对理性，客观上能起到稳定市场的作用。同时，投资基金一般注重资本的长期增长，多采取中长期的投资行为，不会在证券市场上频繁操作，能减少证券市场的波动。其次，作为一种主要投资于有价证券的金融工具，投资基金的出现和发展丰富了证券市场的投资品种，优化了金融结构，扩大了证券市场的交易规模，丰富和活跃了证券市场。随着投资基金的发展壮大，它已成为推动证券市场发展的重要动力。发达国家证券市场发展的经验也表明，投资基

金的专业化服务可为社保基金、企业年金、职业年金等提供保值增值平台，促进社会保障体系的建立和完善。

四、证券投资基金的特点

（一）集合理财、专业管理

投资基金将众多投资者的资金集中起来，委托基金管理人进行组合投资，表现出一种集合理财的特点。通过汇集众多投资者的资金，积少成多，有利于发挥资金的规模优势，降低投资成本。基金由基金管理人进行投资管理和运作，基金管理人一般拥有大量的专业投资研究人员和强大的信息网络，能够更好地对证券市场进行全方位的动态跟踪与深入分析。将资金交给基金管理人管理，使中小投资者也能享受到专业化的投资管理服务。

（二）组合投资、分散风险

为降低投资风险，大多数国家的法律都规定基金的投资运作必须以组合投资的方式进行，从而使“组合投资、分散风险”成为基金的显著特色。中小投资者由于资金量小，一般无法通过购买数量众多的有价证券分散投资风险。例如，在股票投资中，基金通常会购买几十种甚至上百种股票，投资者购买基金就相当于用很少的资金购买了一揽子股票，在多数情况下，某些股票下跌造成的损失可以通过其他股票上涨的盈利来弥补，因此可以充分享受到组合投资、分散风险的好处。

（三）利益共享、风险共担

证券投资基金实行“利益共享、风险共担”的原则。基金投资者是基金的所有者。基金投资收益在扣除由基金承担的费用后的盈余全部归基金投资者所有，并依据各投资者所持有的基金份额比例进行分配。为基金提供服务的基金托管人、基金管理人只能按规定收取一定比例的托管费、管理费，并不参与基金收益的分配。

（四）严格监管、信息透明

为切实保护投资者的利益，增强投资者对基金投资的信心，各国（地区）基金监管机构都对基金业实行严格的监管，严厉打击各种有损于投资者利益的行为，并强制基金进行及时、准确、充分的信息披露。因此，严格监管与信息透明也就成为基金的又一显著特点。

（五）独立托管、保障安全

基金管理人负责基金的投资操作，本身并不参与基金财产的保管，基金财产的保管由独立于基金管理人的基金托管人负责，这种相互制约、相互监督的制衡机制对投资者的利益提供了重要的保障。

五、证券投资基金的分类

（一）契约型基金和公司型基金

1. 契约型基金

契约型投资基金也称信托型投资基金或单位信托基金，是指基金发起人依据其与基金管理公司、基金托管公司订立的基金契约，发行基金单位而组建的投资基金。该类基金一般由基金管理公司、基金托管公司及投资者三方当事人订立信托契约。基金管理公司是基金的发起人，通过发行受益凭证将资金筹集起来组成信托财产，并依据信托契约，负责保管信托财产，具体办理证券、现金管理及有关的代理业务等；基金托管公司作为基金资产的名义持有者，负责基金资产的保管和处置，对基金管理人的运作实行监督；投资者也是受益凭证的持有者，通过购买受益凭证，参与基金投资，享有投资收益。契约型投资基金起源于英国，后在日本、新加坡、印度尼西亚、中国香港等国家和地区十分流行。

在我国，契约型投资基金依据基金管理公司、基金托管公司之间所签订的基金合同设立，基金投资者自取得基金份额后即成为基金份额持有者和基金合同的当事人。

2. 公司型基金

公司型投资基金是具有共同投资目标的投资者依公司法组成以营利为目的的股份制投资公司，并将资产投资于特定对象的投资基金。公司型基金以公司形态组建，以发行股份的方式募集资金，一般投资者则为认购基金而购买该公司的股份，也就成为该公司的股东，凭其持有的股份依法享有投资收益。公司型基金的组织结构与一般股份公司相似，设立有董事会和股东大会，基金资产归公司所有。但不同于一般股份公司的是，公司型基金委托基金管理公司作为专业的财务顾问来经营与管理基金资产。

3. 公司型基金和契约型基金的区别

（1）法律依据不同。公司型基金根据有关国家的公司法成立，因此基金公司具有法人资格。公司型基金除了两个当事人，即基金公司及其股东外，其他当事人之间的关系与契约型基金一样；基金公司及其股东之间的权利与义务及基金的运用必须遵守公司法的要求；基金公司如果本身不是管理公司，则基金公司与基金管理公司之间也需要通过委托管理契约来规范。契约型基金根据有关国家的信托法组建，基金本身不具有法人资格。契约型基金有三个当事人，即委托人、受托人和受益人，他们之间的权利与义务及基金的运作遵守信托法的规定。

（2）章程契约不同。公司型基金经营信托财产凭借的是公司章程、委托管理契约和委托保管契约等文件。而契约型基金则是凭借信托契约来经营信托财产的。

（3）基金发行的凭证不同。公司型基金的信托财产是通过发行普通股票筹集起来的。契约型基金的信托财产是通过发行受益凭证筹集起来的。前者既是一种所有权凭证，又是一种信托关系；后者反映的仅仅是一种信托关系。

（4）投资者的地位不同。公司型基金的投资者即基金公司股东。他们有权对公司的重大决策进行审批，发表自己的意见，并以股息形式收取投资收益。契约型基金的投资者是信托契约的当事人。通过购买受益凭证获取投资收益，对基金如何运用所做的重要投资决策通常不具有发言权。

（5）基金融资渠道不同。公司型基金由于具有法人资格，因此可以向银行借款，这比较有利于公司扩大资产规模，公司发展有雄厚的资本做保证。契约型基金因不具备法人资格，一般不通过向银行借款来扩大基金规模。

(6) 基金具体运作不同。公司型基金募集资金再发售证券方面有很多优势，可以迅速将股票销售完毕。这当然要对承销商和经销商支付一定费用。投资者办理分配移交手续后即成为股东。对于契约型基金而言，投资者只要向基金管理公司购买受益凭证，即可成为该基金的受益人。在基金运营中，公司型基金同一般股份公司一样，除非根据《公司法》到了破产清算阶段，一般情况下基金公司都具有永久性，这有利于公司稳定经营。从宏观经济角度看，基金公司不随意成立和终止，这有利于一个国家证券市场的稳定和国民经济的平稳发展。由于契约型基金依据信托契约建立和运作，随着契约期满，基金运营也就终止，这不利于基金的长期经营，也不利于证券市场的稳定。

就两类基金的共性而言，无论是公司型基金还是契约型基金，都涉及四个方面当事人：基金受益人或基金投资人（公司型基金的投资人包括基金公司的投资人和基金公司两个层次）、基金管理人即基金管理公司（有的基金公司本身即是管理公司）、基金保管人即基金保管公司，以及基金代理人即承销公司。它们通称为基金组织的四要素，在基金的运用过程中发挥着不同的作用。

（二）封闭式基金和开放式基金

1. 封闭式基金

封闭式基金是指基金规模在发行前已确定，在发行完毕后的规定期限内不再接受新的投资，基金规模固定不变的投资基金。基金单位的流通采取在证券交易所上市的办法，投资者日后买卖基金单位，都必须通过证券经纪商在二级市场上进行交易。由于封闭式基金的基金单位不能被追加、认购或赎回，投资者只能通过证券经纪商在证券交易所进行基金的买卖。因此，也可以将封闭式基金称为公开交易共同基金。

封闭式基金的单位价格虽然以基金净资产为基础，但更多地随证券市场供求关系的变化而变化，或高于基金净资产价值或低于净资产价值。

2. 开放式基金

开放式基金是指基金设立后，投资者可以随时申购或赎回基金单位，基金规模不固定的投资基金。由于这种投资基金的基金单位可以随时追加，又称为追加型投资基金。

开放式基金的买卖价格是由基金的净资产价值加一定手续费确定的。由于基金的资本总额随市场供求关系变化而变化，基金的买卖价格必然反映基金的净资产价值。

3. 封闭式基金和开放式基金的区别

(1) 发展历史不同。封闭式基金早于开放式基金。在证券投资基金初创阶段，投资者希望基金运作更具稳定性，加上缺乏良好的市场环境，因此封闭式基金最先出现。到了20世纪20年代，证券市场上投机活动日益强化，许多封闭式基金也竞相参与投机活动。1929年经济大危机中，许多封闭式基金纷纷倒闭，此后开放式基金在证券市场上逐渐取得主导地位。

(2) 期限不同。封闭式基金有固定的封闭期限，通常为5～15年，经受益人大会通过并经主管机关同意，期限还可以适当延长。开放式基金没有固定期限，投资者可随时向基金管理人赎回基金单位。

（3）发行规模限制不同。封闭式基金在招募书中列明其基金规模，在封闭期限内未经法定程序认可，不能再增加发行。开放式基金没有规模限制，投资者可随时提出认购或赎回申请，基金规模也随之增加或减少。

（4）基金单位的交易方式不同。封闭式基金的基金单位在封闭期限内不能赎回，持有人只能寻求在证券交易所出售或转让。开放式基金的投资者则可以在首次发行结束一段时间后，随时直接向基金管理公司或通过经销商购买或赎回，买卖方式灵活。因此，开放式基金的流动性要高于封闭式基金，可以随时申购或赎回，从而有利于基金投资者。

（5）基金单位交易价格确定方式不同。封闭式基金与开放式基金的基金单位除了首次发行价都是按面值加一定百分比的申购费计算外，以后的交易计价方式就不同了。封闭式基金的买卖价格受市场供求关系的影响，并不必然反映基金的净资产值，常出现溢价或折价现象。如市价上涨时，基金买卖价格可以上涨很高，这时投资者的基金资产价值可能增加；反之，当基金价格下跌时，基金价格可能下跌得很低，这时投资者就要承受其资产价值下跌的损失。因此封闭式基金的投资风险相对大一些。开放式基金的交易价格直接反映其净资产价值，其申购价一般是基金单位净资产值加一定的申购费，赎回价是基金单位净资产值扣除一定的赎回费，不直接受市场供求的影响。投资者投资于此类基金至少可以保持其净资产价值，这就大大降低了投资风险。

（6）投资策略不同。封闭式基金的基金单位数不变，资本不会减少，因此，其资产可全部用于投资，这样基金管理公司可制定长期的投资策略，取得长期经营绩效。但是，当基金发展前景看好时，由于基金不能随时追加资本，扩大规模，从而影响基金绩效的扩张。开放式基金因基金单位可随时赎回，为应付投资者随时赎回兑现，基金资产不能全部用来投资，更不能把全部资本用来进行长线投资，必须保持基金资产的流动性，在投资组合上需保留一部分现金和高流动性的金融工具，从而影响基金的投资收益。在基金的经营绩效上，由于开放式投资基金多限于在流动性很强的投资方向上进行选择，加上基金不能全部用于投资，都会影响到基金的长期绩效。

（三）股票基金、债券基金、货币市场基金、衍生证券投资基金、混合基金

1. 股票基金

股票基金是指以股票为投资对象的投资基金。股票基金的投资目标侧重于追求资本利得和长期资本增值。股票基金的优点是资本成长潜力较大，投资者不仅可以获得资本利得，而且还可以通过该基金使得较少的资本能够分散投资于各类普通股股票。

股票基金可以提供不同的风险类型供投资者选择，而且可以克服股票市场普遍存在的区域性投资限制的弱点，此外，还具有变现性强、流动性强等优点。由于股票投资基金聚集了巨额资金，几只甚至一只基金就可以引发股市动荡，所以，各国政府对股票基金的监管都十分严格，不同程度地规定了基金购买某一家上市公司的股票总额不得超过基金资产净值的一定比例，防止基金过度投机和操纵股市。

在我国，根据《公开募集证券投资基金运作管理办法》，80%以上的基金资产投资于股票的，为股票基金。股票基金可以进一步分为价值型股票基金、成长型股票基金和平衡

型股票基金。

2. 债券基金

债券基金是指以债券为投资对象的投资基金。由于债券是一种获利稳定、风险较小的长、短期投资的有价证券，因而投资于债券的基金可以保证投资者获得稳定的投资收益，而且面临的风险小，适合于欲获取稳定收入的投资者。债券基金的收益受市场利率的影响，当市场利率下调时，其收益会上升，反之，若市场利率上升，则基金收益率将降低。除此之外，汇率也会影响基金的收益。

在我国，根据《公开募集证券投资基金运作管理办法》，80%以上的基金资产投资于债券的，为债券基金。

3. 货币市场基金

货币市场基金是指以国库券、大额可转让定期存单、商业票据等货币市场工具为投资对象的投资基金。通常，货币市场基金的收益会随着市场利率的下跌而降低。货币市场基金的优点是安全性高、购买限额低、流动性强、管理费用低，有些甚至不收取赎回费用。在我国，根据《公开募集证券投资基金运作管理办法》，仅投资于货币市场工具的，为货币市场基金。

4. 衍生证券投资基金

衍生证券投资基金是一种以衍生证券（如期货、期权）为投资对象的基金。这种基金的风险大，因为衍生证券一般是高风险的投资品种。

5. 混合基金

混合基金是指同时以股票、债券等有价证券为投资对象的基金。根据中国证监会对基金类别的分类标准，投资于股票、债券和货币市场工具，但股票投资和债券投资比例不符合股票基金、债券基金规定的为混合基金。按其资产配置比例，混合基金分为偏股型基金、偏债型基金、股债平衡基金和灵活配置型基金。

（四）成长型投资基金、收入型投资基金和平衡型投资基金

1. 成长型投资基金

成长型投资基金是指以追求资本的长期成长作为其投资目的的投资基金。为了实现这一目标，基金管理人通常将基金资产投资于信誉好、长期有盈利的公司，或者有长期成长前景的公司的股票。

成长型基金以追求长期资本利得为主，股利分配占投资收益的一小部分，通常比收入型基金和成长及收入型基金少，投资者期望的是基金所投资股票的价格上涨所获得的投资收益。因此，成长型基金的风险比收入型基金或成长及收入型基金大，价格的起伏也较大，如果投资者的投资目标是长期成长，就必须较长时间持有该投资基金。虽然所有的成长型基金都追求资本的长期成长。但是，为了达到这个目标的投资策略却有差异。因此，投资者选择基金时，应仔细阅读公开说明书，以确定某些（或某个）成长基金的投资目标是否与自己的投资目标相吻合。

2. 收入型投资基金

收入型投资基金是指以能为投资者带来高水平的当期收入为目的的投资基金。其投资

对象主要是能带来稳定收入的各种有价证券。收入型投资基金的资产成长潜力较小，面临的风险也相对较低。因此，收入型投资基金一般较适合于保守型投资者。这是因为这类投资者往往对风险的承受能力低或无力承受，只想快投资快见效，并且还希望保住本金。收入型投资基金一般可分为固定收入型基金和权益收入型基金。

收入型投资基金的投资目标是强调基金单位价格的上升，以增加收益；成长型投资基金则往往注重资本增长。收入型投资基金多投资于资本成长有限的市场，如有息证券、优先股、可兑换债券、政府债券等证券市场；成长型投资基金则多投资于风险较大的股票市场上，如有成长潜力的小型公司股票、未上市股票等。收入型投资基金的投资策略是其资产分布中，现金持有量上占较大比重，且资本多向投资对象或投资区域多元化发展，形成不同种类的投资组合，以分散投资风险；成长型投资基金的投资策略是现金持有量少，资本大部分投入到资本市场上，特别是在股价趋升时，甚至向银行借款进行投资，以扩大投资额。收入型投资基金的收益使用是按时将股息分配给投资者，成为投资者投资于基金的固定收入来源；成长型投资基金为促使基金价格不断上升，以取得未来经营性收入，往往不直接派息给投资者，而是将股息用作再投资的资本，重新投放到市场上。收入型投资基金所承担的风险要尽可能小些，以确保资产获取当前收入，故而基金的资产运作多趋向稳定；成长型投资基金为取得长期的资本收入，宁可承担较大的投资风险，故而基金资产运作可能会处于不稳定状态，特别是在资本市场价格波动剧烈时，可能会使资产遭受损失。从这两类基金的发展状况看，在金融市场发达的国家，成长型投资基金在整个金融市场中居主导地位，而且该类基金发展也较快；在发展中国家，由于经济发展水平较低，金融市场也刚刚起步，金融环境尚不成熟，故而投资基金在起步阶段多以收入型为主。

3. 平衡型投资基金

平衡型投资基金是指以支付当期收入和追求资本的长期成长为目的的投资基金。平衡型投资基金的投资目标主要有：确保投资者的投资本金、支付当期收入和资本与收入的长期成长。为此，基金一般投资于债券、优先股、普通股等各种证券上。该类基金的优点是满足投资者的双重投资目标，既追求当期收入又注重资本成长，这就大大降低了损失本金的风险。但该类基金的资本成长潜力却不如成长型投资基金等。

通常，成长型基金的风险大、收益高；收入型基金的风险小、收益较低；平衡型基金的风险、收益介于成长型基金和收入型基金。

（五）特殊类型基金

1. 指数基金

指数基金是指以某种证券市场的价格指数为投资对象的投资基金。指数基金的收益随当期的某种价格指数上下波动，当某价格指数上升时，基金收益也增加，反之，基金收益则减少。基金因始终保持当期的市场平均收益水平，故而收益不会过高，也不会过低。指数基金的特点是费用低廉；分散和防范风险；延迟纳税；监控较少。因而适合稳健投资者。

2. 认股权证基金

认股权证基金是指以认股权证为投资对象的投资基金。认股权证是一种金融票据，持有人有权在指定的期间按预定的价格购买发行公司一定数量的股份。由于认股权证具有较强的资本增值能力，很多投资者乐意购买，只是因其风险过大，投资者不敢贸然涉入。为满足这部分投资者的需要，一些基金管理公司就创设了认股权证基金。认股权证基金较之个人购买认股权证的优点是，基金通过购买多种认股权证，可将风险降到最低点。

3. 雨伞基金

雨伞基金是指多个基金共用一个基金合同、子基金独立运作，在基金之间可以进行相互转换的一种基金结构形式。雨伞基金又称伞型基金，在我国被称为“系列基金”。在我国香港也称为“伞子基金”或“伞子结构基金”。它实际上就是开放式基金的一种组织结构。在这一组织结构下，基金发起人根据一份总的基金招募书，发起设立多只相互之间可以根据规定的程序进行转换的基金，这些基金称为子基金或成分基金，而由这些子基金共同构成的这一基金体系就被称为雨伞基金。

伞型基金不是一只具体的基金，而是同一基金发起人对由其发起、管理的多只基金的一种经营管理方式，雨伞基金本身并不构成独立的法律主体，而只是作为一种结构，体现子基金之间的共同特征和相互转换、相互依存的关系。雨伞基金相对于单一基金主要有以下特点。

（1）法律契约的同一性。不管一只雨伞基金下面可能包含了多少只子基金，它仍然只有一份相同的总招募书或总的基金契约，这些契约文件对该伞型基金下的所有子基金都同样适用，都具有相同的法律约束。

（2）基金体系的开放性。雨伞基金的开放性表现在两个方面，一是基金规模上的开放性，即无论是雨伞基金的总规模或该雨伞基金下的各子基金的规模，都是没有限额的，这也是所有开放式基金的共同特点；二是子基金品种上的开放性，即基金发起人可以在同一份法律契约下（基金合同）下不断根据市场需要推出新的子基金品种。在设立新的子基金品种时，基金发起人所要做的就是将有关新子基金的具体情况（如投资目标、投资政策、费率标准等）添加到此前的基金契约当中，将之进行更新。由于有关新子基金的条款并不影响原有的其他子基金，更新后的契约文件对该雨伞基金下所有的子基金仍然适用。

（3）基金品种的多样性。相对于单一基金而言，雨伞基金通常都包含数量从数十只乃至上百只的子基金，这些子基金在投资目标、投资政策、投资对象等方面各不相同。细致而有针对性的品种设计，使得雨伞基金可以在同一品牌下最广泛地吸引具有不同投资目标、投资偏好的众多投资者。基于此特点，雨伞基金有时也被誉为“适合所有人的基金”。

（4）子基金之间的相互独立性。除了隶属于一个相同的总契约和总体框架及不同子基金间可以进行方便的转换之外，各个子基金之间在很大程度上是相互独立的。就单独一只子基金而言，在包括资金的管理运用、计价、申购、赎回、收益分配等方面在内的一整套运作机制，都与单一基金并没有实质上的区别。通常来说，除非基金契约或者法律法规另有规定，任何子基金的终止和清算，并不必然导致伞型基金和其他子基金的终止和清算。

（5）子基金之间的可转换性。同一伞型基金的投资者，可以在该伞型基金下的不同子基金之间进行方便快捷并且费用低廉的转换。除了一般开放式基金契约所规定的申购、赎回条款之外，伞型基金的招募书中还对投资者在不同子基金间进行转换的时间、手续、费率等作出规定。转换功能使得投资者在不同基金间转换的费用和时间显著降低，从而大大增强了伞型基金相对于单一基金的优势。不过，伞型基金下不同子基金间的转换并非一定免费，通常情况下仍需收取一定的费用（包括原有子基金的赎回费及转换费），但一般而言会低于投资者在单一基金间进行转换的费用。

4. 基金中的基金

基金中的基金是指以其他证券投资基金为投资对象的基金，其投资组合由其他基金组成。我国目前还没有此类基金。

5. QDII[①]基金

QDII 基金是指在一国境内设立，经该国有关部门批准从事境外证券市场的股票、债券等有价证券投资的基金。2007 年，我国推出了首批 QDII 基金。

6. 分级基金

分级基金是指在一只基金内部通过结构化的设计或安排，将普通基金份额拆分为具有不同预期收益与风险的两类（级）或多类（级）份额并可以分离上市交易的基金。

7. 保本基金

根据中国证监会 2010 年发布的《关于保本基金的指导意见》，保本基金是指通过一定的保本投资策略进行运作，同时引入保本保障机制，以保证基金份额持有人在保本周期到期时，可以获得投资本金保证的基金。保本基金的投资目标是在锁定下跌风险的同时力争有机会获得潜在的高回报。

8. 交易所交易的开放式指数基金

交易所交易的开放式指数基金又称为交易所交易基金（exchange traded fund，ETF），是一种在交易所上市交易的、基金份额可变的开放式基金（上海证券交易所定名为“交易型开放式指数基金”）。

ETF 是以某一选定的指数所包含的成分证券为投资对象，依据构成指数的证券种类和比例，采用完全复制或抽样复制的方法进行被动投资的指数型基金。根据 ETF 跟踪的指数不同，可分为债券型 ETF、股票型 ETF。

ETF 结合了封闭式基金与开放式基金的运作特点，既可以像封闭式基金一样在交易所二级市场进行买卖，又可以像开放式基金一样申购、赎回。ETF 实行一级市场和二级市场并存的交易制度。在一级市场，投资者可以在交易时间以 ETF 指定的一篮子股票申购基金份额或以基金份额赎回一篮子股票。在二级市场，ETF 与普通股票一样在交易所交易。这种双重交易机制使 ETF 的二级市场价格不会过度偏离基金份额净值。

9. 上市开放式基金

上市开放式基金（listed open-ended fund，LOF）是一种既可以在场外市场进行基金份额申购、赎回，又可以在交易所进行基金份额交易和基金份额申购或赎回的开放式基金。LOF 是我国对证券投资基金的一种本土化金融创新。

LOF 融合了银行等代销机构和交易所交易网络两者的销售优势，拓展了开放式基金的销售渠道。LOF 通过场外市场与场内市场获得的基金份额被注册在场外系统与场内系

---

① qualified domestic institutional investor，即合格的境内机构投资者。

统，但基金份额可以通过跨系统转托管实现在场外市场与场内市场的转换。

ETF 与 LOF 都具备开放式基金可以申购、赎回和场内交易的特点，但二者存在以下区别。

第一，申购、赎回的标的不同。ETF 与投资者交换的是基金份额与一篮子股票；LOF 的申购、赎回是基金份额与现金的对价。

第二，申购、赎回的场所不同。ETF 的申购、赎回通过交易所进行；LOF 的申购、赎回既可以在代销网点进行，也可以在交易所进行。

第三，对申购、赎回的限制不同。只有资金在一定规模以上的投资者才能参与 ETF 的申购、赎回交易；LOF 在申购、赎回上没有特别的要求。

第四，基金投资策略不同。ETF 通常采取完全被动式管理方法，以拟合某一指数为目标；LOF 则是普通的开放式基金参加了交易所的交易方式，它可以是指数型基金，也可以是主动管理型基金。

第五节 金融衍生工具

一、金融衍生工具概述

金融衍生工具又被称为“金融衍生产品”，是与基础金融产品相对应的一个概念，指建立在基础金融产品或基础金融变量之上，其价值依赖于基础金融产品，所以其价格也就取决于基础金融产品价格（或数值）变动的派生金融产品。这里所说的基础产品是一个相对概念，不仅包括现货金融产品，也包括金融衍生产品，甚至某些自然现象（如气温、霜冻、飓风）、人类行为（如选举、温室气体排放）也逐渐成为金融衍生工具的基础。

二、金融衍生工具的特点[①]

（一）跨期性

金融衍生工具是交易双方通过对利率、汇率、股价等因素变动趋势的预测，约定在未来某一时间按照一定条件进行交易或选择是否交易的合约。无论是哪一种金融衍生工具，都会影响交易者在未来一段时间内或未来某时点上的现金流，跨期交易的特点十分突出。这就要求交易双方对利率、汇率、股价等价格因素的未来变动趋势做出判断，而判断的准确与否直接决定了交易者的交易盈亏。

（二）杠杆性

金融衍生工具交易一般只需要支付少量的保证金或权利金就可签订大额合约或互换不同的金融工具。例如，若期货交易保证金为合约金额的 5%，则期货交易者可以控制 20 倍于所投资金额的合约资产，实现以小搏大的效果。当然，在收益可能成倍放大的同时，投资者所承担的风险与损失也会成倍放大，基础工具价格的轻微变动也许就会

① 证券从业人员一般从业资格考试辅导教材编委会. 金融市场基础知识（2015 年）. 北京：中国财政经济出版社，2015：359-360

带来投资者的大盈大亏。金融衍生工具的杠杆效应一定程度上决定了它的高投机性和高风险性。

（三）联动性

联动性是指金融衍生工具的价值与基础产品或基础变量紧密联系、规则变动。通常，金融衍生工具与基础变量相联系的支付特征由衍生工具合约规定，其联动关系既可以是简单的线性关系，也可以表达为非线性函数或者分段函数。

（四）不确定性或高风险性

金融衍生工具的交易后果取决于交易者对基础工具（变量）未来价格（数值）的预测和判断的准确程度。基础工具价格的变幻莫测决定了金融衍生工具交易盈亏的不稳定性，这是金融衍生工具高风险性的重要诱因。基础金融工具价格不确定性仅仅是金融衍生工具风险性的一个方面，国际证券交易所组织在 1994 年 7 月公布的一份报告（IOSCOPD35）中，认为金融衍生工具还伴随着以下几种风险：①交易中对方违约，没有履行所做承诺造成损失的信用风险；②因资产或指数价格不利变动可能带来损失的市场风险；③因市场缺乏交易对手而导致投资者不能平仓或变现所带来的流动性风险；④因交易对手无法按时付款或交割可能带来的结算风险；⑤因交易或管理人员的人为错误或系统故障、控制失灵而造成的操作风险；⑥因合约不符合所在国法律，无法履行或合约条款遗漏及模糊导致的法律风险。

三、常见的金融衍生工具

（一）金融期货合约

金融期货合约是指交易双方在交易所内通过公开竞价方式，就将来某一特定时间按约定价格或指数交收标准数量的特定金融工具或其相应指数价值而达成的协议（契约）。按基础工具划分，金融期货主要有三种类型：外汇期货、利率期货、股指期货。另外，芝加哥期货交易所还开设有互换的期货，芝加哥商业交易所开设有消费者物价指数期货（该交易所将其归类为利率期货）和房地产价格指数期货。

金融期货具有以下基本功能：价格发现、套期保值、套利及投机功能。

金融期货交易有一定的交易制度，这些交易制度是期货交易正常进行的制度保证，也是期货市场运行机制的外在体现。金融期货的交易制度主要包括：保证金制度；涨跌停板制度；持仓限额制度；每日无负债结算制度（逐日或逐笔盯市制度）；强行平仓制度；大户报告制度等。

1992 年 12 月 28 日，上海证券交易所推出了面向证券公司的国债期货交易，并于 1993 年 12 月 25 日正式向社会公众开放，到 1995 年，各地挂牌的国债期货合约超过 60 个品种。由于当时各种复杂的原因，国债期货交易发生了以“327 国债期货事件”为代表的一系列重大风险事件，1995 年 5 月 17 日，中国证监会暂停了国债期货交易。2013 年 9 月 6 日，经国务院批准，中国证监会批复，国债期货正式在中国金融期货交易所挂牌上市，暂停 18 年的金融期货品种又回到了中国资本市场的舞台。1993 年 3 月 10 日，海南证券交易中心推出股票指数期货交易，标的为深证综合指数和深证A股指数，同年9月底，由于其严重投机性而停止交易。2010年4月16日，中国金融期货交易所正式上市交易沪深300指数期货。此后又相继推出其他股指期货品种。

（二）金融期权合约

金融期权合约是指买卖双方订立合约，并在合约中规定，由买方向卖方支付一定数额的权利金后，即赋予买方在规定时间内按双方事先约定的价格购买或出售一定数量的某种金融资产或金融期货合约的权利的一种契约。因此，金融期权交易实际上是一种权利的单方面有偿让渡。金融期权的买方以支付一定数量的期权费或权利金为代价而获得了这种权利，但不承担必须买进或卖出的义务；卖方则在收取一定金额的期权费后，承担在一定期限内必须无条件服从买方的选择并履行相应义务。

根据不同的标准，金融期权可以分为欧式期权、美式期权、修正的美式期权；看涨期权和看跌期权；利率期权、外汇期权、金融期货期权、金融互换期权和股权类期权等。

金融期权与金融期货的主要区别是：交易的标的物不同；权利和义务不同；合约的定价方式不同；履约的保证不同；盈亏点不同；现金套期保值的作用和效果不同。

2011年4月1日，中国外汇交易中心暨全国银行间同业拆借中心推出人民币对外汇期权交易。2015年2月9日，经中国证监会批准，上海证券交易所正式上市推出上证50ETF期权。

（三）金融互换

金融互换是一种双边协议，是指两个或两个以上的参与者之间直接或通过金融中介机构签订协议，相互或交叉支付一系列本金或利息，或本金和利息的金融交易，可分为货币互换、利率互换、股权互换、信用互换等。从交易结构上看，可以将金融互换交易视为一系列远期交易的组合。目前，按名义金额计算的互换交易已经成为最大的衍生交易品种。

金融互换是一种表外业务，自英国20世纪70年代首创以来发展迅速，其基本原理和理论基础是比较利益理论，即比较优势和利益共享。首先，根据比较优势理论，只要交易双方满足以下两个条件就可以进行互换：一是双方对对方的资产或负债均有需求；二是双方在两种资产或负债上均存在比较优势。其次，根据利益共享原则，互换双方从互换交易中得到的互换利益是双方合作的结果，理应由双方合理分享，而不能由占绝对优势的一方独占，否则金融互换交易就不可能发生。因此，金融互换是一种“正和游戏”，交易双方均可以从互换中获益（当然不是每一笔交易都是如此）。作为一种金融风险管理工具和获利性的投资手段，金融互换也更能满足人们所期望的低风险、高收益的要求，满足投资者对中长期资产负债管理的需要。

利率市场化是利率互换市场发展的动力和必要条件。2006年2月9日，中国人民银行发布《中国人民银行关于开展人民币利率互换交易试点有关事宜的通知》，国家开发银行与光大银行当日就完成了首笔人民币利率互换交易，标志着人民币利率互换市场诞生。

2007年4月6日，中国外汇交易中心暨全国银行间同业拆借中心推出利率互换交易。

（四）信用违约互换

信用违约互换（credit default swap，CDS)又称为信贷违约掉期，也叫贷款违约保险。在信用违约互换交易中，其中希望规避信用风险的一方称为信用保护购买方，而另一方即愿意承担信用风险，向风险规避方提供信用保护的一方称为信用保护出售方，违约互换购买者将定期向违约互换出售者支付一定费用(即信用违约互换点差)，而一旦出现信用类事件(主要指债券主体无法偿付)，违约互换购买者将有权利将债券以面值递送给违约互换出售者，从而有效规避信用风险。由于信用违约互换产品定义简单、容易实现标准化，交易简洁，自20世纪90年代以来，该金融产品在国外发达金融市场得到了迅速发展。

信用违约互换的出现解决了信用风险的流动性问题，使得信用风险可以像市场风险一样进行交易，从而转移担保方风险，同时也降低了企业发行债券的难度和成本。

四、其他金融衍生工具

除以上几种基本金融衍生工具外，还有其他衍生工具，包括存托凭证、认股权证、资产证券化与证券化产品、结构化金融衍生产品等。

存托凭证是指在一国证券市场流通的代表外国公司有价证券的可转让凭证，属于公司融资业务范畴的金融衍生工具。存托凭证一般代表外国公司股票，有时也代表债券。参与存托凭证发行与交易的中介机构包括存券银行、托管银行和中央存托公司。

认股权证通常是指由发行者所发行的附有特定条件的一种有价证券。从法律角度分析，认股权证本质上为一权利契约，投资者于支付权利金购得权证后，有权于某一特定期间或到期日，按约定的价格（行权价），买入或卖出一定数量的标的资产（如股票、股指、黄金、外汇或商品等）。权证的交易实属一种期权的买卖。与所有期权一样，权证持有者在支付权利金后获得的是一种权利，而非义务，行使与否由权证持有者自主决定；而权证的发行者在权证持有者按规定提出履约要求之时，负有提供履约的义务，不得拒绝。简言之，权证是一项权利：投资者可于约定的期间或到期日，以约定的价格（而不论该标的资产市价如何）认购或卖出权证的标的资产。

资产证券化是以特定资产组合或特定现金流为支持，发行可交易证券的一种融资形式。传统的证券发行是以企业为基础，而资产证券化则是以特定的资产池为基础发行证券。在资产证券化过程中发行的以资产池为基础的证券被称为“证券化产品”。通过资产证券化，将流动性较低的资产（如房地产、应收账款、银行贷款等）转化为具有较高流动性的可交易证券，既可以提高基础资产的流动性，便于投资者进行投资；又可以改变发起人的资产结构，改善资产质量，加速资金周转。

备兑认股权证是一种股票的购买权，是股票的衍生品种之一，是由上市公司之外的机构发行的一种认股权证，持有者有权在约定的时间内按照约定的价格购入发行者持有的股票。从本质上看，备兑认股权证也属于看涨期权，是一种新型的认股权证。因为其持有者拥有在将来按照约定的某一价格购买股票的选择权利。其价格机制也一样服从于期权价格构成与变动的一般规律。

由于备兑认股权证是认股权证的一种，它们之间有相同的特点。因为认股权证和备兑认股权证的持有者都不能享受对正股所属公司的效益要求权和选择权，也不能分享股利。因此，认股权证和备兑认股权证的持有者有权在规定的期限内按照规定的行权价认购某种股票，因此，这两种金融衍生产品，均可以类似地看作股票的买入期权。权证持有者所享有的是一项可自由选择的权利，并不是一种必须行使的义务，权证持有者可以选择行使该项权利，也可以选择放弃行使权利。

结构化金融衍生产品是融合固定收益证券的属性和衍生工具特征的一类证券，运用金融工程结构化方法，将若干种基础金融商品和金融衍生产品相结合设计出的新型金融产品。将固定收益证券和衍生工具组合起来并包装成为一个金融产品是结构化产品设计的标准机制，其目的是为特定投资者带来“量身定做”的投资机会，以满足投资者指定的投资目标，使投资者更易于将其对市场变化的预期进行货币化。

以保本程度为标准，结构化金融衍生产品可分为完全保本产品、部分保本产品、无本金保护的产品；以风险程度为标准，结构化金融衍生产品分为本金保护类产品、收益增强类产品、杠杆参与类产品。

课后练习

一、名词解释

有价证券　外国债券　欧洲债券　金融债券　政府债券　企业债券　公司债券　普通股　优先股　可转换债券　股票价格指数　证券投资基金　封闭式基金　开放式基金　货币市场基金　指数基金　金融衍生工具

二、简答题

1. 有价证券有何特征？
2. 股票有何特点？
3. 简述债券及其属性。
4. 我国的企业债和公司债有何区别与联系？
5. 简要说明股票发行的核准制与注册制的区别。
6. 我国股票首次公开发行的制度体系主要包括哪些制度？
7. 交易价格形成机制主要包括哪些方面的内容？
8. 简述证券投资基金、股票、债券的区别与联系。
9. 简述我国股票的基本类型。
10. 什么是雨伞基金？

三、延伸性阅读推荐

1. 中国证监会网站，http: //www.csrc.gov.cn
2. 上海证券交易所，http: //www.sse.com.cn

3. 深圳证券交易所，http: //www.szse.cn

4. 中国货币网，www.chinamoney.com.cn

5. 证券业从业人员一般从业资格考试辅导教材编委会. 金融市场基础知识(2015 年). 北京：中国财政经济出版社，2015

第三章第一节　股票

第四章第一节　债券

第五章　证券投资基金与衍生工具

第三章

证券投资对象分析

投资者投资之前应该对投资对象的内在价值和风险进行分析。内在价值是指投资对象预期现金流的贴现值，也就是投资者未来获得的所有现金流在现在的价值。从理论上讲，投资对象的价格应该等于其内在价值，这个价格称为理论价格。把投资对象的市场价格同其理论价格进行比较，寻找价格被高估或低估的投资对象以获得超额收益。计算内在价值需要确定投资对象的预期现金流相应的贴现率。债券预期的现金流在债券条款中已载明，而股票和基金预期的现金流则是不确定的，需要借助一定的模型。利率是债券、股票价格的主要影响因素之一，因此，利率风险是其面临的主要风险，久期和凸性则是衡量和管理利率风险的主要工具。投资对象的预期收益率与投资对象的风险相关，常说“高收益、高风险”就是这个道理。因此，不能单纯地通过比较投资对象收益率的高低来判断哪个投资对象更优秀，需用经风险调整的收益率来进行比较，如夏普指数、特雷诺指数、詹森指数等。

第一节　债券内在价值分析

一、债券内在价值的确定

（一）现金流贴现法

现金流贴现法（discounted cash flow method）是最基本的金融产品定价法之一，其基本思想就是任何金融资产的内在价值[①]都取决于其预期现金流的现值，该方法又称为收入资本化法或绝对定价法。

对于债券来讲，债券的利息支付和本金的偿付都发生在未来的数月或数年之后，投资者愿意为这些预期现金流支付的价格取决于这些预期现金流现值的多少。预期现金流现值的大小受贴现率和时间的影响。具体来讲，贴现率等于对应期限的无风险利率加上相应的风险补偿，包括信用风险、流动性风险、赎回风险等。

确定现金流发生的时间和对应的贴现率后，就可以运用现值公式对预期现金流一一贴

① 由于使用习惯或使用的特定场合不同，本章将会在不同地方使用“理论价格”“理论价值”“内在价值”“合理价格”等术语，这些概念在本章实际上具有相同的含义。

现并加总，从而得到该债券的内在价值，即

$$P(t)=\frac{c_1}{1+r_1}+\frac{c_2}{(1+r_2)^2}+\frac{c_3}{(1+r_3)^3}+\cdots+\frac{c_T}{(1+r_T)^T} \tag{3.1}$$

其中，$P(t)$ 为债券在 t 时刻的内在价值；t 为当前时刻；c_i 和 r_i 为第 i 次发生的现金流和对应的贴现率；T 为债券的到期时间。

然而，根据式（3.1）来估计债券的理论价格，需要知道一系列不同到期期限的贴现率。一个可供替代的方法就是根据市场的一般状况和债券的特殊情况确定一个统一的贴现率，对不同时间点的现金流进行贴现。这个统一的贴现率可以视作一系列不同到期期限贴现率的某种加权平均，表示投资者持有到期的年平均预期收益率或必要收益率①。于是式（3.1）就变为

$$P(t)=\frac{c_1}{1+r}+\frac{c_2}{(1+r)^2}+\frac{c_3}{(1+r)^3}+\cdots+\frac{c_T}{(1+r)^T} \tag{3.2}$$

这样，只需要知道一个贴现率就可以计算债券的理论价格。

在式（3.2）中，如果已知债券价格 $P(t)$，就可以倒推计算出该贴现率 r，称之为内部收益率②（internal rate of return，IRR），它表示如果今天出资 $P(t)$ 购买该债券并持有到期的年平均收益率，也是持有该债券的到期收益率（yield-to-maturity，YTM）。

在实践中，可以运用式（3.1）求出债券的理论价格，然后与市场价格进行对比，判断该债券价格是被高估了还是低估了；也可以运用式（3.2）倒推计算出债券市场价格隐含的到期收益率，再与投资者要求的必要收益率相比，判断该债券是否值得投资。

为了方便说明，本节把债券分为零息票债券和附息债券，分别采用式（3.2）来进行定价。

（二）零息票债券

零息票债券（zero-coupon bond），又称贴现债券（pure discount bond），是一种不支付利息，以低于面值的价格发行，到期按债券面值偿付的债券。由于面值金额就是投资者未来唯一的现金流，零息票债券的内在价值，即理论价格用公式表示为

$$P=\frac{F}{(1+r)^T} \tag{3.3}$$

其中，P 为债券的内在价值；F 为面值；r 为必要收益率；T 为债券的到期期限。

【例 3.1】 计算零息票债券的理论价格

假定某贴现债券剩余期限 9 年，面值为 10 万元，投资者要求的必要收益率为 8%，那么该债券的理论价格为

$$P=\frac{F}{(1+r)^T}=\frac{10}{(1+8\%)^9}=5.00(\text{万元})$$

---

① 必要收益率是指投资者根据投资对象的风险特征而要求的最低收益率。

② 内部收益率，就是使净现值等于零的那个贴现率，也就是使资金流入的现值之和等于资金流出的现值之和的那个贴现率。

也就是说，在贴现率为 8%的情况下，9 年后的 10 万元目前的价值仅为其面值的 50%。

（三）附息债券

附息债券（coupon bond）是指在债券券面上附有息票的债券，或是按照债券票面载明的利率及支付方式支付利息的债券。依据票面利率是否可以调整变化分为固定利率债券（fixed rate bond）和浮动利率债券（floating rate bond）。

1. 固定利率债券

固定利率债券定期按票面利率支付利息，到期偿付本金，因此，对投资者来讲，未来的现金流包括两部分——本金和利息。其价值公式如下：

$$P(t)=\frac{c}{1+r}+\frac{c}{(1+r)^2}+\frac{c}{(1+r)^3}+\cdots+\frac{F}{(1+r)^T} \tag{3.4}$$

其中，c 为债券每期支付的利息，其余符号同前。

【例 3.2】固定利率债券理论价格的计算

假定某债券剩余期限 2 年 6 个月，面值为 100 元，票面利率为 8%，每半年付息一次。如果某投资者要求的必要收益率为 10%，试计算该债券的理论价格。

解：投资者预期收到的现金流可以表示为表 3.1。

表 3.1 投资者未来的现金流

时间/年	0.5	1	1.5	2	2.5
现金流/元	4	4	4	4	4+100

由于该投资者的必要收益率为 10%，其理论价格为

$$P(t)=\frac{4}{1+0.05}+\frac{4}{(1+0.05)^2}+\frac{4}{(1+0.05)^3}+\frac{4}{(1+0.05)^4}+\frac{104}{(1+0.05)^5}$$
$$=95.67(元)$$

固定利率债券有一个非常特殊的例子——永久债券（perpetual bond），就是永不到期、定期支付固定利息的债券。这种债券定期、永久向其持有者支付固定利息，但不偿还本金。典型的永久债券就是英格兰银行在 18 世纪发行的英国统一公债，至今仍在市场上交易。由于优先股的股东可以无限期地获得固定股息，优先股实际上也是一种永久债券。永久债券的内在价值计算公式如下：

$$P(t)=\frac{c}{1+r}+\frac{c}{(1+r)^2}+\frac{c}{(1+r)^3}+\cdots=\frac{c}{r} \tag{3.5}$$

【例 3.3】计算永久债券的理论价格

假定某种永久债券每年的固定利息是 30 英镑，必要收益率为 6%，那么该债券的理论价格为

$$P(t)=\frac{c}{r}=\frac{30}{0.06}=500(英镑)$$

从式（3.4）可以看出，影响固定利率债券价格的因素包括面值、剩余期限、票面利

率、付息频率及贴现率。其中，剩余期限和付息频率决定了现金流发生的时间点，而面值、票面利率和付息频率决定了每次现金流的多少。对于不含权的固定利率债券，只要发行者不违约，债券未来的现金流量就不会发生变化。因此，固定利率债券价格主要受贴现率和剩余期限的影响。

具体来讲，固定利率债券的价格具有以下五个特征。

第一，固定利率债券价格与贴现率呈反向关系。

这一结论可以通过改变例 3.2 中的贴现率来计算债券在不同贴现率下的价格予以证实，结果如图 3.1 所示。

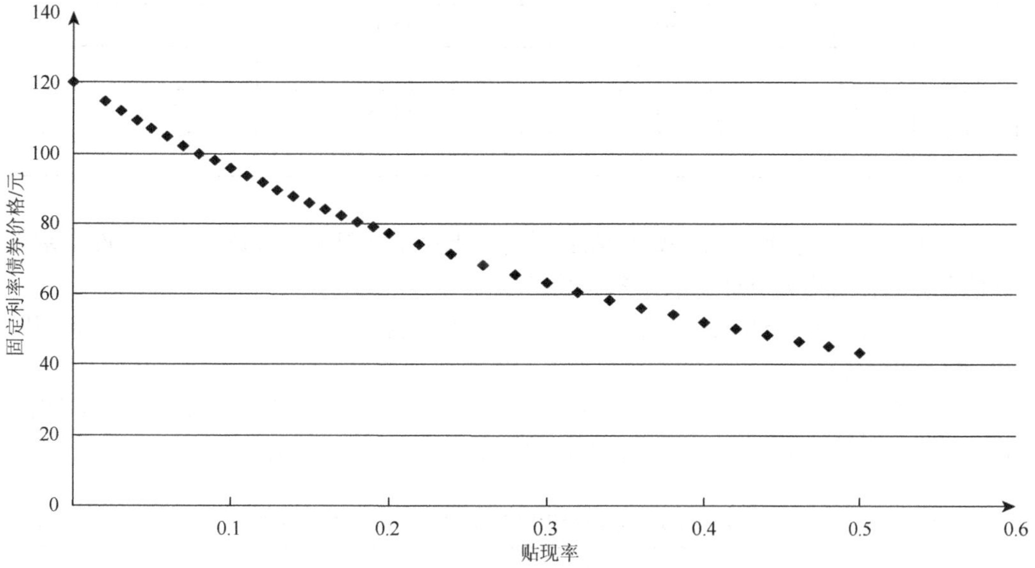

图 3.1　固定利率债券价格与贴现率之间的关系

从式（3.4）也可以看出，固定利率债券的价格与贴现率负相关，贴现率越高，价格越低；贴现率越低，债券价格越高。

第二，对给定的债券，贴现率下降导致的债券价格上升幅度要大于贴现率上升相同幅度导致的债券价格下降幅度。

仍然以例 3.2 为例，计算当利率分别上升或下降 100 个基点[①]时的价格，结果如表 3.2 所示。

表 3.2　贴现率升降相同幅度对债券价格的影响

贴现率	9%	10%	11%
价格/元	97.81	95.67	93.59
幅度/%	2.23	0	−2.17

① 基点是指衡量债券或利率变动的最小计量单位，1 个基点等于 0.01%，即 1%的百分之一。

之所以出现这种现象，是因为固定利率债券价格与贴现率之间的负相关关系并非是线性的。从图 3.1 也可以看出，价格-贴现率曲线是凸向原点的。

第三，在其他条件相同的条件下，贴现率变动相同幅度，息票率较高债券的价格波动幅度较小。

假设存在某个债券，与例 3.2 中的债券只有票面利率不同，其他条件均相同，其票面利率为 6%。计算当贴现率分别上升下降 100 个基点的情况，如表 3.3 所示。

表 3.3　贴现率变动对不同息票率债券价格的影响

贴现率		9%	10%	11%
债券（8%）	价格/元	97.81	95.67	93.59
	幅度/%	2.23	0	−2.17
债券（6%）	价格/元	93.42	91.34	89.32
	幅度/%	2.27	0	−2.21

从表 3.3 中可以看到，息票率为 6%的债券，无论是贴现率上升还是下降 100 个基点，其价格变动的幅度均大于息票率为 8%的债券。

第四，在其他条件相同的情况下，贴现率变动相同幅度，剩余期限越长的债券，其价格波动幅度越大。

引入一个和例 3.2 中除了期限不一样其余条件完全一样的债券，并假设其剩余期限为 4 年，计算贴现率变动 100 个基点对其价格的影响，如表 3.4 所示。

表 3.4　贴现率变动对不同剩余期限债券价格的影响

贴现率		9%	10%	11%
债券（2.5 年）	价格/元	97.81	95.67	93.59
	幅度/%	2.23	0	−2.17
债券（4 年）	价格/元	96.70	93.54	90.50
	幅度/%	3.38	0	−3.25

从表 3.4 中可以看出，剩余期限为 4 年的债券，当贴现率发生变动时，其变动幅度要大于剩余期限为 2.5 年的债券，无论贴现率是上涨还是下降。

第五，票面利率、贴现率、面值和价格之间的关系有多种情形。

根据式（3.4）进行简单的计算就会发现，当贴现率等于票面利率时，债券价格刚好等于其面值，此时，债券称为平价债券；当贴现率高于票面利率时，债券价格低于其面值，为折价债券；而当贴现率低于票面利率时，债券价格高于其面值，则称为溢价债券。

如果贴现率始终保持不变，那么随着时间的流逝，平价债券始终为平价债券；而折价债券的价格则会随着时间的流逝而逐渐上涨趋于面值；溢价债券的价格则会随着时间的推移而逐渐下降收敛于其面值。也就是说，即使什么都没有改变，仅仅是时间的流逝也会推动债券价格发生变化。

2. 浮动利率债券

固定利率债券的票面利率、支付时间和频率在债券中都有明确约定，所以预期的现金流发生的时间和金额很容易计算，便于使用现金流贴现法求值。而浮动利率债券票面利率通常设定为

票面利率=基准利率+报价利差

每次支付的利率在上一个付息日确定。因此，浮动利率债券未来支付的利息除了最近的下一期金额是确定的，其余各期都是不确定的，这就为直接运用现金流贴现法带来了困难。但可以经过一些合理的假设化解这个难题。如果假设对浮动利率债券未来每期现金流进行贴现的贴现率就等于其当期的票面利率，那么浮动利率债券的定价就显得非常简单。假设每期的贴现率等于当期的票面利率具有一定的合理性，一方面是因为每一期的票面利率随着市场利率变动而变动，而市场利率反映了市场资金的供给状况和无风险利率的高低；另一方面，报价利差反映了浮动利率债券自身风险的高低，即风险补偿。因此，用当期的票面利率作为当期的贴现率是合适的。

在为浮动利率债券定价时，不再是将未来每次的现金流贴现到现在，而是将未来的现金流先贴现到下一个付息日加总，再把该现值和应在下次支付的利息之和贴现到现在。

由于已经假定未来每期的贴现率和票面利率相等，下一期之后的所有未来的现金流在下一个付息日的现值之和就等于债券的面值，也就是说，在下一个付息日浮动利率债券是平价债券。将此面值加上下一个付息日应该支付的利息，贴现到现在，就得到浮动利率债券的理论价格。

【例 3.4】计算浮动利率债券的理论价格

某浮动利率债券剩余期限为 2 年 6 个月，面值 100 元，票面利率为一年期上海银行间同业拆借利率（Shanghai interbank offered rate，SHIBOR）上浮 0.5%，一年付息一次。上一次付息日观察到的一年期 SHIBOR 为 3.25%，今天的 6 个月期 SHIBOR 为 3.1%，试求该债券的理论价格。

假设现在时刻为 t，则未来的现金流分别发生在如下时刻：$t+0.5$, $t+1.5$, $t+2.5$。$t+0.5$ 时刻的利息由上一个付息日观察的利率确定，这是已知的（3.25%+0.5%）；而发生在 $t+1.5$, $t+2.5$ 两个时刻的现金流应该分别由 $t+0.5$, $t+1.5$ 这两个时刻观察的一年期 SHIBOR 确定。而这两个时刻均在未来，因此其利率是不确定的。

假设在这两个时刻的一年期 SHIBOR 是已知的，分别是 r_1, r_2，因此在 $t+1.5$, $t+2.5$ 两个时刻应该支付的利率分别为 $r_1+0.5\%$, $r_2+0.5\%$。由于已经假设每期的贴现率就等于当期的票面利率，对发生在 $t+1.5$, $t+2.5$ 这两个时刻的现金流进行贴现的贴现率也分别等于 $r_1+0.5\%$, $r_2+0.5\%$。这样，就可以先把后面两个时刻的现金流贴现到下一个付息日：

$$\frac{\dfrac{100(1+r_2+0.5\%)}{1+r_2+0.5\%}+100(r_1+0.5\%)}{1+(r_1+0.5\%)}=100(\text{元})$$

而发生在 $t+0.5$ 时刻的利息为：$K = 100\times(3.25\%+0.5\%) = 3.75$(元)，将此利息和刚才求出的现值再贴现到现在，即 t 时刻。由于现在距下一个付息日还有半年，合适的贴现率就是当前的半年期 SHIBOR 再上浮 0.5%，于是，

$$P(t) = \frac{100+3.75}{1+\dfrac{3.1\%+0.5\%}{2}} = 101.92(\text{元})$$

需要再次提醒的是，计算是建立在假设贴现率等于票面利率的基础之上的。

二、利率期限结构

（一）利率期限结构的定义

利用式（3.1）为债券定价需要知道一系列不同到期期限的贴现率，像这种一系列除了到期期限不同其余条件都相同的利率之间的关系就构成了利率期限结构（term structure of interest rate），也称收益率曲线（yield curve）。

（二）利率期限结构的类型

不同类型的一系列不同到期期限的利率形成不同的利率期限结构。常见的利率期限结构包括即期利率期限结构、互换利率期限结构和到期收益率曲线等。即期利率期限结构是指一系列不同到期期限的零息票债券的到期收益率组成的曲线；互换利率期限结构是由一系列不同期限的互换利率所形成的曲线；而到期收益率曲线则是由市场上不同到期期限债券的成交价格所隐含的到期收益率构成。

通常情况下，到期期限越长，利率一般越高。也就是说，如果将期限和对应利率分别作为横、纵坐标描绘在坐标图中，由此形成的曲线一般朝右上方倾斜，这种情况最为常见。除此之外，在实践中还能观察到其他形状的利率期限结构：水平状的利率期限结构，即长、中、短期的利率相差不大；下降的收益率曲线则说明期限越长，利率越低；还有一些其他更复杂的形状，如驼峰状的利率期限结构，它又分为先降后升和先升后降两种，如图 3.2 所示。

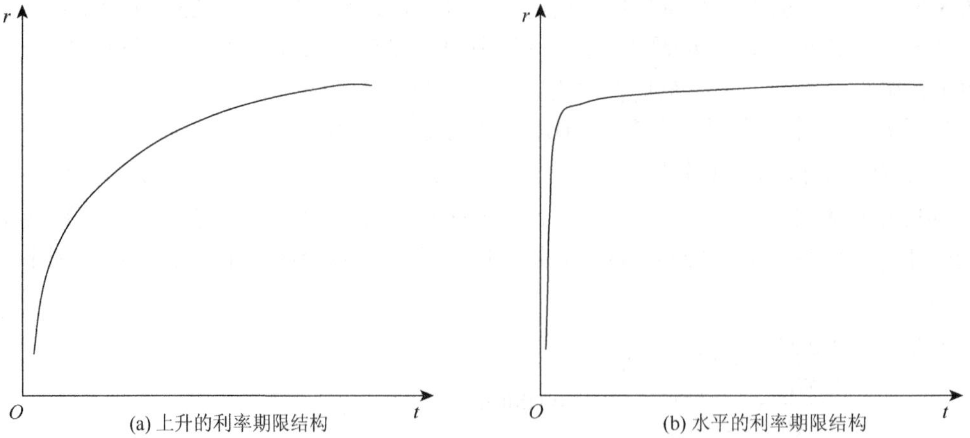

(a) 上升的利率期限结构

(b) 水平的利率期限结构

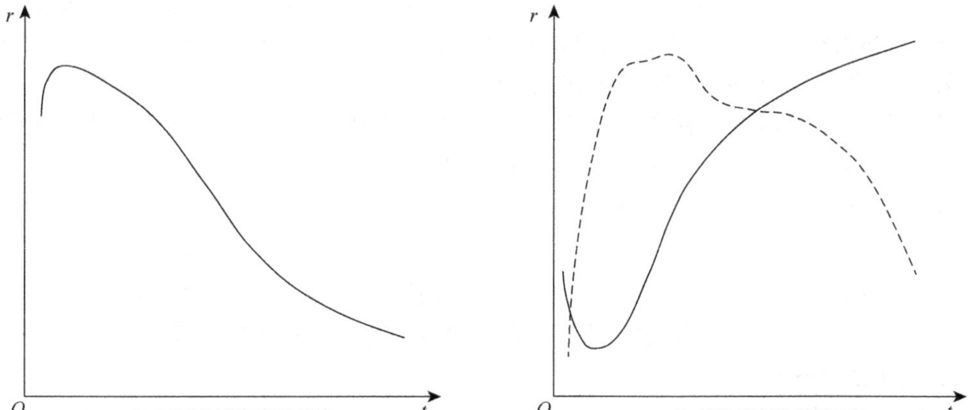

(c) 下降的利率期限结构　　(d) 驼峰状利率期限结构

图 3.2　利率期限结构

由于市场利率是不断变化的，利率期限结构形状也处在不断运动变化之中。图 3.3 中就包含了常见的各种利率期限结构形状及其随着时间的变化而变化的过程。

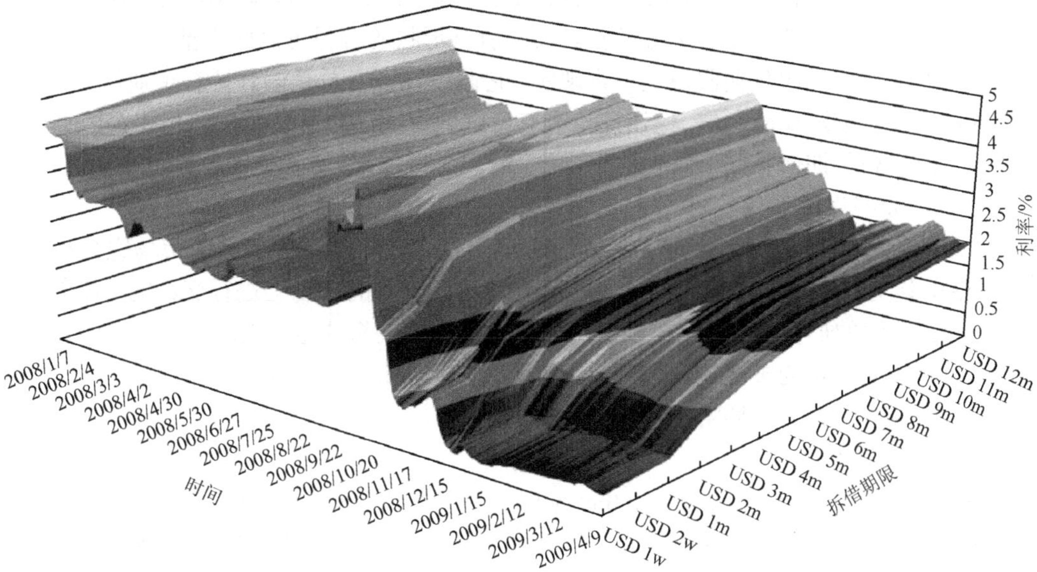

图 3.3　美元 LIBOR 利率期限结构（2008 年 1 月 7 日～2009 年 4 月 9 日）

LIBOR：London inter-bank offered rate，伦敦银行间拆放利率

资料来源：程蓉，郑振龙. 固定收益证券. 北京：北京大学出版社，2011

为什么会形成各种形状不一样的利率期限结构呢？学者们提出了各种各样的假说来解释这些现象，如预期假说、流动性偏好假说、市场分割假说和期限偏好假说。

1. 预期假说

预期假说即期望假说（expectations hypothesis），该假说认为长期利率相当于在该期限内人们预期的所有短期利率的平均数。

例如，投资者预期在未来6年里短期利率平均水平为5%，那么按照预期假说的解释，6年期的利率大致也是5%；如果预期6年后短期利率会升高，未来10年中短期利率平均水平为7%，那么10年期的利率大致也是7%。

若收益率曲线向右上倾斜，这是由于预期短期利率在未来呈上升趋势；若收益曲线向右下倾斜，则是由于短期利率预期在未来呈下降趋势；水平状的收益率曲线则是由于短期利率预期不变；驼峰形收益率曲线则是由于短期利率预期先升（降）后降（升）。

预期假说具有较强的解释能力，只要市场存在特定的预期它就能解释所有形状的利率期限结构，但该假说有一个缺陷，即没有考虑投资中的风险和风险补偿。

2. 流动性偏好假说

流动性偏好假说（liquidity preference hypothesis）在预期假说的基础上引入了流动性风险，该理论认为长期投资比短期投资面临更大的流动性风险，因此投资者一般不愿意持有长期债券，除非长期债券提供的收益率能同时涵盖预期利率水平和流动性风险补偿[①]，其中流动性风险补偿与剩余期限正相关。

流动性偏好假说同样具有较强的解释能力，如对收益率曲线上升的解释为：①市场预期未来利率上升；②市场预期未来利率不变甚至下降，但流动性风险溢酬随期限增加提高很多，使得利率期限结构朝右上方倾斜。其他所有形状的解释可以此类推。

流动性偏好假说比预期假说更符合现实，它假设投资者总是偏好持有短期债券，并认为流动性风险溢酬随期限递增。但该理论没有考虑到短期债券与长期债券相比会面临再投资风险，而投资长期债券则不存在这个问题。

3. 市场分割假说

市场分割假说（market segmentation theory）将具有不同期限债券的市场完全独立和相互分割，认为长期债券与短期债券是在不同的相互分割的市场上进行交易的，各自达到均衡，利率曲线的形状由短、中、长期市场各自的供求关系决定。也就是说，市场分割假说认为投资者有各自的投资期限偏好，且永不改变，无论给予的流动性风险溢酬有多大。毫无疑问，这并不符合市场实际情况。

4. 期限偏好假说

期限偏好假说（preferred habitat theory），又称为期限选择假说或优先偏好假说。该假说是流动偏好和市场分割假说的综合，它认为不同的投资者通常有特定的投资期限偏好，但这些偏好并不是不可改变的。当不同期限债券市场的供求发生变化，导致一些期限债券的收益率提高到足以弥补流动性风险或再投资风险，一些投资者的投资期限偏好就会发生迁移。因此，期限偏好假说反映了市场对未来利率的预期及时变的期限风险溢酬，期限风险溢酬包含了利率风险、再投资风险和期限偏好。所以，风险溢酬并非简单递增，短期债券也并非最优选择。

各类形状的利率期限结构也可以在该假设下得到合理的解释，它是目前接受程度最高的利率期限结构假说。

---

① 风险补偿又可称为风险报酬或风险溢酬，是投资者因承担投资风险而要求的超过无风险收益的那部分额外报酬。

三、久期与凸性

（一）久期

从式（3.1）或式（3.2）中可以知道，影响债券价格的因素包括面值、票面利率、付息频率、到期期限和贴现率等，除了贴现率，其余因素在债券存续期间通常是固定不变的，因此，债券价格的主要影响因素就是贴现率。贴现率随着市场利率的变化而变化。因此，由利率发生变化导致的债券价格发生变化给投资者可能带来的资本利得和损失，被称为债券的利率风险。

当利率发生变化时，有的债券价格变动幅度比较大，而有的变动幅度比较小，也就是说，不同的债券对利率变动的反应不一样，这一特性可以用利率敏感性指标来描述。最常用和最重要的一阶敏感性指标就是久期（duration）。

久期被定义为给定时刻固定收益证券价值变动的百分比对到期收益率变动的一阶敏感性，用公式表示如下：

$$D^* = -\frac{\frac{\mathrm{d}P}{P}}{\mathrm{d}r} \tag{3.6}$$

其中，D^* 为久期；P 为价格；r 为到期收益率①。在大多数情况下，债券价格与利率总是反向变动，因此式（3.6）中的负号意味着久期一般为正。

如果对式（3.2）稍加调整，就可以显示出利息支付频率和对应的贴现率对债券价格的影响，公式如下：

$$P = \sum_{i=1}^{n} \frac{c_i}{\left(1+\frac{r}{m}\right)^i} \tag{3.7}$$

其中，m 为每年利息的支付频率，其余符号含义同前。

对式（3.7）求导，得到久期公式为

$$D^* = -\frac{\mathrm{d}P}{\mathrm{d}r}\cdot\frac{1}{P} = \frac{1}{1+\frac{r}{m}}\left(\sum_{i=1}^{n}\frac{c_i\cdot\left(1+\frac{r}{m}\right)^{-i}}{P}\times i\right) \tag{3.8}$$

括号中的部分被称为麦考利久期（Macaulay duration），以纪念最早提出这一概念的经济学家弗雷德里克·麦考利（Frederick Macaulay），整个式（3.8）被称为修正久期（modified duration），即有

$$D^* = \frac{D}{1+\frac{r}{m}} \tag{3.9}$$

① 在式（3.1）和式（3.2）中，如果知道价格 $P(t)$，则计算出来的 r 被称为到期收益率；如果是利用这两公式计算价格，则需事先确定 r，此时 r 被称为贴现率。

其中，D 为麦考利久期；D^* 为修正久期。

麦考利久期有极其清晰和直观的经济学含义，它表示债券每次支付现金流的时间的加权平均，权重就是每次现金流现值占债券价值的比例。这从式（3.8）括号中的式子可以观察到。

【例 3.5】 计算麦考利久期和修正久期

假设某一债券面值 100 元，剩余期限为 1 年 6 个月，票面利率为 8%，半年付息一次。投资者要求的必要收益率为 10%。试计算该债券的麦考利久期和修正久期。

现在用表 3.5 展示该计算过程。

表 3.5　麦考利久期和修正久期的计算过程

时间/年	0.5	1	1.5
现金流/元	4	4	104
现金流的现值/元	3.81	3.63	89.84
现金流现值占债券价值的比例/%	3.92	3.73	92.35
麦考利久期	$D=0.5\times3.92\%+1\times3.73\%+1.5\times92.35\%=1.44$		
修正久期	$D^*=\dfrac{D}{1+\dfrac{r}{m}}=\dfrac{1.4422}{1+5\%}=1.37$		

将式（3.6）做离散化处理，可以得到

$$D^*=-\frac{\dfrac{\Delta P}{P}}{\Delta r}\ \Rightarrow\ \frac{\Delta P}{P}=-D^*\cdot\Delta r \tag{3.10}$$

由于债券价格变化的百分比与修正久期成比例，修正久期能够很方便地用来度量债券在利率变化时面临风险的大小。

当然，式（3.10）只是债券收益率变化导致债券价格变化的一种近似，只有当收益率变化幅度较小时，这种近似才比较有效。

【例 3.6】 利用修正久期计算债券价格变动的百分比

续前例，该债券在市场上的交易价格为 97.30 元，假设此时利率从 10%上升到 10.5%。那么根据式（3.10），债券价格应该下降：

$$\frac{\Delta P}{P}=-D^*\cdot\Delta r=-1.3735\times(10.5\%-10\%)=-0.69\%$$

既然久期能够很方便地衡量债券利率风险的大小、计算债券价格变化量，了解久期的影响因素就变得很重要。从式（3.8）中可以看到有三个因素影响到债券的久期：票面利率、剩余期限和到期收益率。

利用式（3.8）分别对票面利率、剩余期限和到期收益率进行求导可得到如下结论：在其他条件相同的情况下，票面利率越高的债券的久期越小（永久债券[①]除外）；剩余期限

① 永久债券的久期与其票面利率无关，其修正久期为 $\dfrac{1}{r}$。

越长的债券的久期越大；到期收益率越低，债券的久期越大。

从麦考利久期的公式中还可以得到一些有用的结论：①零息票债券的麦考利久期等于它的剩余期限。②只剩下一期到期的附息债券等价于对应的零息票债券，其麦考利久期也等于其剩余期限；超过一期的，其麦考利久期一定小于其剩余期限。③浮动利率债券的麦考利久期等于下一个付息日的期限。④永久债券的麦考利久期与其票面利率无关，等于$\frac{1}{m}\left(1+\frac{m}{r}\right)$。这也表明麦考利久期并不总会随着期限的增加而增加，存在一个极限。

（二）凸性

利用久期来衡量债券的利率风险或计算债券价格变动的百分比仅仅是一个近似，在利率变化幅度不太大的时候有效。而当利率发生大幅度变化时，只用久期就会显得力不从心，误差加大。可以用图 3.4 来示意这种误差。

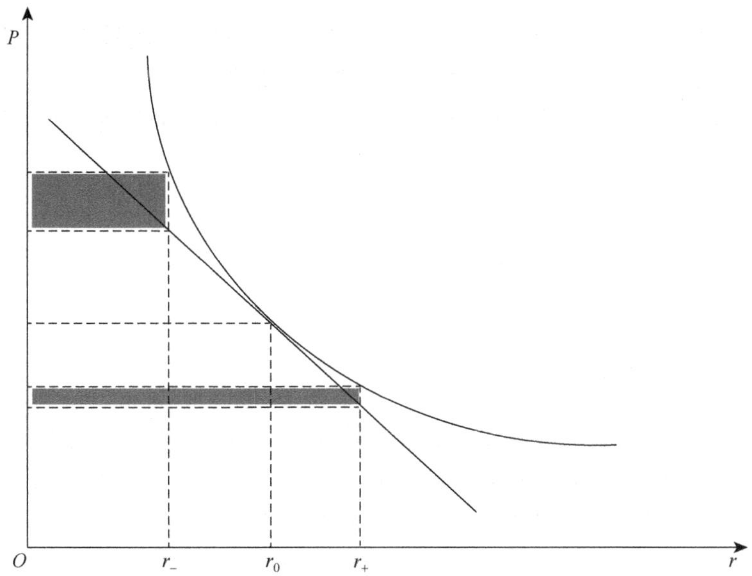

图 3.4　利率变化对债券价格的影响

从图 3.4 可以看到，由于价格曲线凸向原点，无论利率是上涨还是下跌，利用久期估算的债券理论价格都低于债券的实际价格，被低估的部分如图 3.4 中阴影部分所示。这种估计误差会随着利率变动幅度的增大而增大，以至于无法忽略。这时就需要引入另外一个指标，即利率的二阶敏感性指标凸性（convexity）来提高衡量利率风险的精度和计算的准确度。凸性的计算公式如下：

$$C=\frac{1}{2}\frac{\mathrm{d}^2P}{\mathrm{d}r^2}\frac{1}{P} \tag{3.11}$$

与久期不同，凸性不具有直观的经济学意义，从几何的角度来说它是对曲线凸度的度量。值得注意的是，凸性引起的价格变化通常是正的。引入凸性后，式（3.10）修正如下：

$$\frac{\Delta P}{P}=-D^{*}\cdot\Delta r+\frac{1}{2}C(\Delta r)^{2} \tag{3.12}$$

【例 3.7】利用久期和凸性计算利率变化后的债券价格

新发行的 10 年期债券，面值 100 元，票面利率为 7%，每年付息一次，按面值出售，此时对应的久期和凸性分别为 7.515 和 63.736。试计算，当其到期收益率升至 8%时债券的价格。

因为债券按面值出售，其到期收益率等于其票面利率 7%，当到期收益率上升至 8%时，根据式（3.12）有

$$\begin{aligned}\frac{\Delta P}{P}&=-D^{*}\cdot(\Delta r)+0.5\cdot C\cdot(\Delta r)^{2}\\&=-7.515\times0.01+0.5\times63.736\times0.01^{2}\\&=-7.20\%\end{aligned}$$

$$P'=P\left(1+\frac{\Delta P}{P}\right)=100(1-7.20\%)=92.8\text{（元）}$$

由于凸性几乎总是正的，从式（3.12）可以看出，当利率波动较大时，在其他条件相同的情况下，凸性较大的债券比起凸性较小的债券，价格上涨幅度更大而下降幅度更小，因此，投资者可以利用凸性较大的债券从利率下降中获得更多的好处，而在利率上升中损失较少。所以，投资者总是偏爱凸性较大的债券。

第二节　股票内在价值分析

一、股票的内在价值

（一）股票内在价值的确定

根据现金流贴现法，任何金融资产的价值都取决于其预期现金流的现值之和。投资者投资股票的方式有两种：一种是持有一段时间就卖掉：另一种是一直持有。前者的预期现金流就有两种——持有期内的股利和售卖股票获得的现金流，而后者的预期现金流只有每期的股利。那么，股票的内在价值（intrinsic value）究竟是前者的贴现值之和还是后者的贴现值之和呢？

假设某一股票投资者只愿意持有两期，这时股票的内在价值表示为

$$V_0=\frac{D_1}{1+r}+\frac{D_2+P_1}{(1+r)^2} \tag{3.13}$$

其中，D_i 为第 i 期的股利；P_1 为预期两期后的出售价格；r 为贴现率；V_0 为股票在当前的内在价值。

而另一个投资者愿意一直持有，那属于他的现金流就只有预期的股利，股票的内在价值表示为

$$V_0=\frac{D_1}{1+r}+\frac{D_2}{(1+r)^2}+\frac{D_3}{(1+r)^3}+\frac{D_4}{(1+r)^4}+\cdots \tag{3.14}$$

那么，究竟哪一个才是股票的内在价值的正确表达形式呢？

在式（3.13）中，P_1表示的是预期股票在两期后的出售价格，那另一个投资者为什么愿意支付这个价格购买它呢？假定在两期后购买该股票的投资者也只愿意持有两期，那么他愿意支付的价格由式（3.15）决定：

$$P_1 = \frac{D_3}{1+r} + \frac{D_4 + P_2}{(1+r)^2} \tag{3.15}$$

将式（3.15）带入式（3.13）有

$$V_0 = \frac{D_1}{1+r} + \frac{D_2}{(1+r)^2} + \frac{D_3}{(1+r)^3} + \frac{D_4 + P_2}{(1+r)^4} \tag{3.16}$$

在式（3.16）中，又发现和前面的类似的问题，P_2是怎么来的呢？那肯定是第三个投资者为购买该股票而支付的价格……，这个过程可以无限次地重复，最终得到的结果和式（3.14）一模一样。也就是说，两种表达方式是等价的，普通股票的内在价值就等于所有预期股利的现值之和，式(3.14)也被称为股利贴现模型(dividend discount model，DDM)。

式（3.14）容易给人一种误解，认为该式只考虑了股利对股价的影响，而忽略了资本利得对股价的贡献。其实式（3.13）已经表明资本利得是股票价值的一部分，反映在预期售价P_1中。股票的预期售价又取决于投资者现在对将来股利的预期。

（二）股利贴现模型

直接用式（3.14）为股票定价不现实，最大的问题就是无法预期无限多期毫无规律的每一期股利。因此，必须对未来的股利做一定的简化假设，以便能对无限多期的股利进行预测。根据假设条件的不同，可以得到三个不同的模型。

1. 零增长模型

零增长模型，即假设未来的股利一直保持不变，其内在价值表示如下：

$$V = \frac{D}{1+r} + \frac{D}{(1+r)^2} + \frac{D}{(1+r)^3} + \cdots = \frac{D}{r} \tag{3.17}$$

【例 3.8】利用零增长模型为股票估值

由于优先股的股利保持不变，股利符合零增长模型，因此可以用该模型为其估值。假设某种优先股的固定股利为每股 2.25 元，贴现率为 12%，则该优先股的内在价值为

$$V = \frac{D}{r} = \frac{2.25}{0.12} = 18.75(\text{元})$$

2. 固定增长模型

固定增长模型假定未来每一期股利都以固定的比率 g 增长，如表 3.6 所示。

表 3.6 以固定增长比率增长的股利

期数	1	2	3	4	…
股利	D_1	$D_1(1+g)$	$D_1(1+g)^2$	$D_1(1+g)^3$	…

那么该股票的内在价值就可以表示为

$$V=\frac{D_1}{1+r}+\frac{D_1(1+g)}{(1+r)^2}+\frac{D_1(1+g)^2}{(1+r)^3}+\cdots=\frac{D_1}{r-g} \tag{3.18}$$

需要注意的是，D_1指的是第一期期末的现金流，而不是零时刻。

【例 3.9】利用固定增长模型为股票估值

A 公司即将为其股东发放每股 0.63 元的股利，投资者预计股利将以每年 8%的速度增长，该投资者对该股票要求的预期收益率为 14%，则 A 公司股票的内在价值应该是多少？

由于公司即将发放股利 0.63 元/股，这个 0.63 元属于零时刻的现金流，根据股利每年以 8%的速度增长可以计算出第一期期末的股利：

$$D_1=0.63\times(1+8\%)=0.68(元)$$

利用式（3.18）可以计算出零时刻以后所有股利的现值，再加上零时刻的股利就得到该股票的内在价值：

$$V=D_0+\frac{D_1}{r-g}=0.63+\frac{0.6804}{14\%-8\%}=11.97(元)$$

注意，公司即将发放而又未发放的 0.63 元，由于还未发放，应该包括在股票的内在价值中；但由于其即将发放，可以视为零时刻的现金流不再贴现而直接加上。

另外需要注意的是，当股利增长率很接近于贴现率时，股票的内在价值高度依赖于 g，其微小的变化都会导致股票内在价值的巨大变动，因此在运用该模型时需要谨慎；同时，当 $g\geqslant r$ 时，该模型失去了意义。

3. 变动增长模型

变动增长模型假定股利并不以恒定的速度增长，而是在不同的阶段有着不同的增长率。比如，在公司或行业发展初期，投资盈利的机会比较多，此阶段公司的派息比率比较低，但股利增长率较高；而在成熟期，市场饱和，投资盈利机会减少，公司就会提高派息比率，但股利增长率降低。

变动增长模型的数学公式很烦琐，下面以两阶段增长模型为例进行说明。

【例 3.10】利用变动增长模型为股票估值

“玉米”手机公司由于其推出的产品质优价廉颇具性价比，实现了快速增长，公司目前面临众多的投资机会。预计 1 年后其股票股利为 0.35 元/股，在接下来的 4 年里，股利将以每年 20%的速度增长。在那之后，股利年增长率为 8%。假设投资者要求的预期收益率为 12%，那么每股股票的内在价值是多少？

通过计算，可以得到未来 10 年该公司股利的增长情况。如表 3.7 所示。

表 3.7 “玉米”公司股利未来 10 年增长情况

时刻/年	1	2	3	4	5	6	7	8	9	10
股利/元	0.35	0.42	0.50	0.60	0.73	0.78	0.85	0.91	0.99	1.07

前 5 年按 20%的速度增长，从第 6 年起股利按照 8%的速度增长，图 3.5 描绘了“玉米”手机公司预期的股利增长情况。

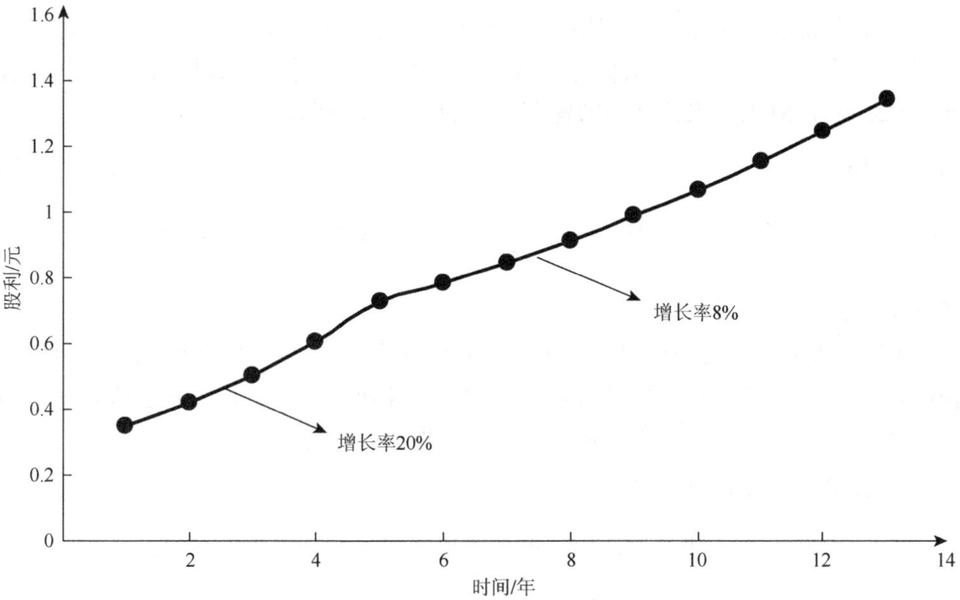

图 3.5　“玉米”手机公司的股利增长情况

现值被分为两部分，第一部分是前 5 年的股利的现值之和：

$$P_0 = D\left[\frac{1}{r-g} - \frac{1}{r-g} \times \left(\frac{1+g}{1+r}\right)^T\right]$$

$$= 0.35 \times \left[\frac{1}{0.12-0.20} - \frac{1}{0.12-0.20} \times \left(\frac{1+0.2}{1+0.15}\right)^5\right] = 1.04(\text{元})$$

第二部分是第 5 年后开始的所有股利的现值，先求出其在时刻 5 的现值：

$$P_5 = \frac{D_6}{r-g} = \frac{0.35 \times (1+0.2)^4 (1+8\%)}{0.12-0.08} = 19.60(\text{元})$$

因此，股票在零时刻的价值为

$$V = P_0 + \frac{P_5}{(1+r)^5} = 1.0375 + \frac{19.5955}{(1+0.12)^5} = 12.16(\text{元})$$

之前在讨论增长模型时，是直接给出增长率 g，现在估计增长率 g。公司的盈利来自投资产生的收益，没有投资就没有盈利，要想获得更多的盈利就要扩大投资，需要更多的净投资。净投资等于总投资减去折旧，当总投资额等于折旧额时，净投资就为零，那么公司就维持原来的水平不变，盈利与上一年度一致。

当公司本年度的一部分盈利没有以现金股利的形式发放时，就会有一部分盈利作为留存收益保留在公司以供投资，净投资额就会大于零，下一年度公司的盈利可以表示为

$$\text{下一年的盈利} = \text{本年盈利} + \text{本年留存收益} \times \text{留存收益的收益率}$$

$$\frac{\text{下一年的盈利}}{\text{本年盈利}} = 1 + \frac{\text{本年留存收益}}{\text{本年盈利}} \times \text{留存收益的收益率}$$

$$1 + g = 1 + \text{留存收益比率} \times \text{留存收益的收益率}$$

$$g = b \times \text{留存收益的收益率}$$

其中，b 为留存收益占每股盈利的比率。要估计 g 就必须先估计留存收益的预期收益率。可以用公司过往项目的收益率来估计所选择项目的预期收益率，或用历史的权益收益率（return on equity，ROE）来估计当前留存收益的预期收益率，即

$$g = b \times \text{ROE} \tag{3.19}$$

如果公司实行的是固定股利支付比率，在这种情况下，盈利增长率 g 的估计值就是股利增长率的估计值。

【例 3.11】 估计股利增长率

“玉米”手机公司发布的公告称，其上一年度的盈利达到 8750 万元，计划以后每年都将盈利的 40%作为留存收益，即留存收益率比 b 为 40%。公司的历史权益收益率 ROE 为 18%，预期未来该水平保持不变。则未来一年的盈利增长为

$$g = b \times \text{ROE} = 0.4 \times 0.18 = 7.2\%$$

在股利支付率不变的情况下，股利增长率也就等于盈利增长率 7.2%。

二、留存收益与股票价值的关系

（一）留存收益率对股票价值的影响

股票的内在价值取决于其预期股利，而股利来自公司的盈利，盈利来自投资产生的收益。因此，要产生较多的盈利就需要进行较多投资，在没有其他资金来源的情况下，公司的资金来源只有依赖内部的留存收益。所以，要想未来有较多的盈利和股利，就需要维持较高的留存收益率以支撑较高的投资，但这样又会降低当前的股利支付率和股票的吸引力。

但是，将盈利保留在公司继续投资是否就一定能增加股东的价值或提高股票的内在价值呢？进一步地，是否当前支付的股利越低、留存收益越多，股票的价值越大？

考虑这么一个公司，预期未来每股股利保持不变，均为 10 元，而且都以现金股利的方式发放给股东。公司股票的必要收益率为 8%，因此，股票的价值为

$$V = \frac{D}{r} = \frac{10}{8\%} = 125(\text{元})$$

假设公司碰到一个投资项目，需要将 1 年后的每股盈利保留 60%在公司进行投资，预计从第 2 年起能给公司每股增加 0.72 元的盈利，那么公司是否应该投资该项目呢？

公司投资该项目后的现金流如表 3.8 所示。

表 3.8 投资项目后公司的预期现金流

时间/年	1	2	3	4	…
原项目现金流/元	10	10	10	10	…
新项目现金流/元	−6	0.72	0.72	0.72	…
合计/元	4	10.72	10.72	10.72	…

则投资新项目后公司的价值为

$$V'=\frac{4+\frac{10.72}{0.08}}{1+0.08}=127.78(\text{元})$$

投资新项目后公司股票每股的价值上升到 127.78 元，高于原来的价值，因此应该投资新的项目。

还可以算出当新项目给每股带来的收益为 0.48 元时，其股票价值：

$$V'=\frac{4+\frac{10.48}{0.08}}{1+0.08}=125(\text{元})$$

与原来的价值一样，投资新项目没有增加公司股票的价值。当新项目带来的每股收益低于 0.48 元时，公司股票的价值会不升反降，如每股增加 0.30 元，其股票价值为

$$V'=\frac{4+\frac{10.30}{0.08}}{1+0.08}=122.92(\text{元})$$

其原因就在于，三种不同收益情况下项目的收益率不一样，经过计算可以得到对应的收益率分别为 12%、8%和 5%。也就是说，当新项目的收益率高于必要收益率时，会增加股票的价值，反之则会降低股票的价值。因此，要增加公司股票的价值，必须满足两个条件：其一，保留一部分盈余以满足新项目的资金需求；其二，投资于收益率高于必要收益率的项目。

有时会发现一个有趣的现象，投资新项目后公司股利虽然在逐年增长，但公司股票价值却在下降。

续例 3.11，“玉米”手机公司将每年盈利的 40%作为留存收益以投资一个每年获利 10%的新项目上，公司股票必要收益率为 12%。那么根据式（3.19）可得股利增长率为

$$g=b\times\text{留存收益的收益率}=0.4\times10\%=4\%$$

但根据前面的结论，当新项目的收益率低于必要收益率时，公司股票价格将低于原来的价值。因此，该项目并不是一个好的投资项目，尽管它能使公司股利和盈利增长，但却降低了公司股票的价值。

（二）留存收益的收益率对股票价值的影响

前面讨论了投资对股票价值和股利增长的影响，由于留存收益与投资息息相关，有必要进一步讨论留存收益率对公司股票价值的影响。下面的讨论基于固定增长模型，将式（3.19）带入式（3.18）：

$$V=\frac{D_1}{r-g}=\frac{D_1}{r-b\times\text{ROE}}$$

其中，第一年的股利又可以表示为

$$D_1=\text{股利支付率}\times\text{每股盈利}=(1-b)\times\text{EPS}$$ [①]

将 D_1 带入上式可得

① earnings per share，每股盈利。

$$V=\frac{D_1}{r-g}=\frac{D_1}{r-b\times \text{ROE}}=\frac{(1-b)\times \text{EPS}}{r-b\times \text{ROE}} \tag{3.20}$$

对 b 求导有

$$V'=\frac{-\text{EPS}\times(r-b\times \text{ROE})-(1-b)\text{EPS}\times(-\text{ROE})}{(r-b\times \text{ROE})^2}=\frac{\text{EPS}(\text{ROE}-r)}{(r-b\times \text{ROE})^2} \tag{3.21}$$

从式（3.21）可以看出，留存收益对股票内在价值的影响取决于留存收益率与必要收益率之间的关系：当 $\text{ROE}>r$ 时，用留存收益投资会增加股票的价值，而且 b 越高，股票价值增加越多；当 $\text{ROE}<r$ 时，用留存收益投资会降低股票的内在价值，b 越高，股票价值降低得越多。

需要再次提醒的是，公式中的 ROE 表示的是留存收益的收益率的估计值。

现在继续用“玉米”手机公司的例子来说明这个问题。

【例 3.12】“玉米”手机公司发布的公告称，其上一年度的每股盈利达到 0.6 元，在未来不进行任何投资的情况下，预期每股盈利将永远维持在 0.6 元的水平。公司股票必要收益率为 12%，如果公司决定将所有盈利都作为现金股利发放，那么公司股票的内在价值为

$$V=\frac{D}{r}=\frac{0.6}{0.12}=5(\text{元})$$

现在公司面临一个新的投资项目，计划将以后每年盈利的 40%或 70%作为留存收益供投资，如果新项目的预期收益率为 10%，公司股票每股内在价值是多少？如果预期收益率是 15%呢？

根据式（3.20）直接可得表 3.9。

表 3.9 新项目预期收益率和留存比例对股票价值的影响

		留存收益比	
		40%	70%
新项目预期收益率	10%	$V=\frac{(1-0.4)\times 0.6}{0.12-0.4\times 0.1}=4.5$	$V=\frac{(1-0.7)\times 0.6}{0.12-0.7\times 0.1}=3.6$
	15%	$V=\frac{(1-0.4)\times 0.6}{0.12-0.4\times 0.15}=6$	$V=\frac{(1-0.7)\times 0.6}{0.12-0.7\times 0.15}=12$

从表 3.9 可以看出，当新项目的预期收益率低于必要收益率时，投资新项目将降低股票的价值，留存收益率越高，价值降低得越多，即表 3.9 中第一行显示的情况；而当新项目的预期收益率高于必要收益率时，投资新项目将增加股票的价值，这时留存收益率越高，增加的价值越多，即表 3.9 中第二行所示。

三、优先认股权与股票价值的关系

（一）优先认股权

优先认股权是指公司在增发新股时，为保护老股东的利益而赋予老股东优先购买新股票的权利。一般来说，新股票的发行价格低于股票市价，使优先认股权具有价值，其实质是公司股票的看涨期权。拥有优先认股权的老股东可以按低于股票市价的特定价格购买公司新发行的一定数量的股票，也可以将其转让他人。

（二）优先认股权对股票价值的影响

优先认股权对股票价值的影响比较复杂。一方面，优先认股权本质是一种期权，具有价值，因此优先认股权的嵌入将增加股票的价值；但另一方面，由于优先认股权中的认购价格一般要低于股票的市场价格，一旦行权就会稀释原股票的价值。因此，要分析优先认股权对股票价值的影响，就要分析认购价格、认购数量对原股票价值的稀释程度及优先认股权对股票价值增加程度的综合影响。

设 S、m 为公司未宣布增发之前公司股票市场价格和公司发行在外股票的数量，X 为优先认股权的认购价格，n 表示认购比例，即认购一份增发股票需要 n 份优先认股权。假设优先认股权与股票是分离的，那么在理论上宣布增发后股票的价格 S_1 应该为

$$S_1=\frac{mS+\frac{m}{n}X}{m+\frac{m}{n}}=\frac{S+\frac{1}{n}X}{1+\frac{1}{n}} \tag{3.22}$$

从式（3.22）可以看出，只要增发价格 X 低于股票的市场价格 S，都会导致公司股票市场价格下跌，产生稀释效应。

优先认股权本质是一种看涨期权，所以可以直接用期权定价公式计算其价值。假设增发执行时间间隔为 t，期间公司不发放红利，无风险利率为 r_f，股票收益率的波动率为 σ，则一份期权的价值 c 为

$$c=SN(d_1)-X\mathrm{e}^{-rxt}N(d_2)$$

其中，

$$\begin{aligned} d_1&=\frac{\ln(S/X)+(r+\sigma^2/2)t}{\sigma\cdot\sqrt{t}} \\ d_2&=\frac{\ln(S/X)+(r-\sigma^2/2)t}{\sigma\cdot\sqrt{t}}=d_1-\sigma\cdot\sqrt{t} \end{aligned} \tag{3.23}$$

$N(\cdot)$ 为标准正态分布变量的累计概率分布函数；c 为获得一股增发股票所需的优先认股权的价值，而获取一股增发股票需要 n 份优先认股权，所以一份优先认股权的价值为 c/n。现在把分离的优先认股权加入股票，使其成为含权股票，其价值应该为

$$S_1=\frac{S+X/n}{1+1/n}+\frac{c}{n} \tag{3.24}$$

因此，优先认股权对股票价值的影响要综合分析增发稀释效应和优先认股权的价值哪个更大，如果是稀释效应更强则股票价格下降，如果优先认股权的价值更大则股票价值将会上涨。

第三节　基金价值分析

一、基金单位净值的计算

（一）基金单位

基金在初次发行时即将基金总额分成若干个等额的整数份，每一份即为一“基金单

位”。在基金的运作过程中，基金单位价格会随着基金资产值和收益的变化而变化。

（二）基金单位净值

为了比较准确地对基金进行计价和报价，使基金价格能较准确地反映基金的真实价值，就必须对某个时点上每基金单位实际代表的价值予以估算，并将估值结果以资产净值公布，这就是基金单位净值，即每份基金单位的净资产价值，它等于基金的总资产减去总负债后的余额再除以基金发行在外的份额数量。

$$基金单位净值=\frac{资产市值-负债-费用}{发行在外的份额数量} \tag{3.25}$$

比如，某基金管理公司目前管理一份市值 4200 万元的资产，目前应付管理费用为 600 000 元。发行在外的总份数 3000 万份，则

$$基金单位净值=(42\,000\,000-600\,000)/30\,000\,000=1.38(元/份)$$

二、基金的收益及其分配

（一）基金收益

基金收益是基金资产在运作过程中所产生的超过自身价值的部分。具体地说，包括基金投资所得红利、股息、债券利息、买卖证券价差、存款利息和其他收入等。

（1）红利。红利是购买股票而享有对该公司净利润分配的所得。基金作为长线投资者，其主要目标在于为投资者获取长期、稳定的回报，红利是构成基金收益的一个重要部分。

（2）股息。股息是指购买优先股而享有对该公司净利润分配的所得。股息通常是按一定的比例事先规定的，这是股息与红利的主要区别。与红利相同，股息也是构成基金收益的一个重要部分。

（3）债券利息。债券利息是指投资于不同种类的债券而定期取得的利息。

（4）买卖证券差价。买卖证券差价是指投资于证券而形成的价差收益，通常也称资本利得。

（5）存款利息。存款利息指基金资产的银行存款利息收入。这部分收益仅占基金收益很小的一个组成部分。开放式基金由于必须随时准备支付基金持有人的赎回申请，必须保留一部分现金存在银行。

（6）其他收入。其他收入指运用基金资产而带来的成本或费用的节约额，如基金因大额交易而从证券商处得到的交易佣金优惠等杂项收入，这部分收入通常数额很小。

（二）基金收益分配

基金收益分配则是指将基金的净收益根据持有基金单位的数量按比例向基金持有者进行分配。若基金上一年度亏损，当年收益应先用于弥补上年亏损，在基金亏损完全弥补后尚有剩余的，才能进行当年收益分配。基金当年发生亏损无净收益的，不进行收益分配。

根据 2004 年 7 月 1 日实施的《证券投资基金管理运作办法》的规定，封闭式基金的收益分配，每年不得少于一次，封闭式基金年度收益分配比例不得低于基金年度已实现收益的 90%，一般采用现金分红方式。开放式基金应当约定每年基金收益分配的最多

次数和基金收益分配的最低比例，分红方式有现金分红和红利再投资转换为基金份额两种。基金份额持有人可以事先选择分红的方式，如果事先未做出选择，基金管理人应当支付现金。

基金收益分配会导致基金份额的净值下降，但对投资者来说，分红前后的价值是不变的，因为收益分配相当于把自己的资金从基金份额形式转变为现金形式，投资者所拥有的总价值量不变。

三、基金绩效衡量

（一）投资收益的构成

基金投资者获得的收益通常由两部分组成，其中一部分是持有期内所产生的红利、股息、利息等，另一部分就是买卖的差价，即资本利得或资本损失。

比如，某投资者在年初以 20 元的价格购买了某股票，股票在投资者持有期内支付了 0.8 元/股的红利，到了年末投资者以 24 元的价格卖出该股票。则投资者在持有期内的股利收益率为

$$\text{股利收益率}=\frac{D_{t+1}}{P_t}=\frac{0.8}{20}=4\%$$

资本利得收益率为

$$\text{资本利得收益率}=\frac{P_{t+1}-P_t}{P_t}=\frac{24-20}{20}=20\%$$

因此，投资者在持有期内的总收益率为

$$r_{t+1}=\frac{D_{t+1}}{P_t}+\frac{P_{t+1}-P_t}{P_t}=4\%+20\%=24\%$$

如果分别将期初、期末的基金净值表示为 NAV_0 和 NAV_1，那么基金的收益率可以表示为

$$r=\frac{\mathrm{NAV}_1-\mathrm{NAV}_0+D}{\mathrm{NAV}_0} \tag{3.26}$$

其中，D 为持有期内获得的收入分配。需要注意的是，式（3.26）忽略了所有的佣金或费用。

（二）收益率的计算

总收益率反映的是投资者在持有期间的收益，当持有期不相同的时候就无法直接用总收益率来横向比较收益率的高低。因此，在资产组合投资收益率的计算中，往往是将整个评价期分为若干个子期间（年、季度或月），先计算各个子期间的收益率，然后计算子期间的平均收益率并进行比较。

常见的有算术平均收益率和几何平均收益率。

1. 算术平均收益率

算术平均收益率的计算公式为

$$\overline{r}=\frac{r_1+r_2+\cdots+r_T}{T} \tag{3.27}$$

比如，某基金在2010～2014年的收益率分别为：52.48%、–45.99%、–4.95%、17.33%、37.93%，其算术平均收益率为

$$\overline{r}=\frac{52.48\%-45.99\%-4.95\%+17.33\%+37.93\%}{5}=11.36\%$$

算术平均收益率明白易懂、计算简单，但它有一个缺点，就是当不同期间收益率波动很大时，算术平均收益率就容易“失真”。比如，该基金在2010年和2011年这两年的年平均收益率为

$$(52.48\%-45.99\%)/2=3.25\%$$

2. 几何平均收益率

仔细考察上面的例子，就会发现它产生了“误导”。假设该基金在2010年年初净值为1元，那么在2010年年末的净值为1.5248元，到2011年年末时其价值应该为0.8235元。也就是说，如果2010年投资该基金持有到2011年年末，投资者实际上是亏损的，而算术平均收益率的计算结果却是年平均收益率为3.25%。这时可以计算另一个指标，即几何平均收益率：

$$g=[(1+r_1)\times(1+r_2)\times\cdots\times(1+r_T)]^{\frac{1}{T}}-1 \tag{3.28}$$

其中，g为几何平均收益率，其余符号含义同前。

该基金在2010年和2011年两年的几何平均收益率为

$$g=[(1+52.48\%)\times(1-45.99\%)]^{0.5}-1=-9.25\%$$

相比之下，几何平均收益率则“真实”地反映了投资的实际情况，这在投资期间收益率波动比较大的情况下表现得尤其明显。

（三）基金投资绩效评价指标

虽然可以通过横向比较基金的平均收益率来判断哪个表现更好，但这样做并不总是合适，其原因就在于不同的基金投资的对象不一样，有的偏重于股票，有的偏重于债券……因此不同基金的风险是不一样的，不同风险的基金不可能有相同的收益。因此，需要用风险对不同基金的收益率进行调整。

常用的一些经风险调整的基金投资业绩测度指标有夏普指数、特雷诺指数、詹森指数和M^2指数。

（1）夏普指数。夏普指数用公式表示为

$$S_P=\frac{r_P-r_f}{\sigma_P} \tag{3.29}$$

其中，S_P为夏普指数；r_P为投资组合的平均收益率；r_f为该期间的无风险利率；σ_P为该组合的标准差，表示投资组合的总风险，既包括系统风险，也包括非系统风险。因此，夏普指数表示的是单位总风险所获得的超额收益率。

（2）特雷诺指数。与夏普指数不同，特雷诺指数只考虑了系统风险，用公式表示为

$$T_P=\frac{r_P-r_f}{\beta_P} \tag{3.30}$$

其中，β_P 为该投资组合的系统风险。因此，特雷诺指数表示的是组合的单位系统风险获得的超额收益率。

那么究竟是用夏普指数还是特雷诺指数呢？如果被评价的基金的风险已经被充分分散，那么用特雷诺指数来评价其管理者的业绩是比较恰当的；而如果被评价的基金所包含的资产种类比较少，风险没有得到充分的分散，则适用的指标是夏普指数。

当基金组合已经完全分散了非系统风险，那么夏普指数和特雷诺指数的评估结果应该很接近或是一致的。

（3）詹森指数。詹森指数是建立在资本资产定价模型（capital asset pricing model，CAPM）基础之上的，公式表示为

$$\alpha_P = r_P - [r_f + \beta_P(r_M - r_f)] \tag{3.31}$$

其中，r_M 为市场组合的收益率，其余符号意义同前。詹森指数为绝对绩效指标，表示组合收益率与相同系统风险水平下市场组合收益率的差异。当詹森指数大于零时，表示该组合的绩效优于市场组合；不同组合进行比较时，詹森指数越大越好。

詹森指数有一个隐含的假设就是组合的非系统风险已经被充分分散，因此该指标反映的是收益率与系统风险之间的关系。

三种指数的比较：首先，夏普指数、特雷诺指数计算的是比率值，即单位风险带来的超额收益，詹森系数计算的是差异值，即由基金经理积极管理产生的系统性风险报酬以外的超额收益。在对基金绩效排序时不同计算方式可能得出不同的结论。

其次，指数采用的风险度量标准不同。詹森指数和特雷诺指数使用的是系统风险；夏普指数使用的则是标准差，度量的是基金的总风险（包括系统性风险和非系统性风险）。系统性风险很高时，基金组合和市场走势更为接近，非系统性风险可以通过分散投资来降低，如果非系统性风险降为零，那么基金将获得市场平均收益；许多基金经理往往会通过增加对某些行业或区域的股票的投资比重，以此来承担较高的非系统性风险，以谋求获取超越市场的收益。

【例 3.13】计算夏普指数、特雷诺指数和詹森指数

某两只基金 A、B 在 2014 年收益率分别为 10%和 8%，市场组合收益率为 5%，基金 A、B 的标准差分别为 14%、10%，β 系数分别为 0.9 和 1.1，无风险收益率为 2%。根据式（3.29）、式（3.30）和式（3.31）计算可得表 3.10。

表 3.10　基金 A、B 的三种业绩评价指数（单位：%）

指数	夏普指数	特雷诺指数	詹森指数
基金 A	57.14	8.89	5.3
基金 B	60	5.45	2.7

在这个例子中，基金 A 的夏普指数小于基金 B，但特雷诺指数和詹森指数大于基金 B。

基金 A 的 β 系数小于基金 B，标准差大于基金 B，说明基金 A 的系统性风险相对较小，但由于基金经理的积极管理，基金 A 没有充分分散投资仍保留了较高的非系统性风险，使其整体风险（即标准差）高于基金 B，所以当仅考虑系统性风险（特雷诺指数和詹

森指数）时，基金A的绩效好于基金B，当考虑全部风险（夏普指数）时，基金A的绩效差于基金B。

（5）M^2指数。另外一个常用的指标就是M^2指数，它由格雷厄姆和哈维提出，经诺贝尔经济学奖获得者弗朗哥·莫迪利安尼（Franco Modigliani）及其孙子推广，因此被命名为M^2（表示莫迪利安尼平方）。与夏普指数类似，M^2指数对风险的衡量也包含全部风险。公式表示如下：

$$M^2 = r_{P^*} - r_M \tag{3.32}$$

其中，P^*为虚拟构造的组合，该组合是在原有组合中加入一定数量的无风险资产，使得新组合的风险与市场指数的风险相同。比如，某基金的风险是市场指数组合的1.2倍，那么就需要在基金中加入1/6的国库券，这样经过调整后的组合就和市场组合具有相同的标准差。

【例3.14】计算M^2指数

某基金的标准差为45%，收益率为21%，市场指数的标准差为30%，收益率为14%，无风险收益率为6%，试计算该基金的M^2指数。

由无风险资产和风险资产构成的组合的标准差等于风险资产在组合中所占的比例与其标准差的乘积。因此，为了使虚拟组合的标准差与市场指数的标准差相同，虚拟组合应由1/3的无风险资产和2/3的基金构成，其标准差为$\frac{2}{3}\times 45\% = 30\%$，虚拟组合的收益率为$\frac{1}{3}\times 6\% + \frac{2}{3}\times 21\% = 16\%$，因此，

$$M^2 = 16\% - 14\% = 2\%$$

所以该基金的M^2指数为2%，超过市场指数的表现。

四、基金的价格决定

（一）基金价格的影响因素

基金价格主要由基金的单位净值决定，因此，影响基金单位净值的因素就是影响基金价格的因素。基金所拥有的总资产在每个营业日收市后，按其投资资产的收盘价计算总资产价值，所以基金资产总值在不断变化；另外，基金的负债和经营管理过程产生的各种费用也在不断变化，这也影响基金的净值；基金份额数量也是基金单位净值的重要影响因素，对于封闭式基金来说，其数量是不变的；但开放式基金会不断地申购和赎回，数量不断变化导致基金单位净值也不断变化。

（二）开放式基金的价格决定

对于开放式基金来说，由于其采用申购和赎回的方式来购买和出售，其价格被称为申购价格和赎回价格。

赎回价格是投资者赎回基金份额的价格：

赎回价格=基金单位净值+赎回手续费 （3.33）

申购价格是投资者认购基金份额的价格：

申购价格=基金单位净值+申购手续费　（3.34）

由于手续费是固定的费率，决定开放式基金价格的变动因素就是基金单位净值。

（三）封闭型基金的价格决定

封闭式基金由于基金份额不发生变化，它的价格是以单位基金净值为基础，受供求关系影响。除此之外，封闭式基金的价格还受到杠杆效应高低程度的影响。

封闭式基金发行基金份额是一次性的，即基金的资金额筹集完后就封闭起来，不再发行。但是由于管理上的需要，这类公司亦可以通过发行优先股和公司债券，作为资本结构的一部分，形成未偿优先证券，并且能获得银行贷款。这对公司基金份额持有者来说，其收益就要受到杠杆作用的影响。

优先证券对资产和收益有固定的权利。因此，当公司资产和收益总值上升时，基金份额持有者的收益就会增加，不仅可以得到更多的股息，而且能获得资本收益。也就是说，当基金资产价值提高时，基金份额价值增长更快；反之，当基金资产价值下降时，基金份额价值也下降更快。这种杠杆效应往往使某些封闭式基金公司的基金份额的市场价值的涨跌幅度超过总体市场的涨跌幅度。

封闭式基金不承担购回其份额的义务，其基金只有在公开市场上出售，以及由于杠杆效应的影响，封闭式基金的价格不如开放式基金的价格稳定，其单位基金净值与市场价格之间存在着显著的偏差。封闭式基金的价格决定可以利用普通股票的价格公式估算。

课后练习

一、名词解释

现金流贴现法　内部收益率　到期收益率　利率期限结构　久期　股票内在价值　优先认股权　基金净值　麦考利久期　凸性　特雷诺指数　夏普指数　詹森指数　M^2指数　修正久期

二、简答题

1. 简述流动性偏好假说和期限偏好假说的主要内容与缺点。
2. 简述开放式基金价格和封闭式基金价格决定的异同。
3. 简述优先认股权对股票价值的影响。
4. 简述夏普指数、特雷诺指数和詹森指数的联系与区别。
5. 简述固定利率债券的价格特征。
6. 用于再投资的留存收益比越高，则公司股票价格越高。判断其对错，并说明理由。

三、计算题

1. 假设某债券剩余期限为3年，面值为100元，票面利率为6%，每年付息一次。当前 1 年、2 年和 3 年的利率分别为 4%、4.4%和 4.9%，试求该债券的价格及其对应的到期收益率。

2. 假设某债券的票面利率为 8%，到期收益率为 6%。如果到期收益率不变，那么一年后该债券的价格会升高、降低还是不变？

3. 若某剩余期限为 5 年的零息票国债，当前的市场价格为 82 元，到期支付本金 100 元，则对应的到期收益率是多少？

4. 某债券剩余期限 2 年，面值 100 元，票面利率为 5%，半年付息一次，假设到期收益率为 4.8%，请计算该债券的价格，并比较两种情况下债券价格的变化情况：①到期收益率上升 50 个基点；②到期收益率下降 50 个基点。

5. 某剩余期限为 2 年 3 个月的浮动利率债券，面值为 100 元，每半年付息一次，参考利率为 6 个月期的 SHIBOR 上浮 0.25%。若上一次付息日观察到的 6 个月期 SHIBOR 为 4%，当前 3 个月期的 SHIBOR 为 3.8%，假设该债券合理的贴现率等于其参考利率，请计算该浮动利率债券的价格。

6. 比较下列债券的久期：A，8 年期，票面利率 5%；B，8 年期，票面利率 11%；C，15 年期，票面利率 6%；D，15 年期，票面利率 11%。

7. 某债券的票面利率为 8%，每年付息一次，到期收益率为 10%，麦考利久期为 9 年，则该债券的修正久期为多少？

8. 一种息票率为 6%、每年付息两次、凸性为 120 的债券按面值的 80%出售，到期收益率为 8%。如果到期收益率上升到 9.5%，则凸性对其价格变动的贡献有多大？

9. 新发行的 10 年期债券，票面利率为 7%，每年付息一次，按面值出售，此时对应的久期和凸性分别为 7.5 和 83。当其到期收益率升至 8%时，债券的价格是多少？

10. “金多宝”公司刚刚支付了每股 2.3 元的股利，预期无限期内将以 10%的速度增长。若根据固定增长模型计算的股票当前价格为 126.5 元，那么必要收益率是多少？

11. “六艺堂”公司预计下一年度每股的股利为 1.25 元，且在随后的 3 年内股利以 25%的速度增长，之后增速下降到每年 8%，并一直持续下去。如果必要收益率为 16%，试计算该公司股票的价值。

12. 锦城投资公司历史 ROE 为 16%，留存收益比为 40%，若预期未来一年的每股收益为 2 元，必要收益率为 12%，那么其股价将为多少？3 年后的股价呢？

13. 资产组合 A 和资产组合 B 的期望收益率分别为 12%和 16%，β 值分别为 0.7 和 1.4，无风险利率为 5%。中证 500 指数的预期收益率为 13%。组合 A 的标准差为 12%，B 的标准差 31%，中证 500 指数标准差为 18%。试计算组合 A 和组合 B 的夏普指数、特雷诺指数和詹森指数。如果你现在拥有市场指数组合，你愿意在所持组合中加入哪个组合？为什么？

14. A 基金是一家封闭式基金，投资组合的现值为 20 000 万元，负债是 300 万元，发行在外的总份额为 500 万份。试计算该基金的资产净值；如果每份基金售价 38 元，则其折价或溢价百分比是多少？

15. 某基金公司年初单位基金净值为 12.50 元，年末单位基金净值为 12.10 元，该基金支付了 1.5 元的红利。投资者的收益率是多少？

四、延伸性阅读推荐

1. 兹维·博迪.投资学. 9 版. 汪昌云，等译. 北京：机械工业出版社，2012

　第 14 章　债券的价格与收益

　第 15 章　利率的期限结构

　第 16 章　债券资产组合管理

　第 18 章　权益估值模型

　第 24 章　投资组合业绩评价

2. 陈蓉，郑振龙.固定收益证券. 北京：北京大学出版社，2011

　第二章　债券价格与收益率

　第四章　利率期限结构：静态模型

　第五章　利率风险管理

3. 克里斯托弗·布朗. 价值投资. 刘寅龙译. 广州：世界图书出版公司，2013

4. 中国债券信息网，http: //www.chinabond.com.cn

5. 新浪财经—数据平台，http: //finance.sina.com.cn/data/

6. 巨潮资讯网，http: //www.cninfo.com.cn

证券投资基本分析

证券投资基本分析主要包括宏观经济环境分析、公司经营环境分析及公司财务分析三部分内容。其中，宏观经济环境分析主要介绍宏观经济分析的意义和基本方法、宏观经济运行对证券市场的影响、宏观经济政策及其对证券市场的影响；公司经营环境分析包括公司经营的外部环境分析和内部环境分析；公司财务分析主要包括公司财务的基本分析、公司财务状况的趋势分析、财务结构分析，以及财务状况的综合分析。

第一节　宏观经济环境分析

一、宏观经济分析概述

（一）宏观经济分析的意义

宏观经济的走向决定了证券市场的长期趋势。只有把握好宏观经济发展的大方向，才能较为准确地把握证券市场的总体变动趋势，判断整个证券市场的投资价值。宏观经济状况良好，大部分的上市公司经营业绩表现会比较优良，股价也相应有上涨的动力。

（二）宏观经济分析的基本方法

1. 总量分析法

总量分析是对影响宏观经济运行总量指标的因素及其变动规律进行分析[如对国内生产总值（gross domestic product，GDP）、消费额、投资额、银行贷款总额及物价水平的变动规律的分析等]，进而说明整个经济的状态和全貌。总量分析主要是一种动态分析，因为它主要研究总量指标的变动规律；总量分析也包括静态分析，因为它需要考察同一时期内各总量指标的相互关系。

2. 结构分析法

结构分析是对经济系统中各组成部分及其对比关系变动规律的分析（如 GDP 中三次产业的结构分析、消费和投资的结构分析、经济增长中各因素作用的结构分析等）。结构分析法大多是静态分析，但如果分析不同时期内的经济结构变动，则属于动态分析。

3. 总量分析和结构分析的关系

总量分析侧重于考察经济的总体状况及总体结构，侧重分析经济运行的动态过程；结构分析侧重于对一定时期经济整体中各组成部分的相互关系的研究，侧重分析经济现象的相对静止状态。总量分析非常重要，但它需要结构分析来深化和补充，而结构分析要服从于总量分析的目标。

二、宏观经济运行对证券市场的影响

为了把握宏观经济的运行状况，投资者必须对一些重要的宏观经济指标予以关注，分析这些指标对股票市场的影响。

（一）宏观经济重要指标及其对证券市场的影响

1. GDP

GDP 是指一个国家（或地区）在一定时期内（一般按年统计）所生产的最终产品和劳务的市场价值的总和。经济学上用价格指数来调整名义 GDP 的值，得到实际 GDP，从而剔除了通货膨胀因素的影响。实际 GDP 的升降被称为经济周期，经济周期包括“衰退”和“扩张”两个主要阶段，而“高峰”和“低谷”通常被称为“繁荣”和“萧条”，它们是“衰退”和“扩张”这两个阶段的转折点。经济周期的形式是不规则的：周期的“峰”“谷”水平不同；每个阶段持续时间和周期长度不同。但周期往往具有相似性。在我国，GDP 对股市的影响较复杂：当股市自身供求关系比较合理时，GDP 走势与股市运行往往呈正相关；然而，当股市自身供求关系严重失衡时，GDP 走势与股市运行往往表现为不相关，甚至负相关：如果新股发行和再融资充分考虑股市资金面承受力，即使 GDP 增速放缓，股市也会向上运行；如果高频率发行新股和再融资，对股市抽血，即使 GDP 增速较快，股市也会向下运行。

2. 失业率

失业率是指劳动人口中失业人数所占的百分比。失业率的变动与国民经济形势基本同步。失业率低，也就是就业率高，居民生活稳定，消费、投资欲望强，对股市有利。过高的失业率不仅影响个人投资意愿，而且影响社会整体情绪，甚至有引发一系列社会问题的可能，股市也因此震荡走低。

3. 通货膨胀

通货膨胀是指用某种价格指数衡量的一般价格水平的上涨。通货膨胀对社会经济产生的影响有：①收入和财富的再分配；②不同商品相对价格的变动。通货膨胀有平衡和不平衡之分，有被预期和未被预期之分，从程度上则有温和的、严重的和恶性的通货膨胀之分。一般认为，当出现严重的通胀风险时，政府会出台紧缩政策，管理通胀预期，这对股市构成利空。相反，当通货膨胀率持续快速下滑预示有通货紧缩风险或滞涨风险时，政府会出台刺激政策，促进经济增长，这对股市构成利好。

4. 汇率

汇率是指一个国家的货币折算成另一个国家货币的比率，是一种货币用另一种货币表示出来的价格。汇率与股市有着密切的联系。一般来说，如果一个国家的货币稳中有升，吸引外资流入，经济形势稳步发展，股价就会上涨，一旦其货币贬值，股价随之下跌。例如，1997 年的亚洲金融危机，起始于泰铢贬值，外资抽离，股市狂泻，并迅速在周边国家引起连锁反应，最终引发全球股市的大幅波动。

5. 固定资产投资

固定资产投资是指以货币表示的建造和购置固定资产的活动，是反映一定时期内固定资产投资规模、速度、比例关系和投资方向的综合性指标。一般认为，投资增速加快会拉动整体经济快速增长，能提振股市信心。但如果投资增长过快，会给整体经济带来结构性问题，导致经济发展质量不高、效益不好，且不可持续。这样则会给股市未来行情埋下隐患。

6. 社会消费品零售总额

社会消费品零售总额所计量的是各种经济类型的企业销售给居民用于生活消费的商品；销售给机关、团体、部队、学校、企业和事业单位的，用作非生产经营性的消费品的总和。社会消费品零售总额反映国内消费支出情况，对判断国民经济现状和前景具有重要的指导作用。该项指标提升，表明消费支出增加，经济情况较好；反之，表明经济景气趋缓或不佳。一般认为，主要依靠消费拉动的经济增长是健康的、可持续的增长。但因现阶段的我国国情，主要依靠消费拉动经济增长难度较大。因此，该项指标目前对股市影响有限，但是，随着消费在我国 GDP 中的份额越来越大，其对经济增长的拉动作用也越来越大，它对股市的影响也会越来越大。

7. 金融机构新增贷款

金融机构新增贷款是指银行等金融机构向企业和居民发放的贷款的增加额的一个统计数据，由中央银行定期向社会公布。该项指标对股市的影响是：金融机构新增贷款增速加快，预示经济上升，会提振股市。但如果增速过快，预示有经济过热风险，政府会调控经济，股市加速赶顶后会向下反转。新增贷款增速放慢，预示经济下降，会抑制股市。但如果增速过慢，预示有经济衰退风险，政府会刺激经济，股市加速赶底后会向上反转。

8. 规模以上工业增加值

规模以上工业增加值是指年主营收入大于一定规模的工业企业在报告期内以货币形式表现的工业生产活动的最终成果，是企业全部生产活动的总成果扣除了在生产过程中消耗或转移的物质产品和劳务价值后的余额，是企业生产过程中新增加的价值。一般认为，规模以上工业增加值及增长率上升表明工业生产扩张，利好股市；下降表明工业生产萎缩，利空股市。

（二）宏观经济运行对证券市场的影响

证券市场是如何对宏观经济的变动做出反应呢？这需要将证券市场与经济形势结合起来进行考察。宏观经济运行状态从来就不是静止不动的，会依次经历复苏、繁荣、衰退、萧条四个阶段，接下来又是经济重新复苏，进入一个新的经济周期。证券市场综合了人们对于宏观经济形势的预期，这种预期必然反映到投资者的投资行为中。一般说来，在经济衰退时期，企业的产品滞销，利润相应减少，促使企业减少产量，从而导致股息、红利也随之不断减少，持股的股东因股票收益不佳而纷纷抛售，使股票价格下跌。当经济衰退已经达到经济危机时，整个经济生活处于瘫痪状况，大量的企业倒闭，股票持有者由于对形势持悲观态度而纷纷卖出手中的股票，从而使整个股市价格大跌；经济周期经过最低谷之后又出现缓慢复苏的势头，随着经济结构的调整，商品开始有一定的销售量，企业又能开始给股东分发一些股息、红利，投资者慢慢觉得持股有利可图，于是纷纷购买，使股价缓缓回升；当经济由复苏达到繁荣阶段时，企业的商品生产能力与产量大增，商品销售状况良好，企业开始大量盈利，股息、红利相应增多，股价不停攀升，屡创新高，直到上涨至最高点。

值得一提的是，宏观经济运行的经济周期与股价变动周期不是完全同步的。通常的情况是，不管在经济周期的哪一阶段，股价变动总是比实际的经济周期变动要领先一步。即在衰退以前，股价已开始下跌，而在复苏之前，股价已经回升；经济周期未步入高峰阶段时，股价已经见顶；经济仍处于衰退期间，股市已开始从谷底回升。

三、宏观经济政策及其对证券市场的影响

（一）财政政策及其对证券市场的影响

1. 财政政策

财政政策是政府制定的指导财政工作和处理财政关系的一系列方针、准则和措施的总称。财政政策分为长期、中期、短期财政政策。财政政策的短期目标是促进经济稳定增长。财政政策的中长期目标，首先是资源的合理配置，其次是收入的公平分配。

2. 财政政策手段

财政政策手段主要包括国家预算、税收、国债、财政补贴、转移支付制度等。国家预算反映国家财力规模和平衡状态，是各种财政政策手段综合运用的反映，是财政政策的主要手段。国家预算收支的规模和收支平衡状态对社会供求的总量平衡产生影响。国家预算的支出方向可以调节社会总供求的结构平衡。税收是国家凭借政治权力参与社会产品分配的重要形式，它既是筹集财政收入的主要工具，又是调节宏观经济的重要手段。税收可调节收入的分配和调节社会总供求的结构。国债是国家按照有偿信用原则筹集财政资金的一种形式，也是实现政府财政政策，进行宏观调控的重要工具。国债既可以调节国民收入初次分配形成的格局；还可以调节国民收入的使用结构和产业结构，调节资金供求和货币流通量。财政补贴是国家为了某种特定需要，将一部分财政资金无偿补助给企业和居民的一种再分配形式。转移支付制度是中央财政将集中的一部分财政资金，按一定的标准拨付给地方财政的一项制度。其主要功能是调整中央政府与地方政府之间的财政纵向不平衡。

3. 财政政策的类型

财政政策分为松的财政政策、紧的财政政策和中性财政政策。总的来说，紧的财政政策使过热的经济受到控制，证券市场将走弱；而松的财政政策则刺激经济发展，证券市场将走强。为了实现短期财政政策目标，财政政策的运用主要是发挥“相机抉择”作用，有以下几种情况。

第一，当社会总需求不足时，既可以使用松的财政政策，通过扩大支出，增加赤字，以扩大社会总需求，也可以采取扩大税收减免、增加财政补贴等政策，刺激微观经济主体的投资需求，在这种情况下，股票价格将上涨。

第二，当社会总供给不足时，可以使用紧缩性财政政策，通过减少赤字、增加公开市场上出售国债的数量，以及减少财政补贴等政策，压缩社会总需求，在这种情况下，股票

价格将下跌。

第三，当社会总供给大于社会总需求时，可以搭配运用“松”“紧”政策，一方面通过增加赤字、扩大支出等政策刺激总需求增长；另一方面采取扩大税收、调高税率等措施抑制微观经济主体的供给。如果支出总量效应大于税收效应，那么，对股票价格的上扬会起到推动作用。

第四，当社会总供给小于社会总需求时，可以搭配使用“松”“紧”政策，一方面通过压缩支出、减少赤字等政策缩小社会总需求；另一方面采取扩大税收减免、减少税收等措施刺激微观经济主体增加供给。支出的压缩效应大于税收的紧缩效应，则股票价格将下跌。

（二）货币政策及其对证券市场的影响

1. 货币政策

货币政策是指政府为实现一定的宏观经济目标而制定的关于货币供应和货币流通组织管理的基本方针与准则。货币政策对经济的调控体现在：第一，通过调控货币供应量保持社会总供给与总需求的平衡；第二，通过调控利率和货币总量控制通货膨胀，保持物价总水平的稳定；第三，调节国民收入中消费与储蓄的比重；第四，引导储蓄向投资的转化并实现资源的合理配置。

2. 货币政策目标

货币政策最终目标是指货币政策的制定者所期望达到的货币政策的最终实施结果，是中央银行制定和执行货币政策的依据，一般有四个：稳定物价、充分就业、促进经济增长和平衡国际收支。货币政策操作指标是中央银行通过货币政策工具操作能够有效准确实现的政策变量，如准备金、基础货币、中央银行利率、同业拆借市场利率、回购协议市场利率、票据市场贴现率。操作指标有两个特点：一是直接性，既可以通过政策工具的运用直接引起这些指标的变化；二是灵敏性，政策工具可以准确地作用于操作指标，使其达到目标区。货币政策中介指标处于最终目标和操作指标之间，是中央银行通过货币政策操作和传导后能够以一定的精确度达到的政策变量，如市场利率、货币供应量、信贷规模和汇率。

3. 货币政策工具

货币政策工具，又称货币政策手段，是指中央银行为调控中介指标，实现货币政策目标所采用的政策手段。《中国人民银行法》第 3 条规定，中国货币政策最终目标为“保持货币币值的稳定，并以此促进经济的增长”。货币政策工具分为一般性工具和选择性工具。一般性货币政策工具包括公开市场操作、存款准备金率和再贴现；选择性货币政策工具包括贷款规模控制、特种存款、对金融企业窗口指导等。一般性货币政策工具多属于间接调控工具，选择性货币政策工具多属于直接调控工具。在过去较长时期内，中国货币政策以直接调控为主，即采取信贷规模、现金计划等工具。1998 年以后，取消了贷款规模控制，主要采取间接货币政策工具调控货币供应总量。现阶段，中国的货币政策工具主要有公开市场操作、存款准备金率、再贷款与再贴现、常备借贷便利、利率政策、道义劝告和窗口指导等。2013 年 3 月中国人民银行开展常备借贷便利（standing lending facility，SLF）操作，2014 年 9 月创设中期借贷便利（medium-term lending facility，MLF），标志着新的货币政策工具的正式使用。

公开市场操作是指中央银行在金融市场上公开买卖有价证券，以此来调节市场货币量的政策行为。当中央银行认为应该增加货币供给量时，就在金融市场上买进有价证券（主要是政府债券）；反之就出售所持有的有价证券。

存款准备金率是中央银行凭借法律授权规定，调整商业银行缴存中央银行的存款准备金比率以变动货币乘数，影响商业银行信贷规模、信贷结构，间接调控货币供给量的金融政策。当中央银行提高法定存款准备金率时，商业银行可运用的资金减少，贷款能力下降，货币乘数变小，市场货币量便会相应减少，所以在通货膨胀时，中央银行可提高法定准备金率；反之，则降低。

再贷款是指中央银行向商业银行的贷款。根据《中国人民银行对金融机构贷款管理暂行办法》第 8 条的规定，根据贷款方式的不同，中国人民银行对金融机构贷款可以划分为信用贷款和再贴现两种。信用贷款是指中国人民银行根据金融机构资金头寸情况，以其信用为保证发放的贷款。根据《中国人民银行法》第 22 条和第 27 条的规定，信用贷款是指中央银行向商业银行提供的贷款，不包括商业银行之外的其他金融机构。所以，在中国，再贷款即指中央银行向商业银行提供的信用贷款。再贴现是中央银行通过买进商业银行持有的已贴现但尚未到期的商业汇票，向商业银行提供融资支持的行为。中国人民银行通过再贷款与再贴现的运用可以对银行业机构进而对全社会的流动性施加影响。对银行业机构的再贷款和再贴现，在本质上相当于中国人民银行的基础货币投放，收回银行业机构的再贷款和再贴现，也就相当于将基础货币从社会上收回。中国人民银行通过对再贷款和再贴现的灵活运用，可以对银行业机构的流动性施加影响，进而促进全社会的流动性保持合理水平。

常备借贷便利是指商业银行或金融机构根据自身的流动性需求，通过资产抵押的方式向中央银行申请授信额度的一种更加直接的融资方式。由于常备借贷便利提供的是中央银行与商业银行“一对一”的模式，这种货币操作方式更像是定制化融资和结构化融资。其主要特点有三个：一是由金融机构主动发起，金融机构可根据自身流动性需求申请常备借贷便利；二是常备借贷便利是中央银行与金融机构“一对一”交易，针对性强；三是常备借贷便利的交易对手覆盖面广，通常覆盖存款金融机构。

中期借贷便利是中央银行提供中期基础货币的货币政策工具，对象为符合宏观审慎管理要求的商业银行、政策性银行。以质押方式发放，合格质押品为国债、央行票据、政策性金融债、高等级信用债等优质债券。中国人民银行发布的报告显示，2015 年中国人民银行累计开展中期借贷便利操作 21 948 亿元，向金融机构投放中期基础货币，引导其加大对小微企业和“三农”等重点领域及薄弱环节的支持力度。

利率政策是我国货币政策的重要组成部分，也是货币政策实施的主要手段之一。中国人民银行根据货币政策实施的需要，适时地运用利率工具，对利率水平和利率结构进行调整，进而影响社会资金供求状况，实现货币政策的既定目标。目前，中国人民银行采用的利率工具主要有四类：一是调整中央银行基准利率，包括再贷款利率、再贴现利率、存款准备金利率、超额存款准备金利率；二是调整金融机构法定存贷款利率；三是制定金融机构存贷款利率的浮动范围；四是制定相关政策对各类利率的结构和档次进行调整等。利率上调有助于吸收存款，抑制流动性，抑制投资热度，控制通货膨胀，稳定物价水平；利率下调有助于刺激贷款需求，刺激投资，拉动经济增长。

道义劝告是指中央银行运用自己在金融体系中的特殊地位和威望，通过对银行及其他金融机构的劝告（常以书面通告、指示、口头通知甚至与金融机构的负责人面谈等形式向商业银行通报经济形势），影响其贷款和贷款方向，以达到控制信用的目的。中央银行的道义劝告不具有强制性，而是将货币政策的意向与金融状况向商业银行和其他金融机构提出，使其能自动地根据中央银行的政策意向采取相应措施。例如，在通货膨胀较严重时期，中央银行劝导各金融机构自动约束放款或提高利率；在房地产与股票市场投机过度时劝告各金融机构收缩这两个市场的信贷规模；在国际收支出现赤字的情况下，劝告各金融机构提高利率或减少海外贷款；等等。

窗口指导是指中央银行通过劝告和建议来影响商业银行信贷行为的一种温和的、非强制性的货币政策工具，是一种劝谕式监管手段。实行窗口指导的直接目的是通过调控贷款资金的供求以影响银行同业拆放市场利率；间接目的是通过银行同业拆放市场的利率功能，使信贷总量的增长和经济增长相吻合。

4. 货币政策的类型

货币政策在实务运作中，可以分为松的货币政策、紧的货币政策和中性货币政策。紧的货币政策：减少货币供应量，提高利率，加强信贷控制。如果市场物价上涨，需求过度，经济过度繁荣，这时被认为社会总需求大于总供给，中央银行就会采取紧缩货币的政策以减少需求。松的货币政策：增加货币供应量，降低利率，放松信贷控制。如果市场产品销售不畅，经济运转困难，资金短缺，设备闲置，被认为是社会总需求小于总供给，中央银行则会采取扩大货币供应的办法增加总需求。

总的来说，紧的货币政策使过热的经济受到控制，证券市场将走弱，而松的货币政策则刺激经济发展，证券市场将走强。

5. 货币政策的影响

货币政策对证券市场的影响主要是通过利率、公开市场业务、货币供应量等渠道来实现的。

利率是其中影响较为明显、反应较为迅速的主要渠道之一，其市场机理在于：首先，利率是计算股票内在投资价值的重要依据之一，如利率上升，同一股票的内在投资价值下降，股票价格下跌。其次，利率水平的变动直接影响到公司的融资成本，从而影响股票价格。例如，利率下降，可以降低公司的利息负担，增加公司盈利，股票价格也将随之上升。此外，利率降低，可能导致部分投资者将储蓄投资转成股票投资，从而增加对股票的市场需求，推升股价。

中央银行通过公开市场业务大量购进有价证券，使市场上货币供给量增加，推动利率下调，资金成本降低，企业和个人的投资及消费热情高涨，生产扩张，利润增加，推动股票价格上涨。而且，中央银行的公开市场业务的运作是直接以国债为操作对象，从而直接关系到国债市场的供求变动，影响到国债市场的波动。

中央银行可以通过存款准备金率和再贴现政策调节货币供应量，从而影响货币市场和资本市场的资金供求，进而影响证券市场。

中央银行的选择性货币政策工具也会对证券市场产生影响，例如，当直接信用控制或间接信用指导体现从松或从紧货币政策时，会对证券市场整体走势产生影响。又如，当实行总量控制，通过直接信用控制或间接信用指导区别对待，反映当时的产业政策与区域政策时，会因板块效应对证券市场产生结构性影响。

第二节　公司经营环境分析

一、公司经营外部环境分析

（一）宏观环境因素分析

宏观环境是指对所有企业的经营管理活动都会产生影响的环境方面的各种因素，包括政治法律环境、经济环境、科技环境、社会文化环境等，这些因素通过影响企业经营的环境条件、企业经营战略和公司业绩，进而影响整个证券市场。

1. 政治法律环境

政治法律环境是指对企业生产经营活动具有实际与潜在影响的政治力量和对企业生产经营活动加以限制和要求的法律法规等因素。企业在进行经营战略选择时，首先要考虑的问题是拟投资企业所在国家和地区政局的稳定性和安全性，在此基础上，要着重考虑政府对发展地方经济的支持力度和政务工作的效率。为了促进当地经济的发展，一般来说，所在国家和地方政府会出台一系列优惠政策来吸引投资者，为企业提供优质、高效的行政服务，切实保障企业的利益。但企业在某些国家和地区也会遇到一些政府部门存在官僚主义、直接干预过多、办事效率低、地方保护主义等现象。

2. 经济环境

经济环境是指直接影响企业生存和发展的国家经济发展状况及趋势、经济体制及其运行状况、国家的经济政策及措施等因素。企业要密切关注国家经济政策的变化，因为政府制定的经济政策对某一行业及其企业的影响，既可以是鼓励和保护性的，也可以是限制和排斥性的。2005 年 12 月国务院发布实施的《促进产业结构调整暂行规定》中的《产业结构调整指导目录》就是由鼓励、限制和淘汰三类目录组成的。对鼓励类产业投资项目，国家制定优惠政策支持，以消除经济持续发展的瓶颈；对于限制类项目，国家督促改造和禁止新建；而对于淘汰类项目，国家禁止投资，可以采取高税收、行业管制等政策，如金融机构可停止各种形式的授信支持、有关部门可依法吊销生产许可证等。目前，全球经济越来越表现出较强的联动性，如 2008 年在美国爆发的金融危机，几乎席卷了全球所有的国家。此外，财政政策和货币政策对企业和股市的影响也很大，例如，2009 年中国政府推出四万亿财政政策，极大地推动了中国经济的增长，但对货币政策也产生了很大冲击，导致此后产生了大量诸如产能过剩、银行坏账等问题。

经济增长速度对企业所选择投资的方向也有重大影响。在经济快速增长时期，居民的收入会有相应的提高，相关产业会有较快的增长，这会给企业的投入和产品销售提供良好的条件，有利于企业的成长和发展。相反，当经济增长缓慢甚至衰退时，企业的成长和发展就会受到严重阻碍。

3. 科技环境

科技环境是指企业所处的环境中科技要素及与该要素直接相关的各种社会现象的集合，包括国家科技体制、科技政策、科技水平和科技发展趋势等因素。对各行业内的企业来说，要密切关注所在行业的科学技术发展动态和竞争者技术开发、新产品开发方面的动向，及时了解是否有当前技术的替代技术出现，并发现可能给企业带来竞争利益的新技术、新材料和新工艺。科技对企业的影响特别大，蒸汽机的发明改变了整个社会的生产方式，使欧洲迅速崛起；网络计算机技术的快速普及对人们的生产、生活方式都产生了革命性影响，行业之间和企业之间的竞争与此消彼长出现了前所未有的格局，如微软公司 30 年内的发展速度超过了传统企业上百年的发展速度。

4. 社会文化环境

社会文化环境是指企业所处地区在社会与文化方面所具备的基本条件，它包括民族特征、文化传统、价值观、宗教信仰、教育水平、社会结构、风俗习惯等因素。社会文化因素对企业经营战略的影响是间接的、潜在的和持久的。

很少有人能在选择股票时严格分析这么多相关的宏观因素，但这些因素确实非常重要，有时候一两个因素可能对投资者成功选择股票非常关键。例如，在美国，民主党和共和党在执政方针上有明显的差异：共和党更倾向于自由经济，外交中更倾向于强硬的外交政策，对重工业的发展则是利好；而民主党提倡政府调控的积极作用，更加重视环保，对环保行业扶持力度更大，对环境污染公司的制裁更加严厉，对环保产业则是利好，对环境污染公司则是重大利空。

（二）产业环境分析

产业环境是指对于同一产业内的组织都会产生影响的环境因素。与一般环境不同的是，产业环境只对处于某一特定产业内的公司及与该产业存在业务关系的公司产生影响。产业环境分析的基本目的是评价一个产业的总体经济吸引力。经济上极具吸引力的产业之中的企业，其平均绩效将优于经济上缺乏吸引力的产业的企业的平均绩效。

1. 产业分类

在国民经济中，各个产业的发展很不平衡。产业的发展前景与许多因素有关，因此产业的分类也有多重标准。

根据产业的未来预期，可分为朝阳产业和夕阳产业，如生物技术产业和信息技术产业都属于朝阳产业，发展前景光明。然而，朝阳产业和夕阳产业不是永恒不变的，而是随着社会的发展和技术的进步发生变化，今天的朝阳产业或许在几十年后就成为了夕阳产业，例如，在发达国家，诞生于 19 世纪的钢铁业和纺织业在当时就是明显的朝阳产业，但在今天却是夕阳产业。此外，朝阳产业和夕阳产业具有一定的相对性，发达资本主义国家的某个夕阳行业，在某些发展中国家却可能是朝阳行业。例如，微电子行业在发达国家已步入夕阳产业，但在一些发展中国家，该产业才刚刚起步。

按照产业所采用技术的先进程度，可分为新兴产业和传统产业。一般来说，传统产业多为夕阳产业，新兴产业多为朝阳产业。因为产业发展都具有周期性，从诞生、发展、繁荣、衰落，按照传统的行业估算一个产业的发展周期值一般为 120 年。按照产业对资源和技术的依赖程度，产业的周期起伏不定，或长或短。一般来说对资源的依赖程度越大，行业周期就会越短，如钢铁、纺织行业；对技术的依赖程度越大，行业周期越长，如生物技术、太空技术等。

2012 年 10 月 26 日中国证监会的公告——《上市公司行业分类指引（2012 年修订）》（证监会公告〔2012〕31 号），将我国上市公司分为 19 个门类，分别为：A 农、林、牧、渔业；B 采矿业；C 制造业；D 电力、热力、燃气及水生产和供应业；E 建筑业；F 批发和零售业；G 交通运输、仓储和邮政业；H 住宿和餐饮业；I 信息传输、软件和信息技术服务业；J 金融业；K 房地产业；L 租赁和商务服务业；M 科学研究和技术服务业；N 水利、环境和公共设施管理业；O 居民服务、修理和其他服务业；P 教育；Q 卫生和社会工作；R 文化、体育和娱乐业；S 综合门类。

2. 产业的生命周期

每个产业都要经历一个由成长到衰退的发展演变过程。这个过程被称为产业的生命周期。一般地，产业的生命周期可分为四个阶段，即初创期（也叫幼稚期）、成长期、成熟期和衰退期。

1）初创期

第一，只有为数不多的风险基金投资于这个新兴的产业，由于初创期产业的创立投资和产品的研究、开发费用较高，而产品市场需求狭小（因为大众对其尚缺乏了解），销售收入较低，因此，这些创业公司财务上可能不但没有盈利，反而普遍亏损。第二，较高的产品成本和价格与较小的市场需求还使这些创业公司面临很大的投资风险。第三，在初创期后期，随着产业生产技术的提高、生产成本的降低和市场需求的扩大，新产业便逐步由低收益、高风险的初创期转向高收益、高风险的成长期。

2）成长期

第一，在这一时期，拥有一定市场营销和财务力量的企业逐渐主导市场，这些企业往往是较大的企业，其资本结构比较稳定。第二，在成长期，新产业的产品经过广泛宣传和消费者的试用，逐渐以其自身的特点赢得了市场，市场需求开始上升，新产业也随之繁荣起来。与市场需求变化相适应，供给方面相应地出现了一系列的变化。产品逐步从单一、低质、高价向多样、优质和低价方向发展。新产业出现了生产厂商和产品相互竞争的局面。第三，随着市场竞争的不断发展和产品产量的不断增加，市场的需求日趋饱和。生产厂商不能单纯地依靠扩大生产量，提高市场的份额来增加收入，而必须依靠追加生产投资，提高生产技术，降低成本，以及研制和开发新产品的方法来争取竞争优势，战胜竞争对手和维持企业的生存。因而，这一时期企业的利润虽然增长很快，但所面临的竞争风险也非常大。

在成长期的后期，由于产业中生产厂商与产品竞争优胜劣汰规律的作用，市场上生产厂商的数量在大幅度下降之后开始稳定。由于市场需求基本饱和，产品的销售增长率减慢，迅速赚取利润的机会减少，整个产业开始进入成熟期。

3）成熟期

第一，在这一时期，在竞争中生存下来的少数大厂商垄断了整个产业的市场，每个厂商都占有一定比例的市场份额。第二，产业的利润由于一定程度的垄断达到了很高的水平，而风险却因市场份额较高而相对较低，新企业难以打入成熟期市场。第三，在成熟期的后期，产业增长速度降到一个适当的水平。在某些情况下，整个产业的增长可能会完全停止，其产出甚至下降，逐渐步入衰退期。

4）衰退期

这一时期出现在较长的稳定期之后。由于新产品和大量替代品的出现，原产业的市场需求逐渐减少，产品的销售量也开始下降，某些厂商开始向其他更有利可图的产业转移资金。因而原产业出现了厂商数目减少，利润下降的景象。至此，整个产业便进入了生命周期的最后阶段。在衰退期，厂商的数目逐步减少，市场逐渐萎缩，利润率停滞或不断下降。

产业的生命周期分析需要注意以下几点：第一，上述产业生命周期四个阶段的说明只是一个总体状况的描述，它并不适用于所有产业的情况。产业的实际生命周期由于受产业性质、政府政策、国外竞争和能源结构的变化等许多因素的影响而复杂得多。第二，研究产业生命周期的主要目的在于帮助人们选择较合理的产业进行投资，对投资者起到重要的指导作用。

3. 影响产业生命周期的主要因素

影响产业生命周期的主要因素有需求、技术进步、政府干预及社会习惯的改变等。

1）需求

需求是新产业得以产生的基础。一般而言，当市场的潜在需求达到相当规模，以至于许多厂商可以同时进行专业化生产而且能获得利润时，新产业才能形成。需求的稳定推动产业生命周期进入成熟期，需求的总量决定了产业成熟后的规模，需求的性质决定了产业将属于资本密集型、技术密集型或劳动密集型产业。

2）技术进步

技术进步一方面创新新产品，开拓新领域，从而使新产业不断出现；另一方面，推动现有产业的技术升级，提高生产效率，降低成本，从而加速产业的市场扩张，使产业进入快速成长期。同时，它也使一些产业走向衰落或消亡，如蒸汽动力产业被电力产业逐渐取代。

3）政府干预

政府对产业的干预主要是通过补贴、税收、关税、信贷、价格等经济手段实现的。政府干预的目的在于维护公平和自由竞争，保证经济健康运行和发展。

4）社会习惯的改变

社会习惯对关系到经济增长的消费、储蓄、投资、贸易等诸多方面产生影响，因而，它必然对产业的发展和生命周期各阶段的更替产生重要影响。例如，民众环保意识的觉醒会推动环保产业的快速发展。

二、公司经营内部环境分析

（一）公司产品分析

1. 产品品牌的知名度

有些产品由于有很好的质量、优良的服务和广泛的宣传而成为家喻户晓、有口皆碑的名牌产品或优质服务，这种优势意味着生产这些商品的公司的销售优势，盈利能力增强，公司股东的收益也会相应增加。

2. 产品的市场份额

在产品价格确定的情况下，销售数量的增加和产品需求的稳定性就显得非常重要，一般而言，市场份额的扩大通常意味着公司竞争实力的增强和收益的增加，公司股东的收益也会相应增加。

3. 产品的营销模式

不同的产品有不同的营销模式，有的公司的产品依赖于几个主要客户，那么，主要客户的生产规模、发展趋势、市场竞争力、反向依赖程度及与所投资公司的关系都必须纳入分析的范围。特别要注意的是，有的公司的主要客户就是母公司，应重点分析母公司与子公司之间关联交易是否存在操纵利润；有的公司的产品是生活用品，面对千家万户，则应重点分析营销网点的分布和营销方式对公司产品销量的影响。

4. 产品市场的类型

公司产品的销售市场可划分为地区性市场、区域性市场、全国性市场和国际性市场四种：①地区性市场。有些公司的产品市场为地区性质的，如水、电、煤气等公用事业和一些规模较小的公司。②区域性市场。区域性市场是由几个不同的地区性市场组成的。因此，产品面向区域性市场的公司除了要受本地各种经济、非经济因素的影响，还受到其他地区类似因素的影响和区域性市场内部同一行业公司相互竞争的挑战。③全国性市场。产品面向全国的大公司受全国经济形势的影响要比受区域性或地区性因素的影响更大。④国际性市场。面向国际市场的大公司或集团在经营活动中会遇到一系列国内行业所没有碰到过的问题：要承担汇率、市场竞争和政府管制，甚至国有化的风险。

（二）技术状况分析

1. 产品的技术水平分析

分析产品技术水平主要关注以下几个方面：①产品是否具有其他公司难以企及的技术水平、在该行业具有无可争辩的领先地位；②是否具有专利保护其垄断地位，其他公司不能模仿和假冒；③技术的盈利前景，技术的先进性应体现在盈利能力上，公司的产品没有盈利前景，其股票就没有投资价值。

2. 技术开发能力分析

技术开发能力决定企业发展的潜力，股票价值取决于企业未来股利的现值，而能改变企业未来状况的最重要因素就是技术。考察企业技术开发能力应着重于：①公司的股东背景，新技术的开发往往要耗费大量的财力和物力，并且风险极大，如果有实力强大的股东支持，那么公司的技术开发能力将大为提高；②公司自身的技术开发能力，这主要考察公司的人员构成、科研力量的强弱、科研机构设置与科研体制等。

3. 管理阶层分析

管理阶层分析包括管理阶层的能力分析及其勤勉尽责忠诚分析两个方面。其中，分析管理阶层的能力可以重点关注：①管理阶层的学历；②管理阶层的从业经验；③管理阶层的背景。对于管理阶层的勤勉尽责忠诚分析，因受可获得信息的局限而较为困难，此处仅根据经验和信息的可获得性，提供几点作为参考：①管理层是否有欺骗和损害股东利益的记录；②管理层是否有欺骗和损害股东利益的嫌疑；③管理层之间是否有裙带关系；④管理层是否脚踏实地、埋头做主业。

（三）公司的内在机制分析

公司的内在机制完善是保证公司健康运转的条件，在分析公司的内在机制时，主要考察两个方面：一是公司与大股东，特别是第一大股东之间的关系。公司与股东间交易的定价原则是什么，表决时是否实行了关系人回避，是否损害其他股东的利益，资产交易是否有利于公司的长远发展，资产的盈利能力如何，是否有通过关联交易提高利润的嫌疑，大股东及其子公司是否占用了公司资产等，都是投资者分析的重点。二是公司的内部治理结构是否完善。这方面要考察公司董事会、监事会和经理层之间是否存在相互制衡的关系，是否存在总经理或董事长“一言堂”的情况等。

第三节　财务分析

一、财务分析概述

（一）财务分析的含义

财务分析，又称财务报表分析，是通过收集、整理公司财务会计报告中的有关数据，并结合其他有关补充信息，对公司的财务状况、经营成果和现金流量情况进行综合比较和评价，为财务会计报告使用者提供管理决策和控制依据的一项管理工作。

财务报表分析的对象是公司的各项基本活动。财务报表分析的目的是从报表中获取符合报表使用人分析目的的信息，认识公司活动的特点，评价其业绩，发现其问题。

（二）财务分析的意义

财务报表能够全面反映企业的财务状况、经营成果和现金流量情况，但是单纯从财务报表上的数据还不能直接或全面说明企业的财务状况，特别是不能说明公司经营状况的好坏和经营成果的高低，只有将公司的财务指标与有关的数据进行比较才能说明公司财务状况所处的地位，因此要进行财务报表分析。

做好财务报表分析工作，可以正确评价公司的财务状况、经营成果和现金流量情况，揭示公司未来的报酬和风险；可以检查企业预算完成情况，考核经营管理人员的业绩，为建立健全合理的激励机制提供帮助。

（三）财务分析的依据

财务分析的依据是公司定期编制的财务报告。财务报告包括财务报表主表及其附表、财务报表附注和财务情况说明书。财务报表是对公司财务状况、经营成果和现金流量的结构性表述。财务报表包括资产负债表、损益表（利润表）、现金流量表［本节以上市公司“兖州煤业”（600188）为例，说明资产负债表、利润表和现金流量表的构成。本节各财务报表中的“合计”“总计”金额采用四舍五入方式经调整而得］，财务报表附表包括利润分配表、主营业务收支明细表等。财务报表附注是对资产负债表、利润表、现金流量表和所有者权益变动表等报表中列示项目的文字描述或明细资料，以及对未能在这些报表中列示项目的说明等，可以使报表使用者全面了解企业的财务状况、经营成果和现金流量。财务情况说明书是财务会计报告的组成部分，指会计单位提供的财务情况至少对下列四种情况做出说明：一是公司生产经营的基本情况；二是利润实现和分配情况；三是资金增减和周转情况；四是对公司财务状况、经营成果和现金流量有重大影响的其他事项。财务报告说明书全面提供公司和其他单位生产经营、业务活动情况，分析总结经营业绩和存在的问题及不足，是公司财务会计报告使用者，特别是单位负责人和国家宏观管理部门了解和考核各单位生产经营与业务活动开展情况的重要资料。

1. 资产负债表

资产负债表是反映公司在某一特定时点（如月度、季度、半年度或年度）财务状况的静态报告，它反映的是公司资产、负债（包括股东权益）之间的平衡关系。资产负债表是公司最主要的综合财务报表之一。

资产负债表是根据“资产＝负债＋所有者权益”这一会计恒等式编制的，通过资产负债表可以直接了解：①会计主体在某一特定时点上所拥有或控制的经济资源，就是企业所拥有的资产分布状况，资产是企业资金存在的形态，也是企业经营活动的具体体现；②会计主体从事经济活动的资金来源情况，如负债形式取得的资金规模、期限、分布状况，所有者权益形式取得的资金规模、期限、分布状况。

资产负债表一般有表首、正表两部分。其中，表首概括地说明报表名称、编制单位、编制日期、报表编号、货币名称、计量单位等。正表是资产负债表的主体，列示了用以说明企业财务状况的各个项目。资产负债表正表的格式一般有两种：报告式资产负债表和账户式资产负债表。报告式资产负债表是上下结构，上半部列示资产，下半部列示负债和所有者权益。具体排列形式又有两种：一是按“资产=负债+所有者权益”的原理排列；二是按“资产–负债=所有者权益”的原理排列。账户式资产负债表是左右结构，左边列示资产，右边列示负债和所有者权益。不管采取什么格式，资产各项目的合计等于负债和所有者权益各项目的合计这一等式不变。资产负债表上资产项目一般按资产的流动性大小排列，流动性大的资产如“货币资金”“交易性金融资产”等排在前面，流动性小的资产如“长期股权投资”“固定资产”等排在后面。负债及所有者权益项目一般按清偿时间的先后顺序排列，“短期借款”“应付票据”“应付账款”等需要在一年以内或者长于一年的一个正常营业周期内偿还的流动负债排在前面，“长期借款”等在一年以上才需偿还的非流动负债排在中间，在公司清算之前不需要偿还的所有者权益项目排在后面，如表 4.1 所示。

表 4.1　兖州煤业（600188）资产负债表（单位：万元）

报表日期	2015-09-30	2015-06-30	2015-03-31	2014-12-31	2014-09-30
流动资产					
货币资金	2 142 300.00	2 084 410.00	1 531 410.00	2 052 610.00	2 442 010.00
结算备付金	—	—	—	—	—
拆出资金	—	—	—	—	—
交易性金融资产	102 916.00	102 916.00	—	—	679.70
衍生金融资产	—	—	—	—	—

续表

报表日期	2015-09-30	2015-06-30	2015-03-31	2014-12-31	2014-09-30
应收票据	337 054.00	415 453.00	523 538.00	506 835.00	560 288.00
应收账款	306 286.00	240 445.00	198 384.00	201 575.00	151 309.00
预付款项	309 315.00	312 981.00	305 142.00	197 156.00	444 158.00
应收保费	—	—	—	—	—
应收分保账款	—	—	—	—	—
应收分保合同准备金	—	—	—	—	—
应收利息	7 330.40	10 348.00	7 829.00	5 340.30	5 388.30
应收股利	—	16 587.30	—	—	2 000.00
其他应收款	98 193.80	69 658.60	67 817.20	64 884.70	74 259.30
应收出口退税	—	—	—	—	—
应收补贴款	—	—	—	—	—
应收保证金	—	—	—	—	—
内部应收款	—	—	—	—	—
买入返售金融资产	—	—	—	—	—
存货	244 935.00	192 099.00	208 674.00	156 991.00	185 484.00
待摊费用	—	—	—	—	—
待处理流动资产损益	—	—	—	—	—
一年内到期的非流动资产	164 416.00	289 416.00	170 576.00	174 325.00	—
其他流动资产	382 084.00	350 495.00	329 333.00	328 711.00	326 892.00
流动资产合计	4 094 830.00	4 084 810.00	3 342 700.00	3 688 430.00	4 192 470.00
非流动资产					
发放贷款及垫款	—	—	—	—	—
可供出售金融资产	41 267.20	52 169.80	44 994.60	38 876.30	22 199.30
持有至到期投资	—	—	125 000.00	125 000.00	125 000.00
长期应收款	16 084.40	23 646.10	13 887.40	23 491.40	197 160.00
长期股权投资	343 389.00	335 936.00	316 345.00	308 650.00	315 969.00
其他长期投资	—	—	—	—	—
投资性房地产	81.20	—	—	—	—
固定资产原值	—	5 126 090.00	—	5 107 110.00	—
累计折旧	—	2 264 340.00	—	2 135 900.00	—
固定资产净值	—	2 861 740.00	—	2 971 210.00	—
固定资产减值准备	—	54 346.50	—	55 527.70	—
固定资产净额	2 737 160.00	2 807 400.00	2 827 740.00	2 915 680.00	2 249 030.00
在建工程	3 039 860.00	2 962 510.00	2 858 550.00	2 871 000.00	3 410 080.00
工程物资	9 722.60	2 621.60	2 239.50	2 003.30	2 299.40
固定资产清理	6.10	—	—	—	—
生产性生物资产	—	—	—	—	—
公益性生物资产	—	—	—	—	—
油气资产	—	—	—	—	—

续表

报表日期	2015-09-30	2015-06-30	2015-03-31	2014-12-31	2014-09-30
无形资产	2 034 890.00	2 119 960.00	2 132 100.00	2 251 880.00	2 284 150.00
开发支出	—	—	—	—	—
商誉	95 553.20	97 124.70	97 200.80	99 205.30	121 228.00
长期待摊费用	4 020.40	3 699.20	6 356.20	3 947.60	10 353.50
股权分置流通权	—	—	—	—	—
递延所得税资产	809 776.00	608 634.00	775 306.00	679 749.00	707 876.00
其他非流动资产	95 551.90	100 589.00	103 144.00	105 602.00	123 768.00
非流动资产合计	9 227 360.00	9 114 290.00	9 302 870.00	9 425 090.00	9 569 120.00
资产总计	13 322 190.00	13 199 100.00	12 645 570.00	13 113 520.00	13 761 590.00
流动负债					
短期借款	451 571.00	176 200.00	283 133.00	282 785.00	258 287.00
向中央银行借款	—	—	—	—	—
吸收存款及同业存放	—	—	—	—	—
拆入资金	—	—	—	—	—
交易性金融负债	—	—	—	66.40	—
衍生金融负债	—	—	—	—	—
应付票据	83 826.20	61 795.70	59 545.70	210 236.00	283 683.00
应付账款	338 389.00	250 715.00	191 442.00	212 559.00	185 960.00
预收款项	90 778.80	78 843.40	81 743.90	79 843.70	142 182.00
卖出回购金融资产款	—	—	—	—	—
应付手续费及佣金	—	—	—	—	—
应付职工薪酬	85 396.90	95 249.60	93 521.00	87 207.90	71 580.70
应交税费	−2 501.80	−8 379.40	−21 697.60	−19 315.20	−3 023.30
应付利息	61 858.70	77 835.20	64 947.50	95 777.30	106 061.00
应付股利	—	9 116.80	—	—	—
其他应交款	—	—	—	—	—
应付保证金	—	—	—	—	—
内部应付款	—	—	—	—	—
其他应付款	585 669.00	468 101.00	464 613.00	572 148.00	516 063.00
预提费用	—	—	—	—	—
预计流动负债	—	—	—	—	—
应付分保账款	—	—	—	—	—
保险合同准备金	—	—	—	—	—
代理买卖证券款	—	—	—	—	—
代理承销证券款	—	—	—	—	—
国际票证结算	—	—	—	—	—
国内票证结算	—	—	—	—	—
递延收益	—	—	—	—	—

续表

报表日期	2015-09-30	2015-06-30	2015-03-31	2014-12-31	2014-09-30
应付短期债券	—	—	—	—	999 875.00
一年内到期的非流动负债	368 039.00	560 362.00	361 313.00	363 294.00	158 863.00
其他流动负债	1 330 040.00	1 299 040.00	804 285.00	840 505.00	317 178.00
流动负债合计	3 393 060.00	3 068 870.00	2 382 840.00	2 725 100.00	3 036 710.00
非流动负债					
长期借款	2 854 520.00	2 875 080.00	3 289 500.00	3 254 750.00	3 234 130.00
应付债券	1 629 190.00	1 604 100.00	1 606 630.00	1 604 060.00	1 606 980.00
长期应付款	208 793.00	245 479.00	244 653.00	246 027.00	285 259.00
专项应付款	—	—	—	—	—
预计非流动负债	81 395.90	86 051.90	91 292.90	76 601.00	79 438.00
递延所得税负债	1 006 240.00	792 661.00	823 743.00	836 521.00	816 349.00
其他非流动负债	1 698.80	1 346.10	—	—	—
非流动负债合计	5 788 240.00	5 610 930.00	6 061 320.00	6 024 470.00	6 028 080.00
负债合计	9 181 300.00	8 679 810.00	8 444 160.00	8 749 570.00	9 064 790.00
所有者权益					
实收资本（或股本）	491 840.00	491 840.00	491 840.00	491 840.00	491 840.00
资本公积	86 810.40	128 599.00	128 599.00	128 599.00	128 532.00
库存股	—	—	—	—	—
专项储备	96 197.80	112 488.00	120 941.00	178 501.00	283 424.00
盈余公积	597 609.00	597 609.00	590 013.00	590 013.00	549 364.00
一般风险准备	—	—	—	—	—
未确定的投资损失	—	—	—	—	—
未分配利润	2 969 600.00	2 923 310.00	2 899 610.00	2 877 820.00	2 885 520.00
拟分配现金股利	—	—	—	—	—
外币报表折算差额	—	—	—	—	—
归属于母公司股东权益合计	3 811 210.00	4 127 800.00	3 781 860.00	3 919 870.00	4 050 260.00
少数股东权益	329 681.00	391 493.00	419 553.00	444 077.00	646 543.00
所有者权益（或股东权益）合计	4 140 890.00	4 519 290.00	4 201 410.00	4 363 950.00	4 696 800.00
负债和所有者权益（或股东权益）总计	13 322 190.00	13 199 100.00	12 645 570.00	13 113 520.00	13 761 590.0

2. 利润表

利润表是反映企业一定会计期间（如月度、季度、半年度或年度）生产经营成果的会计报表。企业一定会计期间的经营成果既可能表现为盈利，也可能表现为亏损，因此，利润表也被称为损益表。它全面揭示了企业在某一特定时期实现的各种收入、发生的各种费用、成本或支出，以及企业实现的利润或发生的亏损情况。利润表是根据“收入－费用＝利润”的基本关系来编制的，其具体内容取决于收入、费用、利润等会计要素及其内容，利润表项目是收入、费用和利润要素内容的具体体现。从反映企业经营资金运动的角度看，它是一种反映企业经营资金动态表现的报表，主要提供有关企业经营成果方面的信息，属于动态会计报表。

利润表一般有表首、正表两部分。其中，表首标明报表名称编制单位、编制日期、报表编号、货币名称、计量单位等；正表是利润表的主体，反映形成经营成果的各个项目和计算过程。正表的格式一般有两种：单步式利润表和多步式利润表。单步式利润表是将当期所有的收入列在一起，然后将所有的费用列在一起，两者相减得出当期净损益。多步式利润表是通过对当期的收入、费用、支出项目按性质加以归类，按利润形成的主要环节列示一些中间性利润指标，如营业利润、利润总额、净利润，分步计算当期净损益。多步式利润表主要分四步计算企业的利润（或亏损）。第一步，以主营业务收入为基础，减去主营业务成本和主营业务税金及附加，计算主营业务利润；第二步，以主营业务利润为基础，加上其他业务利润，减去销售费用、管理费用、财务费用，计算出营业利润；第三步，以营业利润为基础，加上投资净收益、补贴收入、营业外收入，减去营业外支出，计算出利润总额；第四步，以利润总额为基础，减去所得税，计算净利润（或净亏损）。会计部门定期（一般按月份）核算企业的经营成果，并将核算结果编制成报表，这就形成了利润表，如表 4.2 所示。

表 4.2　兖州煤业（600188）利润表（单位：万元）

报表日期	2015-09-30	2015-06-30	2015-03-31	2014-12-31	2014-09-30
一、营业总收入	3 845 430.00	2 514 340.00	843 990.00	6 392 270.00	4 793 340.00
营业收入	3 845 430.00	2 514 340.00	843 990.00	6 392 270.00	4 793 340.00
利息收入	—	—	—	—	—
已赚保费	—	—	—	—	—
手续费及佣金收入	—	—	—	—	—
房地产销售收入	—	—	—	—	—
其他业务收入	—	—	—	—	—
二、营业总成本	3 707 350.00	2 493 070.00	833 910.00	6 129 300.00	4 614 570.00
营业成本	3 031 570.00	2 021 560.00	607 290.00	5 170 400.00	3 895 470.00
利息支出	—	—	—	—	—
手续费及佣金支出	—	—	—	—	—
房地产销售成本	—	—	—	—	—
研发费用	—	—	—	—	—
退保金	—	—	—	—	—
赔付支出净额	—	—	—	—	—
提取保险合同准备金净额	—	—	—	—	—
保单红利支出	—	—	—	—	—
分保费用	—	—	—	—	—
其他业务成本	—	—	—	—	—
营业税金及附加	56 949.00	39 291.50	17 643.30	61 719.70	38 568.40
销售费用	201 714.00	126 261.00	64 748.70	312 691.00	230 293.00

续表

报表日期	2015-09-30	2015-06-30	2015-03-31	2014-12-31	2014-09-30
管理费用	276 789.00	187 501.00	97 341.40	445 959.00	327 502.00
财务费用	127 423.00	101 565.00	45 709.10	137 436.00	111 993.00
资产减值损失	12 905.20	16 888.90	1 177.70	1 099.80	10 750.30
公允价值变动收益	25 819.30	25 848.00	66.40	−10 661.50	−5 270.40
投资收益	26 433.60	19 679.20	8 941.70	2 354.90	−5 102.00
其中：对联营企业和合营企业的投资收益	21 267.20	14 998.20	6 677.90	−1 022.40	−5 837.50
汇兑收益	—	—	—	—	—
期货损益	—	—	—	—	—
托管收益	—	—	—	—	—
补贴收入	—	—	—	—	—
其他业务利润	—	—	—	—	—
三、营业利润	190 341.00	66 801.40	19 087.90	254 663.00	168 392.00
营业外收入	49 504.20	38 304.80	5 146.90	83 792.10	45 805.20
营业外支出	19 625.40	8 197.70	879.90	1 830.40	1 493.00
非流动资产处置损失	1 370.30	1 331.10	538.80	452.70	436.70
利润总额	220 219.00	96 908.50	23 354.90	336 625.00	212 704.00
所得税费用	99 848.80	42 419.80	6 592.00	150 780.00	45 251.00
未确认投资损失	—	—	—	—	—
四、净利润	120 370.00	54 488.70	16 762.90	185 845.00	167 453.00
归属于母公司所有者的净利润	138 084.00	62 921.30	21 784.40	228 417.00	195 461.00
少数股东损益	−17 713.30	−8 432.60	−5 021.50	−42 571.90	−28 007.80
五、每股收益					
基本每股收益	0.23（元）	0.10（元）	0.04（元）	0.46（元）	0.40（元）
稀释每股收益	0.23（元）	0.10（元）	0.04（元）	0.46（元）	0.40（元）
六、其他综合收益	−568 682.00	−213 418.00	−121 938.00	−261 454.00	−62 121.10
七、综合收益总额	−448 311.00	−158 929.00	−105 175.00	−75 609.60	105 332.00
归属于母公司所有者的综合收益总额	−342 262.00	−112 617.00	−80 447.20	15 259.10	—
归属于少数股东的综合收益总额	−106 049.00	−46 311.90	−24 727.70	−90 868.70	—

3. 现金流量表

现金流量表是反映一定时期内（如月度、季度或年度）公司经营活动、投资活动和筹资活动对其现金及现金等价物所产生影响的财务报表。它详细描述了由公司的经营、投资与筹资活动所产生的现金流。

现金流量表提供了一家公司经营是否健康的依据。一个正常经营的公司，在创造利润的同时，还应创造现金收益，如果一家公司经营活动产生的现金流量无法支付股利与保持股本的生产能力，从而它得用借款的方式满足这些需要，那么这就给出了一个警告，这家公司从长期来看无法维持正常情况下的支出。现金流量表通过显示经营中产生的现金流量的不足和不得不用借款来支付无法永久支撑的股利水平，从而揭示了公司内在的发展问题。

现金流量表是以收付实现制为编制基础，反映公司在一定时期内现金收入和现金支出情况的报表，如表 4.3 所示。

表 4.3 兖州煤业（600188）现金流量表（单位：万元）

报告期	2015-09-30	2015-06-30	2015-03-31	2014-12-31	2014-09-30
一、经营活动产生的现金流量					
销售商品、提供劳务收到的现金	3 143 330.00	2 027 680.00	948 270.00	7 199 000.00	5 531 100.00
客户存款和同业存放款项净增加额	—	—	—	—	—
向中央银行借款净增加额	—	—	—	—	—
向其他金融机构拆入资金净增加额	—	—	—	—	—
收到原保险合同保费取得的现金	—	—	—	—	—
收到再保险业务现金净额	—	—	—	—	—
保户储金及投资款净增加额	—	—	—	—	—
处置交易性金融资产净增加额	—	—	—	—	—
收取利息、手续费及佣金的现金	—	—	—	—	—
拆入资金净增加额	—	—	—	—	—
回购业务资金净增加额	—	—	—	—	—
收到的税费返还	33 508.90	33 121.40	16 851.10	68 130.70	32 422.00
收到的其他与经营活动有关的现金	148 308.00	93 400.60	36 360.90	116 483.00	108 556.00
经营活动现金流入小计	3 325 150.00	2 154 200.00	1 001 480.00	7 383 620.00	5 672 080.00
购买商品、接受劳务支付的现金	2 110 180.00	1 450 880.00	926 549.00	4 821 440.00	3 885 170.00
客户贷款及垫款净增加额	—	—	—	—	—
存放中央银行和同业款项净增加额	—	—	—	—	—
支付原保险合同赔付款项的现金	—	—	—	—	—
支付利息、手续费及佣金的现金	—	—	—	—	—
支付保单红利的现金	—	—	—	—	—
支付给职工以及为职工支付的现金	645 177.00	380 251.00	219 174.00	953 396.00	713 415.00
支付的各项税费	426 941.00	253 564.00	118 923.00	676 300.00	523 717.00
支付的其他与经营活动有关的现金	200 327.00	128 185.00	96 094.50	366 624.00	282 231.00
经营活动现金流出小计	3 382 630.00	2 212 880.00	1 360 740.00	6 817 760.00	5 404 540.00
经营活动产生的现金流量净额	−57 483.40	−58 682.10	−359 259.00	565 859.00	267 544.00
二、投资活动产生的现金流量					
收回投资所收到的现金	125 449.00	449.50	—	—	—
取得投资收益所收到的现金	20 217.40	1 875.90	238.40	34 842.90	29 791.00
处置固定资产、无形资产和其他长期资产所收回的现金净额	779.50	603.30	21.20	954.00	977.00

续表

报告期	2015-09-30	2015-06-30	2015-03-31	2014-12-31	2014-09-30
处置子公司及其他营业单位收到的现金净额	—	—	—	—	140 000.00
收到的其他与投资活动有关的现金	12 867.60	9 595.70	14 449.10	10 372.30	12 218.40
减少质押和定期存款所收到的现金	—	—	—	—	—
投资活动现金流入小计	159 314.00	12 524.40	14 708.70	46 169.20	182 986.00
购建固定资产、无形资产和其他长期资产所支付的现金	313 303.00	243 535.00	61 786.10	548 482.00	282 069.00
投资所支付的现金	114 708.00	114 708.00	700.00	37 016.10	15 508.80
质押贷款净增加额	—	—	—	—	—
取得子公司及其他营业单位支付的现金净额	67 600.00	—	—	7 936.40	—
支付的其他与投资活动有关的现金	—	—	1 643.50	160 638.00	286 654.00
增加质押和定期存款所支付的现金	—	—	—	—	—
投资活动现金流出小计	495 611.00	358 243.00	64 129.60	754 072.00	584 231.00
投资活动产生的现金流量净额	−336 297.00	−345 718.00	−49 420.90	−707 903.00	−401 245.00
三、筹资活动产生的现金流量					
吸收投资收到的现金	396 400.00	396 400.00	—	430 547.00	—
其中：子公司吸收少数股东投资收到的现金	—	—	—	—	—
取得借款收到的现金	580 934.00	162 079.00	81 000.00	837 275.00	436 029.00
发行债券收到的现金	998 250.00	998 250.00	499 000.00	994 750.00	1 326 010.00
收到其他与筹资活动有关的现金	—	—	498.00	428 171.00	—
筹资活动现金流入小计	1 975 580.00	1 556 730.00	580 498.00	2 690 740.00	1 762 040.00
偿还债务支付的现金	1 313 790.00	974 448.00	592 473.00	1 233 910.00	579 545.00
分配股利、利润或偿付利息所支付的现金	157 581.00	135 373.00	94 352.40	222 526.00	144 128.00
支付其他与筹资活动有关的现金	6 433.70	1 404.40	20 206.90	147 115.00	136 794.00
筹资活动现金流出小计	1 477 800.00	1 111 230.00	707 032.00	1 603 550.00	860 467.00
筹资活动产生的现金流量净额	497 779.00	445 503.00	−126 534.00	1 087 200.00	901 576.00
附注					
汇率变动对现金及现金等价物的影响	−18 404.40	−1 714.80	14 017.50	−20 989.90	−12 985.10
现金及现金等价物净增加额	85 594.00	39 388.20	−521 196.00	924 161.00	754 890.00
期初现金及现金等价物余额	2 037 590.00	2 020 730.00	2 020 730.00	1 096 570.00	1 096 570.00
期末现金及现金等价物余额	2 123 180.00	2 060 120.00	1 499 530.00	2 020 730.00	1 851 460.00
净利润	—	54 488.70	—	185 845.00	—
少数股东权益	—	—	—	—	—
未确认的投资损失	—	—	—	—	—
资产减值准备	—	16 888.90	—	1 099.80	—
固定资产折旧、油气资产折耗、生产性物资折旧	—	159 609.00	—	281 804.00	—

续表

报告期	2015-09-30	2015-06-30	2015-03-31	2014-12-31	2014-09-30
无形资产摊销	—	43 581.80	—	112 538.00	—
长期待摊费用摊销	—	73.30	—	1 980.60	—
待摊费用的减少	—	—	—	—	—
预提费用的增加	—	—	—	—	—
处置固定资产、无形资产和其他长期资产的损失	—	1 107.40	—	–169.30	—
固定资产报废损失	—	—	—	—	—
公允价值变动损失	—	–25 848.00	—	10 661.50	—
递延收益增加（减：减少）	—	—	—	—	—
预计负债	—	—	—	—	—
财务费用	—	131 705.00	—	181 680.00	—
投资损失	—	–19 679.20	—	–2 354.90	—
递延所得税资产减少	—	62 440.80	—	36 683.50	—
递延所得税负债增加	—	–52 171.90	—	–32 617.70	—
存货的减少	—	–48 029.60	—	2 720.10	—
经营性应收项目的减少	—	–101 867.00	—	109 387.00	—
经营性应付项目的增加	—	–326 158.00	—	–408 136.00	—
已完工尚未结算款的减少（减：增加）	—	—	—	—	—
已结算尚未完工款的增加（减：减少）	—	—	—	—	—
其他	—	45 177.40	—	—	—
经营活动产生现金流量净额	—	–58 682.10	—	565 859.00	—
债务转为资本	—	—	—	—	—
一年内到期的可转换公司债券	—	—	—	—	—
融资租入固定资产	—	—	—	—	—
现金的期末余额	2 123 180.00	2 060 120.00	1 499 530.00	2 020 730.00	1 851 460.00
现金的期初余额	2 037 590.00	2 020 730.00	2 020 730.00	1 096 570.00	1 096 570.00
现金等价物的期末余额	—	—	—	—	—
现金等价物的期初余额	—	—	—	—	—
现金及现金等价物的净增加额	85 594.00	39 388.20	–521 196.00	924 161.00	754 890.00

二、公司财务基本分析

财务报表分析是由不同的使用者进行的，他们各自有不同的分析重点，也有共同的要求。从公司总体来看，财务报表分析的基本内容主要包括以下三个方面：第一是分析公司的偿债能力，分析公司权益的结构，估量对债务资金的利用程度；第二是评价公司资产的营运能力，分析公司资产的分布情况和周转使用情况；第三是评价公司的盈利能力，分析公司利润目标的完成情况和不同年度盈利水平的变动情况。这三个方面的内容互相联系、互相补充，可以综合地描述出公司生产经营的财务状况、经营成果和现金流量情况，以满足不同使用者对会计信息的基本需要。其中，偿债能力是公司财务目标实现的稳健保证，而营运能力是公司财务目标实现的物质基础，盈利能力则是前两者共同作用的结果，同时也对前两者的增强起推动作用。

（一）公司偿债能力分析

1. 短期偿债能力分析

短期偿债能力是指公司偿付流动负债的能力。流动负债是一年内或超过一年的一个营业周期内需要偿付的债务。一般来说流动负债需以流动资产来偿付，通常需要以现金直接偿还。评价公司短期偿债能力的财务比率主要有流动比率、速动比率和现金比率。

1）流动比率

流动比率是公司流动资产与流动负债的比率。其计算公式为

$$流动比率=\frac{流动资产}{流动负债}\times 100\%$$

例如，2015 年 9 月 30 日兖州煤业的流动比率为

$$流动比率=\frac{4\,094\,830.00}{3\,393\,060.00}\times 100\%$$

$$=120.68\%$$

流动比率是反映公司短期偿债能力的重要指标，其中，流动资产包括现金（包括库存现金、银行存款和可立即变现的短期有价证券）、存货、应收账款等企业资产中短期变现能力较强的部分。原则上，流动比率越高，企业短期偿债能力越强。但事实上，比率太高，表示资金可能发生闲置，未得到有效运用。一般认为生产企业合理的最低流动比率是200%。当然，投资者还应考虑行业特性，如重型机械制造行业生产周期较长，通常存货很多，流动比率应相对提高；而娱乐行业的流动比率就可以降低。

影响流动比率的主要因素一般认为是营业周期、流动资产中的应收账款数额和存货周转速度。

2）速动比率

流动资产扣除存货后的资产称为速动资产。速动资产与流动负债的比率称为速动比率，也称酸性试验比率。其计算公式为

$$速动比率=\frac{速动资产}{流动负债}\times 100\%$$

速动资产=流动资产−存货

例如，2015 年 9 月 30 日兖州煤业的速动比率为

$$速动比率=\frac{4\,094\,830.00-244\,935.0}{3\,393\,060.00}\times 100\%$$

$$=113.46\%$$

由于种种原因，存货的变现能力较差。因此，把存货从流动资产中减去后得到的速动比率反映的短期偿债能力更令人信服。一般认为企业合理的最低速动比率是 100%，不宜太高，也不能太低，2015 年 9 月 30 日兖州煤业的速动比率为 113.46%，比较合理。在分

析流动性时，流动比率与速动比率通常配合使用。在单期财务报表中，若流动比率大于200%，而速动比率小于100%，代表存货过多，需进一步分析；在比较财务报表（多期）中，流动比率逐年提高而速动比率逐年降低，表示存货逐年增加，其中原因也值得分析。但是，行业对速动比率的影响较大。比如，零售商店几乎没有应收账款，比率会大大低于1。影响速动比率的可信度的重要因素是应收账款的变现能力。

3）现金比率

现金比率是公司的现金类资产与流动负债的比率。其计算公式为

$$现金比率=\frac{现金}{流动负债}\times 100\%$$

例如，2015年9月30日兖州煤业的现金比率为

$$\begin{aligned}现金比率&=\frac{2\,142\,300.00}{3\,393\,060.00}\times 100\%\\&=63.14\%\end{aligned}$$

现金是指广义的现金，包括库存现金、银行存款和可以立即变现的短期有价证券。

现金比率反映公司的直接支付能力，现金比率高，说明公司有较好的支付能力。但是，如果这个比率过高，意味着公司拥有过多的获利能力较低的现金类资产，公司资产未能得到有效的运用。一般情况下，现金比率只是作为流动比率和速动比率的一个辅助指标。

2. 长期偿债能力分析

长期偿债能力是指公司偿还长期负债的能力。反映公司长期偿债能力的财务比率主要有：资产负债率、股东权益比率、负债权益比率和利息保障倍数等。

1）资产负债率

资产负债率是公司负债总额与资产总额的比率，也称为负债比率或举债经营比率，它反映公司的资产总额中有多少是通过举债得到的。其计算公式为

$$资产负债率=\frac{负债总额}{资产总额}\times 100\%$$

例如，2015年9月30日兖州煤业的资产负债率为

$$\begin{aligned}资产负债率&=\frac{9\,181\,300.00}{13\,322\,190.00}\times 100\%\\&=68.92\%\end{aligned}$$

资产负债率反映公司偿还债务的综合能力，这个比率越高，公司偿还债务的能力越差；反之，偿还债务的能力越强。

对于资产负债率，公司的债权人、股东和公司经营者往往从不同的角度来评价。首先，从债权人角度来看，他们最关心的是其贷给公司资金的安全性。债权人总是希望公司的负债比率低一些。其次，从公司股东的角度来看，其关心的主要是投资收益的高低。因此，股东所关心的往往是全部资产报酬率是否超过了借款的利息率。公司股东可以通过举债经营的方式，以有限的资本、付出有限的代价而取得对公司的控制权，并且可以得到举债经营的杠杆利益。最后，站在公司经营者的立场，他们既要考虑公司的盈利，也要顾及公司所承担的财务风险。资产负债率作为财务杠杆不仅反映了公司的长期财务状况，也反

映了公司管理当局的进取精神。至于资产负债率为多少才合理并没有一个确定的标准。一般而言，处于高速成长期的公司，其负债比率可能会高一些，这样所有者会得到更多的杠杆利益。

2）股东权益比率

股东权益比率是股东权益总额与资产总额的比率，该比率反映公司资产中有多少是所有者投入的。其计算公式为

$$股东权益比率=\frac{股东权益总额}{资产总额}\times 100\%$$

例如，2015 年 9 月 30 日兖州煤业的股东权益比率为

$$\begin{aligned}股东权益比率&=\frac{4\,140\,890.00}{13\,322\,190.00}\times 100\%\\&=31.08\%\end{aligned}$$

股东权益比率与资产负债率之和等于 1。因此，这两个比率是从不同的侧面来反映公司长期财务状况的。当股东权益比率过低（即负债比率过高）时，债权人所受的保障降低；但是，如果股东权益比率过高，则会减少财务杠杆作用的发挥，对股东较为不利。因此，衡量这两个比率时，不可极端化。此外，还得注意行业特性，如金融行业的股东权益比率一般比其他行业低得多。

股东权益比率的倒数，称作权益乘数，即资产总额是股东权益总额的多少倍。该乘数越大，说明股东投入的资本在资产中所占比重越小。

3）负债权益比率

负债权益比率又名产权比率，是负债总额和股东权益总额的比率。其计算公式为

$$负债权益比率=\frac{负债总额}{股东权益总额}\times 100\%$$

例如，2015 年 9 月 30 日兖州煤业的负债权益比率为

$$\begin{aligned}负债权益比率&=\frac{9\,181\,300.00}{4\,140\,890.00}\times 100\%\\&=221.72\%\end{aligned}$$

该比率可以用于评估有关证券持有者的相关风险和杠杆率。一般而言，负债权益比率越高，风险越高，相应的收益也越高；相反，负债权益比率越低，说明企业的风险越低，收益也越低。该指标也可以用于衡量债权人的资本受股东资本的保护程度。

4）利息保障倍数

利息保障倍数是指企业在一定时期内获取的收益与所需支付的债务利息的比值。其计算公式为

$$利息保障倍数=\frac{息税前利润}{利息}\times 100\%$$

息税前利润=销售收入总额–变动成本总额–固定经营成本

该指标不仅反映企业获利能力的大小，而且反映获利能力对偿还到期债务的保障程度，它既是企业举债经营的前提依据，也是衡量企业长期偿债能力大小的重要标志。要维

持正常偿债能力，利息保障倍数至少应大于1，且比值越高，企业长期偿债能力越强。如果利息保障倍数过低，企业将面临亏损、偿债的安全性与稳定性下降的风险。

3. 其他偿债能力指标分析

除了短期偿债能力指标及长期偿债能力指标外，还有一些其他的因素也会影响公司的整体偿债能力，包括或有负债、对外担保和财产租赁等。

1）或有负债

或有负债是公司在经济活动中有可能会发生的债务。或有负债不作为负债在资产负债表的负债类项目中进行反映，除了已贴现未到期的商业承兑汇票在资产负债表的附注中列示外，其他的或有负债在会计报表中均未得到反映。这些或有负债在资产负债表编制日还不能确定未来的结果如何，一旦将来成为公司现实的负债，则会对公司的财务状况产生重大影响，尤其是金额巨大的或有负债项目。

2）对外担保

在经济活动中，公司可能会以本公司的资产为其他公司提供法律担保。这种担保责任，在被担保人没有履行合同时，有可能成为公司的负债。但是，这种担保责任在会计报表中并未得到反映，因此在进行财务分析时，必须考虑到公司是否有法律担保责任。

3）财产租赁

公司在生产经营活动中，可以通过财产租赁的方式解决急需的设备。通常财产租赁有两种形式：融资租赁和经营租赁。采用融资租赁方式，租入的固定资产作为公司的固定资产入账，租赁费用作为公司的长期负债入账，这在计算前面有关的财务比率中都已经计算在内。但是，经营租赁的资产，其租赁费用并未包含在负债之中，如果经营租赁的业务量较大、期限较长或者具有经常性，则其租金虽然不包含在负债之中，但对公司的偿债能力也会产生较大的影响。

（二）公司营运能力分析

公司的营运能力反映了公司资金的周转状况，对此进行分析，可以了解公司的营业状况及经营管理水平。公司的资金周转状况与供、产、销各个经营环节密切相关，在供、产、销各环节中，销售有着特殊的意义。可以通过产品销售情况与公司资金占用量来分析公司的资金周转状况，评价公司的营运能力。评价公司营运能力常用的财务比率有：存货周转率、应收账款周转率、流动资产周转率、固定资产周转率、总资产周转率等。

1. 存货周转率

存货周转率也称存货利用率，是公司一定时期主营业务成本占平均存货成本的比率。它是衡量企业购入存货、将存货投入生产及销售收回等各个环节的管理水平的综合指标。存货周转率可以表现为存货周转次数（周转率）和存货周转天数。其计算公式为

$$存货周转率(次数)=\frac{主营业务成本}{平均存货成本}\times 100\%$$

$$存货周转天数=\frac{360}{存货周转率}$$

其中，平均存货成本=（期初存货成本+期末存货成本）÷2，主营业务成本来源于利润表。

该指标是对流动资产周转率的补充说明，通过存货周转率的计算与分析，可以测定公司一定时期内存货资产的周转速度，是反映公司购、产、销平衡效率的一种尺度。在正常情况下，如果公司经营顺利，存货周转率越高，说明存货周转得越快，公司的销售能力越强，营运资金占用在存货上越少。但是，存货周转率过高，也可能说明公司管理方面存在一些问题，如存货水平低，甚至经常缺货，或者采购次数过于频繁，批量太小等。存货周转率过低，可能是库存管理不力，销售状况不好，造成存货积压，说明公司在产品销售方面存在一定的问题，但也可能是公司调整了经营方针，由于某种原因增大库存的结果。

2. *应收账款周转率*

公司的应收账款在流动资产中具有举足轻重的地位，如能及时收回，公司的资金使用效率便能大幅提高。应收账款周转率就是反映公司应收账款周转速度的比率，它说明一定时期内公司应收账款转为现金的平均次数，用时间表示的应收账款周转速度为应收账款周转天数，也称平均应收账款回收期或平均收现期，它表示公司从获得应收账款的权利到收回款项、变成现金所需要的时间。该指标有两种表示方法：一是应收账款周转次数（周转率）；二是应收账款周转天数，其计算公式为

$$\text{应收账款周转率(次数)}=\frac{\text{赊销净额}}{\text{平均应收账款余额}}\times 100\%$$

$$\text{应收账款周转天数}=\frac{360}{\text{应收账款周转率}}$$

其中，

赊销净额=销售收入–现销收入–销售退回–销售折扣

平均应收账款余额=（期初应收账款余额+期末应收账款余额）÷2

应收账款周转率越高，说明公司催收账款的速度越快，可以减少坏账损失，而且资产的流动性强，公司的短期偿债能力也会增强。但是，如果应收账款周转率过高，可能是因为公司奉行了比较严格的信用政策、信用标准和付款条件过于苛刻的结果。这样会限制公司销售量的扩大，从而影响公司的盈利水平。这种情况往往表现为存货周转率同时偏低。如果公司的应收账款周转率低，说明公司催收账款的效率太低，或者信用政策十分宽松，这样会影响公司资金利用率和资金的正常周转。

3. *流动资产周转率*

流动资产周转率是指企业一定时期内主营业务收入净额同平均流动资产总额的比率，流动资产周转率是评价企业资产利用率的一个重要指标。该指标有两种表示方法：一是流动资产周转次数（周转率）；二是流动资产周转天数，其计算公式为

$$\text{流动资产周转率(次数)}=\frac{\text{主营业务收入净额}}{\text{平均流动资产总额}}\times 100\%$$

其中，主营业务收入净额是指企业当期销售产品、商品、提供劳务等主要经营活动取得的收入减去折扣后的数额，数值来源于利润表；平均流动资产总额是指企业流动资产总额的年初数与年末数的平均值，数值来源于企业资产负债表。

平均流动资产总额=（流动资产年初总额+流动资产年末总额）÷2

$$流动资产周转天数=\frac{360}{流动资产周转率}$$

在一定时期内，流动资产周转次数越多，表明以相同的流动资产完成的周转额越多，流动资产利用的效果越好。流动资产周转率用周转天数表示时，周转一次所需要的天数越少，表明流动资产每周转一次所需要的时间越少，即流动资产在经历生产和销售各阶段时占用的时间越短，其周转速度越快，营运效果越好。生产经营任何一个环节上的工作得到改善，都会反映到周转天数的缩短上来。按天数表示的流动资产周转率能更直接地反映生产经营状况的改善，便于比较不同时期的流动资产周转率，应用较为普遍。

4. 固定资产周转率

固定资产周转率也称固定资产利用率，是公司在一定时期内销售收入净值与固定资产平均值的比率。其计算公式为

$$固定资产周转率=\frac{销售收入净额}{固定资产平均值}\times 100\%$$

其中，

固定资产平均净值=（年初固定资产+年末固定资产）÷2

这项比率主要用于分析对厂房、设备等固定资产的利用效率，该比率越高，说明固定资产的利用率越高，管理水平越好。如果固定资产周转率与同行业平均水平相比偏低，说明公司的生产效率较低，可能会影响公司的获利能力。

5. 总资产周转率

总资产周转率，也称总资产利用率，是指企业在一定时期销售收入净额与平均资产总额的比率。该指标有两种表示方法：一是流动资产周转次数（周转率）；二是流动资产周转天数，其计算公式为

$$总资产周转率(次数)=\frac{销售收入净额}{平均资产总额}\times 100\%$$

平均资产总额=（年初总资产+年末总资产额）÷2

$$总资产周转天数=\frac{360}{总资产周转率}$$

总资产周转率可用来分析公司全部资产的使用效率，总资产周转率越低，周转天数越多，表明公司利用其资产进行经营的效率越差，这不仅会影响公司的获利能力，而且直接影响上市公司的股利分配。公司应对总资产周转率低的措施是提高销售收入或处置资产，以提高总资产利用率。

（三）公司获利能力分析

获利能力是指公司赚取利润的能力。获利能力分析是公司财务分析的重要组成部分，也是评价公司经营管理水平的重要依据。对公司获利能力进行分析，一般只分析公司正常经营活动的获利能力，不涉及非正常的经营活动。评价公司获利能力的财务比率主要有：总资产报酬率、净资产收益率、销售毛利率、销售净利率、成本费用利润率。

1. 总资产报酬率

总资产报酬率也称资产收益率、资产利润率或投资报酬率，是指企业一定时期内获得

的报酬总额与平均资产总额的比率。它表示企业包括净资产和负债在内的全部资产的总体获利能力，用以评价企业运用全部资产的总体获利能力，是评价企业资产运营效益的重要指标。其计算公式为

$$总资产报酬率=\frac{利润总额+利息支出}{平均资产总额}\times100\%$$

利润总额指企业实现的全部利润，包括企业当年营业利润、投资收益、补贴收入、净额等项内容，如为亏损，则用“–”号表示；利息支出是指企业在生产经营过程中实际支出的借款利息、债权利息等；利润总额与利息支出之和为息税前利润，是指企业当年实现的全部利润与利息支出的合计数。

平均资产总额=（年初资产总额+年末资产总额）÷2

该指标越高，表明公司资产利用效率越高，说明企业在增加收入、节约资金使用等方面取得了良好的效果；该指标越低，表明公司资产利用效率低，则需要提高销售利润率，加速资金周转，提高企业经营管理水平。此外，公司可以将该指标与市场资本利率进行比较，如果该指标大于市场利率，则表明企业可以充分利用财务杠杆，进行负债经营，获取尽可能多的收益。

例如，依据A公司的资产负债表和利润表，A公司2014年净利润为800万元，所得税375万元，利息支出480万元，年末资产总额8400万元；2015年净利润680万元，所得税320万元，利息支出550万元，年末资产总额10 000万元。假设2014年年初资产总额7500万元，则A公司总资产报酬率计算如下：

2014年总资产报酬率=(800+375+480)÷[(7500+8400)÷2]×100% = 20.82%

2015年总资产报酬率=(680+320+550)÷[(8400+10 000)÷2]×100% = 16.85%

由计算结果可知，A公司2015年总资产报酬率要大大低于上年，需要对公司资产的使用情况、增产节约情况，结合成本效益指标一起分析，以改进管理，提高资产利用效率和企业经营管理水平，增强盈利能力。

2. *净资产收益率*

净资产收益率，又称股东权益报酬率、净资产利润率，是净利润与股东权益平均总额的百分比，该指标反映股东权益的收益水平，用以衡量公司运用自有资本的效率。指标值越高，说明投资带来的收益越高。

$$净资产收益率=\frac{净利润}{股东权益平均总额}\times100\%$$

$$股东权益平均总额=\frac{期初股东权益+期末股东权益}{2}$$

为进一步规范上市公司信息披露行为，真实反映公司的获利能力，客观评价公司的盈利水平，中国证监会于2001年9月制定并发布了《公开发行证券公司信息披露编报规则第9号——净资产收益率和每股收益的计算及披露》，要求上市公司必须以利润表附表形式，分别列示按全面摊薄法和加权平均法计算的净资产收益率及每股收益。

全面摊薄净资产收益率=报告期净利润÷期末净资产×100%

加权平均净资产收益率的计算公式如下：

加权平均净资产收益率=$P\div(E_0+\mathrm{NP}\div2+E_i\times M_i\div M_0-E_j\times M_j\div M_0)\times100\%$

其中，P 为报告期利润；NP 为报告期净利润；E_0 为期初净资产；E_i 为报告期发行新股或债转股等新增净资产；E_j 为报告期回购或现金分红等减少净资产；M_0 为报告期月份数；M_i 为新增净资产下一月份起至报告期期末的月份数；M_j 为减少净资产下一月份起至报告期期末的月份数。

上市公司的净资产收益率多少才合适呢？一般来说，上不封顶，越高越好，但下限还是有的，就是不能低于银行存贷款利率。当某一家上市公司随着规模的扩大，仍能长期保持较好的净资产收益率，说明这家公司的领导者具备较强的经营管理能力。对于这样的企业家所管理的上市公司，可以给予更高的估值。

3. 销售毛利率

销售毛利率是毛利占销售净值的百分比，通常称为毛利率，其中毛利是销售净收入与产品成本的差，销售毛利率的计算公式为

$$销售毛利率=\frac{销售净收入-产品成本}{销售净收入}\times 100\%$$

销售毛利率反映公司销售收入的盈利水平。销售毛利率比较高或提高，说明公司的获利能力较强或增强；销售毛利率比较低或降低，说明公司的成本费用支出较高或上升，应进一步分析其原因：是营业成本上升还是公司降价销售，是营业费用过多还是投资收益减少，以便更好地对公司经营状况进行判断。市场供求关系影响商品价格，进而影响企业的销售毛利率。所以，销售毛利率大小取决于市场供需状况、竞争者的数量和实力等因素。

4. 销售净利率

销售净利率是指公司净利润占销售收入的百分比，用来衡量企业在一定时期的销售收入获取的能力。其计算公式为

$$销售净利率=\frac{净利润}{销售收入}\times 100\%$$

该指标用于评价公司通过销售赚取利润的能力。销售净利率表明公司每一元销售收入可实现的净利润是多少。该比率越高，公司通过扩大销售获取收益的能力越强。评价公司的销售净利率时，应比较公司历年的指标，从而判断公司销售净利率的变化趋势。但是，销售净利率受行业特点影响较大，因此，还应该结合不同行业的具体情况进行分析。

5. 成本费用利润率

成本费用利润率是企业一定期间的净利润与成本、费用总额的比率。其计算公式为

$$成本费用利润率=\frac{净利润}{成本费用}\times 100\%$$

其中，成本费用一般指主营业务成本及附加和三项期间费用（经营费用、管理费用、财务费用）。

成本费用利润率表明每付出一元成本费用可获得多少利润，体现了经营耗费所带来的经营成果。该项指标越高，利润就越大，反映企业的经济效益越好。

（四）投资价值分析

对于上市公司而言，其投资价值可以用该公司所发行的股票在股市的表现，并结合公

司的实际状况进行分析。反映投资价值的指标具体如下。

1. 每股收益

每股收益（earning per share，EPS）也称每股利润或每股盈余，每股收益指普通股的每股收益，是普通股可以享有的股利总额和发行的普通股股数之比，其计算公式为

$$每股收益=\frac{税后净利润-优先股股利}{发行的普通股股数}$$

根据《公开发行证券公司信息披露编报规则第 9 号——净资产收益率和每股收益的计算及披露》的规定，全面摊薄和加权平均每股收益的计算如下：

全面摊薄每股收益=报告期利润÷期末股份总数

加权平均每股收益（EPS）的计算公式如下：

$$EPS=P/（S_0+S_1+S_i×M_i÷M_0-S_j×M_j÷M_0）$$

其中，P 为报告期利润；S_0 为期初股份总数；S_1 为报告期因公积金转增股本或股票股利分配等增加股份数；S_i 为报告期因发行新股或者债转股等增加股份数；S_j 为报告期因回购或缩股等减少股份数；M_0 为报告期月份数；M_i 为增加股份下一月份起至报告期期末的月份数；M_j 为减少股份下一月份起至报告期期末的月份数。

每股收益反映股份公司获利能力的大小。每股收益越高，说明股份公司的获利能力越强。

2. 每股现金流量

每股现金流量是经营活动现金净流量扣除优先股股利后的余额，除以发行的普通股平均股数。其计算公式为

$$每股现金流量=\frac{经营活动现金净流量-优先股股利}{发行的普通股股数}$$

每股现金流量越高，说明公司越有能力支付现金股利。

3. 股利发放率

股利发放率也称股利支付率，是普通股每股股利与每股利润的比率。它表明股份公司的净收益中有多少用于股利的分派。其计算公式为

$$股利发放率=\frac{普通股每股股利}{普通股每股利润}\times 100\%$$

股利发放率主要取决于公司的股利政策，一般而言，如果一个公司的现金流比较充裕，并且目前没有更好的投资项目，则可能倾向于发放现金股利；如果公司有投资项目，则可能会少发股利，而将资金用于投资。

4. 每股净资产

每股净资产也称每股账面价值，是年末净资产（减去优先股股权）除以发行的年末股票数量。其计算公式为

$$每股净资产=\frac{股东权益总额(-优先股权益)}{年度末普通股股数}$$

每股净资产并没有一个确定的标准，但是投资者可以比较分析公司历年的每股净资产的变动趋势，来了解公司的发展趋势和获利能力。

5. 市盈率

市盈率也称价值盈余比率或价值与收益比率，是指普通股每股市价与每股利润的比率。其计算公式为

$$市盈率=\frac{每股市价}{每股利润}$$

市盈率分为静态市盈率与动态市盈率。某公司静态市盈率是用当前每股市场价格除以该公司的每股税后利润，它是市场广泛谈及的市盈率，体现的是企业按现在的盈利水平要花多少年才能收回成本，通常认为 10～20 是一个合理区间。动态市盈率是指还没有真正实现的下一年度的预测利润的市盈率，其计算公式为

$$动态市盈率=静态市盈率\times\frac{1}{(1+i)^n}$$

其中，i 为公司每股收益的年复合增长率；n 为公司的可持续发展的存续期。

静态市盈率和动态市盈率是全球资本市场通用的投资参考指标，用以衡量某一阶段资本市场的投资价值和风险程度，也是资本市场之间用来相互参考与借鉴的重要依据。例如，某上市公司当前股价为 20 元，每股收益为 0.38 元，上年同期每股收益为 0.28 元，成长性为 35%，即 i=35%，该企业未来保持该增长速度的时间可持续 5 年，即 n=5；该公司的静态市盈率为 20 元÷0.38 元=52；其动态市盈率为

$$52\times\frac{1}{(1+35\%)^5}=11.6$$

上述实例表明，高成长公司的动态市盈率和静态市盈率相差非常大，对于一个能够持续成长的公司，其静态市盈率可以较大。

动态市盈率理论告诉投资者一个简单朴素而又深刻的道理：投资股市一定要选择有持续成长性的公司。同时，投资者也能很好地理解在我国股市中一些业绩不好的公司在实质性的重组题材支撑下为什么成为市场黑马。

市盈率除了作为衡量二级市场中股价水平高低的指标，在股票发行时，也经常被用作估算发行价格的重要指标。根据发行企业的每股盈利水平，参照市场的总体股价水平，确定一个合理的发行市盈率倍数，二者相乘即可得出股票的发行价格。

6. 市净率

市净率指的是普通股每股市价与每股净资产之间的比率。其计算公式为

$$市净率=\frac{每股市价}{每股净资产}$$

市净率常用于投资分析，每股净资产是股票的账面价值，它是用成本计量的，而每股市价是这些资产的现在价值，它是证券市场上交易的结果。一般认为，市价高于账面价值时企业资产的质量较好，有发展潜力；反之，则质量较差，发展前景堪忧。对于市价低于每股净资产的股票，就像商品市场上售价低于成本的商品，属于“处理品”。当然，“处理品”是否具有购买价值，关键在于该公司今后是否有转机，或者该公司能否提高获利能力，如果能，也是有购买价值。

三、公司财务趋势分析

（一）趋势分析法的含义

趋势分析法，又叫比较分析法、水平分析法，它是通过对财务报表中各类相关数字资料，将两期或多期连续的相同指标或比率进行定基对比和环比对比，得出它们的增减变动方向、数额和幅度，以揭示企业财务状况、经营情况和现金流量变化趋势，预测企业未来财务状况，判断企业的发展前景的一种分析方法。这种分析方法属于一种动态分析，并以差额分析法和比率分析法为基础。

（二）趋势分析法的应用

1. 指标比较

将不同时期财务报告中的相同指标或比率进行比较，可以直接观察其增减变动情况及变动幅度，考察其发展趋势，预测其发展前景。这种方式在统计学上称为动态分析。采用定基动态比率法和环比动态比率法两种方法来进行，对企业的实际指标和历史指标进行对比，以揭示企业的财务状况和经营成果的变化趋势，从而预测企业的发展趋势，以便做出正确的投资决策。

1）定基动态比率

定基动态比率是以某一时期的数额为固定基期数额而计算出来的动态比率。其计算公式为

定基动态比率=分析期数额÷固定基期数额×100%

例如，以2013年为固定基期，分析2014年、2015年利润增长比率，假设某公司2013年的净利润为1000万元，2014年的净利润为1200万元，2015年的净利润为1500万元，则

2014年的定基动态比率=1200÷1000=120%

2015年的定基动态比率=1500÷1000=150%

2）环比动态比率

环比动态比率是以每一分析期的前期数额为基期数额而计算出来的动态比率。其计算公式为

环比动态比率=分析期数额÷前期数额×100%

例如，以2013年为固定基期，分析2014年、2015年利润增长比率，假设某公司2013年的净利润为1000万元，2014年的净利润为1200万元，2015年的净利润为1500万元，则

2014年的环比动态比率=1200÷1000=120%

2015年的环比动态比率=1500÷1200=125%

2. 报表比较

将连续数期的会计报表金额并列起来，比较其相同指标的增减变动金额和幅度，可以判断企业财务状况和经营成果发展变化。运用该方法进行比较分析时，既计算有关指标增减变动的绝对值，又计算其增减变动的相对值，这样可以有效地避免分析结果的片面性。

例如，某企业利润表中反映2010年的净利润为50万元，2011年的净利润为100万

元，2012 年的净利润为 160 万元。

通过绝对值分析：2011 年与 2010 年相比，净利润增长了 100–50=50（万元）；2012 年与 2011 年相比，净利润增长了 160–100=60（万元），说明 2012 年的效益增长好于 2011 年。

而通过相对值分析：2011 年与 2010 年相比净利润增长率为（100–50）÷50×100%=100%；2012 年与 2011 年相比净利润增长率为（160–100）÷100×100%=60%，说明 2012 年的效益增长明显不及 2011 年。

在采用趋势分析法时，必须注意三个问题：一是用于进行对比的各个时期的指标在计算口径上必须一致；二是必须剔除偶发性项目的影响，使用于分析的数据能反映正常的经营状况；三是应用例外原则，对某项有显著变动的指标作重点分析，研究其产生的原因，以便采取对策，趋利避害。

四、财务结构分析

（一）财务结构分析的含义

财务结构分析是指以会计报表中的某个总体作为 100%，再计算出其各个组成项目占总体的百分比，从而得出各个项目的结构比例及其与总体的关系大小。这样既可以用于同一公司不同时期财务状况的纵向比较，又可以用于不同公司的横向比较。同时可以消除不同规模差异的影响，有利于分析公司的财务状况和经营成果。

财务结构分析是诊断企业体质健全与否的根据，故为评估企业长期偿债能力与长期安全性的一项重要指标。

（二）财务结构分析的内容

一般而言，公司财务结构包括：从资产负债表可以看出股本结构、资产负债结构、流动资产与流动负债的结构、流动资产内部结构、长期资产内部结构、长期资产与长期资本的结构、负债与所有者权益的结构、负债内部结构、股东权益内部结构等。

（三）财务结构分析指标

一般情况下，进行财务结构分析时常用的比率有以下几种。

1. 股东权益比率

股东权益比率显示了企业总资产中股东权益所占的比率，反映企业的基本财务结构是否稳定。其计算公式为

股东权益比率=股东权益总额÷资产总额×100%

=股东权益总额÷（股东权益总额+负债总额）×100%

一般来说，股东权益比率高是低报酬、低风险的财务结构；股东权益比率低是高报酬、高风险的财务结构。

2. 资产负债比率

资产负债比率是指一定时期内企业流动负债和长期负债与企业总资产的比率，用以反映企业总资产中借债筹资的比重，衡量企业负债水平的高低情况。其计算公式为

资产负债比率=负债总额÷资产总额×100%

=负债总额÷（股东权益总额+负债总额）×100%

资产负债比率与股东权益比率，可以说是一体两面，两者总和恰好是100%。

该比率越低，债权人权益保障程度越高；反之，比率越高，债权人权益保障程度越低。一般来说，该比率应低于75%；如果高于100%，则说明借款公司已经资不抵债，濒临破产。

3. 资本负债比率

资本负债比率是衡量公司财务杠杆使用情况和偿债能力的指标。其计算公式为

资本负债比率=负债总额÷股东权益总额×100%

资本负债比率反映公司主要是靠债权人来融资还是股东提供资金，该比率越高，说明公司更多的是依靠贷款或公司债的方式来募集资金，同时也反映公司进一步使用财务杠杆来举债的空间不大，以及有较大的还款付息压力。

4. 长期负债比率

长期负债比率又称资本化比率，是从总体上判断企业债务状况的一个指标，它是长期负债与资产总额的比率，资产总额是负债与股东权益之和。其计算公式为

长期负债比率=长期负债÷资产总额×100%

=长期负债÷（负债总额+股东权益总额）×100%

该指标值越小，表明公司负债的资本化程度越低，长期偿债压力越小；反之，则表明公司负债的资本化程度越高，长期偿债压力越大。该指标主要用来反映企业需要偿还的有息长期负债情况，因而该指标不宜过高，一般应在20%以下。

5. 有息负债比率

有息负债比率是指公司负债当中需要支付利息的债务占总负债的比率，是反映公司举债成本的指标。其计算公式为

有息负债比率=有息债务÷负债总额×100%

该项比率越低，证明企业举债成本越低，公司利润将会提高。

6. 流动负债率

流动负债率是指流动负债占负债总额的比例，该指标反映公司对短期资金的依赖程度。其计算公式为

流动负债率=流动负债÷负债总额×100%

流动负债为公司对外负债中须于短期内偿还的债务，该比率越高，说明公司对短期资金的依赖性越强。此项比率过大，将影响资金流动的安全性。

7. 固定资产对股东权益比率

固定资产对股东权益比率是固定资产总额除以股东权益总额的比率，该指标既可用于测试企业的偿债能力，又可显示企业固定资产投资是否适当，企业是否有短期资金长期使用所暴露的财务风险。其计算公式为

固定资产对股东权益的比率=固定资产÷股东权益总额×100%

该比率若小于1，表示企业购置固定资产所需资金全来自股东，公司比较稳健。若该比率大于1，表示企业购置固定资产所需资金有一部分来自债权人，公司经营较不稳健。

8. 固定资产对长期资金比率

固定资产对长期资金比率是指固定资产与长期性资金（包括股东权益及长期负债）的比率关系，以此衡量公司固定资产由长期性资金所供应的程度。其计算公式为

固定资产对长期资金比率=固定资产÷（长期负债+股东权益总额）×100%

该比率反映公司固定资产与长期资金之间的比例关系。该比例若大于100%，表明公司的固定资产中有一部分不是由长期资金购置的，而是由流动负债来购置的，这说明公司的资本结构存在较为严重的问题。因为流动负债期限短，而固定资产周转慢，用流动负债来购置固定资产，将减少企业的营运资金，从而构成较大的风险。因此，该比率一般以不超过100%为理想标准。

五、财务状况综合分析

单独分析任何一项财务指标或一张会计报表，都难以全面评价企业的财务状况和经营成果，要想对企业财务状况和经营成果有一个总的评价，就必须进行相互关联的分析，采用适当的标准进行综合性的评价。因此，必须对企业财务状况作综合分析。综合分析的主要方法有杜邦分析法和沃尔综合评分法。

（一）杜邦分析法

前述对企业偿债能力分析、营运能力分析、盈利能力分析，可以就企业某一方面的财务活动做出评价。但是，企业的各种财务活动、各项财务指标是相互联系的，并且相互影响，必须结合起来加以分析。因此，进行财务分析应该将企业财务活动看作一个大系统，对系统内的相互依存、相互作用的各种因素进行综合分析。杜邦分析法就是利用各个主要财务比率指标之间的内在联系，以净资产收益率为主线，将企业在某一时期的销售成果及资产营运状况全面联系在一起，层层分解，逐步深入，构成一个完整的分析体系，来综合分析企业财务状况的方法。这种方法系由美国杜邦公司最先采用的，故称杜邦分析法。

在杜邦分析法中，采用“杜邦图”将有关分析指标按内在联系排列，如图4.1所示。

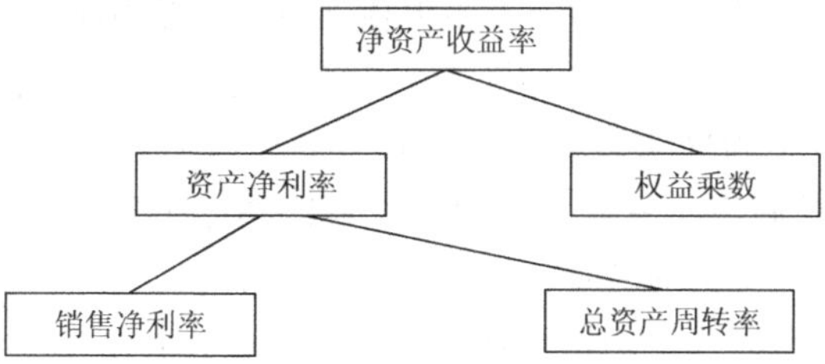

图4.1 杜邦分析图

图4.1主要包含以下几种主要的指标关系：

净资产收益率=资产净利率×权益乘数

资产净利率=销售净利率×总资产周转率

即

净资产收益率=销售净利率×资产周转率×权益乘数

销售净利率=（净利润÷销售收入）×100%

资产周转率=销售收入÷总资产×100%

净资产收益率是整个分析系统的起点和核心。该指标的高低反映了投资者的净资产获利能力的大小。净资产收益率是由销售报酬率、总资产周转率和权益乘数决定的。

权益乘数表示公司的负债程度，反映了公司利用财务杠杆进行经营活动的程度。资产负债率高，权益乘数就大，这说明公司负债程度高，公司会有较多的杠杆利益，但风险也高；反之，资产负债率低，权益乘数就小，这说明公司负债程度低，公司会有较少的杠杆利益，但相应所承担的风险也低。

资产净利率是影响净资产收益率的最重要的指标，具有很强的综合性，而资产净利率又取决于销售净利率和总资产周转率的高低。总资产周转率反映总资产的周转速度。对资产周转率的分析，需要对影响资产周转的各因素进行分析，以判明影响公司资产周转的主要问题在哪里。销售净利率反映销售收入的收益水平，扩大销售收入、降低成本费用是提高企业销售利润率的根本途径，而扩大销售同时也是提高资产周转率的必要条件和途径。

总资产周转率反映企业资产实现销售收入的综合能力。分析时，必须综合销售收入分析企业资产结构是否合理，即流动资产和长期资产的结构比率关系。同时还要分析流动资产周转率、存货周转率、应收账款周转率等有关资产使用效率指标，分析出总资产周转率高低变化的真实原因。

从公司绩效评价的角度来看，杜邦分析法只包括财务方面的信息，不能全面反映公司的实力，有很大的局限性，在实际运用中需要加以注意，必须结合公司的其他信息加以分析。其局限性主要表现在三个方面：一是对短期财务结果过分重视，有可能助长公司管理层的短期行为，忽略企业长期的价值创造；二是无法准确分析顾客、供应商、雇员、技术创新等因素对企业经营业绩的影响；三是不能解决无形资产的估值问题。

（二）沃尔综合评分法

1. 沃尔综合评分法的含义

在进行财务综合分析时，遇到的一个主要困难就是计算出财务比率后，无法判断它是偏高还是偏低。如果采用比较分析法，与本企业的历史比较，也只能看出自身的变化，却难以评价其在市场竞争中的优劣地位。为了弥补这些缺陷，美国的亚历山大·沃尔在其1928 年出版的《信用晴雨表研究》和《财务报表比率分析》等著作中提出了信用能力指数概念，运用沃尔综合评分法对企业的信用水平做出评价。

沃尔综合评分法是指将选定的流动比率、产权比率、固定资产比率、存货周转率、应收账款周转率、净资产周转率等七项财务比率用线性关系结合起来，设定总和为 100 分，分别给定各个比率在总评价中占的比重，然后通过与标准比率进行比较，确定各项指标的得分及总体指标的累计分数，从而对企业的信用水平做出评价。

2. 沃尔综合评分法的步骤

第一步，选择评价指标（流动比率、产权比率、固定资产比率、存货周转率、应收账款周转率、净资产周转率），按其重要程度给定一个分值，即重要性权数，其总和为 100 分。

第二步，确定各个指标的标准值。财务指标的标准值可以采用行业平均值、企业的历史先进数、国家有关标准或国际公认的基准等。

第三步，计算出各指标的实际值，并与所确定的标准值进行比较，计算一个相对比率，将各项指标的相对比率与其重要性权数相乘，得出各项比率指标的指数。

第四步，将各项比率指标的指数相加，最后得出企业的综合指数，即可以判明企业财务状况的优劣。

3. 沃尔综合评分法实例

第一步，先选择评价指标并分配指标权重，具体见表4.4。

表4.4　沃尔综合评分法权重分配表

行次	选择的指标	分配的权重
第1行	流动比率	18.00
第2行	产权比率	12.00
第3行	固定资产比率	10.00
第4行	存货周转率	18.00
第5行	应收账款周转率	18.00
第6行	固定资产周转率	12.00
第7行	净资产周转率	12.00
第8行	合计	100.00

第二步，确定各个指标的标准值，具体见表4.5。

表4.5　沃尔综合评分法各指标标准值表

行次	选择的指标	分配的权重
第1行	流动比率	1.80
第2行	产权比率	40.00
第3行	固定资产比率	0.60
第4行	存货周转率	6.00
第5行	应收账款周转率	12.00
第6行	固定资产周转率	4.00
第7行	净资产周转率	2.00

第三步，计算出各指标的实际值，并与所确定的标准值进行比较，计算一个相对比率，将各项指标的相对比率与其重要性权数相乘，得出各项比率指标的指数，具体见表4.6。

表4.6　沃尔综合评分法各指标实际值计算表

行次	选择的指标	①分配的权重	②指标的标准值	③指标的实际值	④实际得分④=①×③÷②
第1行	流动比率	18.00	1.80	1.91	19.10
第2行	产权比率	12.00	40.00	36.66	11.00
第3行	固定资产比率	10.00	0.60	0.58	9.67
第4行	存货周转率	18.00	6.00	5.45	16.35

续表

行次	选择的指标	①分配的权重	②指标的标准值	③指标的实际值	④实际得分④=①×③÷②
第 5 行	应收账款周转率	18.00	12.00	10.35	15.53
第 6 行	固定资产周转率	12.00	4.00	4.74	14.22
第 7 行	净资产周转率	12.00	2.00	1.96	11.76
第 8 行	合计	100.00			97.63

第四步，计算出本期公司的综合指标，并做出适当评价。

上述四步，就是原始的沃尔综合评分法的综合分析过程，从实例的结果来看，本期上述公司的综合得分小于 100 分，说明其财务状况有待改善。

4. 沃尔综合评分法的缺陷

虽然沃尔综合评分法在实践中被应用，但是它仍然存在一些缺陷，具体表现在：第一，该方法未能证明为什么要选择流动比率、产权比率、固定资产比率、存货周转率等七项指标，而不是更多或更少些，或者选择别的财务比率，也未能证明每个指标所占比重的合理性。也就是说，表 4.4 和表 4.5 中所选择的指标及它们的标准值的大小缺乏应有的理论依据。第二，在使用原始的沃尔综合评分法的过程中，当某一个指标严重异常时，会对总的评分产生不合逻辑的重大影响。

5. 国内关于沃尔综合评分法指标的规范介绍

我国财政部在 1995 年 1 月 9 日发布《企业经济效益评价指标体系（试行）》，公布了销售利润率、总资产周转率、资本收益率、资本保值增值率、资产负债率、流动或速动比率、应收账款周转率、存货周转率、社会贡献率和社会积累率等 10 项考核指标，要求选择一批企业采用沃尔综合评分法，按照新的指标进行经济效益综合评价。这套企业经济效益评价指标体系综合评分的一般方法及内容如下。

（1）所有指标均以行业平均先进水平为标准值。

（2）标准值的重要性权数总和为 100 分，其具体分配如表 4.7 所示。

表 4.7 财政部关于沃尔综合评分法权重分配表

行次	选择的指标	分配的权重
第 1 行	销售利润率	15.00
第 2 行	总资产报酬率	15.00
第 3 行	资本收益率	15.00
第 4 行	资本保值增值率	10.00
第 5 行	资产负债率	5.00
第 6 行	流动比率（速动比率）	5.00
第 7 行	应收账款周转率	5.00
第 8 行	存货周转率	5.00
第 9 行	社会贡献率	10.00
第 10 行	社会积累率	15.00
合计		100.00

（3）在进行经济效益综合分析评价时，选择的各项经济效益指标在评价标准上应尽量保持方向的一致性，尽量选择正指标，不要选择逆指标。因为在选择各项指标为正指数时，单项指数越高越好。请注意，在财政部颁布的这套评价指标体系中，资产负债率为逆指标，而流动比率（或速动比率）既不是正指标，也不是逆指标，其余八个为正指标。

课后练习

一、名词概念

流动比率　速动比率　现金比率　资产负债率　存货周转率　销售净利率　净资产收益率　股东权益比率　市盈率　市净率　应收账款周转率　流动资产周转率　固定资产周转率　总资产周转率　资产报酬率　净资产收益率

二、简答题

1. 为什么说宏观经济因素是影响证券市场价格变动最重要的因素？
2. 公司经营环境分析包括哪些内容？
3. 公司财务分析的内容主要有哪些？
4. 公司偿债能力分析包括哪些内容？
5. 公司营运能力分析包括哪些内容？
6. 公司盈利能力分析包括哪些内容？
7. 公司财务结构分析包括哪些内容？

三、分析题

1. 分析财政政策对证券市场的影响。
2. 分析货币政策对证券市场的影响。

四、计算题

1. 万科 A（000002），2007 年每股收益为 0.73 元，每股净资产为 4.26 元，2007 年 4 月 18 日收盘价为 20.30 元。分别计算市盈率和市净率两个指标。

2. 某上市公司目前股价为 20 元，每股收益为 0.40 元，成长性每年为 50%，该企业未来保持该增长速度的时间可持续 5 年。问：该公司静态市盈率和动态市盈率各是多少？该企业估值水平如何？

3. 依据表 4.1 兖州煤业（600188）资产负债表、表 4.2 兖州煤业（600188）利润表和表 4.3 兖州煤业（600188）现金流量表，计算 2014 年兖州煤业的流动比率、速动比率、资产负债率、股东权益比率、负债权益比率。

五、延伸性阅读推荐

1. 詹姆斯 • C. 范霍恩，小约翰 • M. 瓦霍维. 现代企业财务管理. 11 版. 郭浩译. 北京：经济科学出版社，2002

2. 徐泓. 基础会计学. 3 版. 北京：中国人民大学出版社，2012
3. 张新民，钱爱民. 财务报表分析. 3 版. 北京：中国人民大学出版社，2014
4. 袁天荣. 企业财务分析. 北京：机械工业出版社，2010
5. 高鸿业. 西方经济学（宏观部分）. 6 版. 北京：中国人民大学出版社，2015

第五章

证券投资技术分析

证券市场的价格是复杂多变的，投资者在这个市场上买卖证券需要借助一系列方法来制定或选择投资策略。技术分析就是证券投资分析中的一种常用分析方法。技术分析的重点是市场本身，主要分析市场行为的内在规律。技术分析的主要目的在于通过收集大量的市场数据来构建市场行为的模式、掌握市场行为变化的内在规律。因此，正确应用技术分析，在一定程度上能够增加证券投资者正确判断当前形势和预见未来的能力，从而使投资者在进行证券买卖时能够做出尽可能正确的决策。

第一节　证券投资技术分析概述

一、技术分析的三大假设

所谓技术分析，是指直接对证券市场的市场行为所做的分析，其特点是通过对市场过去和现在的行为，应用数学和逻辑的方法总结出一些典型的规律并据此预测证券市场的未来变化趋势。

技术分析的理论基础是基于三大市场假设：第一，市场行为涵盖一切信息；第二，价格沿趋势移动；第三，历史会重演。

（一）市场行为涵盖一切信息

第一条假设是进行技术分析的基础。其主要思想是认为任何一个因素对证券市场的影响最终都必然体现在证券价格的变动上。外在的、内在的、基础的、政策的和心理的因素，以及其他影响证券价格的所有因素，都已经在市场的行为中得到了反映，技术分析人员只需关心这些因素对市场行为的影响效果，而不必对影响证券价格的具体因素是什么作过多的关心。

（二）价格沿趋势移动

第二条假设是进行技术分析最根本、最核心的因素。其主要思想是证券价格的变动是按一定规律运行的，证券价格有保持原来方向运动的惯性。一般说来，一段时间内证券价格一直是持续上涨或下跌，那么，今后一段时间，如果证券价格没有新的内部和外部因素的影响，证券价格也会按这一方向继续上涨或下跌，没有理由改变这一既定的运动方向。

因此，技术分析人员应试图找出证券价格变动的规律，以此指导今后的证券买卖活动。否认了第二条假设，即认为即使没有内外部因素影响，证券价格也可以改变原来的运动方向，技术分析就没有了立足之本。

（三）历史会重演

第三条假设是从人的心理因素方面考虑的。在市场中进行具体买卖的是人，是由人决定最终的操作行为，这一行为受人类心理学中某些规律的制约。在证券市场中，一个人在某种情况下按一种方法进行操作取得成功，那么以后遇到相同或相似的情况，就会按同一方法进行操作；如果前一次失败了，后面这一次就不会按前一次的方法操作。证券市场的某个市场行为给投资者留下的阴影或快乐会长期存在。在进行技术分析时，一旦遇到与过去某一时期相同或相似的情况，应该与过去的结果比较。过去的结果是已知的，这个已知的结果应该作为现在预测未来的参考。

当然，对这三大假设本身的合理性一直存在争论，不同的人有不同的看法。例如，第一个假设存在的前提条件是证券市场是有效的市场，然而众多实证分析指出，即使像美国这样发达的证券市场也仅是弱式有效市场，或至多是半强式有效市场，更何况信息损失是必然的，因此市场行为包括一切信息也只能是理想状态。再如，第三个假设认为历史会重演，但证券市场的市场行为是千变万化的，不可能有完全相同的情况重复出现，差异总是或多或少地存在。

二、技术分析的要素

证券的成交价格、成交量、时间和空间是进行技术分析的四大要素。技术分析可以简单地归结为对量、价、时间三者关系的分析。

（一）成交价和成交量

市场行为最基本的表现就是成交价和成交量。过去和现在的成交价、成交量涵盖了过去和现在的市场行为。技术分析就是利用过去和现在的成交量、成交价资料，以图形分析和指标分析工具来分析、预测未来的市场走势。因此，成交价、成交量就成为技术分析的要素。在某一时点上的“价”和“量”反映的是买卖双方在这一时点上共同的市场行为，是双方的暂时均势点。随着时间的变化，均势会不断发生变化，这就是价量关系的变化。一般说来，买卖双方对价格的认同程度通过成交量的大小得到确认。认同程度小，分歧大，成交量大；认同程度大，分歧小，成交量小。成交价、成交量之间的关系是技术分析的合理性所在。因此，价、量是技术分析的基本要素，一切技术分析方法都是以价量关系为研究对象的，目的就是分析、预测未来价格趋势，为投资决策提供服务。

（二）时间要素

时间是指证券价格变动的时间因素和分析周期。一个已经形成的趋势在短时间内不会发生根本改变，中途出现的反方向波动对原来趋势不会产生大的影响。一个形成了的趋势又不可能永远不变，经过一定时间又会有新的趋势出现。循环周期理论着重关心的就是时间因素，它强调了时间的重要性。分析人员进行技术分析时，还要考虑分析的时间周期，可以以“日”为单位，也可以以“周”“月”“季”“年”为单位。比如，用日K线、周K线、月K线、季K线或年K线来进行短期、中期或长期分析。

（三）空间要素

空间从某种意义上讲，可以认为是价格的一方面，指的是价格波动能够达到的极限。从理论上讲，证券价格的波动是“上不封顶、下不保底”的。但是，市场是以趋势运行的，在某个特定的阶段中，证券价格的上涨或下跌由于受到上升趋势通道或下跌趋势通道的约束而在一定的幅度内震荡运行，空间因素考虑的就是趋势运行的幅度有多大。不言而喻，一个涨势或一个跌势会延续多大的幅度，这对市场投资者的实际操作有着重要的指导意义。

三、技术分析方法的分类

在价、量的历史资料基础上进行的统计、数学计算、绘制图表的方法是技术分析方法的主要手段。一般说来，可以将技术分析方法分为如下五类：K线类、切线类、形态类、指标类、波浪类。

（一）K线类

K线类的研究方法侧重若干天的K线组合情况，推测证券市场多空双方力量的对比，进而判断证券市场多空双方谁占优势，是暂时性的还是决定性的。K线图形是进行各种技术分析的最重要的图表。单独一天的K线形态有十几种，若干天的K线组合种类就无法计数了。人们经过不断地总结，发现了一些对证券买卖有指导意义的组合，而且新的研究成果不断被发现、被运用。

（二）切线类

按一定方法和原则在由证券价格的数据所绘制的图表中画出一些直线，然后根据这些直线的情况推测证券价格的未来趋势，这些直线就是切线。切线主要是起支撑和阻力的作用。切线的画法是最为重要的，画得好坏直接影响预测结果。

（三）形态类

形态类是根据价格图表中过去一段时间走过的轨迹形态来预测证券价格未来趋势的方法。技术分析的第一条假设说明，市场行为包括一切信息。价格走过的形态是市场行为的重要部分，是证券市场对各种信息感受之后的具体表现，用价格图的轨迹或者形态来推测股票价格的将来是有一定道理的。

（四）指标类

指标类要考虑市场行为的各个方面，建立一个数学模型，给出数学上的计算公式，得到一个体现证券市场的某个方面内在实质的数字，这个数字叫指标值。指标值的具体数值和相互间的关系，直接反映证券市场所处的状态，为投资者的证券投资行为提供指导方向。

（五）波浪类

波浪理论把股价的上下变动和不同时期的持续上涨、下跌看成是波浪的上下起伏。该起伏遵循自然界的规律，证券的价格运动也就遵循波浪起伏的规律。波浪理论较之于别的技术分析流派，最大的区别就是能提前很长时间预计到行情的底和顶，但是，波浪理论是公认的较难掌握的技术分析方法。

五类技术分析方法从不同的方面理解和考虑证券市场，有的有相当坚实的理论基础，有的就没有很明确的理论基础；操作指导上，有的注重长线，有的注重短线；有的注重价格的相对位置，有的注重绝对位置；有的注重时间，有的注重价格。但分析目的是相同的，彼此并不排斥，在使用上可相互借鉴。

四、技术分析的重要性及其注意事项

（一）技术分析的重要性

技术分析的重要性大致体现在以下四个方面。

第一，虽然在基本分析中可能包括了对市场供求状况的评估，对股票价格与每股盈利之比的测算，以及对其他各种经济指标等各方面内容的研究，但是并没有把市场心理方面的影响因素考虑进去。问题恰恰在于，有些时候，市场在极大的程度上是受市场情绪支配的。诚如凯恩斯（Keynes）所说，“在一个非理性的世界里，再也没有什么比采取理性化的投资策略更能招致深重灾难的了”。针对市场的各种“非理性化”（市场情绪）的因素，技术分析方法提供了一种绝无仅有的衡量机制。

第二，在具备明确纪律约束的交易方式中，技术分析方法是其中的重要组成部分。所有的交易人员都逃不过情绪问题，这是人类天生的禀性，而严格的纪律有助于减缓其负面的影响。从投资者在市场上投入资金的那一刹那起，情绪主义便立即占据了“司机”的宝座，而理性主义和客观性原则可能会退避三舍。要是对这一点有怀疑，那么，请你先做纸上交易，然后，再用自己的钱实际入市操作一番。马上就能亲身体验到紧张、期待和焦虑等负面因素的影响力，实际上它们已经扭曲了交易方式，也打破了看待市场的平衡心态，而这种影响的重要程度通常与拟投入的资金金额成正比。

第三，即便并不完全相信技术分析那一套，遵循它的交易信号也依然是非常重要的。这是因为，有的时候技术信号本身已经构成推动市场运动的主要动力。既然它们是推动市场运动的一种重要因素，那么就得对它们心存戒备。

第四，如果要观察总体的供求关系，那么观察价格变化显然是最直观、最容易进行的一种方法。有些基本面的消息，普通投资者可能根本无缘得知，但是可以正确地预期，它们一定已经包含在价格信息之内。如果有人先于大家掌握了此种信息，他极有可能抢先在市场上买进或卖出。如此一来，当前的市场价格变化就会充分反映当前发生的一切市场信息，无论是普通大众已经知晓的，还是仅仅掌握在极少数人手中的信息。

（二）技术分析的注意事项

技术分析作为一种证券投资分析工具，在应用时，应该注意以下问题。

第一，技术分析预测成功的关键在于不能机械地使用技术分析方法，除了在实践中不断修正技术分析参数外，技术分析必须与基本分析结合起来使用，才能提高其准确程度，否则单纯的技术分析是不全面的。

第二，注意多种技术分析方法的综合研判，切忌片面地使用某一种技术分析结果。实践证明，单独使用一种技术分析方法有相当的局限性和盲目性。

第三，前人得到的结论要自己通过实践验证后才能放心地使用。前人得到的结论是在一定的特殊条件和特定环境中得到的，随着环境的改变，前人成功的方法自己在使用时也有可能失败。

五、技术分析与基本分析的比较

（一）技术分析的优缺点

技术分析的优点是同市场接近，考虑问题比较直观。与基本分析相比，利用技术分析进行证券买卖见效快，获得收益的周期短。此外，技术分析对市场的反应比较直接，分析的结果也更接近市场的局部现象。

技术分析的缺点是考虑问题的范围相对较窄，对市场长远的趋势不能进行有益的判断。正是由于这个原因，技术分析在给出结论的时候，只能给出相对短期的结论。另外，技术分析固有的缺陷限制了它的利用，这些缺陷表现在：①证券价格并非完全由证券的供给和需求决定，证券价格变动是多重因素作用的结果，至于哪种因素居于主导地位，则视具体情况而定。例如，我国的证券价格变动就明显受到国家政策的影响，若仅凭技术分析做出投资决策，而忽略各种其他因素的作用，将会给投资者造成巨大的投资风险。②证券价格也不是完全的随机变量，用确定的概率分布来解释它的变动的科学性是值得怀疑的。说到底，证券交易是由人进行的社会经济活动，并不能像无生命体的物理运动、化学运动那样简单地用一些定律描述出来。况且即使是无生命体的运动也会由于偶然性因素的存在而产生某些运动方式和范围的“不可逆”。

正是由于技术分析具有以上特点，技术分析更适用于短期的行情预测，要进行周期较长的分析必须结合其他的分析方法。这是应用技术分析最应该注意的问题。技术分析所得到的结论仅仅具有一种建议的性质，并且是以概率的形式出现的。因此，在证券市场中，要得到较准确的长期预测结论，仅仅依靠技术分析是不够的。

（二）基本分析与技术分析的比较

第一，技术分析是相对于基本分析而言的。基本分析法着重于对一般经济情况及各个公司的经营管理状况、行业动态等因素进行分析，以此来研究证券的价值，衡量证券价格的高低。而技术分析则是透过图表或技术指标的记录，研究市场过去及现在的行为反应，以推测未来价格的变动趋势。其依据的技术指标的主要内容是由证券价格、成交量或股票指数等数据计算而得的，由此可知，技术分析只关心证券市场本身的变化，而不考虑会对其产生某种影响的经济、政治等各种外部因素。

第二，基本分析的目的是判断当前证券价格是否合理并描绘出它长远的发展空间，而技术分析主要是预测短期内证券价格涨跌的趋势。通过基本分析可以了解应购买何种证券，而技术分析则有利于把握具体购买的时机。在时间上，技术分析法注重短期分析，在预测旧趋势结束和新趋势开始方面优于基本分析法，但在预测较长期趋势方面则不如后者。大多数成功的证券投资者都是把两种分析方法结合起来加以运用。他们用基本分析法估计较长期趋势，而用技术分析法判断短期走势和确定买卖的时机。

第三，技术分析和基本分析都认为证券价格是由供求关系决定的。基本分析主要是根据对影响供需关系的各种因素的分析来预测证券价格走势，而技术分析则是根据证券价格本身的变化来预测证券价格走势。

第二节　证券投资技术分析主要理论

一、道氏理论

（一）道氏理论的形成

道氏理论是证券市场技术分析的基础。该理论的创立者是美国人查尔斯・亨利・道（Charles H. Dow）。道与爱德华・琼斯创立了著名的道-琼斯平均指数，用来反映证券市场总体趋势。他们在《华尔街日报》上发表了很多有关股市的文章，经后人整理，成为今天所看到的道氏理论。

（二）道氏理论的主要内容

道氏理论认为股票价格指数可以解释和反映市场的大部分行为，这是该理论对证券市场的重大贡献。道氏理论认为，股票价格的波动尽管表现形式不同，但是最终可以将它们分为三种趋势：主要趋势（primary trend）、次要趋势（secondary trend）和短暂趋势（near term trend）。主要趋势又称为长期趋势、基本趋势，指连续一年或一年以上的股价变动趋势，包括上升的趋势和下跌的趋势两部分。次要趋势又称为中期趋势，指在上涨的主要趋势中出现的中期回档下跌和在下跌的主要趋势中出现的中级反弹回升。次要趋势一般不改变主要趋势的发展方向。短暂趋势又称为日常波动，指股票价格的每日波动。道氏理论认为短暂趋势既不重要又难以利用，可以不予理睬。三种趋势的划分为其后出现的波浪理论打下了基础。

道氏理论认为交易量在确定趋势时发挥重要作用。趋势的反转点是确定投资的关键，而交易量提供的信息则有助于投资者解决一些令人困惑的市场行为。此外，道氏理论还认为，在所有的价格中，收盘价最重要，甚至认为只需用收盘价，不用别的价格。

道氏理论的基本目的在于指出新的看涨或看跌市场是否已经出现和主要趋势是否还将持续，主要趋势持续上升就形成了多头市场，持续下降就形成了空头市场。如果投资者能较好地把握股价运动的基本趋势，就能较早地在多头市场上买入股票，而在空头市场形成时及时地卖出股票，从而有效地获取差价收益和保住自己的投资利益。此外，如果投资者能较好地把握住股价运动的次级趋势，则还能利用股价的反弹和回档期间获取一定的短期利润。

（三）道氏理论的不足

道氏理论对大趋势的判断有较大的作用，对于每日每时都在发生的小波动则显得有些无能为力。道氏理论甚至对次要趋势的判断作用不大。道氏理论的另一个不足是它的可操作性较差。一方面，道氏理论的结论落后于价格变化，信号出现得太迟；另一方面，理论本身存在不足，使得一个很优秀的道氏理论分析师在进行行情判断时，也会因得到一些不明确的信号而产生困惑。

道氏理论已经存在上百年了，对今天的投资者来说相当部分的内容已经过时，不能照搬老方法。近几十年来，出现了很多新的技术，有相当部分是道氏理论的延伸，在一定程度上弥补了道氏理论的不足。

二、K 线理论

（一）K 线的起源

K 线又称为蜡烛线，起源于 300 多年前的日本德川幕府时代，当时日本粮食市场上有一位叫本间宗久的商人为了能够预测米价的涨跌，他每天观察市场米价的变化情况，以此来分析预测市场米价的涨跌规律，并将米价波动用图形记录下来，这种图形就是 K 线的最初雏形，后来被推广到股市，全世界应用起来。本间宗久在其著作《黄金泉——三猿金钱录》提到："经过 60 多年的日夜工作之后，我终于逐渐了解稻米价格的走势。当每个人都看空行情时，这已经酝酿价格上涨的契机。每个人都看多行情，则构成价格下跌的原因。"这与相反意见理论（theory of contrarian opinion)一致。

（二）K 线的画法与基本形状

1. K 线的画法

K 线是一条柱状的线条，由影线和实体组成。影线在实体上方的部分叫上影线，下方的部分叫下影线。实体分阳线和阴线两种，又称红（阳）线和黑（阴）线（图 5.1）。一条 K 线记录的是某一种股票一天的价格变动情况。将每天的 K 线按时间顺序排列在一起，就组成该股票每天的交易价格变动情况，这就叫日 K 线图。

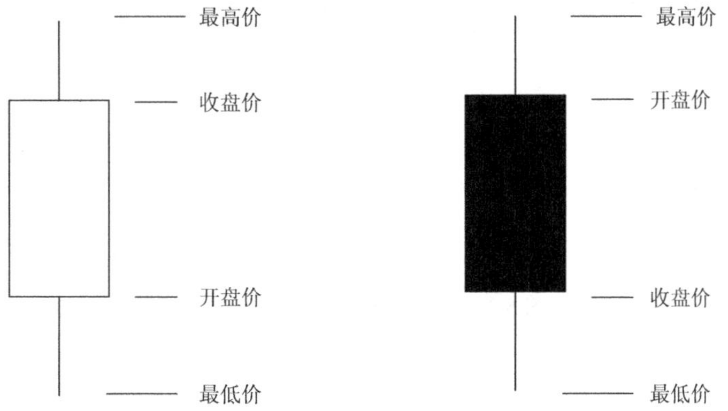

图 5.1　K 线图基本画法

股票每日交易价格的变动主要体现在四个指标上，即开盘价、最高价、最低价和收盘价。

日开盘价是指每个交易日的第一笔成交价格，这是传统的开盘价定义。为了克服机构大户利用资金、技术、人才、信息的优势，故意人为地造出一个不合实际的开盘价的弊端，目前中国市场采用集合竞价的方式产生开盘价，这样就在一定程度上弥补了传统意义上的开盘价的缺陷。

日最高价和日最低价是每个交易日成交股票的最高成交价格和最低成交价格。它们反映当日股票价格上下波动幅度的大小。最高价和最低价如果相差很大，说明该股票当日交易活跃，买卖双方竞争激烈。但是，同传统的开盘价一样，最高价、最低价也容易遭遇机构大户的故意做市，造出一个脱离实际的最高价和最低价。

日收盘价是指每个交易日的最后一笔成交价格，是多空双方经过一天的博弈最终达成的共识，也是供需双方当日最后的暂时平衡点，具有指明目前价格的非常重要的功能。2001 年 8 月 31 日发布的《上海、深圳证券交易所交易规则》规定沪市收盘价为当日该证券最后一笔交易前一分钟所有交易的成交量加权平均价（含最后一笔交易）。当日无成交的，以前收盘价为当日收盘价。深市的收盘价通过集合竞价的方式产生。收盘集合竞价不能产生收盘价的，以当日该证券最后一笔交易前一分钟所有交易的成交量加权平均价(含最后一笔交易)为收盘价。当日无成交的，以前收盘价为当日收盘价。

2. 常见的 K 线形状及其含义

在掌握了 K 线的基本画法之后，投资者可以根据 K 线图的形状研判股价未来的走势。阳线表示市场上购买力强、卖方较弱，未来股价看涨；阴线表示市场上卖方较强、出售量大，而购买力则较弱，未来股价看跌。K 线的形状暗示了今后股价的走势。图 5.2 给出了在证券市场中经常出现的 K 线形状及其含义。

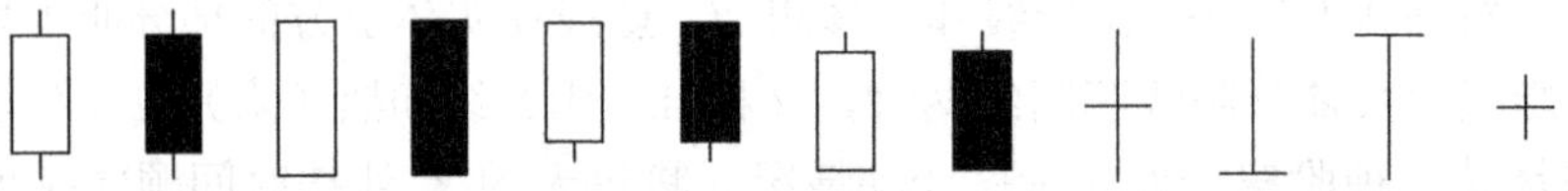

常见阳线	常见阴线	长阳线	长阴线	光头阳线	光头阴线	光脚阳线	光脚阴线	十字形	倒T字形	T字形	十字星
行情扑朔迷离	行情扑朔迷离	多头强势看涨	空头强势看跌	多头看涨	空头看跌	多头看涨	空头看跌	多空争夺激烈	上升受阻可能反转	下跌受阻可能反转	多空暂时均衡

图 5.2 常见的 K 线图形及其含义

（三）K 线的应用

熟悉了单根 K 线的价格走势特点后，可以尝试将两根、三根、多根 K 线组合起来分析行情。K 线组合变换无穷，难以穷举，应用时应注意分析以下几个方面。

1. 分析实体的长短

两根或三根 K 线组合在一起时，如果同是阳线，且后面的阳线实体与前面的阳线实体相比，一根比一根长，表明买方占据绝对优势，股价涨势还将继续；如果后面的阳线与前面相比，渐次缩短，表明买方气势已开始减弱，股价涨幅有限。如果是阴线则正好相反。

2. 分析上影线和下影线的长短

上影线长，说明买方将股价推高后遇空方打压，上影线越长，空方阻力越大；下影线长，说明买方在低价位有强力支撑，下影线越长，支撑力越强。

3. 两根、三根K线的相互关系

如果紧连的两根或三根 K 线，分别为阳线或阴线，则要注意分析它们之间的相互关系，着重比较收盘价的相互关系。以两根 K 线为例，如果第一根是阴线，第二根为阳线，要看第二根 K 线的收盘价是否高于第一根 K 线的收盘价，是否超过第一根 K 线实体的 50%，是否高于阴线的开盘价，是否将前一日阴线全部包入，阳线收盘价位置越高，表明买方力量越强。如果第一根是阳线，第二根是阴线，则看阴线收盘价是否低于阳线的收盘价，是否低于阳线实体的 50%，是否低于阳线的开盘价，即将前一日阳线全部包入。阴线收盘价越低，卖方力量越强。三根或多根 K 线组合也可依据上述办法分析。

4. K线是否组合成某一形态

多根 K 线组合分析，要注意是否已组成某一种反转或盘整形态。若已经组成形态，则应按形态理论分析，而不必过于拘泥于 K 线的关系，但要特别注意突破形态的 K 线，如以大阳线向上突破或大阴线向下突破，加上量的配合，是明确的趋势信号。

5. K线在一个较大行情中的位置

分析 K 线也要顾全大局，不要只见树木，不见森林。特别要注意高价区域和低价区域中出现大阳线、大阴线和十字星，要将它们放在整个行情走势中加以分析判断。

K 线的组合无论多复杂，考虑问题的方式是相同的，都是由最后一根 K 线相对于前面 K 线的位置来判断多空双方实力的大小。由于三根 K 线组合比两根 K 线组合多了一根 K 线，获得的信息就多些，得出的结论相对于两根 K 线组合来说要准确一些，可信度更大些。

（四）应用K线组合应注意的问题

无论是一根 K 钱，还是两根、三根 K 线以至多根 K 线，都是对多空双方的博弈做出的一个描述，由它们的组合得到的结论都是相对的，不是绝对的。对具体进行证券买卖的投资者而言，结论只是起一种建议作用。

在应用时，有时会发现运用不同种类的组合会得到不同的结论。有时应用一种组合得到明天会下跌的结论，但是次日股价没有下跌，而是出现与预测相反的结果。这个时候的一个重要原则是尽量使用根数多的 K 线组合的结论，将新的 K 线加进来重新进行分析判断。一般说来，多根 K 线组合得到的结果与事实的符合度较高。

三、切线理论

技术分析的理论基础之一就是“股价沿着趋势移动”。在证券市场中，要“顺势而为”，不“逆势而动”，已经成为投资者的共识，这里的“势”就是指大趋势。

（一）趋势分析

股价变动有一定的趋势，在长期上涨或下跌的趋势中，会有短暂的盘旋或调整，投资者应把握长期趋势，不为暂时的回调或反弹所迷惑，同时也应及时把握大势的反转。切线理论就是帮助投资者识别大势变动方向的较为实用的方法。

1. 趋势的定义

简单地说，趋势就是证券市场价格运动的方向。若确定了一段上升或下降的趋势，则股价的波动必然朝着这个方向运动。上升的行情里，虽然有时也下降，但不影响上升的大方向。下跌行情里情况相反，不断出现的新低价会使投资者心情悲观，人心涣散。技术分析的三大假设中的第二条明确说明价格的变化是有趋势的，没有特别的理由，价格将沿着这个趋势继续运动。这一点就说明“趋势”这个概念在技术分析中占有很重要的地位。

一般说来，市场变动不是朝一个方向直来直去，中间一定有曲折，从图形上看就是一条曲折蜿蜒的折线，每个折点处就形成一个峰或谷。由这些峰或谷的相对高度，可以看出趋势的方向。

2. 趋势的方向

趋势的方向有三种：上升方向、下降方向、水平方向（也就是无趋势方向）。

如果图形中每个后面的峰和谷都高于前面的峰和谷，则趋势就是上升方向。这就是常说的，一底比一底高或底部抬高。

如果图形中每个后面的峰或谷都低于前面的峰或谷，则趋势就是下降方向。这就是常说的，一顶比一顶低或顶部降低。

如果图形中后面的峰或谷与前面的峰或谷相比，没有明显的高低之分，几乎是水平延伸，这时的趋势就是水平方向。水平方向趋势是被大多数人忽视的一种方向，这种方向在市场上出现的机会是相当多的。就水平方向本身而言，也是极为重要的。大多数的技术分析方法，在对处于水平方向的市场进行分析时，都容易出错，或者说作用不大。这是因为这时的市场正处在供需平衡的状态，股价下一步朝哪个方向发展是没有规律可循的，可以向上，也可以向下，而对这样的对象去预测它向何方运动是极为困难的，也是不明智的。

3. 趋势的类型

按道氏理论的分类，趋势分为以下三种类型。

（1）主要趋势。主要趋势是趋势的主要方向，是股票投资者最为关注的，了解了主要趋势才能做到顺势而为。主要趋势是股价波动的大方向，一般持续的时间比较长（这是技术分析第二大假设所决定的）。

（2）次要趋势。次要趋势是在进行主要趋势的过程中进行的调整。前面说过，趋势不会是直来直去的，总有个局部的调整和回撤，次要趋势正是完成这一使命。

（3）短暂趋势。短暂趋势是在次要趋势中进行的调整。短暂趋势与次要趋势的关系就如同次要趋势与主要趋势的关系一样。

这三种类型的趋势最大的区别是时间的长短和波动幅度的大小。有时为了更细地划分，三种类型可能还不够用，不过这无关大局，只不过再对短暂趋势进行细分罢了。

（二）支撑线和压力线

1. 支撑线和压力线的含义

（1）支撑线。支撑线（support line）又称为抵抗线。当股价跌到某个价位附近时，股价停止下跌，甚至有可能还有回升，这是由多方在此买入造成的。支撑线起阻止股价继续下跌的作用。这个阻止股价继续下跌的价位就是支撑线所在的位置。

（2）压力线。压力线（resistance line）又称为阻力线。当股价上涨到某价位附近时，股价会停止上涨，甚至回落，这是由空方在此抛出造成的。压力线起阻止股价继续上升的作用。这个阻止股价继续上升的价位就是压力线所在的位置。

有些投资者往往会产生这样的误解，认为只有在下跌行情中才有支撑线，只有在上升行情中才有压力线。其实，在下跌行情中也有压力线，在上升行情中也有支撑线。但是由于在下跌行情中投资者最注重的是跌到什么地方，这样关心支撑线就多一些；在上升行情中投资者更注重涨到什么地方，所以关心压力线多一些。

2. 支撑线和压力线的作用

如前所述，支撑线和压力线的作用是阻止或暂时阻止股价朝一个方向继续运动。股价的变动是有趋势的，要维持这种趋势，保持原来的变动方向，就必须冲破阻止其继续向前的障碍。比如，要维持下跌行情，就必须突破支撑线的阻力和干扰，创造出新的低点；要维持上升行情，就必须突破上升压力线的阻力和干扰，创造出新的高点。由此可见，支撑线和压力线有被突破的可能，它们不足以长久地阻止股价保持原来的变动方向，只不过是使它暂时停顿而已（图 5.3）。

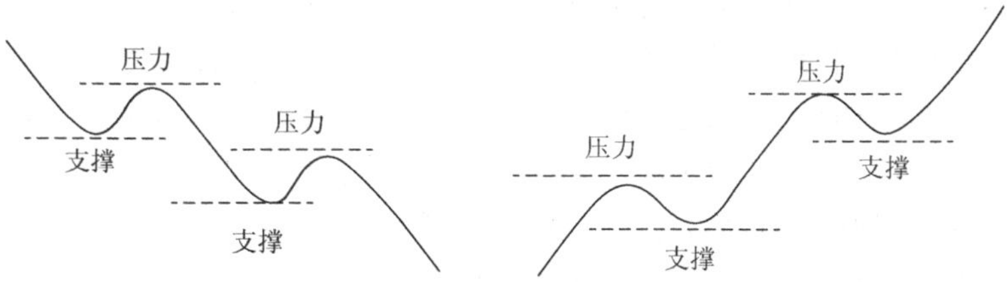

(a)　　　　(b)

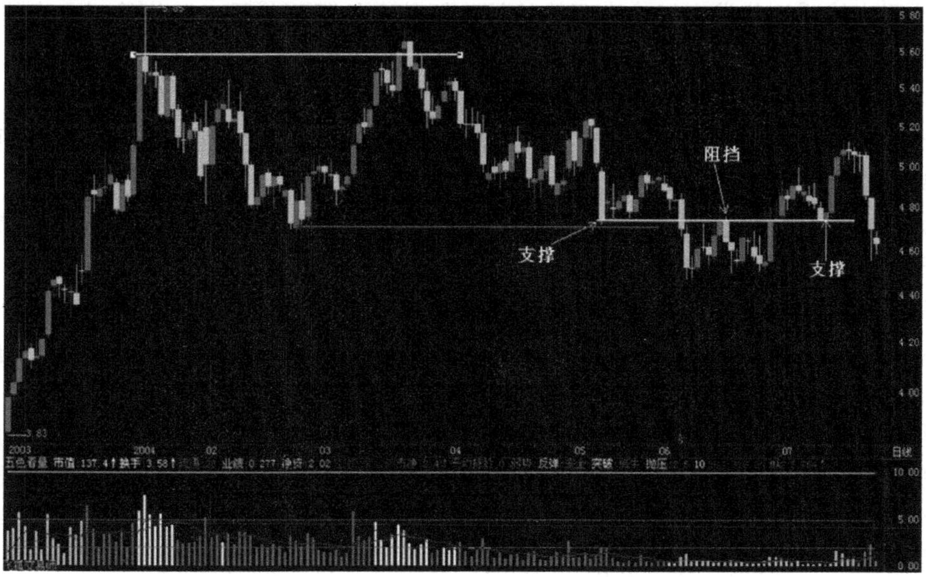

(c)

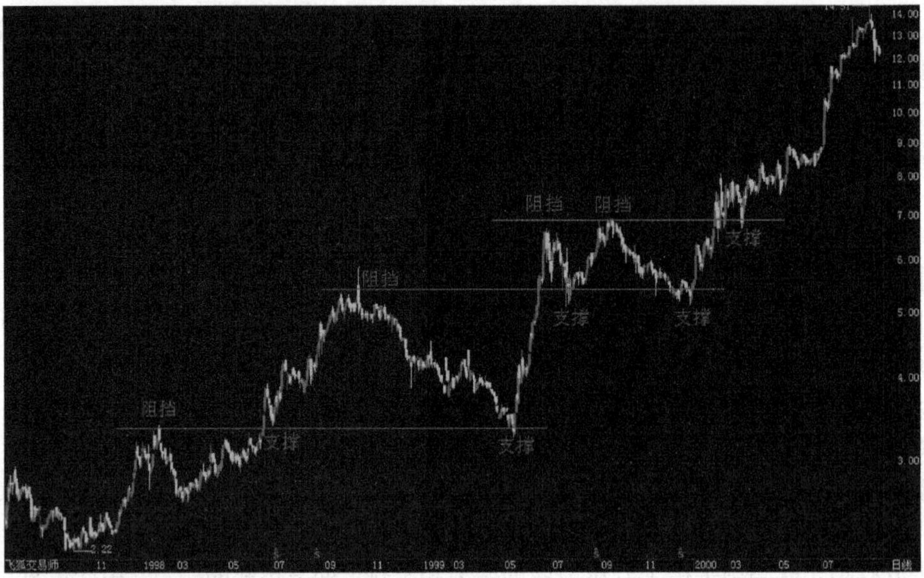

(d)

图 5.3 支撑线与压力线

同时，支撑线和压力线又有彻底阻止股价按原方向变动的可能。当一个趋势终结了，它就不可能创出新的低价或新的高价，这时的支撑线和压力线就显得异常重要。

在上升趋势中，如果下一次未创新高，即未突破压力线，这个上升趋势就已经处在很关键的位置了，如果往后的股价又向下突破了这个上升趋势的支撑线，这就产生了一个趋势有变的很强烈的警告信号。通常这意味着，这一轮上升趋势已经结束，下一步的走向是下跌的过程。同样，在下降趋势中，如果下一次未创新低，即未突破支撑线，这个下降趋势就已经处于很关键的位置，如果下一步股价向上突破了这个下降趋势的压力线，这就发出了这个下降趋势将要结束的强烈信号，股价的下一步将是上升的趋势。

3. 支撑线和压力线的相互转化

支撑线和压力线之所以能起支撑和压力作用，很大程度上是由于心理因素方面的原因，两者的相互转化也是如此，这就是支撑线和压力线理论上的依据。

假设股价在一个支撑位置获得支撑后，停留了一段时间开始向下移动。在该支撑位买入的多头都将意识到自己错了，而没有买入的或卖出的空头都意识到自己对了。买入股票的多头都有抛出股票逃离目前市场的想法，而卖出的空头则想进一步抛空，待股价下跌伺机回补。一旦股价有些回升，尚未到达原来的支撑位，就会有一些股票抛压出来，再次将股价压低。这样，原来的支撑位就转变为压力线。

同理，假设股价在一个压力位置受阻后，停留一段时间开始向上突破。在该压力位卖出的空头都将意识到自己错了，而未抛出或已买入的多头都意识到自己对了。抛出股票的空头都有待股价回调再买回已抛出股票的想法，而买入的多头则想进一步加仓。一旦股价有些回落，尚未到达原来的压力位，就会有大量接盘出现，将股价抬起。这样，原来的压力位就转变为支撑线［图 5.3（d）］。

（三）趋势线和轨道线

1. 趋势线

趋势线是用来衡量价格波动方向，由趋势线的方向可以明确地看出股价的变动趋势。在上升趋势中，将两个低点连成一条直线，就得到上升趋势线。在下降趋势中，将两个高点连成一条直线，就得到下降趋势线。具体如图 5.4 中的直线 *L* 所示。

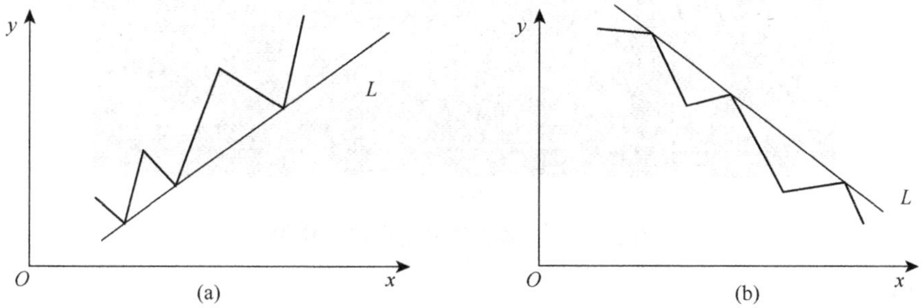

图 5.4 趋势线

由图 5.4 可看出上升趋势线起支撑作用，下降趋势线起压力作用，也就是说，上升趋势线是支撑线的一种，下降趋势线是压力线的一种。

从图 5.4 上很容易画出趋势线，这并不意味着趋势线已经被掌握。画出一条直线后，有很多问题需要去回答。最迫切需要解答的问题是画出的这条直线是否具有实用价值，以这条线作为今后预测股市的参考是否具有很高的准确性。解决这个问题的过程实际上就是对用各种方法画出的趋势线进行挑选评判，最终保留一些确实有效的趋势线。

要得到一条真正起作用的趋势线，要经多方面的验证才能最终确认，不合条件的一般应删除。首先，必须确认有趋势存在。也就是说，在上升趋势中，必须确认出两个依次上升的低点；在下降趋势中，必须确认两个依次下降的高点，才能确认趋势的存在，连接两个点的直线才有可能成为趋势线。其次，画出直线后，得到第三个点的验证才能确认这条趋势线是有效的。一般说来，所画出的直线被触及的次数越多，其作为趋势线的有效性越好，用它进行预测越准确。另外，这条直线延续的时间越长，就越具有有效性。

一般来说，趋势线有两种作用：①对价格今后的变动起约束作用，使价格总保持在这条趋势线的上方（上升趋势线）或下方（下降趋势线），实际上，就是起支撑和压力作用。②趋势线被突破后，就说明股价下一步的走势将要反转。越重要、越有效的趋势线被突破，其反转的信号越强烈。被突破的趋势线原来所起的支撑和压力作用，现在将相互交换角色(图 5.5)。

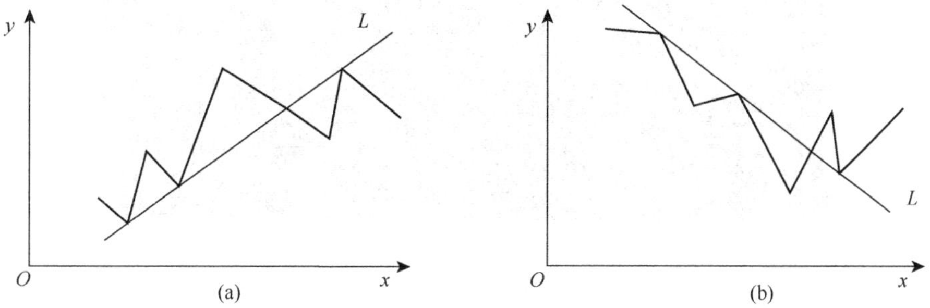

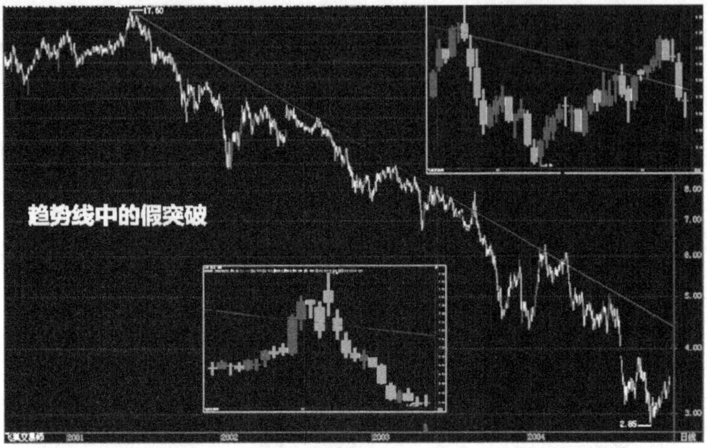

(c)

图 5.5　趋势线被突破之后的反作用

2. 轨道线

轨道线又称通道线或管道线，是基于趋势线的一种方法。在已经得到了趋势线后，通过第一个峰或谷可以做出这条趋势线的平行线，这条平行线就是轨道线。具体如图 5.6 中的虚线所示。

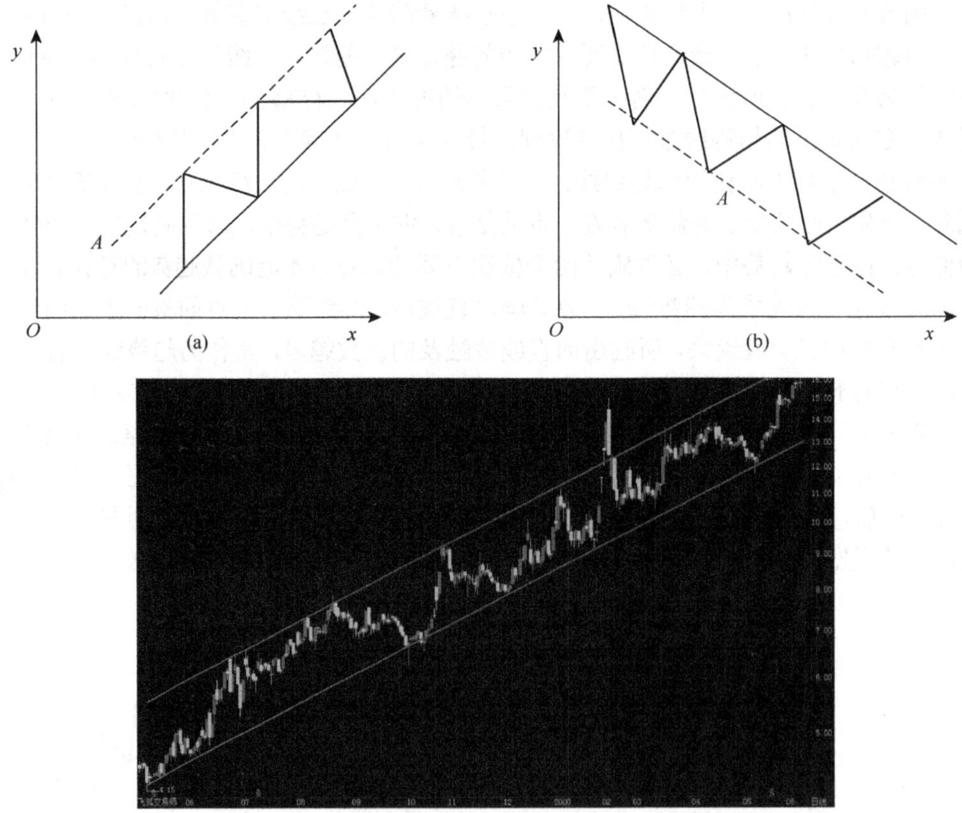

(c)

图 5.6　轨道线

两条平行线组成一个轨道，这就是常说的上升和下降轨道。轨道的作用是限制股价的变动范围，让它不能变得太离谱。一个轨道一旦得到确认，那么价格将在这个通道里变动。

对上轨或下轨的突破将意味着有一个大的变化。与突破趋势线不同，对轨道线的突破并不是趋势反转的开始。而是趋势加速的开始，即原来的趋势线的斜率将会增加，趋势线的方向将会更加陡峭（图 5.7）。

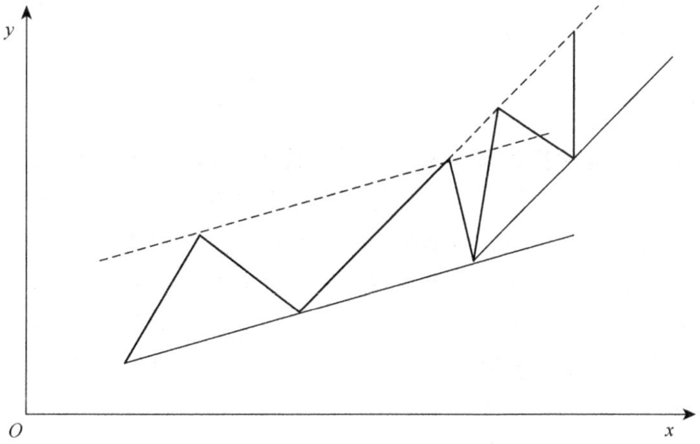

图 5.7 趋势加速

轨道线的另一个作用是发出趋势转向的警报。如果在一次波动中未触及轨道线，离得很远就开始掉头，这往往是趋势将要改变的信号。这说明，市场已经没有力量继续维持原有的上升或下降的趋势了。

轨道线和趋势线是相互合作的一对。很显然，先有趋势线，后有轨道线，趋势线比轨道线重要得多。趋势线可以独立存在，而轨道线则不能。

（四）应用切线理论应注意的问题

切线理论提供了很多价格移动可能存在的支撑线和压力线，这些直线对行情判断有很重要的作用。但是，应该明确的是，支撑线和压力线有突破和不突破两种可能。在实际运用中会产生一些令人困惑的现象，往往要等到价格已经离开了很远的时候才能够肯定是否突破成功或突破失败。用各种方法得到的切线提供了支撑线和压力线的位置，这些价格的位置仅仅是一些进行参考的价格，不能把它们当成万能的工具而完全依赖它们。证券市场中影响价格波动的因素很多，支撑线和压力线仅仅是多方面因素中的一个。多个方面同时考虑才能提高正确的概率。

四、形态理论

K 线理论揭示了一些对未来股价运动方向进行判断的方法，对证券投资行为选择有很好的指导意义。但 K 线理论注重短线的操作，其预测结果只适用于往后很短的时期，有时仅仅是一两天。为了弥补这种不足，投资者可以将一段时期内若干条 K 线组成的图形看成一条上下波动的曲线。这条曲线就是股价在这段时间移动的轨迹，它比前面 K 线理论中的 K 线组合情况所包括的内容要全面得多。这条曲线的上下波动实际上仍然是多空双方进行博弈的结果。不同时期多空双方力量对比的大小就决定了曲线是向上还是向下，这里的向上和向下所延续的时间要比 K 线理论中所说的向上和向下长得多。形态理论正是通过研究股价所走过的轨迹，分析和挖掘出曲线来揭示多空双方力量的对比结果，进而指导投资的行动。

趋势的方向发生变化一般不是突然来到的，变化都有一个发展的过程。形态理论通过研究股价曲线的各种形态，发现股价正在进行的行动方向。

（一）股价移动规律

股价移动的规律是完全按照多空双方力量对比大小和所占优势的大小而行动的。一方的优势越大，股价就向这一方移动。如果这种优势不足以摧毁另一方的抵抗，则股价不久还会回来。这是因为另一方只是暂时退却，随着这种不大的优势影响的消失，另一方还会站出来收复失地。再者，如果这种优势足够大，足以摧毁另一方的抵抗，甚至把另一方的力量转变成本方的力量，则此时的股价将沿着优势一方的方向移动很远的距离，短时间内肯定不会回来，甚至永远也不会回来，这是因为此时的情况发生了质变，多空双方原来的平衡位置发生了变化，已经向优势一方移动了。

根据多空双方力量对比可能发生的变化，可以知道股价的移动应该遵循这样的规律：第一，股价应在多空双方取得均衡的位置上下来回波动；第二，原有的平衡被打破后，股价将寻找新的平衡位置。可以用下面的表示方法具体描述股价移动的规律：

平衡→打破平衡→新的平衡→再打破平衡→再寻找新的平衡→…

股价的移动就是按这一规律循环往复、不断运行的。股市中的胜利者往往是在原来的平衡快要打破之前或者是在打破的过程中采取行动而获得收益的。原平衡已经打破，新的平衡已经找到，这时才开始行动，就已经晚了。

（二）股价移动的两种形态类型

股价的移动主要是保持平衡的持续整理和打破平衡的突破这两种过程。这样，可以把股价曲线的形态分成两个大的类型：持续整理形态（continuation patterns）、反转突破形态（reversal patterns）。前者保持平衡，后者打破平衡。平衡的概念是相对的，股价只要在一个范围内变动，都属于保持了平衡。这样，这个范围的选择就成为判断平衡是否被打破的关键。同支撑线、压力线被突破一样，平衡的打破也有被认可的问题。刚打破一点，不能算真正打破。反转突破形态存在种种假突破的情况，假突破给某些投资者造成的损失有时是很大的。

虽然可以对形态的类型进行分类，但是这些形态中有些是不容易区分其究竟是属于哪一类的。例如，一个局部的三重顶（底）形态，在一个更大的范围内有可能被认为是矩形形态的一部分。一个三角形形态有时可以被当成反转突破形态，尽管多数时间它们都被当成持续整理形态。

股市中形态千变万化，投资者只有在实践中多加练习，才能做出准确的判断。下面简要介绍股市中经常出现的几种典型形态。

1. *反转突破形态*

反转突破形态是需要特别重点研究的一类形态。重要的反转突破形态有双重顶（底）、三重顶（底）、头肩顶（底）、圆弧顶（底）、菱形和V形六种反转形态。

1）双重顶和双重底形态

双重顶和双重底（double tops and bottoms），也就是市场上众所周知的M头和W底，这种形态在实际中出现得较为频繁。图5.8是这种形态的简单形状。

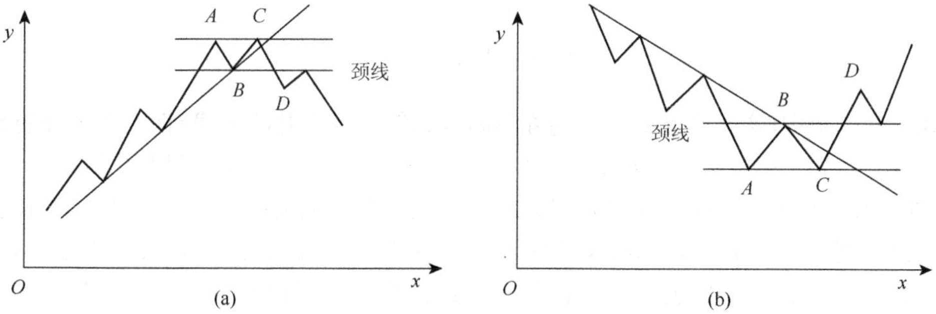

图5.8 双重顶（底）

从图5.8中可以看出，双重顶（底）一共出现两个顶（底），也就是两个高度相同的高点和低点。下面以M头为例说明双重顶（底）的形成过程。在上升趋势过程的末期，股价在第一个高点*A*之后正常回落，受到上升趋势线的支撑，这次回档将在*B*点附近停止。往后是继续上升，但力量不够，上升高度不足，在*C*点（与*A*点几乎等高）遇到压力，股价向下，这样就形成*A*和*C*两个顶的形状。

M头形成以后，有两种可能的前途：第一是未突破*B*点的支撑位置，股价在*A*、*B*、*C*三点形成狭窄范围内上下波动，演变成后面要介绍的矩形整理形态。第二是突破*B*点的支撑位置继续向下，这种情况才是双重顶反转突破形态的真正出现。

以*B*点作平行于*A*、*C*连线的平行线就得到一条非常重要的直线——颈线(neck line)。颈线在这里起支撑的作用。一个真正的双重顶反转形态的出现，除了必要的两个相同高度的高点以外，还应该向下突破颈线的支撑。突破颈线也有个确认的问题。前面介绍的有关支撑线压力线被突破的确认原则在这里都适用，主要是百分比原则和时间原则。前者要求突破到一定的百分比，后者要求被突破后至少两日。

双重反转突破形态一旦确认，就可以用它进行后市的预测了。具体来说就是，从突破点算起，股价将至少要跌到与形态高度相等的距离，然后才能找到像样的支撑。

双重底的形成和预测功能与双重顶类似。

2）头肩顶和头肩底形态

头肩顶和头肩底（head and shoulders tops and bottoms），这是实际股价形态中出现较多的形态，也是较为著名的反转突破形态。图5.9是这种形态的简单形式。从图5.9中可以看出，这种形态一共出现三个顶和底，也就是要出现三个局部的高点和局部低点。中间的高点（低点）比另外两个都高（低），成为头，左右两个相对较低（高）的高点（低点）称为肩，这就是头肩形态名称的由来。以下以头肩顶［图5.9（a)］为例对头肩形态进行介绍。

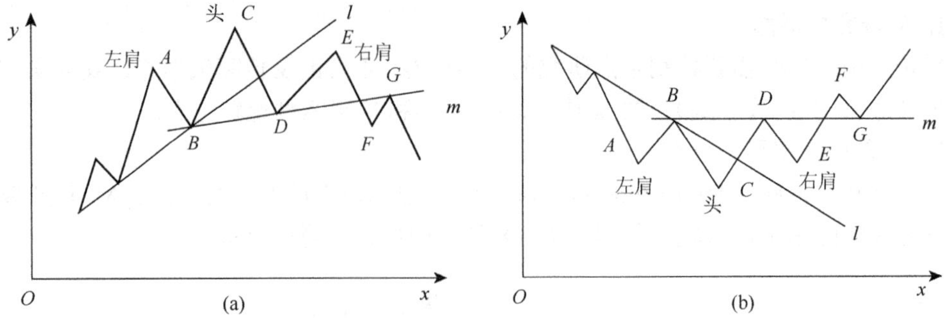

图 5.9　头肩顶（底）

在上升趋势中，不断升高的各个局部的高点和低点沿上升趋势线 l 保持着上升的趋势，然后在某个地方，趋势的上涨势头将放慢。图 5.9（a）中 A 和 B 还没有放慢的迹象，但在 C 和 D 点已经有了势头受阻的信号，这说明这一轮上涨趋势可能已经出现了问题。最后，股价走到了 E 和 F 点，这时反转向下的趋势已势不可挡。图 5.9（a）中的直线 m 其实是头肩顶形态中一条极为重要的直线——颈线。它在头肩顶形态中是支撑线。头肩顶形态走到 E 点并调头向下，只能说明原有的上升趋势已经转化成了横向延伸，还不能说已经反转向下了。只有当图形走到了 F 点，即股价已向下突破了颈线，才能说头肩顶反转形态已经形成。同大多数突破一样，这里颈线的被突破也有确认的问题。百分比原则和时间原则在这里都适用。

头肩顶形态同样有预测的功能。从突破点算起，股价至少要跌到与头肩顶形态高度相等的位置才能获得有效的支撑。

以上是以头肩顶为例，对头肩顶形态进行了介绍。对头肩底而言，除了在成交量方面与头肩顶有所区别外，其余可以说与头肩顶一样，只是方向正好相反。值得注意的是，头肩顶形态完成以后，向下突破颈线时，成交量不一定扩大，但日后继续下跌时，成交量会放大。头肩底向上突破颈线时，若没有较大的成交量出现，可靠性降低，或者将会在跌回底部整理一段时间，积蓄买方力量才能上升。

3）三重顶和三重底形态

三重顶和三重底（triple top and bottom），这是头肩形态的一种变体，它是由三个一样高或一样低的顶或底组成。与头肩形态的区别是头的价位回缩到与肩差不多的位置，有时甚至低于或高于肩部一点。从这个意义上讲，三重顶（底）与双重顶（底）也有相似的地方，前者比后者多"折腾一次"。图 5.10 是三重顶（底）的简单图形。三重顶（底）的颈线差不多是水平的，三个顶（底）也差不多是相同的高度。

应用和识别三重顶（底）主要是用识别头肩形的方法，也可以直接应用头肩形的结论和应注意的事项。头肩形适用的规律三重顶（底）都适用，这是因为三重顶（底）从本质上说就是头肩形。有些文献甚至不把三重顶（底）单独看成一类形态，而直接将其纳入头肩形态。

与一般头肩形最大的区别是，三重顶（底）的颈线和顶部（底部）连线是水平的，这就使得三重顶（底）具有矩形的特征。比起头肩形态来说，三重顶（底）更容易演变成持续形态，而不是反转形态。另外，如果三重顶（底）的三个顶（底）的高度依次从左到右是下降（上升）的，则三重顶（底）就演变成了直角三角形态。这些都是在应用三重顶（底）时应该注意的地方。

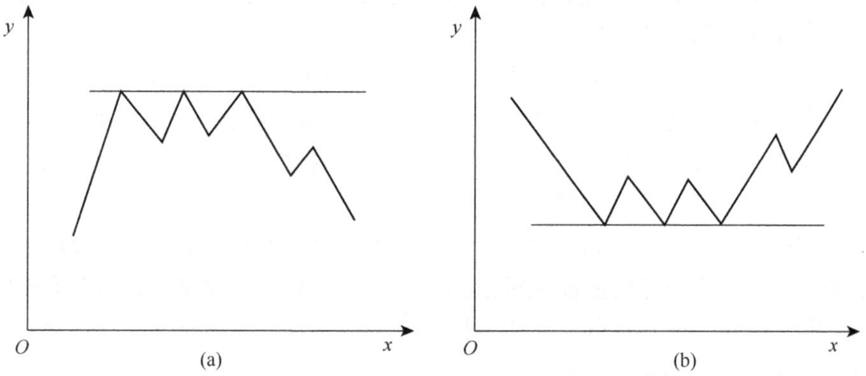

图 5.10　三重顶（底）

4）圆弧顶和圆弧底形态

将股价在一定时间段的顶部高点用折线连接起来，有时可能得到一条类似于圆弧的弧线，盖在股价之上；将每一个局部的低点连在一起也能得到一条弧线，托在股价之下（图 5.11），这种股价形态被称为圆弧顶和圆弧底（rounding top and bottom）。圆弧形又称为碟形、圆形、碗形等，这些称呼都很形象。不过应该提醒的是，图 5.11 中的曲线不是数学意义上的圆，也不是抛物线，而仅仅是一条曲线。人们已经习惯于使用直线，在遇到图 5.11 中这样的顶和底时，用直线显然就不够了，因为顶底的变化太频繁，一条直线应付不过来，因此就用圆弧来表示。

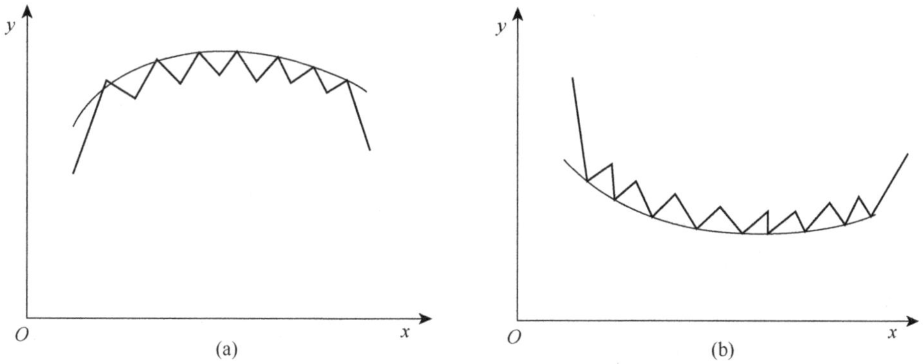

图 5.11　圆弧顶（底）

圆弧的形成过程与头肩形中的复合头肩形有形似的地方，只是圆弧形的各种顶或底没有明显的头肩的感觉。这些顶部和底部的位置差不多，没有明显的主次区分。这种局面的形成在很大程度上是一些机构大户炒作的结果。机构大户手里有足够的股票，如果一下抛出太多，股价下落太快，手里的股票可能不能全部出手，只能一点一点地往外抛，形成众多的来回拉锯，直到手里的股票接近抛完时，才会大幅度打压，一举使股价跌到很深的位置。相反，如果机构大户手里有足够的资金，一下买得太多，股价上升得太快，也不利于今后的买入，也要逐步分批地建仓，直到股价一点一点地来回拉锯，往上接近圆弧边缘时，才会用少量的资金一举将股价提升到一个很高的高度。因为这时股票大部分在机构大户手中，别人根本无法打压股价。

在识别圆弧形时，成交量也是很重要的。无论是圆弧顶还是圆弧底，在它们的形成过程中，成交量的过程都是两头多、中间少。越靠近顶或底，成交量越少，到达顶或底部时，成交量到达最少（圆弧底在到达底部时，成交量可能突然大一下，然后恢复正常）。在突破后的一段，都有相当大的成交量。

圆弧形态在实际中出现的机会较少，一旦出现，则是绝好的机会，它的反转的深度和高度是不可预测的，这一点同前面几种形态有一定的区别。一般来说，圆弧形成所花的时间越长，今后反转的力度就越强，越值得投资者去相信这个圆弧形态。一般来说，圆弧形态应该与一个头肩形态所形成的时间相当。

5）菱形

菱形一般是头部反转形态，由两个对称三角形组成。如图 5.12 所示，在形态之内，开始表现为股价上下振幅扩大，成交量也增加，接着股价波幅收缩，成交量也下降。当伴随着很大的成交量突破菱形下端趋势线时，形态完成。

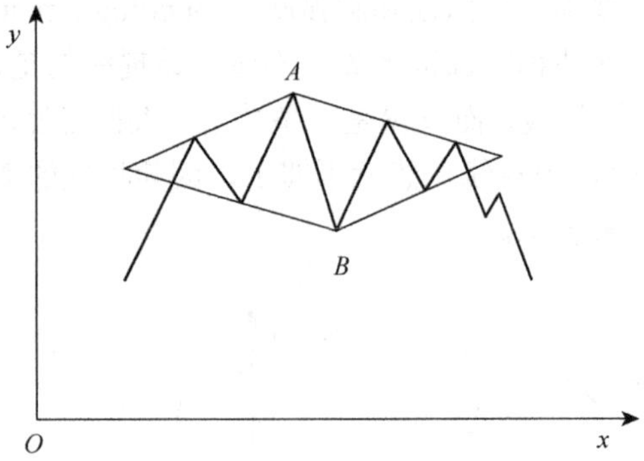

图 5.12 菱形

菱形反转形态同样有预测功能。菱形反转形态的下端支撑线被有效突破后，股价最小跌幅为菱形的形态高度。

6）V 形

V 形也是一种反转形态，它出现在市场进行剧烈的波动之中。它的顶或底只出现一次，这一点与其他反转形态有较大区别。V 形的反转一般事先没有明确的征兆，投资者只能从别的分析法中得到一些不明确的信号，如已经到了支撑、压力区域等。

在我国的证券市场中，V 形反转往往同消息面有密切关系。上海市场最明显的 V 形反转的例子是 2007 年“530”事件，财政部于 2007 年 5 月 29 日半夜突然宣布证券交易印花税税率由现行 1‰调整为 3‰，此消息一出，深沪两市个股持续了将近一周的暴跌，很多个股更是接连跌停，随后，又强力反弹，在图形形态上呈现出 V 形反转走势。V 形是一种失控的形态，应用时应当特别小心。

2. 持续整理形态

持续整理形态不改变股价运动的基本走势，市场仅仅在股价某一水平做出必要的调整，调整完成后，股价仍将沿着原来的趋势继续运动。持续整理的形态主要有三角形、矩形、旗形和楔形等。

1）三角形态

三角形态属于持续整理形态的一类形态。三角形主要分为三种——对称三角形、上升三角形和下降三角形。第一种有时也称为正三角形，后两种合称直角三角形。

（1）对称三角形（symmetrical triangles pattern）。对称三角形大多发生在一个大趋势进行的途中，它表示原有的趋势暂时处于休整阶段，之后还要随着原趋势的方向继续前进。由此可见，见到对称三角形后，股价今后走向最大的可能是沿原有的趋势方向运动。图 5.13 是对称三角形的一个简化的图形，这里原有的趋势是上升，所以三角形态完成以后是突破向上。对称三角形有两条聚拢的直线，上面的向下倾斜，起压力作用；下面的向上倾斜，起支撑作用。两条直线的交点成为顶点。对称三角形一般应该有六个转折点，这样，上下两条直线的支撑压力作用才能得到验证。

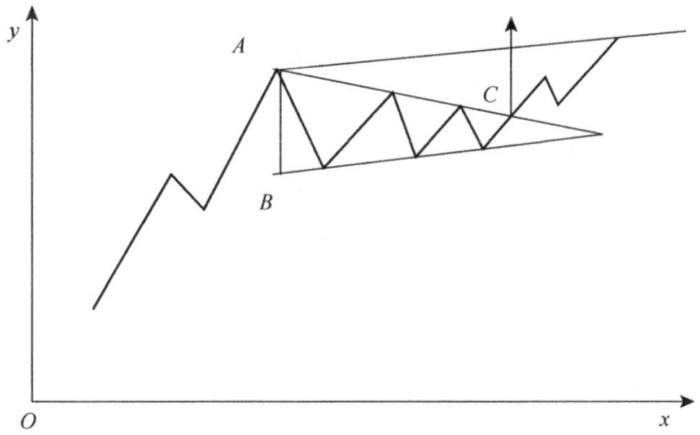

图 5.13　对称三角形及测算功能

对称三角形只是原有趋势运动的途中休息阶段，所以持续的时间不应太长。持续时间太长了，保持原有趋势的能力就会下降。一般说来，突破上下两条趋势线的包围，继续沿原有既定的方向运动的时间要尽量早些，越靠近三角形的顶点，三角形的各种功能就越不明显，对证券投资实务的指导意义就越不强。根据经验，突破的位置一般应该在三角形横向宽度的 1/2 到 3/4 的某个地点。三角形的横向宽度指的是图 5.13 中顶点到底边的距离。

突破三角形态后，股价可继续沿原有趋势运动。突破是真是假，可采用百分比原则、日数原则或收盘原则确认。对称三角形被突破后，也有测算功能。如图 5.13 所示，从突破点 *C* 点向上带箭头的直线的高度，是未来股价至少要达到的高度。箭头直线长度与 *AB* 连线长度相等。*AB* 连线的长度称为三角形形态的高度。也就是说，从突破点算起，股价至少要运动到与形态高度相等距离。

（2）上升三角形与下降三角形。将对称三角形上面的直线由向下倾斜改为水平方向就得到了上升三角形。上升三角形是对称三角形的变体，形状上没有本质区别。

在对称三角形中，上面的直线作为压力和下面的直线作为支撑是逐步加强的。一方面是越压越低，另一方面是越撑越高，看不出谁弱谁强。在上升三角形中就不同了，压力是水平的，始终都是一样，没有变化，而支撑却是越撑越高。由此可见，上升三角形比起对称三角形来，有更强烈的上升意愿，多方比空方更为积极。通常以三角形的向上突破作为这个持续过程终止的标志。

如果股价原有的趋势是向上，则很显然，遇到上升三角形后，几乎可以肯定今后是向上突破。一方面要保持原有的趋势，另一方面形态本身就有向上的愿望。这两方面的因素使得股价很难逆大势而动。如果原有的趋势是下降，则出现上升三角形后，前后股价的趋势判断会有些难度。一方面要继续下降，保持原有的趋势，另一方面要上涨，两方必然发生激烈争夺。如果下降趋势持续了相当长一段时间后出现上升三角形，还是以看涨为主，这样，上升三角形就变成了底部反转形态。

上升三角形被突破后，也有测算的功能，方法同对称三角形类似［图 5.14（a)］。

下跌三角形同上升三角形正好相反，是看跌的形态。它的基本内容同上升三角形完全类似，只是方向相反［图 5.14（b)］。此外，三角形还有两种变体，即喇叭形与菱形，在实际中出现的次数不多。这两种形态的共同之处在于大多出现在顶部，而且两者都是看跌。

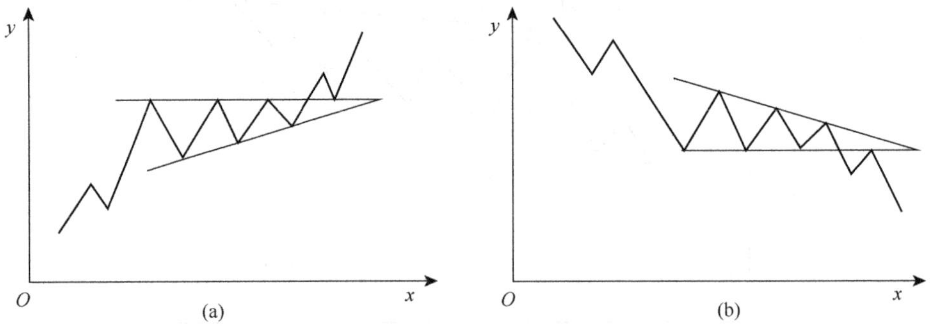

图 5.14　上升三角形和下降三角形

2）矩形

矩形又叫箱形，也是一种典型的整理形态。股票价格在两条横着的水平直线之间上下波动，作横向延伸的运动。矩形在形成之初，多空双方全力投入，各不相让。空方在价格涨上去后，在某个位置就抛压，多方在股价下跌到某个价位就买入。时间一长就形成两条明显的上下界限。随着时间的推移，双方的战斗热情会逐渐减弱，市场趋于平淡。

如果原来的趋势是上升，那么经过一段矩形整理后，会继续原来的趋势，多方会占据优势并采取主动，使股价向上突破矩形的上界。如果原来是下降趋势，则空方会采取主动，突破矩形下界。图 5.15 是矩形的简单表示。从图 5.15 中可以看出，矩形在其形成过程中极可能演变成三重顶（底）形态，这是在实际应用中应该注意的。正是由于矩形的判断有这么一个容易出错的可能性，在面对矩形和三重顶（底）进行操作时，几乎一定要等到突破之后才能采取行动，因为这两个形态今后的走势方向完全相反。一个是持续整理形态，要维持原来的趋势；另一个是反转突破形态，要改变原来的趋势。与别的大部分整理形态不同，矩形提供了一些短线操作的机会。如果在矩形形成的早期能够预计到股价将进行矩形调整，那么，就可以在矩形的下界线附近买入，在矩形上界线附近抛出，来回作几次短线的进出。如果矩形的上下界线相距较远，那么，这样短线的收益也是相当可观的。

矩形被突破后，也具有测算意义，形态高度就是矩形的高度。面对突破后股价的反扑，矩形的上下界线同样具有阻止反扑的作用。

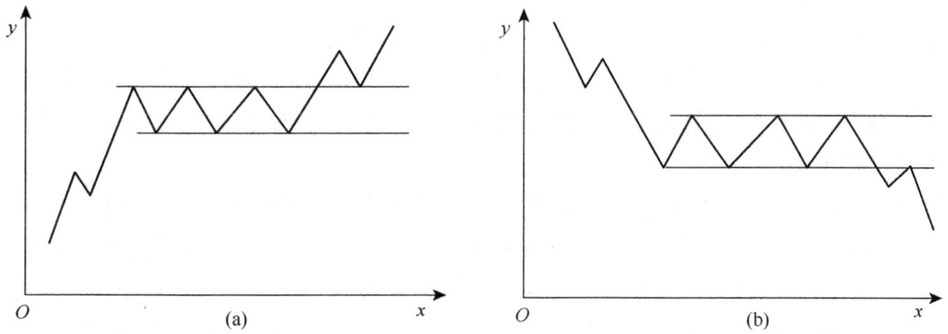

图 5.15　矩形

3）旗形和楔形

旗形和楔形是两个最为著名的持续整理形态。在股票价格的曲线图上，这两种形态出现的频率最高，一段上升或下跌行情的途中，可能出现好几次这样的图形。它们都是一个趋势的中途休整过程，休整之后，还要保持原来的趋势方向。这两个形态的特殊之处在于，它们都有明确的形态方向，如向上或向下，并且形态方向与原有的趋势方向相反。例如，如果原来有的趋势方向是上升，则这两种形态的形态方向就是下降。

（1）旗形（flags formation）。从几何学的观点看旗形应该叫平行四边形，它的形状是一上倾或下倾的平行四边形（图 5.16）。旗形大多发生在市场极度活跃，股价的运动是剧烈的、近乎于直线上升或下降的方式的情况下。这种剧烈运动的结果就是产生旗形的条件。由于上升或下降得过于迅速，市场必然会有所休整，旗形就是完成这一休整过程的主要形式之一。旗形的上下两条平行线起压力和支撑的作用，这一点有些像轨道线。这两条平行线的某一条被突破是旗形完成的标志。

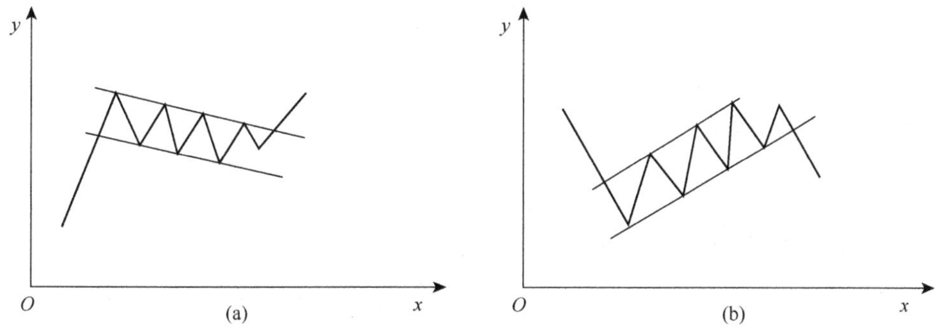

图 5.16　旗形

旗形也有测算功能。旗形的形态高度是平行四边形左右两条边的长度。旗形被突破之后，股价将至少要走到形态高度的距离，大多数情况是走到旗杆高度的距离。此外，应用旗形形态时，还应该注意以下几点：第一，旗形出现之前，一般应有一个旗杆，这是由于价格作直线运动形成的。第二，旗形持续的时间不能太长，时间太长，它保持原有趋势的能力将下降。实际经验表明，应该短于三周。第三，旗形形成之前和突破之后，成交量都很大。在旗形的形成过程中，成交量从左到右逐渐减少。

（2）楔形（wedge formation）。将旗形中上倾或下倾的平行四边形变成上倾和下倾的三角形，就会得到楔形（图 5.17），从图 5.17 中可以看出三角形的上下两条边都是朝同一个方向倾斜。同旗形和三角形一样，楔形有保持原有趋势方向的功能。股价运动趋势的途中会遇到这种形态。

值得注意的是，楔形偶尔也可能出现在顶部或底部作为反转形态。这种情况一般发生在一个趋势经过了很长时间且接近尾声的时候。投资者可以借助很多别的技术分析方法，从时间上判断趋势是否可能接近尾声。尽管如此，当看到一个楔形后，首先还是把它当成中途的持续形态。在形成楔形的过程中，成交量是逐渐减少的。形成之前和突破之后，成交量都很大。

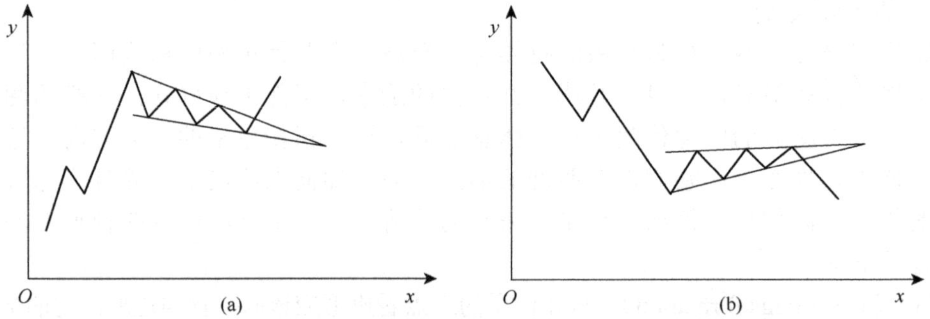

图 5.17　楔形

（三）应用形态理论应该注意的问题

形态分析是比较早就得到应用的方法，相对比较成熟。尽管如此，也有正确使用的问题。一方面，站在不同的角度，对同一形态可能产生不同的解释，例如，头肩形是反转形态，但有时从更大的角度去观察，则有可能成为中途持续整理形态；另一方面，进行实际操作时，形态理论要求形态完全明朗才能行动，从某种意义上讲，有错过机会的可能。此外，同其他技术方法一样，不能把形态理论当成万能的工具，更不应将其作为金科玉律，形态分析得出的结论仅是一种参考。

五、波浪理论

（一）波浪理论的形成过程及其基本思想

波浪理论的全称是艾略特波浪理论（Elliott wave theory），是以美国人 R. N. Elliott 的名字命名的一种技术分析理论。波浪理论的形成经历了一个较为复杂的过程。最初是由艾略特首先发现并应用于证券市场，但是他的这些研究成果没有形成完整的体系，艾略特在世的时候没有得到社会的广泛承认。直到20世纪70年代，柯林斯的专著《波浪理论》出版后，才使波浪理论正式确立。波浪理论以道氏理论为基础，又是对道氏理论的发展和完善，在精确度、可操作性方面大大超过了道氏理论。

众所周知，社会经济的大环境有一个经济周期的问题，股价的上涨和下跌也应该遵循这一周期发展的规律。不过股价波动的周期同经济发展的循环周期是不一样的，要复杂得多。艾略特最初发明波浪理论就是受到股价上涨下跌现象不断重复的启发，力图找出其上升和下降的规律。

艾略特最初的波浪理论是以周期为基础的。他把大的运动周期分成时间长短不同的各种周期，在一个大周期之中可能存在一些小周期，而小的周期又可以再细分成更小的周期。每个周期无论时间长短，都是以一种模式运行。这个模式就是波浪理论的8个过程，即每个周期都是由上升（或下降）的5个过程和下降（或上升）的3个过程组成。这8个过程完结以后，才能说这个周期已经结束，将进入另一个周期。新的周期仍然遵循上述模式。以上是艾略特波浪理论最核心的内容，也是艾略特作为波浪理论奠基人所做出的最为突出的贡献。

艾略特波浪理论与道氏理论有着密切的联系。道氏理论的主要思想是：任何一种股价的移动都包括三种形式的移动——原始移动、次级移动和日常移动。这三种移动构成了所有形式的股价移动。原始移动决定的是大的趋势，次级移动决定的是在大趋势中的小趋势，日常移动则是在小趋势中更小的趋势。艾略特波浪理论不仅找到了这些移动，而且找到了这些移动发生的时间和位置，这是波浪理论较之道氏理论更为优越的地方。道氏理论必须等到新的趋势确立以后才能发出行动的信号，而波浪理论可以明确地知道目前股价是处在上升（或下降）的尽头，或是处在上升（或下降）的中途，可以更明确地指导操作。

艾略特波浪理论中所用到的数字2、3、5、8、13、21、34……都来自弗波纳奇数列。这个数列是数学上很著名的数列，它有很多特殊的性质，是艾略特波浪理论的数学基础。正是在这一基础上，才有波浪理论往后的发展。

（二）波浪理论的主要原理

波浪理论考虑的因素主要是三个方面：第一，股价走势所形成的形态；第二，股价走势图中各个高点和低点所处的相对位置；第三，完成某个形态所经历的时间长短。在这三个方面中，股价的形态是最重要的，它是指波浪的形状和构造，是波浪理论赖以生存的基础。高点和低点所处的相对位置是波浪理论中各个浪的开始和结束位置。通过计算这些位置，可以弄清楚各个波浪之间的相互关系，确定股价的回撤点和将来股价可能达到的位置。完成某个形态的时间可以帮助投资者预先知道某个大趋势的即将来临。波浪理论中各个波浪之间在时间上是相互联系的，用时间可以验证某个波浪形态是否已经形成。

因此，波浪理论考虑的因素可以简单地概括为形态、比例和时间，其中，以形态最为重要。

通过多年的实践，艾略特发现，证券市场遵循一定的周期周而复始地向前发展，股价的上下波动也是按照某种规律进行的，即每一个周期（无论是上升还是下降）可以分成8

个小的过程，这 8 个小过程一结束，一次大的行动就结束了，紧接着的是另一次大的行动。现以上升为例说明这 8 个小过程（图 5.18）。

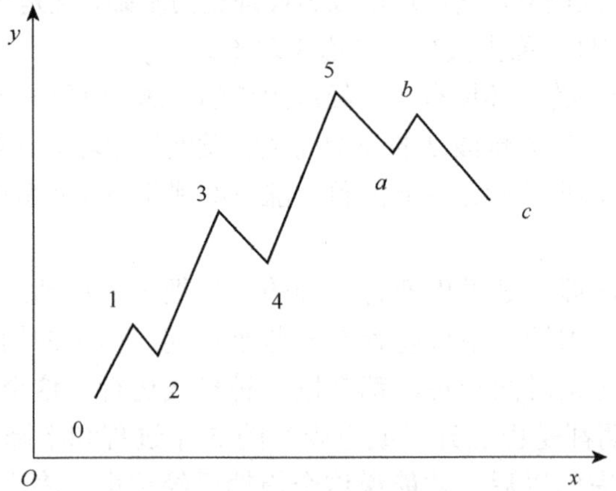

图 5.18　波浪结构基本形式

整个过程由 8 浪构成：0～1 是第一浪，1～2 是第二浪，2～3 是第三浪，3～4 是第四浪，4～5 是第五浪。这 5 浪中第一、第三和第五浪称为上升主浪，而第二和第四浪称为是对第一和第三浪的调整浪。上述 5 浪完成后，紧接着会出现一个 3 浪的向下调整，这 3 浪是：从 5 到 a 为 a 浪，从 a 到 b 为 b 浪，从 b 到 c 为 c 浪。

分析波浪理论必须弄清一个完整周期的规模大小。因为趋势是有层次的，每个层次的不同取法可能导致在使用波浪理论时发生混乱。但是应该记住，无论所研究的趋势是何种规模，是主要趋势还是日常小趋势，8 浪的基本形态结构是不会变化的。在图 5.18 中，从 0 到 5 可以认为是一个大的上升趋势，而从 5 到 c 可以认为是一个大的下降趋势。如果认为这是 2 浪的话，那么 c 之后一定还会有上升的过程，只不过时间可能要等很长。这里的 2 浪只不过是一个大的 8 浪结构中的一部分。

（三）波浪理论的应用及其应注意的问题

知道了一个大的周期的运行全过程，就可以很方便地对大势进行预测。首先，要明确当前所处的位置，只要明确了目前的位置，按波浪理论所指明的各种浪的数目就会很方便地知道下一步该干什么。

要弄清楚目前的位置，最重要的是认真准确地识别 3 浪结构和 5 浪结构。这两种结构具有不同的预测作用。一组趋势向上（或向下）的 5 浪结构，通常是更高层次的波浪的 1 浪，中途若遇调整，就表明这一调整肯定不会以 5 浪的结构而只会以 3 浪的结构进行。如果发现了一个 5 浪结构，而且目前处在这个 5 浪结构的末尾，就清楚地说明，一个 3 浪的回头调整浪即将出现。如果这一个 5 浪结构同时又是更上一层次波浪的末尾则说明一个更深的、更大规模的 3 浪结构将会出现。

上升 5 浪、下降 3 浪的原理也可以用到熊市中，这时结论变成下降 5 浪、上升 3 浪。不过，全世界的股市的指数和股价都是不断上升的，从开始时的 100 点，逐步上升到上千点、上万点，这样一来，把股市处于牛市看成股市的主流，把熊市看成股市的调整就成为一种习惯。正是由于这个原因，在大多数的书籍中，在介绍波浪理论时，都以牛市为例。上升 5 浪、下降 3 浪成了波浪理论最核心的内容。当然，下降 5 浪、上升 3 浪也是可能出现的。

总之，波浪理论认为，一个完整的上升或下降周期由 8 浪组成，其中 5 浪是主浪，3 浪是调整浪。8 个波浪可以合并成一个高层次的浪，一个波浪也可以细分成时间更短、层次更低的若干小浪。这就是所谓的“浪中有浪”。所有的浪由两部分组成，即主浪和调整浪，任何一浪，要么是主浪，要么是调整浪。此外，完整周期的波浪数目还与弗波纳奇数列有密切关系。

从表面上看，波浪理论似乎已经很完美，但仔细研究波浪理论自身的构造，就会发现它的众多不足。如果投资者过分机械、教条地应用波浪理论，肯定会招致失败。波浪理论的不足之处主要表现在以下几个方面。

第一，应用上的困难。这是波浪理论最大的不足。波浪理论从理论上讲是 8 浪结构完成一个完整的过程，但是，主浪的变形和调整浪的变形会产生复杂多变的形态，波浪所处的层次又会产生大浪套小浪、浪中有浪的多层次形态，这些都会使应用者在具体数浪时发生偏差。浪的层次的确定和浪的起始点的确认是应用波浪理论的两大难点。

第二，形态确认时的主观性太强。在使用波浪理论时，即使是面对同一个形态，不同的人会产生不同的数法，而不同的数浪法产生的结果可能相差很大。产生这种现象主要是由两方面因素引起的。一方面，价格曲线的形态通常很少按 5 浪加 3 浪的 8 浪简单结构进行，对于不是这种规范结构的形态，不同的人有不同的处理，主观性很强。对有些小波动有些人可能不计入浪，有些人可能计入浪。由于有延伸浪，5 浪可能成为 9 浪。波浪在什么条件下可以延伸，什么条件下不可以延伸，没有明确的标准。另一方面，波浪理论中的大浪、小浪是可以无限延伸的，长的可以是好多年，短的可能仅几天。上升可以无限制地上升，下跌也可以无限制地下降，因为总是可以认为目前的情况不是最后的浪。

第三，波浪理论只考虑了价格形态上的因素，而忽视了成交量方面的影响。波浪理论的这个不足给人为制造形状提供了机会。正如在形态学有假突破一样，波浪理论中也可能造成一些形态误导投资者。当然，这个不足是很多技术分析方法都存在的。

第四，在实际应用时，波浪理论可以很好地解释已经走过的图形，并且能够很完美地将波浪划分出来的。但是，在形态形成的途中，对其进行波浪的划分是一件很困难的事情。波浪理论从根本上说是一种主观的分析工具，这给投资者带来了应用上的困难。在对波浪理论的了解不够深入之前，最好仅仅把它当成一种参考工具。

六、其他技术分析简介

（一）随机漫步理论

随机漫步理论（random walk theory）认为，证券价格的波动是随机的，像一个大广场上行走的人一样，价格的下一步将走向哪里，是没有规律的。证券市场中，价格的走向受到多方面因素的影响，一个不起眼的小事也可能对市场产生巨大的影响。从长时间的价格走势图上也可以看出，价格上下起伏的机会差不多是均等的，从某种意义上说，价格走向随机的结论是有一定基础的。

当然，证券价格的波动肯定不完全是随机的，在一定场合肯定有规律可循。

（二）循环周期理论

事物的发展不是直线式的，都是一个循环发展的过程，这种循环发展的规律在证券市场也存在，由此产生了循环周期理论。循环周期理论认为，无论什么样的价格波动，都不会向一个方向永远走下去，价格的波动过程必然产生局部的高点和低点，这些高低点的出现，在时间上有一定的规律。投资者可以选择低点出现的时间入市，高点出现的时间离市。

应该指出，循环周期理论的重点是时间因素，而且注重长线投资，对价格和成交量考虑得不够。

（三）相反理论

所谓相反理论是基于这样一个原则：证券市场本身并不创造新的价值，没有增值，甚至可以说是减值的。如果个人的行动同大多数投资者的行动相同，那么一定不是获利最大的，因为，不可能多数人获利。要获得大的利益，一定要同大多数人的行动不一致。在市场投资者疯狂买入的时候出场，在投资者恐慌杀跌的时候入场，这是相反理论在操作上的具体体现。相反理论似乎很简单，但却没有得到足够的重视。在实际应用时要注意时间的把握。

第三节 证券投资技术指标

技术指标学派是技术分析中极为重要的分支。本节介绍一些目前在中国证券市场应用较多的技术指标。对于指标的分类方法也很多，本节将以技术指标的功能为划分依据，主要介绍趋势型指标、超买超卖型指标和其他类型技术指标。

一、趋势型指标

（一）移动平均线

1. 移动平均线的计算方法

移动平均线（moving average，MA）的计算方法就是求连续若干天市场价格（通常采用收盘价）的算术平均数。天数就是 MA 的参数。10 日的移动平均线常简称为 10 日线[MA（10）]，同理有 5 日线、15 日线等概念。

2. 移动平均线的特点

MA 最基本的思想是消除股价随机波动的影响，寻求股价波动的趋势，具有以下几个特点。

（1）追踪趋势。MA 能够表示股价的波动趋势，并追随这个趋势，不轻易改变。原始数据的股价图表不具备这个保持追踪趋势的特性。

（2）滞后性。在股价原有趋势发生反转时，由于 MA 的追踪趋势的特性，MA 的行动往往过于迟缓，调头速度落后于主要趋势，这是 MA 一个极大的弱点。

（3）稳定性。要较大地改变 MA 的值，无论是向上还是向下，都比较困难，当天的股价必须有很大的变动，MA 才可能有比较明显的变化。因为 MA 的变动是若干天的变动，一天的大变动被几天平均后，变动就会变小而难以显现。这种稳定性有优点，也有缺点，在应用时应多加注意。

（4）支撑线和压力线的特性。由于 MA 的上述三个特性，它在股价走势中起支撑线和压力线的作用。MA 的被突破，实际上是支撑线和压力线的被突破，从这个意义上就很容易理解后面将介绍的葛氏法则。

MA 的参数变化可以调整 MA 上述几方面的特性。参数选择得越大，上述的特性就越明显。比如，突破 5 日线和突破 10 日线的助涨、助跌的力度完全不同，10 日线比 5 日线的力度大。使用 MA 通常是对不同的参数同时使用，而不是仅用一个。虽然参数的选择有些差别，但一般都包括长期、中期和短期三类的 MA。

3. 葛兰威尔法则

对于移动平均线的应用，美国著名股票分析家葛兰威尔（Granvile）创造的八项法则可谓其中的精华，因为它充分发挥了道·琼斯理论。葛兰威尔根据 200 天 MA 与每日股价的关系提出了买卖股票的葛兰威尔八大法则，如图 5.19 所示。

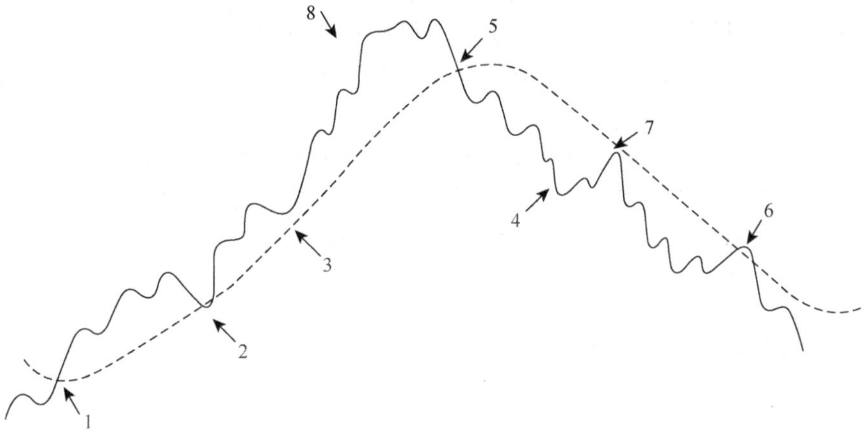

图 5.19 葛兰威尔八大法则

图中实线代表股价，虚线代表 MA，1、2、3、4 为买入信号；5、6、7、8 为卖出信号

（1）当 MA 持续下滑后，逐渐转为平滑，并有抬头向上的迹象。另外，股价也转而上升，并自下方突破了 MA，这是买进信号。因为 MA 止跌向平，表示股价将转为上升趋势，而此时股价突破 MA 向上延伸，则表示当天股价已经突破卖方压力，而买方已处于相对优势地位。

（2）股价开始仍在 MA 之上，但呈急剧下跌趋势，在跌破移动平均线后，忽而转头向上，这也是买进信号。这是因为 MA 较为缓慢，当 MA 持续上升时，若股价急速下跌且跌穿 MA，在多数情况下，这种下跌只是一种表象，过几天后，股价又会回升至 MA 之上。

（3）与上述情况类似，但股价尚未跌破 MA，只要 MA 依然呈上升趋势，应买进。因为这种情况往往表示投资者获利回吐，但由于承接力较强，股价在短期内经过重整后，又会强劲上升。

（4）股价与 MA 都在下降，如果股价急速下跌，远离了 MA，表明反弹指日可待，但切忌不可恋战，因为大势依然不妙，久战势必套牢。

（5）MA 从上升转为平缓，并有向下趋势，且股价也从其上方下落，跌破了 MA，宜卖出。因为此时表明股价将继续下跌。

（6）股价和 MA 持续下滑，这时股价自下方上升，并突破了仍在下落的 MA 后，又掉头下落，宜卖出。此时表明股价大势将继续下跌。

（7）股价在 MA 的下方，并朝着 MA 的方向上升，但在未到达或未突破 MA 而再次降落时，表明股价疲软而看跌。

（8）股价一路暴涨，远远超过了正在上升的 MA，暴涨之后既有可能出现暴跌，所以此处是卖出信号，以防止暴跌带来的不必要的损失。

需要说明的是，每天的股价实际上是 1 日的 MA。股价相对于 MA 实际上是短期 MA 相对于长期 MA。从这个意义上说，上述法则中股价相对于 MA 的所有叙述，都可以换成短期 MA 相对于长期 MA。由此也引出了股市中常说的死亡交叉和黄金交叉两个概念。所谓黄金交叉指的是短期 MA 从下方上穿中期 MA 或长期 MA，或者中期 MA 从下方上穿长期 MA 所形成的交叉。它表明后市将出现多头排列，投资者可以买进。所谓死亡交叉指的是短期 MA 从上方下破中期 MA 或长期 MA，或者中期 MA 从上方下破长期 MA 所形成的交叉。它表明后市将出现空头排列，投资者应卖出手中的股票。

对葛氏法则的记忆，只要掌握了支撑和压力的思想就不难记住。在盘整阶段或趋势形成后中途休整阶段，以及局部反弹和回落阶段，MA 极易发出错误的信号，这是使用 MA 时最应该注意的。另外，MA 只是作为支撑线和压力线，站在某线之上，当然有利于上涨；但并不是说就一定会涨，支撑线也有被击穿的时候。

（二）平滑异同移动平均线

1. 平滑异同移动平均线的计算

平滑异同移动平均线（moving average convergence divergence，MACD）由正负差（difference，DIF）和异同平均数（difference exponential average，DEA）两部分组成，DIF 是核心，DEA 是辅助。DIF 是快速平滑移动平均线与慢速平滑移动平均线的差。快速和慢速的区别是进行指数平滑时采用的参数大小不同，快速是短期的，慢速是长期的。下面以现在常用的参数 12 和 26 为例，对 DIF 的计算过程进行介绍。

今日 EMA（12）=2/（12+1）×今日收盘价＋11/（12+1）×昨日 EMA（12）

今日 EMA（26）=2/（26+1）×今日收盘价＋25/（26+1）×昨日 EMA（26）

DIF=EMA（12）−EMA（26）

单独的 DIF 也能进行行情预测，但为了使信号更可靠，需结合另一个指标 DEA 来考察。DEA 是 DIF 的移动平均，也就是连续数日的 DIF 的算术平均。

2. MACD 的应用法则

利用 MACD 进行行情预测，主要是依据以下法则进行。

1）DIF 和 DEA 的值及线的位置

（1）当 DIF 和 DEA 均大于 0（在图形上表示为它们处于零线以上）并向上移动时，

一般表示为股市处于多头行情中，可以买入或持股。

（2）当 DIF 和 DEA 均小于 0（在图形上表示为它们处于零线以下）并向下移动时，一般表示为股市处于空头行情中，可以卖出股票或观望。

（3）当 DIF 和 DEA 均大于 0（在图形上表示为它们处于零线以上）但都向下移动时，一般表示为股票行情处于退潮阶段，股票将下跌，可以卖出股票和观望。

（4）当 DIF 和 DEA 均小于 0（在图形上表示为它们处于零线以下）但向上移动时，一般表示为行情即将启动，股票将上涨，可以买进股票或持股待涨。

2）DIF 和 DEA 的交叉情况

（1）当 DIF 与 DEA 都在零线以上，而 DIF 向上突破 DEA 时，表明股市处于一种强势之中，股价将再次上涨，可以加码买进股票或持股待涨，这就是 MACD 指标"黄金交叉"的一种形式。

（2）当 DIF 和 DEA 都在零线以下，而 DIF 向上突破 DEA 时，表明股市即将转强，股价跌势已尽将止跌朝上，可以开始买进股票或持股，这是 MACD 指标"黄金交叉"的另一种形式。

（3）当 DIF 与 DEA 都在零线以上，而 DIF 却向下突破 DEA 时，表明股市即将由强势转为弱势，股价将下跌，这时应卖出大部分股票而不能买股票，这就是 MACD 指标的"死亡交叉"的一种形式。

（4）当 DIF 和 DEA 都在零线以下，而 DIF 向下突破 DEA 时，表明股市将再次进入极度弱市中，股价还将下跌，可以再卖出股票或观望，这是 MACD 指标"死亡交叉"的另一种形式。

3）指标背离原则

如果 DIF 的走向与股价走向相背离，则此时是采取行动的信号，至于是卖出还是买入要依 DIF 的上升或下降而定。MACD 指标的背离有顶背离和底背离两种。

当股价的高点比前一次的高点高，而 MACD 指标的高点比指标的前一次高点低，这叫顶背离现象。顶背离现象一般是股价在高位即将反转转势的信号，表明股价短期内即将下跌，是卖出股票的信号。

当股价的低点比前一次低点低，而指标的低点却比前一次的低点高，这叫底背离现象。底背离现象一般预示股价在低位可能反转向上的信号，表明股价短期内可能反弹向上，是短期买入股票的信号。

MACD 的优点是克服了 MA 产生的频繁出现的买入卖出信号，增加了信号的要求和限制，避免假信号的出现，用起来比 MA 更有把握。MACD 的缺点同 MA 一样，在股市没有明显趋势而进入盘整时，失误的时候较多。另外，对未来股价的上升和下降的深度不能提供有效建议。

二、超买超卖型指标

（一）威廉指标

威廉指标（简记为 WMS 或 R）最早起源于期货市场，由 Larry Williams 于 1973 年首创。目前已经成为中国股市中被广泛使用的指标之一。WMS 表示的是市场处于超买还是超卖状态。

1. WMS 计算

$$n\text{日WMS}=\frac{H_n-C_t}{H_n-L_n}\times 100$$

其中，C_t为当天的收盘价；H_n为 n 日内最高价；L_n为 n 日内最低价。

由计算公式可知，WMS 只有一个参数，那就是天数 n。n 可取 6、14、20 等，投资者根据个人习惯和需要而定。WMS 表示的是当天收盘价在过去的一段日子的全部价格范围内所处的相对位置。如果 WMS 的值较小，则当天的价格处在相对较高的位置，要提防回落；如果 WMS 的值较大，则说明当天的价格处在相对较低的位置，要注意反弹。

2. WMS 的应用法则

（1）在 0～100 区间内，WMS 低于 20 为相对超买；WMS 高于 80 为相对超卖。

（2）WMS=50 称为多空均衡区；WMS≤50 为多头市场；WMS≥50 为空头市场。

（3）当 WMS 从多头区回档至 50 点后接近 80 点，当 WMS 从空头区反弹至 50 点后再接近 20 点，则有超买超卖法则，即 6WMS≤10 为卖点；6WMS≥90 为买点；12WMS≤20 为卖点；12WMS≥80 为买点。

（4）当股价由超卖区向上攀升并突破中轴线 50，则表示市场较强，可买入；当股价由超买区回落，并向下突破中轴线 50，则表示市场较弱，可卖出。

（二）KDJ 指标

KDJ 指标又称为随机指数（stochastics），是由 George Lane 首创的。与 WMS 一样，最早也起源于期货市场。

1. KDJ 指标的计算

KDJ 指标的计算比较复杂，首先要计算未成熟随机值（raw stochastic value，RSV），其计算公式为

$$n\text{日RSV}=\frac{C_t-L_n}{H_n-L_n}\times 100$$

其中，C_t、H_n、L_n的意义同 WMS 计算公式。

其次，对 RSV 进行指数平滑，就得到如下 K 值：

今日 K 值＝2/3×昨日 K 值＋1/3×今日 RSV

对 K 值进行指数平滑，就得到如下 D 值：

今日 D 值＝2/3×昨日 D 值＋1/3×今日 K 值

其中，1/3 为平滑因子，是可以人为选择的，所以 KD 就具有 WMS 的一些特性。在反映股市价格变化时，WMS 最快，K 其次，D 最慢。K 指标反应敏捷，但容易出错，D 指标反应稍慢，但稳重可靠。

J 是 D 加上一个修正值，计算公式为

J=3D–2K=D+2（D–K）

2. KDJ 指标的应用法则

KDJ 指标是三条曲线，在应用时主要从以下五个方面进行考虑。

（1）从 KD 的取值方面考虑。KD 的取值范围都是 0～100，将其划分为几个区域：80 以上为超买区，20 以下为超卖区，其余为徘徊区。根据这种划分，KD 超过 80 就该考虑卖出，低于 20 就该考虑买入。应该说明的是，上述划分只是一个应用 KD 指标的初步过程，仅仅是信号，完全按这种方法进行操作很容易失误。

（2）从 KD 指标曲线的形态方面考虑。当 KD 指标在较高或较低的位置形成了头肩形和多重顶（底）时，是采取行动的信号。注意，这些形态一定要在较高位置或较低位置出现，位置越高或越低，结论越可靠。对于 KD 曲线，同样可以引入支撑和压力的概念。某一条支撑线和压力线被突破，也是采取行动的信号。

（3）从 KD 指标的交叉方面考虑。K 与 D 的关系就如同股价与 MA 的关系一样，也有死亡交叉与黄金交叉的问题，不过这里交叉的应用是很复杂的，还要看别的条件。以 K 从下向上与 D 交叉为例：K 上穿 D 是金叉，为买入信号。但是出现金叉是否应该买入，还要看别的条件。第一个条件是交叉的位置应该比较低，是在超卖区的位置，越低越好。第二个条件是与 D 相交的次数。有时在低位，K、D 要来回交叉好几次。交叉的次数以两次为最少，越多越好。第三个条件点相对于 KD 线低点的位置，这就是常说的“右侧相交”原则。K 是在 D 已经抬头向上时才同 D 相交，比 D 还在下降时与之相交要好得多。

（4）从 KD 指标的背离方面考虑。当 KD 处在高位或低位，如果出现与股价走向的背离，则是采取行动的信号。当 KD 处在高位，并形成两个依次向下的峰，而此时股价还在一股劲地上涨，这叫顶背离，是卖出的信号；与之相反，KD 处在低位，并形成一底比一底高，而股价还继续下跌，这构成底背离，是买入信号。

（5）从 J 指标的取值大小考虑。J 指标取值超过 100 和低于 0，都属于价格的非正常区域，大于 100 为超买，小于 0 为超卖。

（三）相对强弱指标

1. 相对强弱指标的计算

相对强弱指标（relative strength index，RSI），是以股票价格的相对涨跌幅度为依据，对股价的变动及其趋势进行预测与分析的指标。股票市场中的相对强弱指标的计算公式为

$$\mathrm{RSI}(n)=\frac{A}{A+B}\times 100$$

其中，A 为 n 天中股价向上波动的大小；B 为 n 天中股价向下波动的大小；$A+B$ 为股价总的波动大小。

RSI 的参数是天数 n，即考虑的时间的长度，一般有 5 日、9 日、14 日等。RSI 实际上是表示向上波动的幅度占总的波动的百分比，如果占的比例大就是强式。RSI 的取值在 0～100。

RSI 有时可采用如下计算公式：

RSI=100−(100/1+RS)

其中，RS 为相对强度，用如下公式求得：

RS=n 日内收盘涨数和的平均值/n 日内收盘跌数和的平均值

n 可取 6、9、14 等不同的天数，主要根据分析者的习惯和需要而定。

2. RSI 的运用原则

根据股市操作中的实际经验，运用 RSI 分析预测股票价格走势，决定买卖股票的时机应把握以下原则。

（1）如果 RSI 值低于 20%，则表示市场上的卖盘多于买盘，市价下跌的幅度过大，投资者可择机买入。

（2）如果 RSI 值高于 80%，表示市场上的买盘多于卖盘，市价上涨的幅度过高，未来下跌的可能性很大，投资者应选择卖出。

（3）如果 RSI 低于 10%，则表示市价已下跌到底部，股价随时可以反弹，投资者应抓住时机买进。

（4）如果 RSI 值高于 90%，则说明市价过高，涨得太快，随时都会跌下来。如果投资者手中持有这种股票，就应不失时机地抛出，以免高价套牢。

（5）如果 RSI 长期在 50%以上时，则表示是多头市场。如果 RSI 长期在 50%以下时，则表示是空头市场。

（四）乖离率

乖离率（BIAS），简称 Y 值，它是以当日移动平均线为基准，实际价格与移动平均线之间的差距，被称为乖离程度。用乖离程度除以移动平均数得到的百分比就是乖离率。也就是说，乖离率表示当日实际价格与平均价格之间的差距，从而也就可以用数字来表示股价与移动平均线的距离了。

1. 乖离率的计算

$$\mathrm{BIAS}(n)=\frac{C_t-\mathrm{MA}(n)}{\mathrm{MA}(n)}\times 100\%$$

其中，C_t 为当日收盘价；MA（n）为 n 日移动平均价格。

分子为收盘价与移动平均线的绝对距离，可正可负，除以分母，就是相对距离。BIAS 的公式中含有参数的项只有一个，即 MA。这样 BIAS 的参数就是 MA 的参数，即天数。一般来说，参数选得越大，则允许股价远离 MA 的程度就越大。换句话说，股价远离 MA 到了一定程度，股价通常就该回头了。

2. 乖离率的应用

乖离率有正负之分：股价在移动平均线之上的，称为正乖离率；股价在移动平均线之下的，称为负乖离率。随着股价的上下波动，乖离率也会从正到负、从负到正地循环。当暴涨或狂跌时，乖离率的绝对值将放大；当放大到一定程度时，乖离率就失灵了。

乖离率达到多少，投资者可借它进行决策呢?目前，各国都有不同的标准，现以我国台湾地区证券市场为例说明应用方法。我国台湾地区证券界的观点具体如下。

（1）当 BIAS（10）＜−4.5%时，是买进股票的时机；BIAS（10）＞5%时，是卖出股票的时机。

（2）当 BIAS（25）＜−7%时，是买进股票的时机；BIAS（25）＞8%时，是卖出股票的时机。

（3）当 BIAS（73）＜-11%时，是买进股票的时机；BIAS（73）＞14%时，是卖出股票的时机。

（4）每段行情股价与平均值间的乖离率达到最大百分比，就会向零值靠近。

三、其他指标

（一）心理线指标

1. 心理线指标的计算

心理线（psychological line，PSY），主要是从股票投资者买卖趋向的心理方面，对多空双方的力量进行探索。PSY 的计算公式为

$$\mathrm{PSY}(n)=\frac{A}{N}\times 100$$

其中，n 为天数，是 PSY 的参数；A 为在这 N 天之中股价上涨的天数。

例如，n=10，10 天之中有 3 天上涨，7 天下跌，则 A=3，PSY（10）=30。通常认为，上涨是多方的力量，下跌是空方的力量，则 PSY 以 50 为中心——50 以上是多方市场，50 以下是空方市场。为了便于计算，一般选择 PSY 参数为 10 或大于 10。参数选择越大，PSY 的取值范围越集中，越平稳。

2. PSY 指标的应用

PSY 对投资者来说有一定的参考价值。PSY 的取值如果高过了头或低得过头了，都是行动的信号。一般说来，如果 PSY＜10 或 PSY＞90 这两种极端低和极端高的情况出现，就可以不考虑别的因素而单独采取买入和卖出行动。

当 PSY 的取值第一次进入采取行动的区域时，往往容易出错。这一条对 PSY 来说尤其重要。所以几乎每次都要求 PSY 进入高位或低位两次以上才采取行动。PSY 指标一般最好同股价线配合使用。

（二）能量潮指标

成交量指标中最常用的是 OBV 指标。OBV 即平衡交易量（on balance volume），也称为能量潮。OBV 是由葛兰威尔于 20 世纪 60 年代提出并广泛流行的，用以验证当前股价走势的可靠性，并由 OBV 指标的变化得到趋势可能反转的信号，比起单独使用成交量看得更清楚。

1. OBV 指标的计算方法

OBV 的计算公式很简单，假设已经知道了上一个交易日的 OBV，就可以根据今天的成交量及今天的收盘价与上一个收盘价的比较计算出今天的 OBV。用数学公式表示如下：

今日 OBV＝昨日 OBV＋sgn×今天的成交量

其中，sgn 为符号，当今天的收盘价大于等于昨天的收盘价，取正号；当今天的收盘价小于昨天的收盘价，取负号。这里的成交量指的是成交股票的手数，不是成交金额。

在第一次计算 OBV 的基准时，可以用零或前一日的成交量，有时可选定任一数量。以每日的 OBV 值为纵坐标值，交易日期为横坐标，就可以得到股票市场的 OBV 线。

OBV 的构造原理很简单，它把股市比喻成一个潮起潮落的过程，如果多方力量大，则向上的潮水就大，中途回落的潮水就小。衡量潮大小的标准就是成交量。成交量大，则潮水的力量就大；成交量小，则潮水的力量就小。每一天的成交量可以理解成潮水，但这股潮水是向上还是向下，是保持原来的大方向还是中途回落，由当天收盘价与昨天收盘价的大小比较而决定。如果今天的收盘价大于等于昨天收盘价，则这一潮属于多方；如果今天的收盘价小于昨天，则这一潮属于空方。

2. OBV 指标的应用法则

（1）当 OBV 线下降，而此时股价上升，是卖出信号，表示高位买盘无力，故宜卖出。

（2）OBV 线上升，但股价下跌是买进信号。

（3）OBV 线缓慢上升时，为买进信号；OBV 线急速上升时，为卖出信号。

总体来说，OBV 线适用于短期分析，应结合股价或其他分析工具使用。

（三）成交量比率

成交量比率（volume ratio，VR）是一定时期内股价上升日交易金额与股价下降日交易金额总和的比率，反映了股市买卖的气势并借以预测股市可能的变化趋势。

1. VR 的计算方法

VR 的计算公式为

$$\mathrm{VR}(n)=\frac{V_a+\frac{1}{2}V_t}{V_d+\frac{1}{2}V_t}\times 100\%$$

其中，n 为天数，是 VR 的参数；V_a 为 n 日内股价上涨日的成交额总和；V_d 为 n 日内股价下跌日的成交额总和；V_t 为 n 日内成交额总和。

2. VR 的应用

（1）VR 值低于 60%时是股价超卖区，特别是 40%～60%时很容易探底反弹。

（2）VR 值在 80%～150%时，股价波动较小。

（3）VR 值在 160%～180%时，成交量会逐渐萎缩，很容易下降进入调整期。

（4）VR 值超过 350%时，股价进入超买区。

（5）股价处于低价位区域时，VR 值上升而股价未升，为进货时机；股价处于高价区域时，VR 值上升股价也上升，可考虑出货。

（6）VR 值急升，交易金额也突然增加，可能是上涨行情的开始。

成交量比率在观测低价区时，可信度较强，而在高价区间可信度相对较差。此外，成交量比率无法保持与股价同步，往往因此而降低使用效果。

（四）腾落指标

腾落指标（advance-decline line，ADL）是反映股价趋势的常用指标，它利用简单地加减每日股票涨跌家数来计算股市上所有股票的累计涨跌家数。腾落指标不考虑股票发行量或成交量的权数大小，将所有股票等同对待，认为所谓“大势”就是多数股票的共同趋势，即大多数股票上涨就是大势上涨，大多数股票下跌就是大势下跌，通过连续累计计算涨跌家数反映股票价格走向趋势。

1. *腾落指标的计算方法*

腾落指标的计算公式为

$$腾落指标=\sum_{i=1}^{n}(上涨家数-下跌家数)$$

腾落指标就是将每日股票上涨家数减去下跌家数的累积余额。将每日的腾落指标数值连接起来，就是腾落曲线。

2. *腾落指标的应用*

（1）当腾落指标与股价指数走势一致时，可进一步确认大势的趋势。当股价指数连续下跌，创新低或未创新低，腾落指标也持续下降甚至连创新低，预计近期内股价还会继续走低。当股价指数持续上升，创新高或未创新高，腾落指标也不断上升甚至连创新高，意味着近期内股价还会继续上涨。

（2）当腾落指标与股价指数走势背离时，预示股市可能向相反方向变化。当股价指数持续数日上涨而腾落指标却连续数日下跌时，表示股票涨少跌多，向上攻击动量不足，这种不正常现象难以持久，通常是大势下跌的前兆。当股价指数持续数日下跌而腾落指标却连续数日上升，表示多少股票已经止跌回稳，大势底部已近，通常是大势上升的前兆。

（3）腾落指标的变化往往领先于股价指数，如果在多头市场里腾落指标领先于股价指数下跌或在空头市场腾落指标领先于股价指数反转向上，都提示大势可能变化，特别是股价在高价区，腾落指标先形成 M 头，或股价在底部，腾落指标先形成 W 底，是卖出和买进的信号。

腾落指标的优点是计算简便，可弥补加权股价指数的不足，缺点是只能反映大势的变化而不能提示买卖时机和个股的优劣，所以一般不能单独使用而要和其他指标结合使用。

课后练习

一、名词解释

技术分析　市场行为　K 线　阳线　阴线　趋势　轨道线　反转突破形态　支撑线和压力线　平滑异同移动平均线（MACD）　乖离率（BIAS）　随机指标（KDJ）　葛兰威尔法则　头肩顶（底）形态

二、简答题

1. 技术分析的三大假设是什么？
2. 应用技术分析方法时应注意哪些问题？
3. 技术分析方法如何同基本面分析相结合？
4. 简述道氏理论的主要思想。
5. 趋势线的作用有哪些？
6. 支撑线与压力线的理论依据和相互关系如何？
7. 平滑异同移动平均线的应用法则及其缺陷是什么？

8. 乖离率的应用法则有哪些？
9. 简述随机指标（KDJ）的应用标准，并对其评价。

三、分析题

1. 请采用日 K 线和周 K 线两种 K 线分析周期对最近的上证综指进行简要分析。
2. 请选定任意一只 A 股股票，采用技术指标分析方法对其做预测分析。
3. 请使用相关形态理论对下列股票做分析判断（股票图形来源于 600438）。

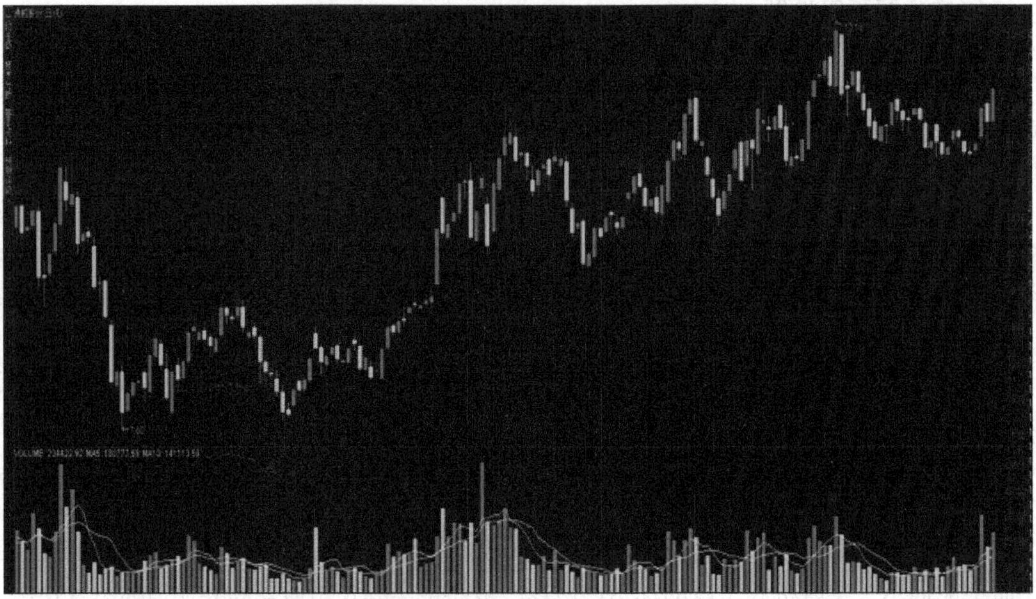

四、延伸性阅读推荐

1. 罗伯特·雷亚. 道氏理论. 何平林，孙哲译. 天津：天津社会科学院出版社，2012
2. 史蒂夫·尼森. 日本蜡烛图技术. 丁圣元译. 北京：地震出版社，1998
3. 罗伯特·D. 爱德华兹，约翰·迈吉，W. H. C. 巴塞蒂. 股市趋势技术分析. 9 版. 郑学勤，朱玉辰译. 北京：机械工业出版社，2010
4. 马克·道格拉斯. 交易心理分析. 刘真如译. 北京：电子工业出版社，2011
5. 维克托·斯波朗迪. 专业投机原理. 俞济群，真如译. 北京：机械工业出版社，2010

第六章

有效市场假说

市场的主要功能是优化资源配置，而这一功能的实现依赖价格信号的引导，在一个良好的金融市场中，价格反映了所有相关信息，这样的市场被称为有效市场。有效市场假说认为，如果市场是有效的，证券价格反映了所有相关信息，或者说，证券现行的市场价格充分体现了证券的真实价值。投资者就是通过证券市场上的交易价格信号来进行决策判断并开展投资活动的，因此价格对信息的反映就显得尤为关键。本章介绍有效市场假说的定义及其理论发展路径，从弱式有效市场、半强式有效市场和强式有效市场三个角度阐述了有效市场假说的理论基础和实证检验基础，并对有效市场假说在证券投资活动中的运用进行说明和解释，最后针对有效市场假说的理论意义和实践指导作用进行简要的评述，指出有效市场假说在“理性人前提”“市场异常现象”等方面的不足。

第一节　有效市场假说概述

自 20 世纪 60 年代以来，有效市场假说就成为了证券投资领域的争论热点之一。虽然能够不时地发现一些背离有效市场假说的实例，但是毋庸置疑的是，有效市场假说已经成为了现代证券投资理论研究和实务操作的基石之一。基于有效市场假说所提供的市场环境，现代证券投资组合理论开始逐渐开枝蔓叶；根据投资者对有效市场假说的不同理解，证券投资实务中也会出现不同分析方法的选择。随着有效市场假说的理论研究和实证检验的不断深入，以及各种市场异象的层出不穷，研究者们不断对有效市场假说进行修订和改进，以期能够更加符合经济现实。现代证券投资组合理论争论的核心之一就是有效市场假说，虽然有效市场假说在理论研究和实务操作中还存在许多缺陷和挑战，但是充分深入掌握和理解有效市场假说，已经成为探索现代证券投资组合理论的基础。

一、随机漫步与市场效率

（一）股票价格随机漫步

有效市场假说源于一项偶然的发现——股票价格随机漫步。1953 年英国统计学家肯德尔（Kendall）在一项关于商品和股票价格变化的规律性的研究中，出乎意料地得到了价格变化规律并不存在的结论。他发现似乎所有的价格变化都是相互独立的，也就是说商品和股票价格都是随机漫步的，根本无法找到某种可以进行事先预测的股票价格的变化模式。

股票价格随机漫步即股票价格的变动是随机且不可预测的，相互独立的价格变化意味着每一次价格的涨跌都与前一次的价格变化毫无联系，对下一次价格变化也毫无影响。

肯德尔的这一发现乍看起来似乎令人惊奇，但仔细推敲一下却是证券市场的必然选择。假设某人确实找到了某种可预测股票价格未来变化的规律，那么此人无疑是发现了一个可以轻松致富的秘诀，他只要按照这一规律的指引去买入卖出股票，就会在短时间内成为世界上最富有的人之一。但是，这种神话在现实中是不可能存在的。因为如果这一规律确实存在并且可以为人们所发现和学习的话，那么这一规律将在很短时间内就会失去意义。比如，某一规律表明目前价格为 50 元/股的 A 公司股票将在未来两天内上升至 60 元/股，而所有投资者在了解这一情况后，都希望用 50 元或稍高一点的价格买入 A 公司股票。然而，所有持有 A 公司股票的人显然不会同意以如此低廉的价格售出自己手中的股票，其最终结果将是 A 公司股票在很短时间内就上涨到 60 元/股。也就是说，由“规律”带来的“好消息”将立即反映在股票价格上而不是在一段时间之后才反映出来。

股票价格的随机变动并不是说市场是非理性的，而是由于一部分经验丰富的投资者先于其他市场参与者发现相关信息的必然结果。也就是说，产生股票价格随机漫步的原因在于理性投资者的存在。由于部分投资者是理性的，任何能够影响股价的新信息必定会被这些投资者获得，并通过交易行为反映在股票的价格中，因而导致了股票价格水平的变动。而在市场中价格是公开的，意味着反映在股票价格上的新信息也是可知的，那么在价格变动过程中新信息就变成了旧信息。如果投资者运用已经反映了旧信息的价格去预测未来价格的变动，那么这种决策就是无效的，即股票价格的变化具有随机性。

一般来说，投资者们是通过各种“信息”或“消息”来预测股票价格的未来变化的，而任何可能用于预测股票价格的信息都应该“已经”反映在股票价格上了。如前所述，当有消息表明某股票价格将要上涨时，人们会蜂拥而至购买该股票，从而促使股票价格迅速跃升至相应的价位。因此，投资者能够得到的只是与股票风险相对应的合理的收益率。如果股票价格已经完全反映了所有的信息，则股票价格的进一步变化只能依赖于新的信息披露。而所谓的新信息，显然是指人们事先无法预测的信息（因为如果可以预测，则这些预测就成为已知信息的一部分，而不是新信息）。因此，股票价格随新信息的出现而变化就是无法预测的，股票价格的变化也就应该表现为“随机漫步”。

股票价格的随机漫步说明了只有新信息的出现才会引起股票价格的变化，并且新信息也是随机且无法预测的。市场的有效性也就是信息的有效性，股票价格可以对所有的信息作出反应并且消化吸收。例如，如果分析师通过研究天气状况，预计暴雨会大量降低某地的西瓜产量，那么他们可以通过卖空某家生产西瓜的公司的股票从中获取大量收益。这种卖空压力会立即导致这家公司的股价下降直至降到真实价值为止。因此，新的信息是在股票价格的变动中反映出来的。

（二）证券市场效率

效率作为经济学的核心概念是指资源是否在不同生产目的之间达到最优配置。萨缪尔森（Samuelson）在《经济学》第12版中将市场效率定义为“市场对股价进行无偏估计”。证券市场效率体系分为三个层次：运行效率、信息效率（信息有效性）和资源配置效率（资源配置有效性）。

运行效率是指证券市场的交易运行效率，反映了证券市场的组织功能效率和服务功能效率。证券市场的营运效率有两个标志：首先是价格能否自由地根据有关信息而变动；其次是证券的有关信息能否被充分披露并均匀分布，使每个投资者在同一时间内得到等质等量的信息。通常情况下，如果证券价格没有被人为操纵，相关信息均匀充分的传播，那么证券市场中的资金应该会流向最急需且效益最好的企业。在实际操作中，每笔交易所需的时间和费用也影响了证券流动性。

信息效率反映了证券市场分配调节资金的效率，也称为外在效率。在信息有效的证券市场中，证券价格充分吸收和体现了所有相关的公开信息，且同时考虑了交易成本和风险，投资者无法根据公开的信息获得超额利润。比如，当股价不能根据新的信息做出迅速反应的时候，股价就不能准确反映股票交易的准确性。显然，价格的变动方式和信息的完整性、时效性影响着股票市场的交易活动，也就是说证券市场上的信息效率影响着资源配置效率。

配置效率是指证券价格对资源配置的导向效率。由市场来配置资源，是通过不同经济主体的自发行为而实现的，市场的资源配置效率归根结底是由价格和竞争这两大杠杆实现的。证券市场的配置效率通常包括：降低企业的筹资成本；提供更加有效的公司治理结构；对收入进行更为有效的再分配；为经济的宏观调控提供新的工具；前瞻性地引导社会资金的结构流向。在一个激励有效、机构投资者与公司经理都愿意提供有效信息的证券市场中，资金将会流向预期收入最高的部门，从而对股东收益、经理收入与经济增长都会产生正的效应。

实际上，证券市场的三种效率是相互补充、融为一体、共同作用的。证券市场合理配置资本的内在机制是价格信号，资源配置效率的发挥取决于信息效率的高低，取决于价格信号是否能够准确及时地在市场上传递，各种证券的价格能否对所有可能获得的信息迅速、充分、无误地加以反映。而证券市场的信息效率是否能充分发挥又取决于证券市场的运行效率，取决于交易过程各种软硬件设施的工作效率。在这三种效率中，信息效率是核心，是决定证券市场整体效率的关键环节，因此，也就成为证券市场效率研究的中心环节。

如果信息能够迅速、准确、充分地反映到证券价格上，则这种市场就可以被称为是具有信息效率的。因此信息效率可以直观地理解为，指证券价格能否及时、准确、充分地反映市场信息。从另一方面讲，信息效率也可以理解为，如果信息在已知或可预知的情况下，证券价格变动能否被合理地推测出来。如果证券价格能时时准确而迅速地反映相关信息，则证券价格就具有信息效率；否则证券价格就缺乏信息效率。

缺乏信息效率的市场主要具有以下四个特征：信息的不对称性，反映时滞性，可预测性和市场投机性。①证券市场的信息是否对称是证券市场管理的核心内容之一，也是从根本上保护投资者的基石。②反映的时滞性是缺乏信息效率的关键因素，这导致了证券价格的可预测性。③在信息效率低下的市场，其价格变动趋势能够由过去信息或者现在可得信息进行预测，因而使得信息的优先获得者可以赚取超额利润。④在缺乏信息效率的市场上必然存在着的价格过度反映，那么在市场对这种过度状态进行调整的过程中，就必然存在市场投机。

二、有效市场

（一）有效市场的定义

有效市场这一概念从提出至今，一直存在争议。但在证券投资领域，一般大家公认有效市场是指证券价格能够充分反映可以获得的信息的市场。不过在具体表述中，多数理论研究倾向于将其描述为，价格或投资组合在信息竞争中的平衡状态；而多数实证研究则倾向于描述为，扣除交易成本后，基于一定信息集合的交易策略是无法获得超额利润的。

法玛（Fama）等提出的有效市场是一个假说或学术命题，其是否成立，必须经实证检验。因此，法玛将这一叙述性的概念用未来价格的联合概率密度函数、公平博弈模型及随机游走模型进行表述，以便进行实证检验。根据以法玛为代表的实证学派的观点，在有效市场中，任何证券的真实的预期收益率与市场依据相关信息所估计的预期收益率是相等的。也就是说，有效市场中的任何证券的市场价格都是其资产真实价值的无偏估计。当前证券价格已经充分反映了所有相关信息，只有在新信息出现后，其价格才会发生变动。

其实总的来看，关于有效市场定义的各种争论主要集中在如何解释证券市场均衡状态的视角的不同。但共同点是显而易见的，就是有效市场是证券市场上的理性投资者在追求收益最大化活动中，依据所有可得信息所做出的交易行为的结果，这种结果的均衡状态就是证券价格及时、准确、充分地反映了所有相关信息。新信息是价格波动的唯一原因，价格能否迅速而正确地调整也是反映市场有效性的唯一指标。因此，可以将有效市场简要地理解为交易价格已经充分、及时、准确地反映了所有可得的信息的市场，在这个市场上，价格只随信息的变化而变化。

（二）有效市场中的价格行为

出于经济现实的考虑，有效市场中的价格行为可以区分为有效市场反应、过度反应和延迟反应这三种类型。

有效市场中，价格对信息的反映的高效率，既体现在反映的速度上，也体现在反映的充分性和准确性上。根据这一标准，有效市场反应是指，所有相关信息都能够迅速、完整、准确地被所有投资者所获得，而这些投资者基于这些信息进行理性判断，从而以符合价值的正确价格来进行交易。因此，由新信息所导致的价格调整是迅速而又准确的。如图 6.1 所示，如果考虑到认知能力的差异，市场上存在着对新信息的过度解读或过度反应，则有可能导致价格调整过度，也就是价格的过度反应。反之，称之为延迟反应。但是在有效市场中，即使存在过度反应或延迟反应，那也只是暂时的现象，市场终归是要认识到新信息的实际意义，价格调整会逐渐恢复到理性的价值水平。

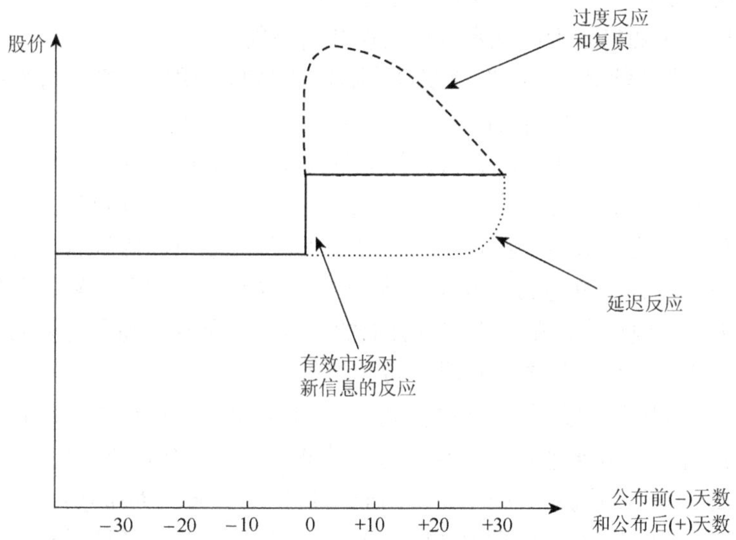

图 6.1 有效市场中的价格行为

三、有效市场假说

（一）有效市场假说的起源

早期的有效市场理论，是建立在随机游走模型基础之上的。涉及所谓随机游走概念的论述，通常认为起源于法国经济学家巴切利尔（Bachelier）的博士论文《投机理论》。随机游走最简单的模型是“二叉树”模型，这一模型可被设想为一个在一条直线上横行的“醉汉”的运动轨迹，他在每一时刻都可能向右走或向左走。在 N 时刻，存在 2^N 种可能。将这种思想用数学语言来进行表达，就是将随机游走看作一个随机序列，序列的每一项对应醉汉达到的坐标。该序列具有这样的特点，即序列增量所对应的随机序列的每一项都是独立同分布的随机变量。

若将随机游走的概念连续化，即假定时间是连续变化的，“醉汉”也是在每一时刻都“左右摇摆”地游走，那么这一概念就演变为所谓的布朗运动（Brownian motion）。布朗运动最先是指苏格兰生物学家布朗（Brown）于 1827 年利用显微镜发现的花粉颗粒的不规则运动，它在数学上可定义为一个以时间为自变量、随机变量为因变量的随机过程，其运动轨迹要求是时间的连续函数，同时它在不同时间的微小时间间隔的增量是独立同分布的随机变量。第一次为布朗运动进行数学定义的学者同样是巴切利尔，并且他在此基础上，开创性地给出了期权定价公式。但遗憾的是，他错误的假设股价的变化符合布朗运动，而不是股价对数的变化是布朗运动，以至于最后得到的期权定价公式与后来的 Black-Scholes 期权定价公式相差甚远。

之后，一些经济学家继续在这一领域进行探索，如考尔斯（Cowles）、沃金（Working）和肯德尔等，但是由于这些经济学家并不十分重视价格的动态变化，同时他们的数学与统计基础有限，他们的研究成果在当时并没有引起足够重视。1959 年，罗伯茨（Roberts）

和奥斯本（Osborn）分别发表《股票市场“方式”和金融分析》与《股票市场的布朗运动》的论文，将“随机游走”和“布朗运动”的概念正式应用于股市，他们在论文中再次肯定了股价的对数序列是随机游走，或者股价遵循几何布朗运动。

1965 年，萨缪尔森发表《恰当预期价格随机涨落的证明》一文，再次强调了价格的随机性，这里的“恰当预期”（properly anticipated）被理解为价格真正融合了所有市场参与者的期望和信息，从而正式提出有效市场假说（efficient markets hypothesis，EMH）。这标志着市场价格行为研究的范式实现了从随机游走假说向有效市场假说的转变，此后随机游走理论被看作是符合有效市场假说的一组经验观察。有效市场假说首先将市场有效性和信息联系起来，并区分了市场的有效性、（资源）配置的有效性和帕累托有效这三个不同的概念。有效市场假说认为，在一个信息有效的市场上，所有市场参与者的信息都可以进入价格决定的过程，从而价格的变化是不可预测的。

1965 年，法玛发表《股票市场价格的随机游走》论文（在正式发表时改名为《股市价格的形态》），将萨缪尔森建立的证券市场鞅模型定名为“有效市场”，首次提出“效率市场”和“市场效率”的概念。法玛在《商业期刊》（*Journal Business*）上发表的这篇论文，对理论界和投资实务界产生了巨大的影响，此后学术界开始了针对有效市场假说的完整讨论。

（二）有效市场假说的发展

1969 年 12 月，美国金融学会年会邀请法玛作为唯一的论文报告者（往年是三位）介绍有效市场假说及实证检验结果。1970 年，法玛在一篇经典性的综述论文中总结了有效市场的三种形式，并明确提出关于“有效的”金融市场的经典定义，即价格总是“完全反映”可接受信息的市场。法玛通过将有效市场假说进行规范化并与日益增多的实证数据结合起来，采用公平博弈模型（fair game model）来进行描述。与在随机漫步假说指导下进行的研究不同，公平博弈模型是在某一特定时点上研究证券价格。它假定在那一特定时点上证券价格能全面反映所有可获得的信息。这个模型要求价格形成过程足够详细具体，以显示其“全面反映”的内在含义。大部分现有的均衡价格模型都是根据收益率来计算价格的，而收益率则取决于对风险的不同界定。所有这些有关均衡价格的预期收益率理论都可以用公式表达如下：

$$E(P_{j,t+1}|\Phi_t)=\left[1+E(r_{j,t+1}|\Phi_t)\right]P_{j,t} \tag{6.1}$$

其中，P_{t+1} 为证券在时间 t+1 的价格；R_{t+1} 为证券在时间区间[t, t+1]的收益率；Φ_t 为投资者在时间 t 可以获得的信息集。

式（6.1）表明，在给定 t 时期全部可获得信息 Φ_t 的情况下，证券 j 的预期价格等于该证券当前价格与 1 加上在给定全部可获得的有效信息条件下证券 j 的预期收益率的和的乘积。

如果均衡市场价格（equilibrium market price）可以用完全反映信息集 Φ_t 的预期收益率来表达，这意味着不可能根据当前广泛的信息集来设计一种交易方式或投资策略，以获得超过与资产风险相对应的收益率。也就是说，如果市场是有效的，则投资者利用已知的信息是不可能获得超额收益（excess return）的。

在此，将 $P_{j,\,t+1}$ 定义 t+1 时期投资者获得的超额收益，即

$$R_{j,t+1}=P_{j,t+1}-E(R_{j,t+1}|\Phi_t) \tag{6.2}$$

显然，在一个有效市场中，超额收益为零，即

$$E(R_{j,t+1}|\Phi_t)=0 \tag{6.3}$$

这个等式说明，在信息集 Φ_t 条件下，市场反映了一种“公平博弈”，这意味着投资者可以相信证券当前价格完全反映了全部可获得的信息并与其所包含的风险相一致。

信息可分为过去的、当前的和对未来的预期，公开的和未公开的，少数人已知的和多数人已知的，真实的和不真实的等多个层面，再加上信息传播速度、层面不同，投资者对信息的判断、理解和利用各不相同，采取的决策也不同。根据以上特征，法玛在最初的论文中按所包含的信息集的不同，把有效市场划分为三个形式，并把依此展开对有效市场假说的实证检验。这三个形式的有效市场是：①弱式有效市场，市场价格已充分反映出所有过去历史的证券价格信息，包括股票的成交价、成交量、卖空金额、融资金额、短期收益等。②半强式有效市场，市场中价格已充分所应出所有已公开的有关公司营运前景的信息。这些信息有成交价、成交量、盈利资料、盈利预测值，公司管理状况及其他公开披露的财务信息等。③强式有效市场，市场认为价格已充分地反映了所有关于公司营运的信息，这些信息包括已公开的或内部未公开的信息。

第二节 有效市场假说的理论基础和实证检验基础

一、有效市场假说的理论基础

在有效市场假说成立的前提下，证券市场的精确度量成为可能，各种理论模型应运而生。从马克维茨（Harry Markowitz）的投资组合理论，到夏普（Sharpe）等的资本资产定价模型，以及后来的布莱克-斯科尔斯的期权定价模型（Black-Scholes option pricing model，B-S OPM）和罗斯（Ross）的套利定价模型（arbitrage pricing theory，APT）等均在有效市场假说的基础之上发展起来的。而有效市场假说本身是以一个完美市场（perfect market）和理性投资者的存在为理论基础的。

（一）完美市场的要件

首先，市场没有摩擦，即不存在交易成本和税收。所有资产都可以进入市场交易，且资产是无限可分的。

其次，市场上有足够多的参与者和足够多的交易，以保证充分竞争。所有市场参与者的合力共同决定了市场价格，但任何人都无法独立地改变或影响价格，而都只能是价格的接受者。

最后，市场内部和外部的相关证券价格变化的信息是以随机的方式进入市场的，各条信息的发布之间往往是相互独立的。而且信息的获取是没有成本或者是成本极低的，信息的交流是高效率的。

（二）理性投资者的特征

首先，市场投资者都是理性的投资者。也就是说，市场的投资者都是以利润最大化为

目标，投资者之间相互独立地对证券价值做出分析和评价。

其次，投资者会对各种进入市场的信息做出快速的调整以反映这些信息对市场的影响。由于市场信息是以随机方式进入市场的，而且投资者会对这些信息做出迅速的反应，所以证券市场价格的变化之间是彼此独立的，也就是随机的。

最后，收益率在时间序列上服从正态分布。理性的投资者以当时可获得的信息为基础进行交易，其交易价格反映了已有的信息，市场未来的价格变化与现在的信息无关，只反映未来的新信息。而未来的新信息又是随机出现的，所以未来的价格变化也是随机的、不可预测的。正是由于市场价格变化的独立性，所以理性的投资者是根据预期收益率及其方差来进行投资决策的。

（三）渐次弱化的理论基础

从前提假设中可以看出，有效市场假说主要是基于完美市场和理性投资者的理论基础之上成立的，其中的核心是理性投资者如何对待信息，对应着现实中的有效市场存在着三个依次弱化的理论基础。

首先，投资者是完全理性的，可以对资产价值进行正确的评估，那么在完美市场中，价格必然反映所有信息，投资者从基于信息的交易中不会获得超额收益，理性投资者相互竞争的均衡结果就是有效市场。

其次，即使市场中存在着部分非理性投资者，但由于他们的交易是随机产生的，也就是不相关的，因此可能互相抵消，而不至于影响证券资产的价格，所以最终有效市场假说仍然成立。

最后，如果市场上存在的非理性投资者并非随机而是具有相关性，最极端的情况就是他们都犯了同样的错误，导致他们之间的交易不能互相抵消，但是此时由于理性的市场套利者的存在，套利交易将消除非理性交易行为对证券资产价格的影响，最终有效市场假说还是成立的。

现实的市场中，可能还存在着某些诸如交易成本之类的摩擦，甚至有可能存在不完全竞争，因此可能无法绝对地说证券价格能够反映全部相关信息，其价格变化是无法预测的。但是考虑到证券市场上竞争的充分性远高于产品市场，在证券市场上存在着大量训练有素、知识渊博、能力超群、经验丰富的投资者。在这样的市场上，如果要预测证券价格的未来变化规律，寻找获利机会是相当困难的。特别是存在着各种交易成本（包括为获取信息、分析信息等而支付的信息成本），实际收益将会大打折扣。

二、有效市场假说的实证检验基础

（一）弱式有效市场的检验

弱式有效市场强调的是证券价格的随机游走，不存在任何可以识别和利用的规律，市场上不存在套利机会。因此，对弱式有效市场的检验主要侧重于对证券价格时间序列的相关性研究方面，主要包括自相关检验、游程检验、过滤法则检验等内容。

1. 相关性检验

既然随机游走主要表现在连续价格运动的独立性问题，这样应用相关性检验就可以验证市场是否为弱式有效。序列相关性检验是判断在未来某个时期价格变化是否相关。

为消除股价变动对股价水平的影响，令 $R_t = \ln P_t - \ln P_{t-1}$。其中，$P_t$ 为第 t 天的股价指

数，时间序列 $\{R_t|t>0\}$ 反映了股价变动的收益率。

如果股票价格变动表现为随机游走，则 $R_t=(1+r)R_{t-1}+\xi_t$（r 为时间变数），且误差项 ξ_t 不存在序列相关，即 $E(\xi_t)=0$，$E(\xi_t,\xi_{t+k})=0\ (k>0)$。

这样，就可以观察 t+1 期价格变化是否与 t 期价格变化存在相关性。事实上，如果价格变化是相关的，那么股价收益率的散点图就会表现为近似一条直线。

2. *游程检验*

在证券市场的实际运行中，t 期证券价格明显是在 t–1 期的价格基础上形成的，从而随机游走模型会存在序列相关性，这就使得随机游走模型中 t 期和 t–1 期的证券价格之间的相关系数很难为零，导致对市场有效性检验的失灵。对此，游程检验较好地克服了随机游走模型在实际中存在的缺陷。

将股价在连续地上升或下降的过程称之为“游程”，每一次这样的过程就是一个游程。游程检验模型的构造过程主要是在随机游走假设下，当样本容量很大时，总游程 Q 服从正态分布；再构造统计量 Z，使得

$$Z=\frac{Q-E(\mathrm{Q})}{\delta_Q} \tag{6.4}$$

其中，$E(Q)$为总游程的期望值；δ_Q 为总游程的标准差。$E(Q)$的计算公式为

$$E(Q)=\frac{N+2N_1N_2}{N} \tag{6.5}$$

其中，N 为股价变动的总天数；N_1 为股价上升的天数；N_2 为股价下降的天数。δ_Q 的计算公式为

$$\delta_Q=\sqrt{\frac{2N_1N_2(2-N)}{N^2(N-1)}} \tag{6.6}$$

如果 Z 服从标准的正态分布，则市场是有效的；如果实证检验过程中的 Z 大于临界值，则市场不具有有效性。

3. *过滤法则检验*

过滤法则（filter rulers）是美国学者亚历山大（Alexander）于 1961 年在《工业管理评论》杂志发表的《投机市场的价格变动：趋势与随机游走》一文中，首次提出的一种检验证券市场是否达到弱式有效的方法。过滤法则又称百分比穿越法则，是指当某个股票的价格变化突破事先设置的百分比时，投资者就交易这种股票。过滤法则是技术分析常用的策略之一，它的基本逻辑是：只要没有新的信息进入市场，股票价格就应该在其“正常价格”的一定范围内随机波动。如果某个股票的市场价格大大偏离其“正常价格”，市场上的投资者就会买入或卖出该股票，使其价格回到合理的价位，这样股票价格的波动就有一个上限或下限。然而，若某一新信息出现，那么就将会产生一个新的均衡。如果该信息是利好消息，则均衡价格就会上升，围绕它的上下限也将随之上升。投资者在股票价格超过原来的上限后就可以判断这样的上升不是随机的，因此就可在股价突破原上限后立即购买，并获得超额收益。相反，若此新信息是利空消息，则会出现一个更低的新的均衡价格。

（二）半强式有效市场的检验

法玛（1969年）提出的“事件研究法”（event study）是在半强式有效市场的实证检验中应用最为广泛的方法。事件研究法是通过检验股票价格在特殊事件（如年报公布、股票分割、公司控制权转移等）披露前后的反应程度，来验证某一信息对证券价格的影响。1969年法玛等第一次运用残差分析法，来研究纽约证券交易所1929～1959年上市公司的股票分割事件。在针对公司股票分割前后的月收益率进行了分析之后，得到的检验结果表明在公司股票分割消息公布之前，股价已经开始逐步上升，说明投资者是可以获得超额收益的；而在股票分割信息公布后，投资者不再可能获得超额收益，因而得出了了美国股市属于半强式有效的结论。

1. 超常收益率的测算

首先，市场指数中的样本股票包括了证券交易所所有上市公司，收益率测算公式为

$$r_{it}=a_i+\beta_i r_{mt}+\xi_{it}$$

其中，r_{it}为第i种股票在第t期的实际的收益率；r_{mt}为市场指数在第t期的实际的收益率；a_i，β_i为回归系数；ξ_{it}为第t期的误差项，即残差。

其次，将股票的正常收益率定义为

$$\overline{r_{it}}=a_i+\beta_i r_{mt}$$

其中，$\overline{r_{it}}$为第i种股票在第t期的正常的收益率。

再次，计算股票的超常收益率。由于超常收益率等于市场指数模型中的残差项，该方法又称残差分析法。

$$\mathrm{AR}_{it}=\xi_{it}=r_{it}-\overline{r_{it}}=r_{it}-(a_i+\beta_i r_{mt})$$

其中，AR_{it}为第i种股票在第t期的超常收益率。

最后，分别计算若干种股票在第t期的平均的超常收益率和若干种股票在一段时间内的累计的超常收益率。

$$\mathrm{AAR}_t=\frac{1}{n}\sum_{i=1}^{n}\mathrm{AR}_{it}$$

$$\mathrm{CAAR}=\sum_{i=1}^{T}\mathrm{AAR}_t$$

其中，AAR_t为n种股票在第t期的平均的超常收益率；CAAR为n种股票在一段时间（$1,\cdots,T$）内的累计的超常收益率。

平均的超常收益率中的t，是某一事件发生或者某个重要信息公布的时间。累计的超常平均收益率中的T，代表了在上述事件发生或者重要信息公布之前和之后的一段时间。所以，累计的超常平均收益率是以事件发生或者信息发布的时点为中心，将这一时点前后的平均的超常收益率加总而成的。例如，某公司公布配股方案的时间为3月1日，可以将2月1日至3月1日及3月1日至3月31日的超常收益率加总，得到累计的超常收益率。由于残差分析法在计算超常收益率时，围绕着事件发生的时间，所以，它又被称为事件研究法。

2. 残差分析法的运用

假定市场上出现了某股票利好的消息（如送配股和每股收益大幅度增长），并且假定

半强式有效市场假设成立。那么，市场上可能会出现以下两种情况。

首先，如果这一利好消息出乎投资者的预期，那么，该段票的价格在该消息公布之前不会发生大的波动，投资的收益率也只是正常的收益率；在消息公布的那一天，该股票的价格一次性上涨，带来了正的超常收益率；从公布的第二天起，股票价格重新恢复稳定，投资的收益率也回复到正常收益率水平。

其次，如果利好消息在投资者预料之中，并且投资者对这一利好消息的预期是逐渐形成的，那么，该股票的价格在消息公布之前就会逐渐走高，获得正的超常收益率；由于消息已经被提前市场完全消化，在消息正式公布那一天，股票价格不会由于消息公布这一因素而发生波动（即使有，波动的幅度也非常小）；从公布的第二天起，股票的价格趋于稳定。

（三）强式有效市场的检验

对强式有效市场的研究对象主要集中在掌握公司内幕消息的人员，通过测试他们从事交易能否赚取超额收益，来检验市场是否属于强式有效。

1. 内幕交易

掌握公司内幕消息的人员包括公司董事会成员、高级管理人员、大股东、有机会获得公司内幕信息的其他公司职员以及非公司内部的有关人员。有研究结果表明，由于掌握公司内幕消息的人员有可能利用这一信息优势较好地预测公司股票的价格趋势，因此掌握公司内幕消息的人员可以获取超额收益。由于时滞的影响，未能及时掌握内幕消息的普通投资者处于信息劣势地位，他们即便是采取跟进投资策略，不可能获得超额收益。

美国证券交易委员会（Securities and Exchange Commission，SEC）要求所有可能掌握内幕消息的内部人登记他们的交易活动，并在《内部人员交易正式概要》中发布这些交易活动。一旦概要出版，内部人交易就成了公开的信息。此时，如果市场是有效的，能充分及时地反映这些发布的信息，投资者就无法利用跟随内幕人员的交易活动而获得超额收益，这与半强式有效市场假说是相符的。针对美国股市的研究表明，在《内部人员交易正式概要》的发布日，跟随内幕人员的交易活动是没有价值的。尽管在《内部人员交易正式概要》披露了内幕人员的相关交易信息之后，股价会出现轻微波动的趋势，但是由此产生的超常收益甚至还不足以弥补相关交易成本。这就说明，证券市场没有偏离半强式有效市场的特征，但是因为无法杜绝内部人利用内幕消息获取超额收益，因此没有满足强式有效市场假说的要求。

2. 证券交易所的专家经纪人

研究表明，证券交易所的专家经纪人能够获取超额收益，有时甚至会超出正常收益的一倍以上。这是因为，证券交易所的专家经纪人保留着限价委托买卖的“记事簿”，他们由此可观察到证券市场上买卖双方的资金实力和买卖意愿的变化，从而较为准确地预测股票价格的近期走势。而且证券交易所的专家经纪人可以频繁地与其专营股票的发行公司接触，有可能获得许多关于该公司的内幕消息，也就存在着利用内幕消息获得超额收益的可能性。这也表明证券市场尚未达到强式有效市场的要求。

第三节　有效市场假说的主要内容

一、有效市场假说的内涵

（一）有效市场中的价格与信息

根据有效市场假说，在一个有效的证券市场中，证券价格曲线上任一点的价格均真实、准确地反映了该证券在该时点所涉及的全部相关信息；同时，如果证券市场是有效的，则任何一个在该市场交易的证券的实际成交价格，都应该全面反映该证券的真实投资价值。如果一个证券市场满足上述条件，则该证券市场即是有效的。这里的“有效”，是指价格对信息的反映具有即时充分性。

作为对立面的“无效”市场具有如下特征：①信息源在公开信息时就存在着某种不完全性；②被公开的信息在由信息源向信息接收者传输时发生渗漏损失；没能为每一位投资者全部接收；③投资者在对所得到的信息进行解读时存在误差，由此导致不完整的反馈信息；④投资者的反馈信息在向市场传输时出现某种时滞，使得反馈信息不能及时地被市场吸收。这样导致的结果就是，市场价格不仅不能及时反映投资者的投资决策，而且也不能完整地反映所有的公开信息，更不能反映包括公开信息和“内幕信息”在内的全部信息，市场价格对于信息而言是“无效”的。

证券市场价格之所以趋向于反映所有相关信息，是市场竞争的结果。当投资者花费时间和金钱去收集、分析各类信息时，这些活动应该能够提高投资者的预期收益，否则将得不偿失。由于市场上存在着大量的投资者，这些投资者都在努力寻求一切可能的获利机会，都在把自己掌握的信息用于投资活动从而反映在证券价格上。因此，可以期望在市场均衡的条件下，证券价格将反映所有相关的信息。而一旦市场偏离均衡，出现了某种获利机会，也会有人在极短时间内填补这一空隙，使市场恢复均衡。

（二）有效市场假说的主要内容

首先，在市场上的每个人都是理性的经济人，金融市场上每只股票所代表的各家公司都处于这些理性人的严格监视之下。理性经济人们每天都在进行基本分析，以公司未来的获利性来评价公司的股票价格，把未来价值折算成今天的现值，并谨慎地在风险与收益之间进行权衡取舍，然后把这些决策付诸于投资行为，最终决定了金融市场上的股票价格。

其次，股票的价格反映了这些理性人在资金和股票两方面的供求的平衡，想买入的人正好等于想卖出的人。也就是说，认为股价被高估的人与认为股价被低估的人正好相等。假如有人发现这两者不等，那么就存在着套利的可能性。套利者立即会采取买进或卖出股票的行为，最终使股价迅速变动到能够使二者平衡时为止。

最后，股票的价格也能充分反映该资产的所有可获得的信息，即“信息有效”。当信息出现变化时，股票的价格就一定会随之变动。一个利好消息或利空消息刚刚披露出来时，股票的价格就开始出现波动，当它逐渐成为路人皆知的“旧闻”时，股票的价格就也已经调整到了新的适当的位置。

从以上几点可以看出，有效市场假说实际上意味着“天下没有免费的午餐”，世上没有唾手可得之物。在一个正常的有效市场上，不可能存在着意外之财。正如同一个经济学界的著名的老笑话所作出的亲切的嘲讽：两位经济学家走在大街上，看到地上有张百元大钞。一位经济学家想去捡起那张钞票，但是他的朋友劝阻道，别傻了，地上不可能有张百元大钞的，因为如果真的有的话，那么早就被人给捡走了。看来，花时间去分析股票的投资价值，就如同枉费心机地去寻找街上是否有钱可捡一样，是毫无意义的不明智的行为。

当然，这个笑话也并未能够真正地证实或推翻有效市场假说。在现实生活中，并非每个人都是理性的，每个人也并非总是理性的，也就导致了不可能在任何时点上、任何市场中都存在着信息有效。但是，有效市场假说为金融投资领域的理论研究和实务操作提供良好的前提假设和环境，正如同美国经济学家曼昆曾经说过的，“这种理论也许并不完全正确，但是，有效市场假说作为一种对世界的描述，比你认为的要好得多”。

二、有效市场的三种形式

在有效市场假说中，“有效”在多种场合中用于描述资本市场的运行特征。根据《新帕尔格雷夫经济学大辞典》所下的定义，“一个资本市场如果在确定资产价格中能够使用所获得的全部信息，它（从信息上说）就是有效率的。”按照信息在股价中的反映程度，可以将有效市场状态划分为三个层次：弱式有效、半强式有效和强式有效。

（一）弱式有效市场

弱式有效的检验，主要是看过去的收益对未来收益是否具有预测能力，信息集仅为历史价格。在弱式有效市场条件下，投资者无法利用过去的股价所包含的信息获取超额收益。弱式有效市场正是著名的随机游走假说的体现，这就意味着研究股价的历史价格序列对投资没有实际意义。很显然，若此假设成立，那么它就直接批判了证券投资的技术分析方法。因为研究历史价格及历史价格变化趋势没有价值，那么技术分析也就没有价值了。

在弱式有效市场上，并不是每一位投资者对所披露的信息都能作出全面、正确、及时和理性的解读和判断，只有那些掌握专门分析工具的专业人员才能对所披露的信息做出全面、正确、及时和理性的解读和判断，并在此基础上作出有效和理性的投资决策，再通过他们的买卖行为把自己对全部公开信息的解读和判断贯彻到市场价格中去。但是一般的投资者却很难把握全部公开的信息所包含的真正价值。另外，一般投资者对分析工具的应用水平也不如专业投资者。这样，一般公众投资者对公开信息的解读和判断各有不同。根据这种投资决策所采取的投资行为，以及由此导致的市场价格的变化也就不可能反映全部公开信息所表明的投资价值。

（二）半强式有效市场

检验证券价格对公开发布信息的反应速度，信息集是所有公开的信息，如公司收益率公告、股利政策、股票分割等。在半强式有效市场环境中，投资者不仅无法从历史信息中获取超额收益，也不能通过分析当前的公开信息来获取超额收益。在实证检验中，一般运用“事件研究法”进行半强式有效市场检验。如果半强式有效市场假设成立，那么研究历史信息和当前信息就没有价值了，这样证券投资的基本分析方法也就没有价值了。

在半强式有效市场中，证券的发行者由于种种原因没有将所有相关发行证券的信息完全、真实、及时地公开，因此发行者和投资者在信息的占有上处于不对称的地位。投资者获得的只是发行者公开出来的信息，而不是发行者自己所掌握的全部信息。而且，在发行者所公开的信息里，还可能有虚假的成分。另一方面，在半强式有效市场中，所有投资者所占有的公开信息都是相同的，同时他们对所有公开信息的判断都是一致的。这样，半强式有效的证券市场上所有公开的信息都能够被投资者正确解读，并通过投资者的买卖决策行为引起市场价格的变化。半强式有效市场假设得以成立的关键就是证券价格对所有公开发表的信息的反应速度，反应速度越快、越全面，市场越有效率。

（三）强式有效市场

证券价格不但对过去的历史信息、当前的公开信息进行反映，而且对没有公开的内幕消息也进行了及时准确充分的反映。因此在强式有效市场环境中，投资者即使拥有内幕消息也不能获得超额收益，投资者试图获取内幕消息的努力也只能是白费工夫了。图 6.2 表明，随着投资者获得的信息集不断增加，市场有效性的程度也不断提高。

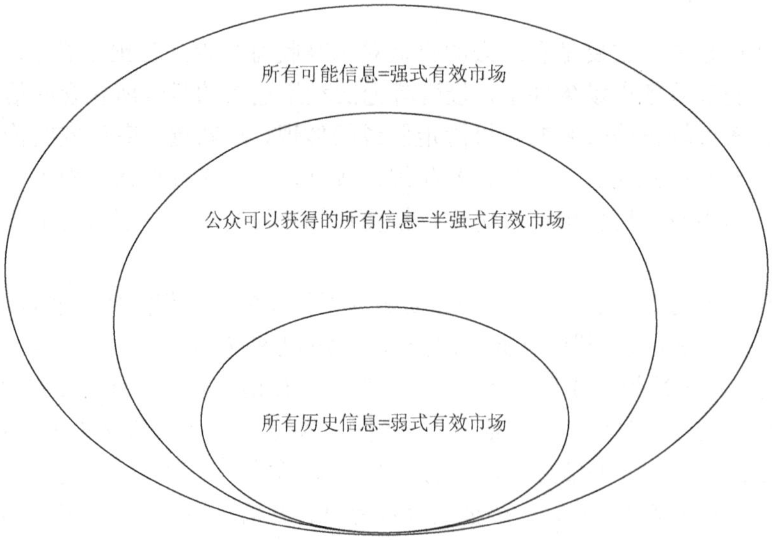

图 6.2　有效市场的层次

在强式有效市场上，有关证券的任何消息一经产生，就得以及时公开；一经公开，就能得到及时处理；一经处理，就能在市场上得到反馈。也就是说，信息的产生、公开、处理和反馈几乎是同时完成的。另外，有关信息的公开是真实的，信息的处理是正确的，反馈也是准确的。结果在强式有效市场上，每一位投资者都掌握了有关证券的所有信息，而且每一位投资者所占有的信息都是一样的。同时，每一位投资者的判断都是一致的，都能将自己的投资方案不折不扣地付诸实施。总之，在强式有效市场中，证券价格已完全反映所有的信息，不存在所谓的“内幕消息”，任何投资者都无法凭借其地位和特殊信息渠道赚取超额收益。

三、有效市场假说的应用

（一）有效市场假说与证券投资技术分析

如果市场未达到弱式有效，则当前的价格尚未完全反映相关的历史信息，那么未来的价格变化将进一步对过去的相关信息作出反应，这也就意味着投资者可以通过分析历史信息，从而在一定程度上把握未来价格变化的趋势。在这种情况下，投资者可以利用技术分析方法中的图形和图表，从过去的价格信息中分析出未来价格的某种变化倾向，从而在交易中获取超额收益。如果市场是弱式有效的，则过去的相关历史信息已完全被反映在当前的价格中，未来的价格变化将与当前及历史的价格无关，这时使用技术分析方法中的图形和图表，通过分析当前及历史的价格，试图对未来价格作出预测的努力将是徒劳的。如果市场是弱式有效的，只要没有出现价格序列以外的新信息，那么对于明天的价格而言，最好的预测数据就是今天的价格。因此在弱式有效市场中，证券投资技术分析方法是没有效用的。

（二）有效市场假说与证券投资基本分析

如果市场未达到半强式有效，公开信息未被当前价格完全反映，那么通过分析公开信息资料寻找错误的定价，并实施投资就能够获得超额收益。但如果市场已经达到了半强式有效状态，那么仅仅以公开信息资料为基础的基本分析将不能为投资提供任何帮助。因为针对当前已公开的信息资料，目前的价格是合适的，未来的价格变化与当前已知的公开信息毫无关系，其变化纯粹依赖于未来的新的公开信息。对于那些只依赖于已公开信息的投资者来说，未来公开的新信息，在今天是无法获知的。所以在未得到新的公开的信息资料之前，对于明天的价格而言，最好的预测数值就是今天的价格。所以在半强式有效市场中，已公布的基本面信息无助于分析家挑选价格被高估或低估的证券，或是进行买卖时机的选择，基于公开信息资料的基本分析对于证券投资而言是毫无用处的。

（三）有效市场假说与证券投资组合管理

如果市场是强式有效的，投资者可以获取内幕信息资料并按照它的指示来开展投资活动。由于此时任何新信息（包括公开信息和内幕消息）都将迅速在市场价格的变化中得到反映，没有人能够从中获得超额收益。所以在这种市场中，任何企图寻找内幕信息资料来进行市场投资以期获得超额收益的做法都是不明智的。这种强式有效市场的环境中，任何专业投资者的边际市场价值为零，因为没有任何信息资料来源和加工方式能够确保稳定地增加超额收益。对于证券投资组合理论来说，其组合构建的条件之一即是假设证券市场是充分有效的，所有市场投资者都能同等地得到充分的相关信息，如各种证券收益和风险的变动及其影响因素，同时无须考虑交易费用。但对于证券投资组合的管理来说，如果市场是强式有效的，组合管理者可能会选择消极保守型的投资态度，只求获得市场平均的收益率水平，因为区别未来某段时期的有利和无利的投资，是不可能以现阶段已知的这些投资的任何特征为依据的。因此在这样一个市场中，管理者一般模拟某一种主要的市场指数进行投资。而在市场仅达到弱式有效状态时，组织管理者则有可能积极进取的投资策略，会在选择资产和买卖时机上进行探究，努力寻找价格偏离价值的资产和最佳的买卖时机。

有效市场假说在证券投资实务领域的应用可以由表 6.1 来表示。

表 6.1　市场有效性与证券投资实务

市场形态	技术分析	基本分析	组合管理
无效市场	有效	有效	积极进取
弱式有效	无效	有效	积极进取
半强式有效	无效	无效	积极进取
强式有效	无效	无效	消极保守

第四节　有效市场假说评述

一、有效市场假说的理论意义

有效市场假说意味着金融资产的价格运动是随机游走的，价格每时每刻的动态变化都是相互独立、互相不受干扰的，收益率的分布遵循正态分布特征。这一思想对现代证券投资的理论研究和投资实践都有着非常重要的意义。

（一）有效市场假说是现代证券投资组合理论的重要基石

证券市场上资产价格变化的相互独立性及收益率的正态分布，意味着资产价格变化方差的有效性，并以此应用方差有效地度量价格变化的离散程度，从而可以度量证券市场风险，证券市场风险衡量就有了一个精确量化且极易测量的标准。许多经典的现代证券投资组合理论，如马克维茨的均值-方差理论、资本资产定价模型、套利定价理论、布莱克-斯科尔斯期权定价模型都是在其基础上发展起来或与之密切联系的。因此，可以认为有效市场假说是现代证券投资组合理论的重要奠基石。

有效市场假说的提出，不仅为现代证券投资组合理论的发展奠定了理论基础，同时也标志着现代证券投资组合理论体系的正式形成。虽然有效市场假说是以较为严苛的假设前提为基础，这导致了它与现实市场状况存在着很大的差距。但是这些局限性并未阻碍现代证券投资组合理论的发展，反而是进一步促进了各种实证检验方法的进步，甚至还导致了其对立面的行为金融理论等理论体系的产生和发展。

（二）有效市场假说为证券市场的定量研究提供了理论基础

有效市场假说认为，证券市场上过去的信息不会影响市场行为，价格变化是独立分布的。这一结论使得可以像研究物理现象那样用随机微积分的数学模型来研究证券市场，且广泛应用于鞅和半鞅等模型，证券市场的精确度量成为可能，有效市场假说成为证券市场数量化研究的基础。例如，根据有效市场条件下的证券价格运动的相互独立和近似正态分布特性，就可用维纳过程（Wiener process）或布朗运动这样一个连续随机过程来近似描述证券市场的价格变化，而对于维纳过程或布朗运动过程，随机微积分是能够对其作出精确描述的。据此，伊藤引理（Ito lemma）揭示了如何根据标的资产的随机微分过程推导出金融衍生品的随机微分过程，从而将金融资产定价和证券市场价格变化表面上的复杂不规则性构建成为可以遵循的关联性，进而使得整个金融资产定价和证券市场价格变化的精确性量化成为可能。

（三）有效市场假说为证券市场研究提供了一个相对完整的理论框架

有效市场是证券市场一种理想的完美状态，它体现了经济学家梦寐以求的境界，即竞争均衡。在有效市场假说的理论框架中，其前提条件是证券存在一种客观的均衡价值，股价已反映所有已知的信息，且价格将趋向于均衡价值，这一假设意味着投资者是理性的，其购买和出售行为将使证券价格趋向其内在价值，且调整到均衡的速度依赖于信息的可利用性和市场的竞争性。在此框架下，证券市场的风险衡量可用方差指标，证券市场定价问题可用资本资产定价模型、套利定价模型和布莱克-斯科尔斯期权定价模型等经典理论进行解决，同时有效市场的三种形态可对证券市场的价格预测能力进行不同的分析。概言之，有效市场假说为证券市场风险衡量、证券资产定价和价格预测提供了一个相对完整的理论框架。

二、有效市场假说对证券市场投资的启示

（一）历史没有记忆

即便是在弱式有效市场上，证券价格的未来走向也与其历史变化没有任何必然的联系，不论证券价格过去是如何变化的，都不会对当前或以后的证券价格产生影响。简单地与证券价格的历史数据相比较，不能有效地帮助投资者判断目前证券价格是否合理。证券的市场价格是市场上绝大多数投资者对各种信息进行综合分析判断的均衡值，反映了绝大多数投资者的总体预期。从统计平均上讲，它很可能是关于证券价格的最好判断。在有效市场上，个别投资者完全可能在某几次投资活动中取得超常的高额回报，但却无法长期稳定地保持这种盈利水平；其总的投资结果，只能是获得平均利润，而不是超额利润。这就是说，平均来讲，市场是正确的，不具有独特知识和技能的投资者只能获得平均利润。

如果市场有效，技术分析是无用的，基本分析也是无用的，甚至探寻内幕消息的努力也是白费。投资者通过分析个股，企图找到价值被低估的股票，并不会提高投资组合的收益，因为这些信息已经被包含在价格中了。使用标准分析公开信息，确认投资业绩表现超越市场的证券是极不可能的。在证券市场上没有永远的赢家，某些业绩表现突出的投资者也许仅仅是运气而已。在有效市场中，总存在输家和赢家。仅仅因为投资者或基金经理在一定时期“战胜市场”（beating the market），并不意味着市场不是有效的。要么他们具备别人不具备的才能，要么他们比别人幸运。

（二）市场无幻觉

在有效市场上，证券价格取决于其实际价值的高低，企业无法通过拆股、改换会计记

账方式、调整财务报表等手段使投资者产生错误的判断，更不能靠制造假象（如编造假账和散布假消息等）来影响证券价格。投资者关注的是企业的现金流以及这些现金流中归属于他们的那部分，他们不会想入非非地受到那些虚假信息所产生的幻觉的影响。

（三）股票价格弹性大

当一种产品的替代物很多时，其价格弹性很大。在证券市场上，每一种股票都是一个拥有很多替代物的商品。投资者购买某种股票并不是因为它有什么与众不同之处，而是它能够提供与其风险水平相当的收益。如果收益状况低于风险水平，这种股票将无人问津。如果收益状况高于风险水平，这种股票将使人争相购买。因此，股份公司想要保持其股票价格的合理，就必须保证公司信息的公开性，让公众了解公司的状况，认识到公司股票确实是物有所值。否则，将难以保证股票价格合理，同时也难以吸引投资者。

（四）不要越俎代庖

在有效市场中，投资者并不会为别人帮助他干了自己能干的事情而支付报酬。比如，如果投资者能自己进行多样化投资而减少投资风险，他不会要求企业经理们为之代劳。投资者之所以购买某一公司的股票，很可能是因为这一公司的风险程度和收益状况符合他们的要求。因此，企业盲目进行多样化经营，分散风险，并不一定符合其股东的要求。事实上，企业兼并，多样化经营也不会对公司股票价格产生实质性影响。在股票市场上，各类公司的股票都有，投资者完全可以根据自己的风险偏好和资金状况选择合适的股票，而不必要公司操作此事。

（五）寻找规律者自己消灭了规律

有效市场假说是一个非常有趣的理论，它强调的是证券价格充分反映了所有相关信息。如果证券的市场价格不能充分反映有关的信息，则投资者可以通过对这些信息的分析找出价格变化的规律和投资机会而加以利用。如果证券的市场价格已经充分反映了有关信息，则投资者通过努力获取超额利润的希望就会落空。有效市场假说的有趣之处就在于，如果人人都相信市场是有效率的，都不去做市场分析，那么证券价格肯定不能充分反映各种信息，市场就是无效率的，进行市场分析者就会有利可图。如果人人都认为市场是无效率的，认为通过市场分析等种种努力可以发现价格变化的规律和投资机会，并因此对市场“战而胜之”，获取超额利润（正如同现实世界中许多投资者自己所认为的那样），则在大家的努力之下市场就变成有效率的了，证券价格就能够充分反映各种相关信息了。比如，如果只有一个人经过对某一种股票价格历史数据的分析，判断该股票在一周后价格将上升20%，并因此在股票市场上买入股票等待获利，如果这一判断是正确的，他一定可以获利。但如果许多人都用相同的方法（任何人都无法独占各种证券投资分析方法），对同样的数据和资料（这些数据和资料也都是对所有感兴趣的人公开的）进行分析得出了同样的判断，大家都希望马上购入股票以待获利，则该股票的价格在疯狂的购买压力下立刻就会上涨到应有的水平，而使未来获利的机会化为泡影。由此可见，市场有效率正是由那些认为市场无效率或效率不高的人努力工作促成的，这些人越多，工作越努力，市场就越有效率。

有效市场假说的一个根本结论是信息就是金钱。即只有新的信息才能带来价格的新变化，掌握并利用人所不知的内幕信息进行交易是在证券交易中始终如一的获取巨额利润的唯一保证。但为了保证证券市场的公正，管理机构和法律所要限制的正是这种利用内幕信息进行的交易，否则证券市场就无法维持下去。因此，对一般投资者来说，想通过证券交易，通过对市场的分析掌握交易规律而获取巨额利润，是非常困难的，或者说是不现实的。正如西方金融证券界一句流行的话所说的："很多研究人员因此（研究证券）而闻名天下，但没有一个人因此而富甲天下。"

（六）投资指数基金也许是一种理想投资决策

由于在市场有效的环境中，大众已知的投资策略并不能产生超额利润。投资者宁可投资于长期持有的分散化投资组合，而不是企图挑选赢家或输家以及频繁地交易股票。同时，因为指数基金是一种充分分散的证券资产组合，因而投资指数基金的被动式投资也许是一种理想的投资决策。

证券投资组合管理的功能在于分散风险，并非"战胜市场"。由于有效市场中投资者不可能总是赢家，证券投资组合管理的功能是满足风险分散的需要，或根据不同投资者的未来现金流状况构建资产组合，而不是"战胜市场"。

三、有效市场假说的理论局限性

（一）"理性经济人"假设的理论局限性

从前面的论述中可以看到，有效市场假说有一个基本的、很关键的前提假设条件，就是证券市场上的所有投资者都是"理性经济人"。所谓证券市场上的"理性经济人"，就是利益最大化的投资者可以根据其获得的信息对证券进行合理的、最优的定价。同时这里的投资者也是"风险厌恶者"（risk-averse），他们要求的高收益是与其承担的高风险相挂钩的。但是，近年来的研究中越来越多的证据表明，"理性经济人"假设与现实状况并不完全符合。比如，美国心理学家特沃斯基（Tversky）发现，投资者在进行证券投资时，如果遭受的损失越大，他们越倾向于进行冒险投资，也就是说具有赌博精神，这一点与"理性经济人"假设中的风险厌恶者是相矛盾的。从 20 世纪 80 年代开始逐渐兴起的行为金融理论，也针对证券市场中投资者的有限理性进行了大量论证，解释了投资者在现实的证券投资操作中存在着的各种认知偏差，以及投资者们在风险环境中的决策行为，都证实了在现实生活中的投资者们与"理性经济人"假设的偏离，而市场是否有效也成了现代证券投资组合理论与行为金融理论争论的焦点之一。有悖于"理性经济人"假设的具体情况有以下几种。

首先，关于投资者对新信息的反应速度。有效市场假说认为投资者对新信息的反应是迅速的，没有时滞的。而现实中的证据表明，投资者不一定能对新获得的信息作出迅速反应，常见的情况往往是在他们获得新信息以后，先观察到新信息出现后所引发的证券价格的最近变动趋势，然后再回过头来对引发这种变化的相关新信息作出分析判断等反应。这一系列反应可能是线性的，也可能是非线性的，这就与"理性经济人"假设中所认为线性反应的结论相违背了。

其次，"理性经济人"假设认为所有的投资者都是风险厌恶者。但现实中的证据表明，投资者并不总是风险厌恶者，某些投资者在遭受重大损失的时候，往往倾向于采取一些不谨慎的冒险行动，试图以此挽回前期的损失，而这些不谨慎的冒险就会导致证券市场中的“非理性”行为出现。

最后，对于信息的反应程度上，有效市场假说认为投资者不仅能对信息作出迅速的反应，而且做出的反应也是准确无误的。但在现实中，每个投资者都有自己的“主观判断”，对于新信息的出现，他们做出的反应会受到自己“主观判断”的影响，这有可能导致他们无法对新信息作出准确的反应，由此引起市场中证券价格的“非理性”波动。

因此，仅从以上几点就可以看出，“理性经济人”这一前提假设是非常简化和理想化的，这种简单和理想化的前提假设条件，从表面上来看确实是有助于逻辑推理的，但由于和现实市场状况相差太远，所以将该前提假设用于现实证券投资领域的研究分析时，就不可避免的会产生一些误导影响，因此要慎重看待“理性经济人”这一前提假设。

（二）“有效市场”定义的理论局限性

前面已经讨论过，有效市场的定义是：市场上的可获得的相关信息都能够充分及时地被证券价格所反映。但是直到目前为止，学术界还是没有对“有效市场”定义中的“可获得的相关信息”和“充分反映”这两个概念进行一个统一合理的界定和解释，这也就导致大家对“有效市场”的确切含义非常模糊。虽然诸如法玛、鲁宾斯坦、格罗斯曼等对“有效市场”这一概念进行了界定和解释，但他们的观点并不完全统一。因此有必要对有效市场假说中的“可获得的相关信息”和“充分反映”进行重新界定，由此统一学者们的研究范式。

另外，实证检验的结果也有可能与“有效市场”定义所描述的状况不相符合。如果检验的结果表明市场是弱式有效的，但这一结果可能无法满足半强式有效的条件；更进一步，如果检验的结果表明是市场是半强式有效的，但这一结果也有可能无法满足强式有效的条件。实证检验的结果是要判断市场是否有效：要么市场是有效率的，要么是无效率的。但检验结果却只是弱式有效的市场有可能不是半强式有效和强式有效，检验结果尚无法有力地支持市场就是“有效率的”这一结论。“有效市场”在理论上还是一个无法准确界定的问题，因此对每一类型“有效市场”的检验结果均不能明确得出“市场是有效的”这一清晰结论。

（三）“无成本获得信息”的理论局限性

有效市场假说中关于信息的前提假设是，相关信息的获得是无成本的。当前这一假设前提也越来越在现实市场状况中受到质疑。在对该前提假设的一片反驳中，最著名的就是格罗斯曼和斯蒂格利茨在 1980 年所发表的《论不存在完全信息市场》中描述的，在现实生活中信息不可能免费的获得，搜集信息是有成本存在的。如果按照有效市场假说的论述，证券价格完全反映相关信息，那么投资者不仅无法获得任何超额收益，甚至还有可能会遭受信息成本所导致的损失。因此证券价格不可能完全反映信息，原因就是投资者是不可能在明知要遭受损失的情况下去进行投资。所以当市场中存在着信息的搜集成本和处理成本的情况下，必须存在着能够弥补信息的搜集成本和处理成本的超额收益，投资交易才有可能发生。如果超额收益在完全弥补了信息的搜集成本和处理成本之后就不存在了，那么市场此时也可以被看做是有效的；如果超额收益无法完全抵消信息的搜集成本和处理成本，投资者的投资行为注定是要遭受损失的，那么这将会导致市场无效，价格无法充分反映信息。

由此引申出来的结论就是，由于信息成本的存在，有效市场是不可能存在的，因为市场效率和竞争均衡是不相容的，价格不可能是充分显示信息的。究其原因在于，如果市场是有效的，价格是充分反映信息的，就不会有人愿意去花费成本来搜集处理信息；而如果没有人去搜集处理信息，那么新信息就不能被汇总或是迅速准确地反映到证券的价格中，于是市场就不会有效的；如果大家都不去搜集处理信息，那么搜集处理信息就会产生超额收益，这样又产生了收集处理信息的动力。这就是著名的格罗斯曼-斯蒂格利茨悖论（Grossman-Stiglitz paradox）。

（四）市场中套利机制的限制性

有效市场假说还有一个隐含的假设条件，就是市场中的套利机制不存在任何局限性。弗里德曼曾经指出，即使市场中有一些投资者是非理性的，但只要市场中有理性投资者的存在，并且没有套利机制限制，理性投资者就会通过无限的套利机制使证券的价格趋向均衡。同时，即使市场中的非理性交易者发生高买低卖行为，但由于理性投资者的存在，他们在与理性投资者的博弈中往往处于下风，因此在遭受损失后就会退出市场，所以市场中证券资产的价格最终会趋向均衡。在整个现代证券投资组合理论中，套利机制是支撑和构建其理论体系的支柱之一。但是在实际生活中，套利机制是存在很大的限制性的。

首先，套利机制认为人们即便是在没有资金或资产的情况下，也可以通过买空或卖空的交易行为来获得无风险套利利润。在买空和卖空过程中，套利交易者不仅可以不受限制地获得外部资金或资产的支持，而且也完全可以不用考虑资金或资产的占用成本。但现实情况是，大多数交易活动都需要缴纳保证金，资金或资产的借用并不是无限制的，资金或资产的占用都是有成本的。

其次，套利机制认为投资者在进行交易时可以获得无风险利润，所有的交易都是无风险的。而在实际中，证券资产的交易都是具有风险的，套利交易并非经典理论中所说的无风险交易，风险的存在也会产生对套利交易的限制。

四、有效市场假说理论面临的挑战

（一）“混沌经济学”对有效市场假说的挑战

有效市场假说认为，市场中的信息能够充分和准确地反映在证券的价格上，这种关系是一种“线性关系”。但“混沌理论”认为，变量之间一般都不是简单的线性关系，而是十分复杂的非线性关系，这一结论被 1987 年 10 月 19 日爆发于美国股票市场上的“黑色星期一”事件所证实。当天出现的暴跌风潮导致了美国历史上最大的一次股票市场动荡，道·琼斯指数一天之内重挫了 508.32 点，跌幅达 22.6%，创下自 1941 年以来单日跌幅最高纪录。6.5 小时之内，纽约股指损失了 5000 亿美元，其价值相当于美国全年国民生产总值的 1/8。这次股市暴跌震惊了整个金融世界，并在全世界股票市场产生“多米诺骨牌”

效应，伦敦、法兰克福、东京、悉尼、中国香港、新加坡等地股市均受到强烈冲击，股票跌幅多达 10%以上。股市暴跌狂潮在西方各国股民中引起巨大恐慌，许多百万富翁一夜之间沦为贫民，数以千计的人精神崩溃，跳楼自杀。学者们和投资者由此开始对新古典宏观经济学的理论产生了质疑，也动摇了基于新古典宏观经济学的有效市场假说的理论基础，从“黑色星期一”的股票价格的过度暴跌现象来看，不管是由于何种新信息造成的，股票价格波动明显是一种非线性趋势。

现在，“混沌经济学”越来越多地被用来进行股票市场效率的检验，条件异方差自回归模型就是一个基于“非线性关系”的金融计量检验方法。

（二）市场的“异常现象”

有效市场假说推出的早期，几乎占据了舆论的主流，大家都普遍认为有效市场是对现实世界非常有说服力的描述，不可能再有其他的解释了。但是随着理论研究的不断发展，越来越多的实证结果表现出与有效市场假说描述的不一致，各种各样的市场“异常现象”发生，这导致有效市场假说的说服力面临着很大的挑战。市场中的“异常现象”是传统证券投资理论和有效市场假说都无法解释的，有人将之归因于信息不足，也有人认为是检验方法的局限使然。虽然大家对“异常现象”的解释尚未达成共识，但都已经逐渐认识到了，有效市场假说与现实状况还有很大的差距，并不能解释市场上的所有现象。

1. 股权溢价之谜

股票的收益一般会超过无风险债券的收益，这一超过的部分叫做股权溢价。传统的观点认为，股票的风险一般要高于无风险债券，因此股票的收益高于无风险债券是理所应当的。但是，一般“溢价”达到多少才是合理的呢？按照资本资产定价模型中关于系统性风险的界定，认为股权溢价的大小受到系统性风险的限制。普雷斯科特（Prescott）等在研究了 1926～1985 年间的股票收益率和政府债券收益率之间的差别之后发现，基于资本资产定价模型计算的股权溢价大约为 1.4%，而实际上美国股票市场的投资收益率高出债券市场大约 7%，普雷斯科特将这一现象称为“股权溢价之谜”，认为这在标准的现代证券投资组合理论中是无法得到令人满意的解释的。

2. 一月效应和周末效应

凯尼（Kinney）发现了股票市场上著名的“一月效应”，他通过实证检验发现，1904～1974 年纽约证券交易所股票价格指数在 1 月的收益率明显高于其他 11 个月份的收益率。美国经济学家居尔特金（Gultekin）证实了这一现象同时也在其他很多国家中存在。此外，克劳斯（Cross）等的研究也发现了所谓的“周末效应”的存在，显示证券市场在一周内的各个交易日的平均收益率存在着显著的差异。例如，在美国、加拿大、英国等国的股票市场中，周一的平均收益率显著为负，而周五的平均收益率显著为正，同时这两个时间点的平均收益率之间还存在显著的统计特征。

3. 市盈率效应/市净率效应

巴苏（Basu）通过对 1400 家公司的股票进行实证研究，发现低市盈率股票的收益率比高市盈率股票的收益率高出许多，也就是说证券的价格并没有对市盈率作出正确的反映，投资者可以根据市盈率的标准选择股票投资，从而获得超额收益。法玛对 1963～1990

年在美国纽约证券交易所上市公司的市净率指标进行比较后，发现市净率最高的股票的平均收益率，要远高于市净率最低的股票的平均收益率，而且这种差异也比基于资本资产定价模型得到的结果要大。此外，弗伦奇（French）的研究也得到了类似的结论，他将1963～1990年几乎涵盖了美国所有证券交易所的股票，按照市净率的高低分为10组，结果发现市净率较低的股票的市场表现，明显好于市净率较高的股票。

4. *股票市场的过度反应和过度波动*

席勒（Shiller）通过分析标准普尔500指数的基本价值曲线，认为该指数的基本价值曲线应该呈一个平稳的变动趋势，而实际情况却是标准普尔500指数经常发生剧烈的波动，这表明市场中存在过度波动的现象。泰勒（Thaler）通过实证研究发现，股票市场中存在过度反应现象，即大多数投资者对新信息的出现表现出过度反应，他将股票集合分为“表现好”和“表现差”两个相等的子集合，来比较它们在3年中的表现，发现“表现差”的组合比“表现好”的组合的平均收益率还要高，这一现象证明了股票市场中过度反应现象的存在。

5. *规模效应*

传统证券投资理论认为，股票市场上的股票市值有大有小，每个上市公司的市值水平与该公司资产或资本的规模是成正比的。一般来说，市值越小的上市公司，其资产或资本规模越小，那么该上市公司在行业中的地位也就越低，竞争力也就越弱。因此按这种理论可以认为：小市值公司的股票与大市值公司的股票相比，前者的投资收益率应该是明显低于后者的。但是实证研究的结果却显示，小盘股往往比大盘股有着更高的投资回报，这种“异常”的现象就被称为“规模效应”，也叫做“小公司效应”。班兹（Banz）的实证研究表明，许多小公司的股票能够提供长期的超额利润率，无论从总收益的角度来看，还是从风险调整后的收益率的角度来看，这些股票的收益率都与公司的市值大小呈现明显的负相关。西格尔（Siegel）的研究表明，1926～1996年纽约证券交易所市值最大的上市公司的股票的年综合收益率为9.8%，而市值最小的上市公司的股票的年综合收益率为14%。法玛和弗伦奇把1963～1990年在美国证券交易所、纽约证券交易所和纳斯达克上市交易的所有股票按照市值进行分类，通过实证分析发现，市值最小的10%的股票的收益率比市值最大的10%的股票每月都高出大约0.8%。

也有学者对“规模效应”出现的时间进行了实证分析，结果显示这种“小公司效应”主要出现每年的1月，因此他们将此现象称为“小公司1月效应”。凯姆（Keim）将纽约股票交易所的股票按照市值的规模分为10组，发现在1月份，市值规模最小的公司比规模最大的公司的收益率高出14%，而这一较高的收益率主要集中在12月底的最后一个交易日和1月前几个交易日。西格尔也认为小公司股票的超额收益率主要出现在每年的1月。同时，布卢姆（Blume）和斯坦博（Stambaugh）等学者的研究也得出了类似的结论。

6. *羊群效应*

羊群效应，也叫羊群行为，是指在股票市场中，由于受到其他投资者的某种投资策略的影响，该投资者也倾向于采取相同的投资策略。一般而言，投资者采取相同的投资策略可能仅仅是一种巧合，而不一定是羊群行为，关键是要看投资者的这种投资策略是否受到了其他投资者的投资行为的影响。比如，股票市场中的“追涨杀跌”和“盲目跟风”行为就是典型的羊群效应，基金经理模仿其他基金经理投资策略的行为也是一种羊群效应。

7. 股票价格泡沫现象

这是股票市场中的一个古老的现象，并且这一现象至今为止还困扰着许多经济学家。17 世纪在荷兰发生的郁金香狂热泡沫是最早出现的资产价格泡沫现象，1719～1720 年发生在法国的密西西比股票价格泡沫、1720 年英国发生的南海股票泡沫、美国 20 世纪 30 年代大萧条爆发之前的股票价格泡沫、20 世纪 80 年代末日本的房地产和股票市场泡沫、20 世纪 90 年代末发生在美国的科技网络股票泡沫及 21 世纪初发生在美国的房地产和股票市场泡沫，以致最后爆发的席卷全球的次贷危机，这些资产价格泡沫现象表明资产的价格严重偏离其基本价值，市场中的证券资产并没有得到合理的定价。

课后练习

一、名词解释

有效市场　随机漫步　证券市场效率　弱式有效市场　半强式有效市场　强式有效市场　内幕消息　内幕交易　有效市场假说　股权溢价之谜　一月效应　周末效应　市盈率效应　市净率效应　过度反应　过度波动　规模效应　羊群效应　股票价格泡沫现象

二、简答题

1. 为什么在有效市场中，价格变动满足随机漫步？
2. 有效市场假说是建立在哪些前提假说之上的？它们体现出哪些具体特征？
3. 有效市场假说的基本思想是什么？
4. 有效市场可以分为哪些形式？这些形式之间的区别和联系是什么？
5. 有效市场假说对投资决策有些什么影响？
6. 有效市场假说给证券投资的启示是什么？

三、论述题

1. 我国股票市场是有效市场吗？如果是，请说明属于哪种形式的有效市场；如果不是，请说明理由。

2. 根据有效市场假说，基本分析和技术分析似乎都没有什么意义，这是否与现实相符呢？

3. 试评论以下观点："如果市场有效，那么证券价格就是其内在价值的最好估计值，任何人或机构都不可能持续获得正的超常收益，因此证券投资基金之类的机构就没有存在的必要了。"

四、延伸性阅读推荐

1. Fama E. The behavior of stock market prices. Journal of Business，1965，38：34-105

2. Fama E. Efficient capital markets：a review of theory and empirical work. Journal of Finance，1970，XXV（2）：383-417

3. Fama E. Efficient capital markets Ⅱ. Journal of Finance，1991，26（5）：1575-1617

4. 理查德·A. 布雷利，斯图尔特 C. 迈尔斯，弗兰克林·艾伦. 公司财务原理. 10 版. 赵英军译. 北京：机械工业出版社，2013

5. 埃德温·J. 埃尔顿，马丁 J. 格鲁伯，斯蒂芬 J. 布朗，等. 现代投资组合理论与投资分析. 7 版. 余维彬译. 北京：机械工业出版社，2008

6. 张信东. 中国资本市场效率研究——判别原理、方法与改进途径. 北京：科学出版社，2013

第七章

马克维茨投资组合理论

传统的投资理论强调的是投资项目的预期收益与投资成本的比较，但是这种标准却无法用来指导证券类的风险资产的投资决策，其原因就在于证券投资收益的不确定性和各种证券收益之间的相关关系。传统的投资理论很难兼顾投资者们对风险和收益的整体追求，故而产生了现代证券投资组合理论。马克维茨投资组合理论是其中出现比较早，而且是当前公认的比较经典的理论之一，在证券投资走向多元化的过程中有着重要的指导意义和实用意义。本章围绕着马克维茨投资组合理论，介绍风险与收益的衡量及其相互之间的关系，解释投资者通过风险偏好和无差异曲线来进行投资决策的基本原理，借助均值-方差模型来推导最优证券投资组合的决定过程，最后对马克维茨投资组合理论的贡献及其在实际运用中的局限进行简要评述。

第一节　收益、风险概述

一、收益概述

（一）收益的含义

收益是指企投资者在一定的会计期间对外投资所取得的回报。其中投资收益包括对外投资所分得的股票红利和收到的债券利息，以及投资到期收回的或到期前转让债权取得款项高于账面价值的差额等。如果期末的投资收益大于期初的投资支出，则表示投资者获得了正的投资收益；反之，则说明投资者获得了负的投资效益。

证券投资收益主要包括两种：一种是证券利息收入，简称收入或经常性收入，是指在证券持有期内获得的利息收入，如债券按期支付的债息收入或股票按期支付的股息收入等；另一种是资本利得或资本损失，是指由于所持有证券价格的涨跌变动而导致的最初支付本金的升值或贬值。这两部分收益加总在一起，就是证券投资收益，也称为证券投资的利润或净收益。

（二）投资收益的类型

1. 持有期收益率

持有期收益率是指投资者在持有证券期间所获得的股息红利收入或债券利息收入及

买卖价差与证券买入价格的比率。

股票和其他证券资产不同，它没有到期日，投资者持有股票的时间可能是几天甚至是几年，所以持有期收益率就是反映投资者在一定的股票持有期内所获得的全部股息红利收入和资本利得占投资本金的比率。债券在到期前，同样具有持有期的对应特点，因此持有期收益率对于债券而言也是非常重要的指标。持有期收益率是投资者最关心的指标，可是如果要把它与债券收益率、银行利率等其他金融资产的收益率比较时，一定要注意时间单位的可比性。针对时间单位的可比性这一特性，一般将持有期收益率统一转化为年收益率标准来进行比较。

2. 预期收益率

预期收益率是指投资者持有一种证券资产或投资组合时，预计在下一个时期所能获得的收益率水平。预期收益率主要分为两大类：第一，单一证券资产的预期收益率；第二，证券投资组合的预期收益率。而且，证券投资组合的预期收益率就是构成组合的各个证券资产的预期收益的简单加权平均值。

3. 实际收益率

实际收益率是指剔除物价上涨因素后的，大致的计算可以用名义收益率减去通货膨胀率得到实际收益率。在完美市场中，证券资产的实际收益率与预期收益率是相等的。但是在现实市场中，实际收益率与预期收益率两者之间总是存在着差异的，而且差异越大，说明实际收益率水平的波动就越剧烈，这在金融领域就被称之为风险越大；反之亦然。

4. 到期收益率

到期收益是指将证券持有到期所获得的收益，包括到期的全部利息收入及偿还的本金。到期收益率即到期收益与证券买入价格的比率。

到期收益率主要受到票面利率、计息时间、付息周期、买入价格（或当前市场价格）等因素的影响，是证券市场定价的基础和标准，二者之间呈现反向变动关系。因为到期收益率中包含了对未来资金价格的预期，所以也常被作为市场利率的主要参考指标。

（三）影响投资收益率的因素

证券投资的收益率水平，除了要受到证券市场价格，持有期内所获得的利息收入，以及期初投资本金金额的影响之外，还会受到市场流动性、税收、附加的赎回或转换条件等因素的影响。

1. 市场流动性因素

有的证券可以在市场上随时交易，而且不需要在价格上做出折扣，或交易费用很低，这样的证券被视为具有高度的市场流动性。相反的情况是，那些市场流动性较差的证券，要么是很难在市场上实现交易，要么是必须在交易中支付较高的中介费用或是给予较高的价格折扣，从而导致投资收益的损失。一般来说，证券投资收益率水平会随着其市场流动性的降低而升高，这是因为市场流动性越差风险越高，投资者要求对此风险要有所补偿所致。

2. 税收因素

在现实生活中，各种证券所面对的税收状况是不一致的，有些证券是可以免税的，有些证券只能免除部分税负，而有些证券则完全不能免税。因此从总体上来看，为了保证投资者在扣除税收后的净收益状况基本一致，所以投资者的投资收益率水平就会根据税收负担的不同，而出现相应的差异。

3. 可赎回条款

有些债券和优先股会附有可赎回条款，即允许发行者在适当的时间以适当的价格赎回其发行的证券，以避免市场利率波动给发行方带来的损失。一般赎回这种情况是出现在市场利率大幅下降的时期，发行者可以通过赎回原来票面利率较高的证券，转而发行票面利率较低的证券，以节约资金成本。但是由于赎回条款明显对投资者的利益造成了伤害，投资者面临着再投资风险，即投资者在证券赎回后，只能再投资于其他收益相对较低的证券。因此为了补偿投资者面临的这种潜在威胁，发行者就需要以更高的预期收益率来吸引投资者。

4. 可转换条款

与可赎回条款一样，发行者可能会在证券发行契约中规定可转换条款，允许投资者在适当的条件下，将债券转换成为股票，从而将固定的债券利息变换成为未来浮动的、更高的股息红利收入。在证券发行时，之所以发行者和投资者双方会就可转换条款达成一致，根本原因在于看好发行企业未来的发展前景，转换本身对投资者而言是有利的；当然对于发行者而言，也可以满足其将债权类融资转换成为股权类融资的需要。因为在转换交易中，持有可转换证券的投资者可能获得更高的收益，因此他们愿意支付更高的投资成本，导致可转换证券的预期收益率相对要低于同类型的证券品种。

（四）证券投资收益率的测算

1. 股票投资收益率的测算

第三章第二节关于股票的内在价值的分析，其核心思想为未来现金流量的贴现，也就是说，股票投资的内在价值取决于投资者未来可能获得的所有现金流量的贴现值之和。在第三章中，假定与风险相匹配的贴现率是既定的，从而在掌握了未来现金流量及投资期限后，就可以据此求得股票的内在价值，并可以据此为股票进行定价。在这里，如果我们市场价格为均衡价格，市场价格充分反映了股票的内在价值，那么在了解了未来现金流量及投资期限后，也可以利用现金流贴现模型，计算得到股票投资收益率。

$$v_0 = \frac{c_1}{(1+r)} + \frac{c_2}{(1+r)^2} + \cdots + \frac{c_{n-1}}{(1+r)^{n-1}} + \frac{c_n}{(1+r)^n} \tag{7.1}$$

其中，c_i 为各期获得的投资收益的现金流量；v_0 为初始投资金额；n 为投资期限；r 为股票投资收益率。如果把 c_i 视为各期的股利，把 v_0 视为股票当前的市场价格，那么式（7.1）就是股利贴现模型；如果各期的 c_i 之间存在着某种规律，如股利零增长或稳定增长等，那么就可以采用相应的股利贴现模型来测算股票投资的收益水平。

2. 债券投资收益率的测算

一般采用到期收益率指标来衡量债券投资的收益水平，到期收益率也就是投资者持有债券直至到期所获得的现金流量的现值，正好等于债券价格时所采用的贴现率。

$$P=\sum_{t=1}^{n}\frac{C}{(1+y)^{t}}+\frac{M}{(1+y)^{n}} \tag{7.2}$$

其中，P 为债券的价格；n 为持有期限；C 为每年支付的利息；M 为到期还本金额，那么到期收益率 y 就可以通过该公式计算得到。从式（7.2）中可以看出，到期收益率 y 与市场价格 P 之间呈现反向变化关系，而且债券市场的收益率水平一般与市场利率是一致的，因此通常可以用债券价格的波动状况来描述市场利率的走势。例如，债券交易价格的折价、溢价和平价，可以清楚地反映市场利率与债券利率之间的高低对应关系。

二、风险概述

在证券投资活动中，收益与风险是相互依存的，既然能获得不一样的收益，那么就一定存在着不同程度的风险。因此，在了解收益的同时，有必要正确地认识风险，从而更好地管理和利用风险。

（一）风险的含义

风险是指某一行动的后果具有的不确定性。从定义上看，风险是源自未来事件结果的不确定性。如果某一行动的后果是确定的，就意味着没有风险；如果不是确定的，就说明存在着风险。

从经济的角度风险可以定义为：风险是指某种不利事件发生而遭受经济损失的可能性。风险的存在是在特定情况下产生的，同时风险也是一定时期的风险。风险的大小会随着时间的延续而发生变化。综上可知，风险具有时间性，风险是市场经济的必然产物，是不可避免的。

在证券投资活动中，投资风险主要是指投资收益的不确定性。投资收益的可能分布发散性越强，其投资风险就越大。投资者在投融资活动过程中，不可避免地会受到不确定因素的作用，从而引起证券价格的波动，进而造成投资收益率的不确定性或易变性，这就是投资风险。一般可以采用收益率的方差或标准差来度量投资风险。

（二）风险存在的客观性

投资的风险是客观存在的，是不以人的意志为转移的。风险处处存在，时时存在，人们无法消除它，回避它，只能通过各种技术方式来预防风险，从而解决风险。针对风险产生的原因，从客观上来讲，是因为客观世界的复杂性。因为在决策时所面临的风险具有很强的不确定性，即无法获得足够的信息，从而导致决策的风险。从主观上讲，由于人们的主观认识具有一定的不确定性，在一定时期内，人们对某个问题的认识程度只能达到一定的程度，因为自身在知识、能力等方面的限制，对问题不可能达到全面的认识，这些是风险产生的主要原因。

（三）证券投资风险的分类

1. 系统性风险与非系统性风险

从风险的相对关系来看，证券投资风险可以分为系统性风险和非系统性风险两种。系统性风险是指与整个市场波动相联系的风险，它由能够影响所有证券价格的因素所导致，包括经济、政治等各方面的原因。而非系统性风险是指与整个市场波动无关，只与个别证券或部分证券相关的风险。因为非系统性风险是有可能通过投资组合的形式来降低甚至完全消除的，所以又可以称之为可分散风险。而系统性风险是不可能通过投资组合的形式来分散的，故又称为不可分散风险。

2. 信用风险

这是证券投资者所面临的最普遍、最基本、最主要的风险之一，主要指证券发行方可能会由于经营不善等原因而无力向证券持有人清偿到期的债务本金和利息，或者是其抵押物的价值无法满足清偿债务本息的需要。信用风险并不完全等同于出于道德恶意的违约，而更多的可能是与企业经营不善、财务状况恶化、市场流动性紧缩等状况相关。西方诸如穆迪、标准普尔、惠誉等评级机构，主要也是针对证券发行企业的信用风险开展其评级活动。

3. 市场风险

这是证券投资者所面临的另一大主要的风险，主要指由于市场价格波动所导致的不确定的投资收益。这里的市场价格波动不仅仅指证券市场价格，还包括资金价格——利率、货币价格——汇率、商品价格等指标。证券市场上的市场风险可以分为利率风险、汇率风险、股票价格风险和商品价格风险几大类。其中，利率风险是指由于利率的升降变动导致投资者难以获得预期收益，甚至难以收回投资成本的不确定性。证券市场中的利率风险特指市场利率的变动给证券投资带来损失的可能性。汇率风险是指由于各国货币兑换比率的变动所引起的投资收益的不确定性。股票价格风险是指由于证券市场供需状况变化导致证券价格出现不利变动，从而加大了投资收益的不确定性。商品价格风险主要是指大宗商品交易价格也会受到市场供求因素的影响而波动，进而影响相关证券投资者的投资收益。

4. 流动性风险

这主要是指证券投资者可能会因为其资产流动性不足，而导致其投资收益出现损失或投资目标不能实现。例如，投资者持有了品质不佳的证券，当需要卖出变现时却发现，要么市场上无人问津，要么就必须在价格上大打折扣才能售出，投资者因此而蒙受了巨大的损失。此外，在实施部分保证金制度的金融衍生工具市场中，如果因为流动性不足，无法弥补随时可能出现的保证金不足的状况，最终导致被强制平仓。

5. 操作风险

这是由于证券投资者有意无意在投资活动中的具体操作过程中出现失误而导致的投资收益的不确定性。虽然操作风险中包含了违法犯罪等主观因素，但是作为一种客观存在，它也极有可能是由于操作程序和系统、投资者自身甚至外部不可控因素等原因导致的。

三、收益与风险

在分别了解了收益和风险的概念之后，还必须认识到收益和风险是共生并存的关系，也就是说投资的收益和风险之间是可以相互均衡的，这就是所谓的收益和风险的均衡原则。

（一）收益和风险的关系

风险意味着可能会出现与人们想取得收益的愿望相违背的结果。可是，人们在投资过程中，往往可以通过主观努力，把握时机，从而有效地化解或分散风险，实现较高的收益水平。因此，风险和危险并不是等价的，危险只是有较大的可能性出现比较坏的结果，而风险则具有很强的不确定性，也就是说既有可能会出现好的结果，也有可能会出现坏的结果。

在一般情况下，收益和风险是呈正相关的，高收益对应着高风险，即较高收益的投资往往其不确定性也比较高。并且收益和风险也是形影相随的，收益以风险为代价，风险则用收益来补偿。投资者投资的目的是得到收益，但与此同时，又不可避免地要承担一定的风险，即高收益，高风险。所以在进行证券投资决策的时候，就需要对收益和风险进行整体的权衡。

（二）风险-收益均衡原则

风险-收益均衡原则就是指决策者在进行证券投资决策的时候，必须对收益和风险做出科学的权衡和决策，以使可能会发生的风险与可能会得到的收益相匹配。如果承受的风险水平很高，那么就要有高收益可能不会实现的心理准备。如果过于谨慎，则承受的风险水平就会降低，那么收益水平也会相应地降低，但与此同时带来的好处是，这种较低水平的收益实现的可能性大大提升了。因此在证券投资活动中，一定要均衡风险-收益这一对指标，才能合理地达到趋利避害的目的！

第二节　收益和风险的衡量

一、单个证券收益和风险的衡量

（一）证券投资收益的衡量

证券投资的收益有两个来源，即股利收入（或利息收入）加上资本利得（或资本损失）。比如，在一定期间进行股票投资的收益率，等于现金股利加上价格的变化，再除以初始价格。假设投资者购买了 100 元的股票，该股票向投资者支付 7 元现金股利。一年后，该股票的价格上涨到 106 元。这样，该股票的投资收益率是[7+(106–100)]/100=13%。

因此证券投资单期的收益率可表示为

$$R=\frac{D_t+(P_t-P_{t-1})}{P_{t-1}} \tag{7.3}$$

其中，R 为收益率；t 为特定的时间段；D_t 为第 t 期的现金股利（或利息收入）；P_t 为第 t 期的证券价格；P_{t-1} 为第 t–1 期的证券价格。在式（7.3）的分子中，括号里的部分（P_t–P_{t-1}）代表该投资期间的资本利得或资本损失。

（二）证券投资风险的衡量

由于风险证券的收益不能事先确知，投资者只能估计各种可能发生的结果（事件）及每一种结果发生的可能性（概率），因而风险证券的收益率通常用统计学中的期望值来表示：

$$\bar{R}=\sum_{i=1}^{n}R_iP_i \tag{7.4}$$

其中，$\bar{R}$ 为预期收益率；R_i 为第 i 种可能的收益率；P_i 为收益率 R_i 发生的概率；n 为可能性的数目。

预期收益率描述了以概率为权数的平均收益率。实际发生的收益率与预期收益率的偏差越大，投资于该证券的风险也就越大，因此对单个证券的风险，通常用统计学中的方差或标准差来表示，标准差 σ 可用公式表示为

$$\sigma=\sqrt{\sum_{i=1}^{n}(R_i-\bar{R})^2(P_i)} \tag{7.5}$$

通常假定证券投资的收益率呈正态分布，其特点在于：第一，收益率的分布是完全对称的，以预期收益率为中心，左右对称，也即是说实际收益率水平位于预期收益率左右两侧的概率是相等的；第二，实际收益率水平是以预期收益率为中心的，越接近预期收益率可能性越大，越远离预期收益率可能性越小；第三，整个收益率的分布状况只需要预期收益率 $\bar{R}$ 和标准差 σ 这两个指标就可以完全描述清楚了，其中预期收益率 $\bar{R}$ 决定了曲线的中心位置，标准差 σ 决定了曲线的陡峭或扁平程度。

如图 7.1 所示，当证券收益率服从正态分布时，收益率位于 $\bar{R}\pm\sigma$ 的范围内的可能性大约有 68%；收益率位于 $\bar{R}\pm2\sigma$ 范围之内的可能性大约有 95%；收益率位于 $\bar{R}\pm3\sigma$ 范围之内的可能性大约有 99.75%。根据收益率正态分布的特征，可以大致估算证券投资的收益率和风险。

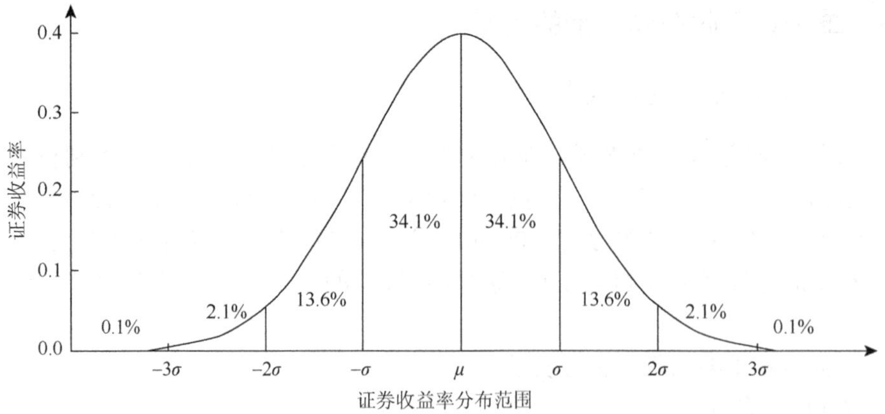

图 7.1　证券投资收益率的正态分布

下面通过一个例子来说明预期收益率和标准差的计算。

在表 7.1 所示的证券投资的可能收益率分布中，该项投资的预期收益率为 9%，标准差为 8.38%。

表 7.1　某证券收益的概率、预期收益率和标准差

可能的收益率 R_i	概率 P_i	预期收益率（$\bar{R}$）计算	方差（σ^2）计算
−0.10	0.05	−0.005	$(-0.10-0.09)^2(0.05)$
−0.02	0.10	−0.002	$(-0.02-0.09)^2(0.10)$
0.04	0.20	0.008	$(0.04-0.09)^2(0.20)$
0.09	0.30	0.027	$(0.09-0.09)^2(0.30)$
0.14	0.20	0.028	$(0.14-0.09)^2(0.20)$
0.20	0.10	0.020	$(0.20-0.09)^2(0.10)$
0.28	0.05	0.014	$(0.28-0.09)^2(0.05)$
	$\sum=1.00$	$\sum=0.090=\bar{R}$	$\sum=0.00703=\sigma^2$

二、证券组合的收益和风险的衡量

到目前为止，仅讨论了单项投资的风险和收益，但实际上投资者很少把所有资产都投资在一种证券上，大多数情况是构建一个证券组合来进行投资。证券组合的收益和风险的衡量同样可以采用预期收益率和方差的计算方法。

（一）两个证券组合的收益和风险的衡量

假设投资者不是将所有的资产投资于单个证券上，而是投资于两个证券，那么该证券组合的收益和风险应如何计量呢？这里同样要用到预期收益率和方差的计算方法，只是需要考虑到证券投资组合中两个证券各自所占的比重。

1. 两个证券组合的收益的衡量

假设某投资者将其资金分别投资于证券 A 和证券 B，其投资比重分别为 X_A 和 X_B，$X_A+X_B=1$，则两个证券组合的预期收益率 $\bar{R}_P$ 等于单个证券的预期收益率 $\bar{R}_A$ 和 $\bar{R}_B$ 以投资比重为权数的加权平均值，用公式表示为

$$\bar{R}_P = X_A\bar{R}_A + X_B\bar{R}_B \tag{7.6}$$

2. 两个证券组合的风险的衡量

由于两个证券的风险具有相互抵消的可能性，两个证券所构成的投资组合的风险就不能简单地等于单个证券的风险以投资比重为权数的加权平均值。如果用证券投资组合的收益率的方差 σ_P^2 来表示风险，那么其计算公式应为

$$\sigma_P^2 = X_A^2\sigma_A^2 + X_B^2\sigma_B^2 + 2X_AX_B\sigma_{AB} \tag{7.7}$$

3. 协方差

式（7.7）中的 σ_{AB} 为证券 A 和证券 B 的实际收益率和预期收益率的偏差之积的期望值，在统计学中称之为协方差。协方差可以用来衡量两个证券的收益率之间的互动性，其计算公式为

$$\sigma_{AB} = \Sigma_i(R_{Ai}-\bar{R}_A)(R_{Bi}-\bar{R}_B)P_i \tag{7.8}$$

协方差可以用来衡量这两个证券的收益率水平，在出现变化时相互之间的方向和幅度。正的协方差表明证券 A 和证券 B 的收益率水平的变化方向是同向的，负的协方差表

明证券 A 和证券 B 的收益率水平的变化方向是反向的。

4. 相关系数

除了协方差之外，还可以用相关系数 ρ_{AB} 来表示两个证券的收益率水平变动之间的相关关系，相关系数 ρ_{AB} 的计算公式为

$$\rho_{AB}=\sigma_{AB}/\sigma_A\sigma_B \tag{7.9}$$

相关系数的一个重要特征为其取值范围介于–1 与+1，即$-1\leqslant\rho_{AB}\leqslant+1$。

因此，式（7.7）又可以写成

$$\sigma_P^2=X_A^2\sigma_A^2+X_B^2\sigma_B^2+2X_AX_B\rho_{AB}\sigma_A\sigma_B \tag{7.10}$$

当 ρ_{AB} 的取值为–1 时，表示证券 A 和证券 B 的收益变动是完全负相关的；当 ρ_{AB} 的取值为+1 时，表示证券 A 和证券 B 是完全正相关的；当 ρ_{AB} 的取值为 0 时，表示证券 A 和证券 B 是完全不相关的。当 $0<\rho_{AB}<1$ 时，表示证券 A 和证券 B 是正相关的；当 $-1<\rho_{AB}<0$ 时，表示证券 A 和证券 B 是负相关的。

从式（7.7）～式（7.10）可以看出，当 $\rho_{AB}=1$ 时，$\sigma_P=X_A\sigma_A+X_B\sigma_B$。而当 $\rho_{AB}<1$ 时，$\sigma_P<X_A\sigma_A+X_B\sigma_B$。特别地，当 $\rho_{AB}=-1$ 时，$\sigma_P=|X_A\sigma_A-X_B\sigma_B|$。

根据上面的分析可知，两个证券所构成的投资组合的风险不仅取决于每个证券自身的风险（用方差或者标准差表示），还取决于这两个证券之间的相关性（用协方差或相关系数表示）。两个证券之间的相关性越低，越有可能降低投资组合的整体风险。如果是完全正相关的两个证券，其投资组合是不可能降低风险的；如果两个证券是完全负相关的，那么投资组合的风险是可能降低为 0 的；如果相关系数处于–1 和+1 之间，那么投资组合是可以降低部分风险的；如果两个证券完全不相关，那么投资组合的整体风险就由两个证券各自的风险及其权重来共同决定。

为了更好地理解相关性与降低风险之间的关系，举个例子进行说明。假设市场上有 A、B 两种证券，其预期收益率分别为 8%和 13%，标准差分别为 12%和 20%。A、B 两种证券的相关系数为 0.3。某投资者决定用这两只证券组成投资组合。

根据式（7.6）和式（7.7），证券投资组合的预期收益率和方差为

$$\bar{R}_P=X_A\times\bar{R}_A+X_B\times\bar{R}_B=0.08\times X_A+0.13\times X_B$$

$$\begin{aligned}\sigma_P^2&=X_A^2\times12\%^2+X_B^2\times20\%^2+2\times X_A\times X_B\times0.3\times0.12\times0.20\\&=0.0144\times X_A^2+0.04\times X_B^2+0.0144\times X_A\times X_B\end{aligned}$$

表 7.2、表 7.3 显示了不同权重下组合的预期收益率和标准差。从表 7.2 中的第 3 列和第 6 列可以看出，当证券 A 的权重从 0 逐步提高到 1（相应地，证券 B 的权重从 1 逐步降低到 0）时，组合的预期收益率从 13%逐步降到 8%，而组合的标准差也逐步从 20%逐步降低后又回升到 12%。其中，当 $X_A=0.82$，$X_B=1-0.82=0.18$ 时，组合的标准差最低，为 11.4473%[①]，如表 7.3 所示。权重的改变对组合预期收益率和标准差的影响如图 7.2 和图 7.3 所示。

---

① 求最小的标准差的步骤是：将 $X_B=1-X_A$ 代入式（7.8），然后对 X_A 求偏微分，并令偏微分等于 0，由此可以解得 $(X_A)_{最小}=(\sigma_B^2-\sigma_{AB})/(\sigma_A^2+\sigma_B^2-2\sigma_{AB})$

表 7.2　不同相关系数下投资组合的预期收益率和标准差

X_A	X_B	预期收益率/%	给定相关系数下投资组合的标准差/%			
			$\rho_{AB}=-1$	$\rho_{AB}=0$	$\rho_{AB}=0.3$	$\rho_{AB}=1$
0	1	13	20	20	20	20
0.1	0.9	12.5	16.8	18.04	18.4	19.2
0.2	0.8	12	13.6	16.18	16.88	18.4
0.3	0.7	11.5	10.4	14.46	15.47	17.6
0.4	0.6	11	7.2	12.92	14.2	16.8
0.5	0.5	10.5	4	11.66	13.11	16
0.6	0.4	10	0.8	10.76	12.26	15.2
0.7	0.3	9.5	2.4	10.32	11.7	14.4
0.8	0.2	9	5.6	10.4	11.45	13.6
0.9	0.1	8.5	8.8	10.98	11.56	12.8
1	0	8	12	12	12	12

表 7.3　不同相关系数下的最小标准差组合

	$\rho_{AB}=-1$	$\rho_{AB}=0$	$\rho_{AB}=0.3$	$\rho_{AB}=1$
X_A	0.625	0.7353	0.82	—
X_B	0.375	0.2647	0.18	—
预期收益率/%	9.875	9.3235	8.9	—
标准差/%	0	10.2899	11.4473	—

表 7.2 还给出了不同的相关系数下组合的预期收益率和标准差。从表 7.2 中可以看出，相关系数对于组合的预期收益率水平是没有影响的。

5. 分散化

图 7.2 和图 7.3 也给出了不同的相关系数下，投资权重对组合的预期收益率和标准差的影响。特别地，从图 7.3 可以看出，除了完全正相关（ρ_{AB}=1）外，证券投资组合的标

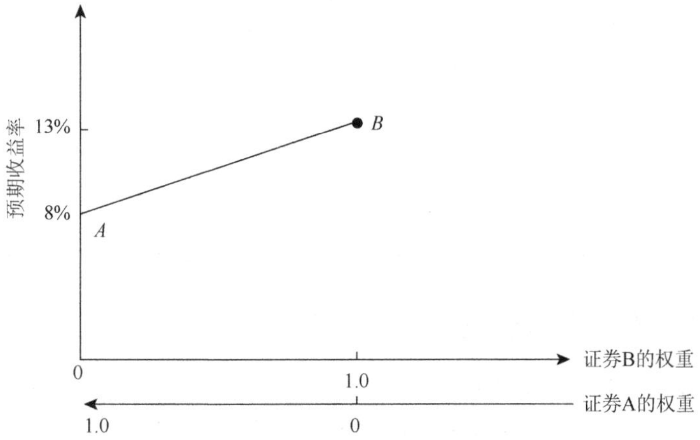

图 7.2　投资权重与组合的预期收益率

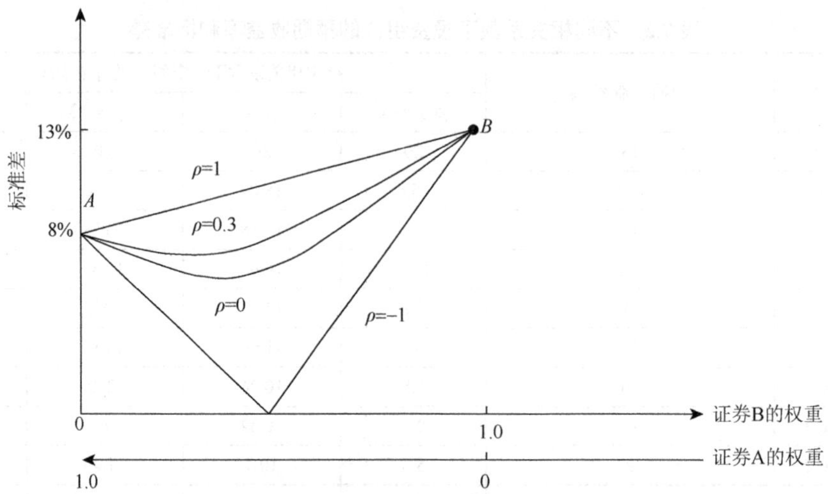

图 7.3 投资权重与组合的标准差

准差均低于 A 或 B 两种证券各自的标准差。这充分说明了相关性与降低风险之间的关系，也就是说，可以在不具有完全正相关性的证券之间进行选择，构建一个证券投资组合，最终达到降低风险的目的，这就是分散化投资所带来的好处。

将图 7.2 和图 7.3 结合起来看，可以得到一个能更直观地反映分散化效果的图形，如图 7.4 所示。从图 7.4 中可以看出，当 $\rho=1$ 时，两个证券 A、B 所构成的组合 P 的收益和风险关系落在 AB 直线上（具体在哪一点取决于投资比重 X_A 和 X_B）；当 $\rho<1$ 时，代表组合 P 的收益和风险的所有点的集合是一条向后弯的曲线，表明在同等风险水平下收益更大，或者说在同等收益水平下风险更小，ρ 越小，往后弯的程度越大；$\rho=-1$，是一条后弯的折线，此时可以通过选择 A、B 证券的投资比重，最终使投资风险降到 0。

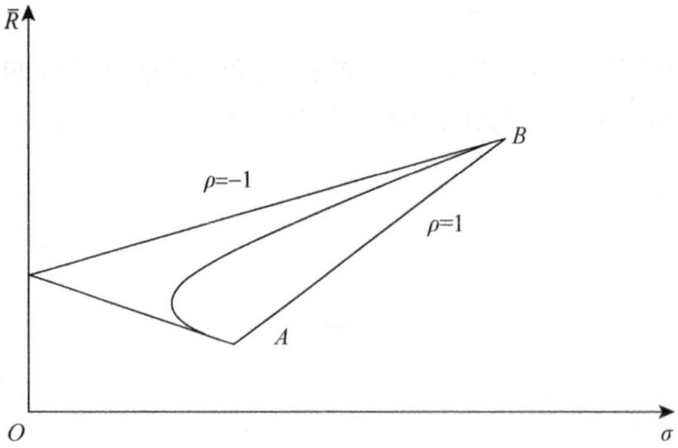

图 7.4 两个证券组合收益、风险与相关系数的关系

（二）三个证券组合的收益和风险的衡量

1. 三个证券组合的收益的衡量

假设投资组合由三个证券所构成，X_1、X_2、X_3 分别为投资于证券 1、证券 2、证券 3 的比重（显然，$X_1+X_2+X_3=1$），$\bar{R}_1$、$\bar{R}_2$、$\bar{R}_3$ 分别为三个证券的预期收益率，σ_1^2、σ_2^2、σ_3^2

分别为三个证券的方差，σ_{12}、σ_{13}、σ_{23} 为三个证券两两之间的协方差，则三个证券所构成的组合的预期收益率 $\overline{R}_p$ 为

$$\overline{R}_p = X_1\overline{R}_1 + X_2\overline{R}_2 + X_3\overline{R}_3 \tag{7.11}$$

2. 三个证券组合的风险的衡量

三个证券所构成的组合的风险为

$$\sigma_P^2 = X_1^2\sigma_1^2 + X_2^2\sigma_2^2 + X_3^2\sigma_3^2 + 2X_1X_2\sigma_{12} + 2X_1X_3\sigma_{13} + 2X_2X_3\sigma_{23} \tag{7.12}$$

（三）n 个证券组合收益和风险的衡量

1. n 个证券组合的收益的衡量

由前面的分析可知，证券组合的预期收益率就是组成该组合的各种证券的预期收益率的加权平均值，权数是投资于各种证券的资金占总投资额的比例，可以用公式表示为

$$\overline{R}_P = \sum_{i=1}^{n} X_i\overline{R}_i \tag{7.13}$$

其中，X_i 为投资于 i 证券的资金占总投资额的比例或权数；$\overline{R}_i$ 为证券 i 的预期收益率；n 为证券组合中不同证券的总数。

2. n 个证券组合的风险的衡量

证券投资组合的风险（用标准差表示）的计算就不能简单地把组合中每个证券的标准差进行加权平均而得到，其计算公式为

$$\sigma_P = \sqrt{\sum_{i=1}^{n}\sum_{j=1}^{n} X_iX_j\sigma_{ij}} \tag{7.14}$$

其中，n 为组合中不同证券的总数目；X_i 和 X_j 分别为证券 i 和证券 j 投资资金占总投资额的比例；σ_{ij} 为证券 i 和证券 j 的收益率的协方差。

式（7.14）也可以用矩阵来表示，双加号∑∑意味着把方阵（$n\times n$）的所有元素相加，假定 n 等于 4，即该证券组合的方差为以下矩阵中各元素之和，该矩阵称为方差-协方差矩阵（variance-covariance matrix）。

$$\begin{bmatrix} X_1X_1\sigma_{1,1} & X_1X_2\sigma_{1,2} & X_1X_3\sigma_{1,3} & X_1X_4\sigma_{1,4} \\ X_2X_1\sigma_{2,1} & X_2X_2\sigma_{2,2} & X_2X_3\sigma_{2,3} & X_2X_4\sigma_{2,4} \\ X_3X_1\sigma_{3,1} & X_3X_2\sigma_{3,2} & X_3X_3\sigma_{3,3} & X_3X_4\sigma_{3,4} \\ X_4X_1\sigma_{4,1} & X_4X_2\sigma_{4,2} & X_4X_3\sigma_{4,3} & X_4X_4\sigma_{4,4} \end{bmatrix}$$

由上可知，证券组合的方差不仅取决于单个证券的方差，还取决于各种证券两两之间的协方差。随着投资组合中证券数目的增加，在决定投资组合的方差时，证券之间协方差的作用越来越大，而单个证券方差的作用越来越小。这一点可以通过考察方差-协方差矩阵看出来。在一个由两个证券组成的组合中，有两个加权方差和两个加权协方差。但是对一个大的组合而言，总方差主要取决于任意两种证券间的协方差。例如，在一个由 30 种证券组成的组合中，有 30 个方差和 870 个协方差。若进一步扩大，令一个投资组合包含很多的证券，则其中就具有 n 个方差和 $n(n-1)$个协方差，此时协方差几乎就成了组合标准

差的决定性因素。

现举例说明如何利用式（7.14）计算证券组合的方差和标准差。假定某一股票年预期收益率为 16%，标准差为 15%，另一股票年预期收益率为 14%，标准差为 12%，两种股票的预计相关系数为 0.4，每种股票投资的金额各占一半，那么证券组合的预期收益率是

$$\overline{R}_p=0.5\times16\%+0.5\times14\%=15\%$$

证券组合的方差等于下面的方差-协方差矩阵中的所有元素的加总。

	第 1 种股票	第 2 种股票
第 1 种股票	$(0.5)^2\times1.0\times(0.15)^2$	$0.5\times0.5\times0.4\times0.15\times0.12$
第 2 种股票	$0.5\times0.5\times0.4\times0.12\times0.15$	$(0.5)^2\times1.0\times(0.12)^2$

因此，

$$\sigma^2=(0.5)^2\times1.0\times(0.15)^2+2\times0.5\times0.5\times0.4\times0.12\times0.15+(0.5)^2\times1.0\times(0.12)^2=0.012\,825$$

$$\sigma=(0.012\,825)^{0.5}=11.3\%$$

从上例可知，只要两种证券的相关系数小于 1，证券组合的标准差就有可能小于两种证券的标准差的加权平均值 0.5×15%+0.5×12%=13.5%。实际上，不论证券组合中包括多少种证券，只要证券组合中每两两证券之间的相关系数小于 1，证券组合的标准差就会小于单个证券标准差的加权平均值。这意味着只要证券的变动不完全一致，单个有高风险的证券就能与其他证券共同组成一个只有中低风险的证券组合。

三、系统性风险的衡量

由于非系统性风险可以通过有效的证券投资组合来消除，当一个投资者在构建一个完全分散化的、有效的证券投资组合时，其所面临的就只有系统性风险了。那么如何衡量这个系统性风险呢？一般采用 β 系数这个指标来进行衡量。

（一）单个证券的 β 系数

如果把证券市场处于均衡状态时的所有证券，以各自的市值比重为权数来构建一个证券投资组合，这个组合可以被称为“市场组合”。因为市场组合是一个完全分散化的投资组合，这个组合的非系统性风险被充分地消除，即它的非系统性风险等于零，因此它只受到系统性风险的影响。研究表明，衡量单个证券的系统性风险的最好指标就是 β 系数，即使用能够反映单个证券的收益率和市场组合收益率之间相对变化程度的 β 系数作为衡量单个证券的系统性风险的指标。单个证券的 β 系数可以用符号 β_i 来表示，指的是该证券的收益率和和市场组合的收益率的协方差 σ_{im}，再除以市场组合收益率的方差 $\sigma_m{}^2$，其计算公式为

$$\beta_i=\sigma_{im}/\sigma_m{}^2 \tag{7.15}$$

从式（7.15）中可以看出，β 系数首先是一个衡量风险的指标（方差），其次它还是一个衡量系统性风险的指标（协方差），最后它也是一个衡量风险的相对指标（相对于市场组合面临的系统性风险而言）。

（二）证券组合的 β 系数

由于系统性风险无法通过分散化的投资来抵消，一个证券投资组合的 β 系数就应该等于该组合中各种证券的 β 系数的加权平均值，权数为各种证券的市值在整个组合总价值中所占的比重 X_i，其计算公式为

$$\beta_P = \sum_{i=1}^{n} X_i \beta_i \tag{7.16}$$

式（7.16）是一个线性方程，通过 β 系数来衡量证券投资组合的风险在计算上要比使用标准差方法简便了很多，但是二者之间的差别在于，β 系数只是在测度系统性风险，而标准差是对整体风险（包括系统性风险和非系统性风险）的概括。

（三）β 系数的含义

如果一种证券或证券组合的 β 系数等于 1，说明其系统性风险完全等同于市场组合的系统性风险，那么其收益率的波动幅度完全等同于市场组合。如果单个证券或证券组合的 β 系数大于 1，说明其系统性风险大于市场组合，那么其收益率的波动幅度大于市场组合。如果单个证券或证券组合的 β 系数小于 1，说明其系统性风险小于市场组合，那么其收益率的波动幅度小于市场组合。如果单个证券或证券组合的 β 系数等于 0，说明没有系统性风险，那么其收益率的波动与市场组合并不相关。

如果以股价指数作为描述市场组合的指标，那么根据 β 系数的不同，单个证券或证券组合的价格波动将与股价指数的波动之间，保持着同步、领先、落后、不变等几种状态，这也给证券投资的操作提供了参考。例如，采用消极策略的投资者，可以选择 β 系数等于 1 的证券或证券组合。采用积极策略的投资者，可以在牛市中选择 β 系数大于 1 的证券或证券组合，以期扩大自己的投资收益；而在熊市中选择 β 系数小于 1 的证券或证券组合，尽量弱化系统性风险带来的负面影响。而极度厌恶风险的投资者，可以选择 β 系数等于 0 的证券或证券组合，也就是无风险投资，以保障自己稳定的收益。

第三节　风险偏好和无差异曲线

对于任何一项投资而言，风险和收益都是一双“孪生兄弟”，那么风险和收益在投资者的投资决策中到底充当什么角色呢？风险机制如何发挥作用呢？这是本节将要着重论述的重点。

一、不满足性和厌恶风险

1952 年，马克维茨发表了一篇具有里程碑意义的论文《投资组合选择》，标志着现代证券投资组合理论框架的基本成型。在这篇论文中，马克维茨针对证券投资者对待收益和风险的态度，提出了有两个基本的假设：一个是不满足性；另一个就是厌恶风险。

（一）不满足性

现代证券投资组合理论认为，投资者在其他情况相同的两个投资组合中进行选择时，

总是选择预期收益率更高的那个投资组合。换句话说，在一期投资的情况下，投资者用同样的期初财富来投资，总是偏好获得较多的期末财富。这是因为较多的期末财富可为投资者未来提供更多的消费，从而获得更多的效用满足。

不满足性的假设意味着，给定两个相同标准差的证券组合，如图 7.5 中的 A 和 B，投资者将选择具有更高预期收益率的组合 A。

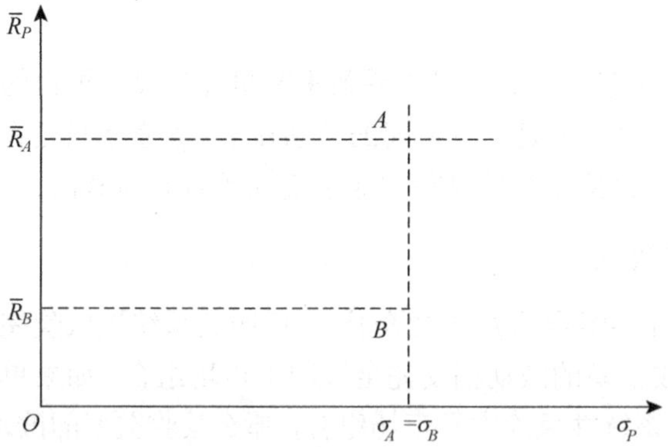

图 7.5 不满足性与投资组合的选择

（二）厌恶风险

现代证券投资组合理论还认为：一般投资者都是厌恶风险的（risk averse），因此在其他条件相同的情况下，一般投资者倾向于选择标准差更小的投资组合。

厌恶风险的假设意味着风险给投资者带来的是负效用，因此如果没有额外的收益来作为补偿，投资者是不会愿意去承担毫无意义的风险的。例如，掷硬币赌博，正面赢 100 元，反面输 100 元，由于正反面的概率各为 50%，这种赌博活动的预期收益率为 0，而且风险是很大的。显然，厌恶风险的投资者将拒绝进行这样的赌博，因为可能的“赢”带来的愉快程度小于可能的“输”带来的不愉快程度。

与厌恶风险的投资者相对应的是风险中性（risk-neutral）和偏好风险的投资者（risk lover）。前者对风险的高低漠不关心，只关心预期收益率的高低。对后者而言，风险给其带来的是正效用，因此在其他条件不变情况下偏好风险的投资者将选择标准差大的组合。

二、无差异曲线

（一）无差异曲线的概念

投资者的目标是投资效用最大化，而投资效用（utility）取决于投资的预期收益率和风险，其中预期收益率带来正的效用，风险带来负的效用。

对于一个不满足和厌恶风险的投资者而言，预期收益率越高，投资效用越大；风险越大，投资效用越小。

然而，不同的投资者对风险的厌恶程度和对收益的偏好程度是不同的，为了更好地反映收益和风险对投资者效用的影响程度，有必要引入“无差异曲线”（indifference curve）的概念。

（二）无差异曲线的特征

（1）无差异曲线向右上方倾斜。一条无差异曲线代表给投资者带来同样满足程度的预期收益率和风险的所有组合。由于风险给投资者带来的是负效用，而收益带给投资者的是正效用，为了使投资者的满足程度相同，较高预期收益的投资必须存在着较高的风险。可见，无差异曲线的斜率是正的，这是无差异曲线的第一个特征，如图 7.6 所示。

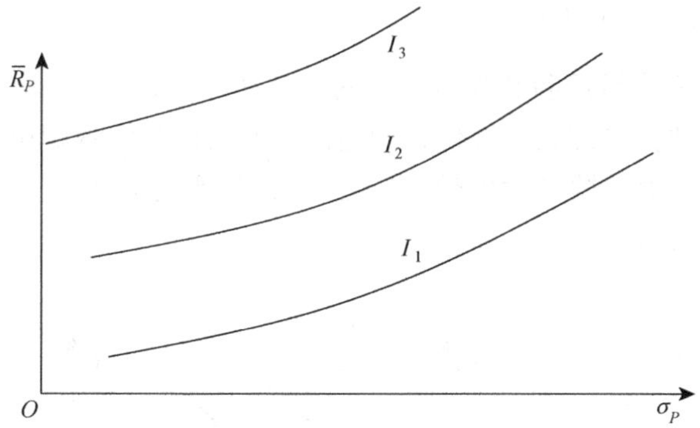

图 7.6 不满足和厌恶风险者的无差异曲线

（2）无差异曲线随着风险水平的增加越来越陡峭。无差异曲线的第二个特征是该曲线是下凸的。这意味着，要使投资者承担更多的风险，那么给予他的风险补偿——预期收益率就应该越高。也就是说，随着风险水平的提高，投资者要求的对预期收益率的边际补偿率越来越大。无差异曲线的这一特点是由预期收益率边际效用递减规律决定的。

（3）无差异曲线并不唯一。无差异曲线的第三个特征是，同一投资者可以有无限多条无差异曲线。这意味着对于任何一个风险-收益组合，投资者对其的偏好程度都能与其他组合相比。由于投资者对收益的不满足性和对风险的厌恶，在无差异曲线图中越靠左上方的无差异曲线代表的满足程度越高。投资者的目标就是尽量选择位于左上角的组合。

（4）无差异曲线之间互不相交。无差异曲线的第四个特征是，同一投资者在同一时间、同一时点的任何两条无差异曲线都不能相交。可以用反证法加以证明，在图 7.7 中，假设

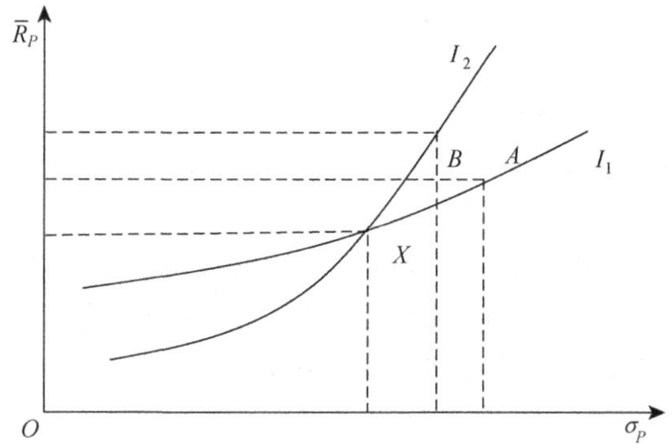

图 7.7 无差异曲线能够相交吗？

某个投资者的两条无差异曲线相交于 X 点。由于 X 和 A 都在 I_1 上，X 和 A 给投资者带来的满足程度是相同的。同样，由于 X 和 B 都在 I_2 上，X 和 B 给投资者带来的满足程度也是相同的。这意味着，A 和 B 给投资者带来的满足程度一定相同。然而从图 7.7 中可以看出，B 的预期收益率高于 A，而风险却小于 A。根据不满足性和厌恶风险的假设，B 的满足程度一定大于 A，这就产生了自相矛盾的结论。显然上述假设不成立，即两条无差异曲线不能相交。

（三）无差异曲线的斜率

无差异曲线的斜率表示风险和收益之间的替代率，斜率越大，表明为了让投资者多冒同样的风险，必须给他提供的收益补偿也应越高，说明该投资者越厌恶风险。同样，斜率越小，表明该投资者厌恶风险的程度较轻。图 7.8 用图形方式表示了三种不同程度厌恶风险的投资者的无差异曲线。

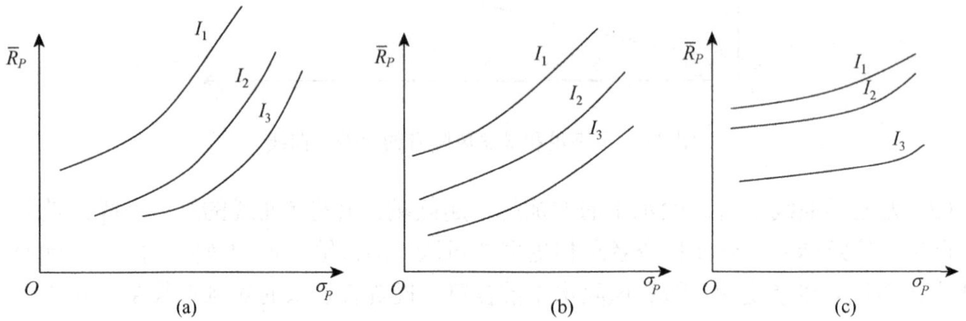

图 7.8 不同程度厌恶风险者的无差异曲线

三、投资者的投资效用函数

为了更精确地衡量风险和预期收益对投资者效用水平的影响，我们可以引进投资效用函数（U）：

$$U = U(\bar{R}, \sigma) \tag{7.17}$$

其中，$\bar{R}$ 为预期收益率；标准差 σ 表示风险。

在各种各样效用函数中，目前在金融理论界使用最为广泛的是下列投资效用函数：

$$U = \bar{R} - \frac{1}{2}A\sigma^2 \tag{7.18}$$

其中，A 为投资者的风险厌恶度，其典型值在 2～4。

在一个完美的市场中，投资者对各种证券的预期收益率和风险的估计是一致的，但由于不同投资者的风险厌恶度不同，其投资决策也就不同。

假定一个投资者有两项投资工具可供选择。其中一项是风险资产 X，其预期收益率为 18.5%，标准差为 30%。另一项是无风险资产 Y（短期政府债券），其无风险收益率为 5%。那么投资者应选择哪项投资呢？若投资于短期政府债券，则效用水平与投资者的风险厌恶度 A 无关，恒等于 5%。而投资于风险资产的效用水平则取决于投资者的风险厌恶度 A。若 A=2（激进型投资者），则 U=9.5%，由于投资于风险资产的效用水平大于无风险资产，他将选择风险资产。若 A=3（温和型投资者），则 U=5%，这时他投资于风险资产和无风险资产是无差异的。若 A=4（保守型投资者），则 U=0.5%，由于投资风险资产的效用水平低于无风险资产，他将选择无风险资产。

在上例中，当投资者的风险厌恶度 A 等于 3 时，X 和 Y 给投资者带来的效用水平是一样的，都等于无风险资产的收益率，该收益率被称为 X 的等价确定收益率（certainty equivalent rate）。因为不同投资者的风险厌恶度 A 不同，所以相同的风险资产对他们而言，其等价确定收益率却是不同的。可见，准确度量风险厌恶度对投资决策有着重大意义。

第四节　马克维茨投资组合理论的主要内容

本章第二节已经分析了证券组合的收益和风险及其衡量方法，但是投资者需要考虑的是，如何在众多选择中挑选出适当的证券来构造投资组合，以实现既定收益率下风险最小或既定风险下收益率最大的目标呢？也就是说，投资者在解决证券组合的选择问题时，是要在收益最大化和风险最小化这两个相互制约的目标之间力求达到某种微妙的平衡的。如果利用马克维茨投资组合理论，那么投资者无须对所有证券组合进行逐一评估，就能够较为便利地解决证券选择的问题。

一、马克维茨均值-方差模型

（一）马克维茨均值-方差模型的前提假设

（1）所有的证券资产是可以无限细分的。

（2）每个证券资产或证券投资组合的分析都是在单一时期进行。

（3）证券投资收益率的概率分布是由均值表示，证券投资收益率风险的概率分布是由方差（或标准差）表示，并且这两个参数是可知的，所有投资者都以此为投资选择的依据。

（4）在投资决策中不考虑交易费用、个人所得税等额外费用的影响，证券市场是无摩擦的。

（5）证券市场中没有通货膨胀出现。

（6）所有的投资者都是理性的，也就是说所有的投资者在既定的风险水平上，追求最大的收益率，或在既定的收益水平上，追求最小的风险。

（二）马克维茨均值-方差模型的基本思路

马克维茨投资组合理论，是以预期收益率（即未来收益率的均值）来衡量未来投资期间的收益的总体水平，并以收益率的标准差（或方差）来衡量风险状况，因此单个证券或证券组合的特征完全可以由预期收益率和标准差这两个指标来描述。如果建立一个以标准差为横轴，以预期收益率为纵轴的坐标系，那么投资组合就可以用该坐标系中一个点来表示。

同时，由于投资者对收益的不满足性和对风险的厌恶，可以得到对均值-方差的坐标系中各点的优劣判断标准。即在给定相同标准差水平的证券组合中，投资者倾向于选择预期收益率更高的；在预期收益率水平既定的证券组合中，投资者倾向于选择标准差最小的。

当然，马克维茨均值-方差模型并没有对证券组合的优劣比较给出具体的限定标准，按照马克维茨投资组合理论的观点，投资者最终选择的结果，取决于各自对收益和风险的偏好程度。

（三）马克维茨均值-方差模型的基本形式

1. 一般均值-方差模型

这是由马克维茨在 1954 年提出，模型表示如下：

$$\min \sigma_P^2 = \sum_{i=1}^{n}\sum_{j=1}^{n} x_i x_j \sigma_{ij}$$

$$\text{s.t.} \sum_{i=1}^{n} x_i R_i = R_P$$

其中，因为不允许买空卖空，所以 x_i 均为小于 1 大于 0 的正数，且有 $\sum_{i=1}^{n} x_i = 1$。

在这里，方差 σ_P^2 是证券组合的风险水平，x_i 和 x_j 分别表示证券 i 和证券 j 在证券组合中所占的权重，σ_{ij} 为证券 i 和证券 j 的协方差，R_i 为证券 i 的预期收益率，R_P 是证券组合的预期收益率水平。运用一定的线性规划方法可以得到最优证券组合即最小 σ_P^2 的权数 $x_i(i=1, 2,\cdots, n)$，然后根据单个证券的收益和风险来计算出最优证券组合的收益和风险。

2. 允许约束条件变化的均值-方差模型

如果放宽模型的约束条件，加入允许买空卖空、允许进行无风险借贷等条件，则模型将更加具有现实意义。

1）允许买空卖空的均值-方差模型

买空卖空是现实证券市场中较为常见的交易方式，买空卖空交易行为既可以扩展投资者的投资规模，也可以降低市场风险，增强市场效率。因此考虑到买空卖空交易对证券组合中各证券资产的权数的影响，可以将一般均值-方差模型修正如下：

$$\min \sigma_P^2 = \sum_{i=1}^{n}\sum_{j=1}^{n} x_i x_j \sigma_{ij}$$

$$\text{s.t.} \sum_{i=1}^{n} x_i R_i = R_P$$

$$\sum_{i=1}^{n} x_i = 1$$

其中，因为允许卖空行为的存在，所以证券 i 的权数 x_i 既可以为正数，也可以为负数，而且 x_i 可以大于 1。

这个线性规划问题可以通过引入如下拉格朗日函数来求解，即

$$L(x_1, x_2, \cdots, x_n, \lambda_1, \lambda_2) = \sum_{i=1}^{n}\sum_{j=1}^{n} x_i x_j \sigma_{ij} + \lambda_1\left(\sum_{i=1}^{n} x_i R_i - R_p\right) + \lambda_2\left(\sum_{i=1}^{n} x_i - 1\right)$$

对上式求偏导，可以得到最优资产组合的权数 x_i（i=1, 2,⋯, n），然后根据单个证券资产的收益和风险来计算出最优证券投资组合的收益和风险。

2）限制买空卖空的均值-方差模型

虽然一般均值-方差模型没有考虑到现实证券市场中买空卖空交易行为的存在，但是完全对买空卖空交易行为不加限制也是不符合实际的。一般在证券市场较为成熟的国家和地区，买空卖空行为要受到保证金制度、抵押品折扣率等条件的限制，因此证券组合中单个证券资产的权数也会受到相应的制约。如果对买空卖空行为加上限制性条件，那么一般均值-方差模型就可以修正为

$$\min \sigma_P^2 = \sum_{i=1}^{n}\sum_{j=1}^{n} x_i x_j \sigma_{ij}$$

$$\text{s.t.} \sum_{i=1}^{n} x_i R_i = R_P$$

$$\sum_{i=1}^{n} x_i = 1$$

$$l_i \leqslant x_i \leqslant h_i (i=1,2,\cdots,n)$$

其中，l_i 和 h_i 分别为针对资产 i 的买空交易和卖空交易的限制。

具体的计算过程与前面大同小异，也可以运用线性规划和不等式旋转运算等方法就可以得到最小 σ_P^2 的最优证券组合中各证券资产各自所占的权数 x_i（i=1, 2,…, n），然后就可以根据单个证券的收益和风险得到最优证券组合的收益和风险。

3）引入无风险资产的均值-方差模型

短期政府债券是证券市场较为发达国家或地区较为常见的一种证券资产，它在理论上具有典型的无风险资产特征。因为无风险资产具有方差（或标准差）为 0 的特征，所以将无风险资产引入证券投资组合将会大大地简化分析。无风险资产是具有确定收益的资产，那么可以通过买入或卖出短期政府债券来实现在无风险资产上买空和卖空交易。这样，在把无风险资产纳入到证券投资组合中之后，一般均值-方差模型就可以被修改为

$$\min \sigma_P^2 = \sum_{i=1}^{n}\sum_{j=1}^{n} x_i x_j \sigma_{ij}$$

$$\text{s.t.} \sum_{i=1}^{n} x_i (R_i - r_f) = R_P$$

$$\sum_{i=1}^{n} x_i = 1$$

其中，r_f 为无风险资产的收益率，即无风险利率。而 x_i 可以依据是否允许买空卖空，以及是否对买空卖空加以限制等情况，来设定不同的取值范围。然后通过线性规划可以求得最优证券投资组合中各证券资产所占的权重，进而得到最优证券投资组合的收益和风险。

二、可行集与有效集

现在已经能够利用马克维茨均值-方差模型，来解决证券投资组合中的证券选择问题。那么从图形上如何描述最优证券投资组合呢？这就需要利用可行集（feasible set）和有效

集（efficient set）的概念。

（一）可行集

为了说明有效集理论，必须从可行集开始。面对可供选择的 n 种证券，投资者投资于每种证券的资金比例的变动，将产生若干的证券投资产组合，每种组合都有对应的收益和风险。可行集就是由 n 种证券构成的所有投资组合的集合，它包含了现实生活中所有可能的投资组合，任何一个组合都位于可行集的内部或边界上。一般来说，如果以标准差为横坐标，以预期收益率为纵坐标，那么可行集在坐标系中就呈现为伞状，如图 7.9 所示。随着可供选择的证券数量和品种的变化，可行集的形状会有所调整，但是它的左边界外凸的伞状形态是不会发生根本性变化的。这是因为证券投资组合相对于单个证券或者是更小的证券组合而言，能够更加进一步地起到分散风险的作用，所以其左边界呈现出外凸的形状。

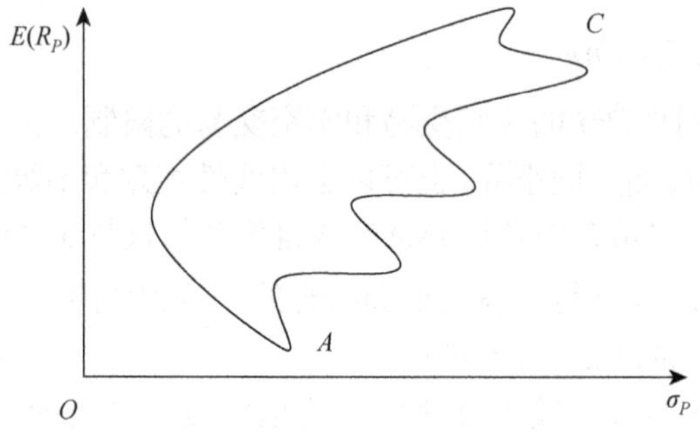

图 7.9 可行集

（二）有效集

可行集包含所有可能的证券投资组合，如果证券品种足够多，那么投资者是不太可能对所有的证券投资组合进行分析的。不过投资者也没有必要去对所有的证券组合进行分析，因为对于理性投资者而言，按照马克维茨投资组合理论的观点，他们都是厌恶风险并且追求收益最大化的。所以理性投资者都只会在同等风险水平下选择收益最高的证券组合，或者在同等收益水平下选择最低风险的证券组合。

可行集中包含了所有风险-收益的证券组合，同时满足上述两个条件的集合就是同等预期收益率中的最小标准差（方差）的证券组合，或者是同等标准差（方差）中的最大预期收益率的证券组合。在可行集中，同时满足这两个条件的证券投资组合的集合就被称之为有效集。显然，理性投资者的证券投资组合只能在有效集上进行选择，而有效集是可行集上的一个子集，那么应该如何在可行集上确定有效集的位置呢？

首先，考虑同样收益水平下具有最小风险的证券组合。如图 7.10 所示，在所有证券组合构成的可行集上，A 点的预期收益率最小，因为过 A 点作横轴的平行线，可行集上的其他点都位于 A 点的上方；C 点的预期收益率最大，因为过 C 点作横轴的平行线，可行集上的其他点都位于 C 点的下方。因此，对各种预期收益率而言，从 A 点到 C 点的范围包含了各种证券投资组合能够提供的预期收益率。在此范围内，任意作一条平行于横轴的直线，都可以看到在既定的预期收益率水平上，具有最小风险的证券投资组合，总是位于

从 A 点经 B 点到 C 点的曲线段上。因此，满足最小风险条件的证券组合位于可行集中从 A 点到 C 点的左边界的曲线段上。

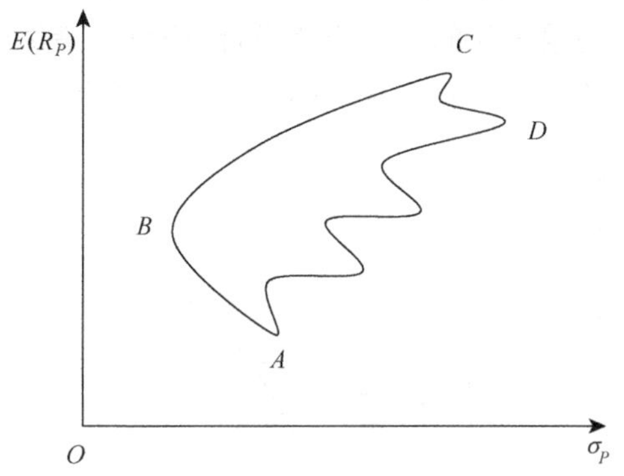

图 7.10 有效集

其次，考虑同样风险水平下具有最大收益率的组合。同样如图 7.10 所示，在所有证券组合构成的可行集上，B 点的风险最小，因为过 B 点作纵轴的平行线，可行集上的其他点都位于 B 点的右方；D 点的风险最大，因为过 D 点作纵轴的平行线，可行集上的其他点都位于 D 点的左方。因此，从 B 点到 D 点的范围包含了各种证券组合可能面临的所有风险。在此范围内，任意作一条纵轴的平行线，发现在既定的风险水平下，具有最大预期收益率的证券投资组合，总是位于从 B 点经 C 点到 D 点的曲线段上。因此，满足最大收益条件的证券组合位于可行集上从 B 点到 D 点的上方边界的曲线段上。

根据马克维茨投资组合理论，有效集是可行集上同时满足以上最大收益和最小风险两个条件的部分，因此有效集就应该是图 7.10 中曲线段 AC 和 BD 的交集，也就是从 B 点到 C 点的曲线段。因为有效集是位于可行集的左边界的顶部的位置，所以有效集也被称为有效边界。可行集上的其他部分因为都无法同时满足收益最大化和风险最小化这两个条件，理性投资者在构建其证券投资组合时，只需要对有效集即曲线段 BC 上的点所对应的证券组合进行分析评估就可以了，这些点所对应的证券投资组合也称为有效组合。

三、最优证券投资组合

有效集的形态是由收益率和标准差（或方差）之间的相互关系决定的，虽然构建证券投资组合的限制条件，如是否能够买空卖空、是否能够进行无风险投资等，都可能影响有效集和可行集的形态，但是无论如何，作为可行集的左边界的一部分的有效集，它总是向上倾斜并外凸的，有效集的曲线段上是不会出现凹陷的。这是因为根据收益与风险之间的关系，随着风险的增加，收益水平也会相应增加，但是收益增加的幅度在逐渐减缓，所以有效集才会呈现出这种向上倾斜并外凸的形状。

虽然根据有效集能够确定有效组合的范围，但是对于证券投资者而言，有效集仍然是由若干个证券组合构成的，而投资者的真实投资又只能是唯一的，那么在有效集上什么样的证券组合才是最优的呢？解决这个问题，就要取决于投资者各自对待风险和收益的不同态度了。

（一）最优证券投资组合

确定了有效集的位置后，投资者就可以根据个人对风险和收益的偏好程度，在有效集曲线上寻找能够使投资效用最大化的证券投资组合。投资者最优证券投资组合的确定应该是其无差异曲线与证券投资组合的有效集这两条曲线的切点。如图 7.11 所示。

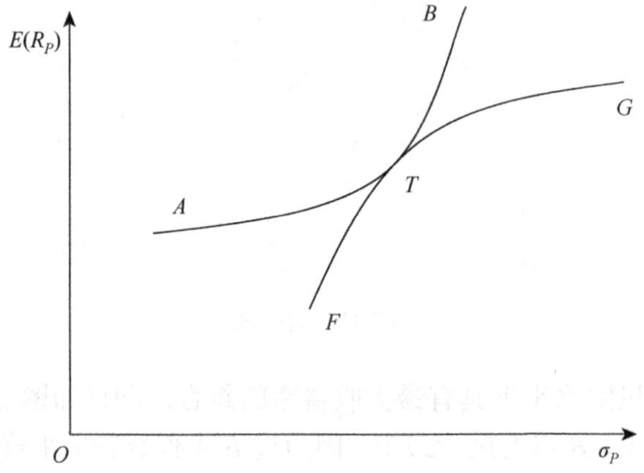

图 7.11 最优证券投资组合的确定

如图 7.11 所示，向右下方外凸的无差异曲线 *AB* 与向左上方外凸的有效集 *FG* 必然有唯一的切点，两条曲线的切点 *T*，就对应着投资者的最优证券投资组合，此处投资者的风险最小、收益率最高、效用最大。只有在这一切点上投资者才能得到最大满足程度的证券组合，如果无差异曲线高于有效集曲线，投资者在既定的财富约束下无法达到如此高的满足程度；如果无差异曲线与有效集曲线相交，则投资者还没有达到既定约束水平下的最高满足程度，因此两者的切点才是投资者的最优证券投资组合。

（二）纳入无风险资产的最优证券投资组合

在纳入无风险资产后，投资者的有效组合就会发生改变。新的有效组合都在由一条通过由无风险利率 r_f 决定的 *E* 点所引出的直线上，并且该直线与原来由风险证券投资组合所构成的旧的有效集曲线相切于 *T* 点，如图 7.12 所示。直线 *ETH* 就是纳入无风险资产后的新的有效边界。

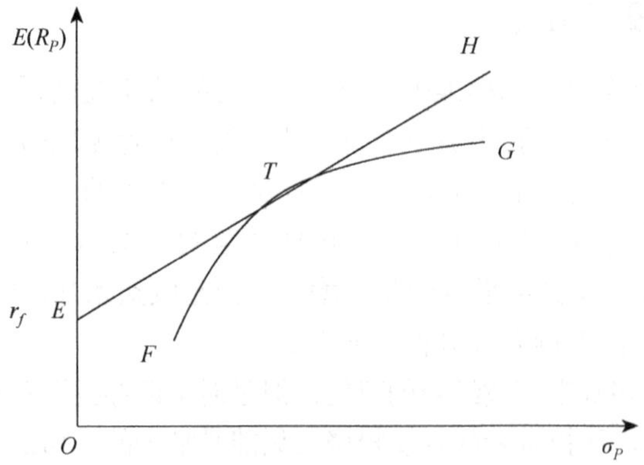

图 7.12 纳入无风险资产的有效集

这样在纳入无风险资产后，投资者的最优证券投资组合的选择问题就可以分为以下三个步骤：第一步，投资者先选择最优的风险证券投资组合，这一风险证券组合即是由马克维茨投资组合理论所决定的有效集；第二步，通过无风险利率引出一条与有效边界相切的直线，这条连接无风险利率和有效边界上的切点的直线就是投资者面临的新的有效证券投资组合的有效集；第三步，每个投资者在自己风险偏好和财富约束下，都会形成一系列的基于均值-方差模型的、向右下方外凸的无差异曲线；第四步，无差异曲线与代表新的有效集的直线之间的切点，就是最优证券投资组合点。

如图 7.13 所示，如果无差异曲线与新有效集的切点 1 在风险证券投资组合 T 的左边的 ET 段，那么说明投资者是风险厌恶型的，他选择将一部分初始资金投资于无风险资产，将另一部分初始资金投资于风险证券投资组合 T，这样其总风险将小于全额投资于风险证券投资组合 T。

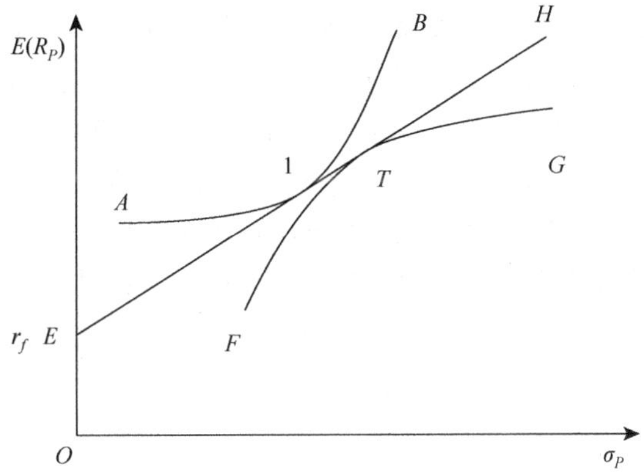

图 7.13　风险厌恶型投资者的最优组合

如图 7.14 所示，如果无差异曲线与新有效集的切点 2 落在风险证券投资组合 T 的右边的 TH 段，那么说明投资者是风险偏好型的，他将在无风险资产上采取卖空交易，即以无风险利率借入资金，并将借入资金与初始资金一道投资于证券投资组合 T，这样可以放

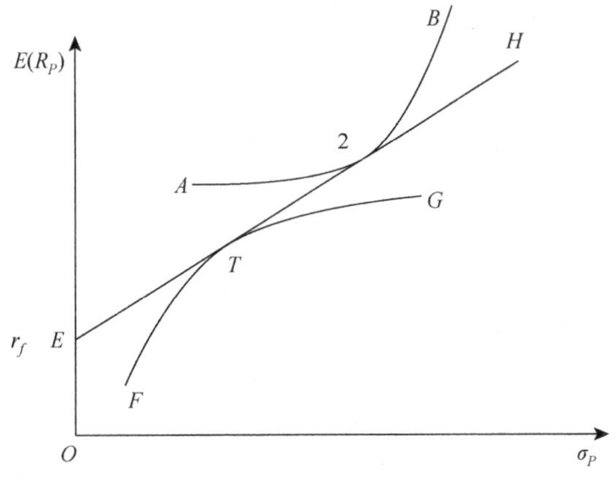

图 7.14　风险偏好型投资者的最优组合

大证券投资组合 T 在其初始资金中所占的权重（大于 100%），以承担更高风险为代价来换取更高的收益。当然也有些投资者基于自身的风险偏好程度，将初始资金全部投资于组合 T，而不涉足于无风险资产的投资。

从图 7.13 和图 7.14 中可以看出，如果纳入了无风险资产，投资者的最优证券投资组合的选择决策其实可以视为两个核心步骤：第一是找到风险证券投资组合 T；第二是投资者根据自己的风险偏好程度来确定对风险证券组合的投资权重。因为确定风险证券投资组合 T 是与投资者的风险偏好无关的，而且最终投资者的最优组合中的风险资产都是与组合 T 的构成是一致的，唯一的差别只在于由投资权数导致风险程度和收益水平的等比例的变化。

第五节　马克维茨投资组合理论述评

马克维茨投资组合理论的提出标志着现代证券投资组合理论的正式成型，它不仅为后来托宾等人的投资组合理论奠定了基础，也为资本资产定价模型、套利定价理论等一系列资产定价理论开创了一个有效的研究框架，从而奠定了其在现代证券投资组合理论体系中的重要地位。马克维茨将其投资组合理论抽象化为一个精确的经济模型（即均值-方差模型），该模型不仅将证券资产及其组合用收益和风险通过精确的数学模型表示出来，还解决了证券投资组合的最优解问题。马克维茨投资组合理论第一次使证券投资组合的分析真正地实现了科学化、精确化、程序化和数量化，帮助投资者确定有效的证券投资组合，使其在既定的风险条件下获得最大的收益，或在既定的收益水平上承担最低的风险。

一、马克维茨投资组合理论与投资分散化

（一）证券投资组合与分散风险

“不要把所有的鸡蛋放在一个篮子里”，如果将这句古老的谚语应用在投资决策中，就是说不要将所有的钱投资于同一证券上，通过分散投资可以降低投资风险，这是一个非常浅显易懂的道理。那么，应该将“鸡蛋”放在多少个“篮子”里才是最好的呢？而且，将“鸡蛋”放在什么样的不同篮子里才是最好的呢？

根据马克维茨投资组合理论，证券投资组合的风险不仅取决于单个证券的风险和投资比重，还取决于两个证券收益之间的协方差或相关系数，而且协方差或相关系数对于证券组合的总风险起着特别重要的决定性作用。由此看来，投资者构建的证券组合，如果要对应风险最小化的目标，那就不能只是一般简单的单个证券的胡乱拼凑，而是必须要通过合理选择组合中各证券的收益波动的相关系数才能实现。

当利用长时期的历史资料比较一个充分分散的证券组合和单一股票的收益和风险特征时，就会发现有个奇怪的现象。例如，在 1989 年 1 月～1993 年 12 月，IBM 股票的月平均收益率为–0.61%，标准差为 7.65%。而同期标准普尔 500 指数的月平均收益率和标准差分别为 1.2%和 3.74%，即虽然 IBM 收益率的标准差大大高于标准普尔 500 指数的标准差，但是其月平均收益率却低于标准普尔 500 指数的月平均收益率。为什么会出现风险高

的股票其收益率反而更低的现象呢？

究其原因在于，每个证券的风险并非完全相关，那么在构建一个证券组合时，单个证券的收益率变化中一部分就有可能被其他证券收益率的反向变化所减弱甚至完全抵消，这些能够被相互抵消的风险就是非系统性风险。事实上，证券组合的标准差一般都低于组合中单个证券的标准差，因为其中各组成证券的非系统性风险已经因为分散化投资而被大量抵消了。只要通过分散化就可以使非系统性风险大量抵消，就没有必要一定要求预期收益率与总风险相对应；与证券投资的预期收益率相对应的只能是通过分散化投资无法相互抵消的那一部分风险，即系统性风险。

根据证券组合的预期收益率和风险的计算公式可知，不管组合中证券的数量有多少，证券组合的收益率只是单个证券收益率的加权平均值，因此分散投资并不会对证券组合的收益率造成负面影响。但是分散投资却可以降低收益率变动的波动性。证券组合中各个证券之间的收益率变化的相关关系越弱，那么分散投资的降低风险的效果就越明显。当然，在现实的证券市场上，大多数情况是各个证券的收益之间存在一定的正相关关系，但是相关的程度有高有低，因此分散投资也有一定的降低风险的作用。在证券投资的实务操作中，构建有效证券组合的关键任务就是要找出相关关系较弱的证券组合，以保证在一定的预期收益率水平上尽可能降低风险。

从理论上讲，一个证券组合只要包含了足够多的相关关系较弱的证券，就完全有可能消除所有的风险，但是在现实的证券市场上，各证券收益率的正相关程度很高，因为各证券的收益率在一定程度上受同一因素影响（如经济周期、利率的变化等），因此，分散投资可以消除证券组合的非系统性风险，但是并不能完全消除系统性风险。

（二）市场实证检验

韦恩·韦格纳（Wayne Wagner）和谢拉·劳（Sheila Lau）根据 1960 年 7 月标准普尔的股票质量分级，把 200 种在纽约证券交易所上市的股票样本分成六组，最高质量等级 A+构成第一组，以此类推，从每一组股票中随机抽取 1～20 只股票组成证券组合，计算每一证券组合在 1960 年 7 月～1970 年 5 月的 10 年间的每月收益率，这一工作连续进行 10 次以减少对单一样本的依赖，然后对 10 个数值进行平均。

表 7.4 中的决定系数 R^2 为相关系数 R 的平方值，其取值范围为 0～1，它用以衡量证券组合的收益率变动（用方差表示）中可归因于市场收益率的比例，剩下的风险是组合所特有的风险。因此，一个证券组合的 R^2 越接近 1，这个组合越得到充分的分散。从表 7.4 中的市场实证数据可以得到以下结论：

表 7.4 随机抽样 A+质量股票组合的风险和分散效果（1960 年 6 月～1970 年 5 月）

组合中股票数量	平均收益率/（%/月）	标准差/（%/月）	与市场的相关系数 R	与市场的决定系数 R^2
1	0.88	7.0	0.54	0.29
2	0.69	5.0	0.63	0.40
3	0.74	4.8	0.75	0.56
4	0.65	4.6	0.79	0.62

续表

组合中股票数量	平均收益率/（%/月）	标准差/（%/月）	与市场的相关系数 R	与市场的决定系数 R^2
5	0.71	4.6	0.79	0.62
10	0.68	4.2	0.85	0.72
15	0.69	4.0	0.88	0.77
20	0.67	3.9	0.89	0.80

资料来源：Wagner W，Lau S. 1971. The effect of diversification on risks. Financial Analyst Journal，November-December：48-53

首先，一个证券组合的预期收益率与组合中股票的只数是无关的，而证券组合的风险却会随着股票只数的增加而减少。当组合中的股票只数从 1 只扩大到 10 只股票时，证券组合风险的下降很明显，但是随着组合中股票只数的继续增加，降低风险的边际效果却在迅速递减，特别是当持有的股票超过 10 只时，下降的风险变得微乎其微。

其次，平均而言，由随机抽取的 20 只股票构成的证券投资组合的总风险降低到了只包含系统性风险的水平，单个证券的 40%的风险被抵消，被抵消的这部分风险就是非系统性风险。

最后，一个充分分散化的证券组合的收益率的变化与市场收益率的走向密切相关。其波动性或不确定性基本上就是市场总体的不确定性。投资者不论持有多少股票都必须承担这一部分风险，这部分风险就是系统性风险。

根据以上分析，证券组合包含证券的品种数量和证券组合的总风险、非系统性风险和系统性风险之间的关系，可用图 7.15 来表示。

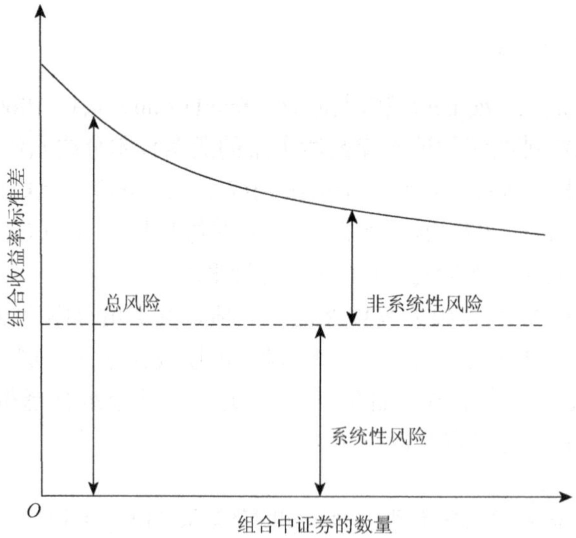

图 7.15　证券的数量和组合系统性和非系统性风险之间的关系

二、马克维茨投资组合理论的贡献

马克维茨投资组合理论对现代证券投资组合理论体系及证券投资实务操作的贡献主要表现在以下几个方面。

（一）强调了风险对证券投资组合的影响

在现代证券投资组合理论产生之前，在研究不确定条件下的证券投资行为时，学者们往往假设投资者的目标为货币收益最大化，这就导致了一种较为错误的倾向，即在投资中只重视证券资产的预期收益率，而忽视了证券资产的风险。马克维茨是从效用的角度来研究投资者的证券投资目标，他认为投资者不仅要重视证券投资组合的预期收益，更要重视证券组合的风险。马克维茨将投资者的效用水平看作证券投资组合的预期收益和风险的整体函数，并且该效用水平是证券投资组合的预期收益率的增函数和风险的减函数。马克维茨认为投资者的投资目标应该是期望效用最大化，那么为了使投资者的效用水平增加，就必须进行有效的证券投资组合，以使得其在既定的收益率水平上降低风险，或在既定的风险水平上提高收益率。

马克维茨将期望效用理论纳入投资组合理论的研究，边际效用分析方法是新古典经济学在证券投资组合理论研究领域中的具体表现，这为现代证券投资组合理论的发展奠定了坚实的经济学理论基础。同时这在证券投资领域的研究中也是一种进步，因为马克维茨投资组合理论更为现实的解释了投资者的投资行为。但是，由于新古典经济学中边际效用分析在方法上的局限性，期望效用理论也并非是完美无缺的。

（二）引入了数理统计的研究方法

马克维茨在研究中首次运用数理统计模型的方法对证券投资组合的收益和风险进行分析，将严密的数学推导纳入到证券投资理论的研究分析中，开创了证券投资领域的数量化分析的先例。自此以后，证券投资领域的分析方法就由理论分析向理论分析和实证研究的并重发展的转变。马克维茨投资组合理论不但在证券投资组合领域的研究中实现了研究方法的创新，同时也为后来的资本资产定价模型、套利定价理论及期权定价公式等理论模型的产生奠定了坚实的基础。

（三）为证券投资实务提供了理论依据

在马克维茨投资组合理论诞生之前，单个证券资产在证券投资组合中所占的投资比重，通常是依赖历史经验或特定的数字比例等来确定的，往往缺乏科学的理论依据和严密的论证过程。但马克维茨利用严密的数学分析确定了证券投资组合中各风险证券资产的最优投资比例，弥补了传统研究方法的不足。同时只要充分掌握了证券市场的相关信息，那么利用马克维茨投资组合理论就可以找到风险证券投资组合的有效边界，使得投资者能够根据自己的风险偏好选择适合自己的最优证券组合，这也为证券投资者和基金管理者的投资实务操作提供了一个严谨的理论依据。

（四）“分散风险”不等于“多多益善”

马克维茨投资组合理论的诞生也改变了长期以来证券投资者普遍抱有的那种现在看来有些错误的投资理念。长期以来，证券投资者普遍抱有的投资理念就是希望获得最大化的货币收益，至于“风险分散化”，他们认为持有的证券资产越多，那么分散风险的效果也就越好，而没有重视单个证券资产之间收益率波动的关系。马克维茨投资组合理论认为，不同证券资产之间收益率的波动存在一定的相互关系，有些证券资产之间的收益率波动呈正相关关系，有些则呈负相关关系。因此，效率最高的分散风险的投资模式，并不是最大限度地持有各种不同种类的证券资产，而是只需要尽可能地找到呈负相关关系的证券进行组合投资，就可以有效地达到分散证券投资组合的总风险的目的。

三、马克维茨投资组合理论的缺陷

马克维茨投资组合理论虽然为理论研究和投资实务做出了很大贡献，并为现代证券投资组合理论体系的发展奠定了坚实的基础，但是和其他的经济学理论一样，马克维茨投资组合理论毕竟也是建立在一系列的前提假设的基础之上的，与现实经济环境之间存在着较大差距，这也导致了它存在着很大的局限性。

（一）数据庞杂、计算繁复

在利用马克维茨投资组合理论来合理配置证券投资组合中各证券所占的资金比重时，首先需要估计各单个证券的预期收益率、标准差及两两之间的相关系数。而这些数据的估计只能利用历史数据通过统计方法计算完成，如果组合中证券的品种数量非常多，那么计算过程就会变得非常复杂，这使得具体操作的时间和成本都大大增高。尤其是在市场不稳定的情况下，这种估计值的精确性就会大受怀疑，需要投资者根据主观判断来进行调整，最终结果的说服力就大为下降了。即便是在计算机软硬件技术水平飞速提高的今天，运用马克维茨投资组合理论的技术成本仍然很高，因此在实际运作过程中，该理论模型有很大的成本限制。

（二）风险分布的不对称性

在马克维茨投资组合理论中，将证券资产和证券投资组合的实际收益率与其预期收益的离散程度，即方差（或标准差）作为其度量风险的参数。这里有一个隐含的假定，就是实际收益率相对于预期收益率的离散程度是呈中心对称的概率分布（如正态分布）的。而在实际运作中，实际收益率并不总是在预期收益率周围呈中心对称的，在许多情况下收益率的概率分布可能呈现出右偏或左偏，其概率分布的图像也有可能出现厚尾、尖峰等状态。这些情况均违背了实证分析的经典假设，可能会导致实证检验的失灵。

（三）完美市场并不存在

马克维茨投资组合理论是建立在一系列关于完美市场的前提假设之上的，如投资者单一的投资期限、市场状态时无摩擦的、经济中不存在通货膨胀等。但在现实世界中，经济周期是不断变化的，同时政府也不断地对证券市场进行干预，各种税收、交易成本等额外成本也不断变化，如果在这些情况下运用马克维茨投资组合理论进行分析往往会导致分析结果的可信度下降。

（四）并未真正化解风险

马克维茨投资组合理论只是为单一的投资者提供了一种衡量风险和分散风险的理论

模型，但对于降低市场的整体风险而言却毫无办法。因此从一定意义上讲，风险只是在投资者之间进行转移，而不是降低所有投资者的总体风险。这一理论局限性至今都是一项还未解决的难题。比如，在21世纪初的美国金融危机中，资产证券化作为一种风险转移工具被创新出来，但证券化了的金融产品在转移和分散风险的过程中并没有消除风险，风险反而在转移过程中被扩散和放大了，最终导致了扩大的系统性风险，这一经济现象直到目前为止都还没有得到一个合理的解释。

课后练习

一、名词解释

收益　持有期收益率　预期收益率　到期收益率　风险　系统性风险　非系统性风险　信用风险　市场风险　流动性风险　操作风险　风险-收益均衡原则　无差异曲线　可行集　有效集　最优证券投资组合

二、简答题

1. 简述投资收益的类型及其计算公式。
2. 影响证券投资收益率水平的因素有哪些？
3. 在证券投资中面临的主要风险有哪些？
4. 风险与收益之间存在什么样的关系？
5. 无差异曲线具有哪些特征？
6. 马克维茨均值-方差模型的前提假设是什么？

三、计算题

1. 已知：无风险资产的预期收益率为3%；证券A的预期收益率为5%，标准差为7%；证券B的预期收益率为7%，标准差为14%；证券C的预期收益率为10%，标准差为13%。计算下列证券投资组合的风险和收益：①50%的无风险资产和50%的证券A；②50%的证券B和50%的证券C，二者的相关性分别为完全正相关、完全负相关、不相关；③根据证券B和证券C的风险-收益状况，比较二者的市场定价。

2. 证券投资组合由两只股票构成，其中股票A的预期收益率为10%，标准差为6%；股票B的预期收益率为6%，标准差为4%；二者的相关系数为0.3。如果二者的投资比例分别为1∶1、1∶3、3∶1，试计算各证券投资组合的预期收益率和标准差。

3. 股票X的预期收益率为12%，标准差为16%；股票Y的预期收益率为16%，标准差为18%；二者的相关系数为0.5。若按照3∶2的投资比例构建由股票X和Y组成的投资组合。①试求证券组合的风险与收益。②如果相关系数为0或-0.5，结果会有怎么的变化？③试比较两种投资策略——投资于证券投资组合或完全投资于股票X。

四、论述题

1. 试论证分散投资的好处。

2. 试利用马克维茨投资组合理论来论证最优证券投资组合的确立过程。

3. 试总结马克维茨投资组合理论的主要贡献。

4. 试分析马克维茨投资组合理论的主要缺陷。

五、延伸性阅读推荐

1. Markowitz H M. Portfolio selection. Journal of Finance，1952，7（1）：77-91

2. Wagner W，Lau S. The effect of diversification on risks. Financial Analyst Journal，1971，November-December：48-53

3. 马克维茨 H M. 资产组合选择和资本市场的均值-方差分析. 欧阳向军译. 上海：上海人民出版社，2006

第八章

资本市场均衡理论

马克维茨投资组合理论为现代证券投资组合理论提供了研究的基本框架，随后许多关于证券投资组合的研究便基于这一基本理论框架而展开了。随着20世纪60～70年代，夏普、罗斯等在资本资产定价领域所取得的突破，现代证券投资组合理论逐渐在实践管理中得到了广泛的运用。本章介绍现代证券投资组合理论在实际应用领域所取得的突破，它们主要是对应着马克维茨投资组合理论中数据庞杂、计算繁复的局限性，集中体现在简化所需的数据类型和数量，以及简化计算过程这两个方面。新方法的出现使得证券投资组合研究得到了极大的简化，让理论分析的结果既直观易懂，又有现实意义，使得证券投资者和组合管理者都能够很方便地采用。

第一节　因素模型

一、因素模型概述

（一）因素模型

因素模型是在马克维茨投资组合理论的基础之上发展起来的，主要表现为对单个证券或证券投资组合的风险因素进行了细分，详细讨论了单个证券或证券投资组合的风险来源。因素模型采用了简化的数学公式来表达影响证券或证券投资组合的收益水平的影响因素，仍然沿用了马克维茨投资组合理论在证券资产收益率的概率分布方面的假设，以及市场无摩擦、无交易成本、无税收、投资期限单一等完美市场的前提条件，因此因素模型可以视为对马克维茨均值-方差模型的简化。

因素模型可以分为单因素模型和多因素模型两大类。其中，单因素模型由威廉·夏普于1963年提出[①]，认为证券或证券投资组合收益率的影响因素只有一个，即由系统性风险导致的市场因素，这个唯一的因素可以用市场指数来衡量。顾名思义，多因素模型就是指证券或证券投资组合收益率的影响因素有两个或两个以上，这是最早由科恩和伯格在1967年提出的观点[②]。基于对影响因素的不同看法，多因素模型又可以分为统计要素模型、

---

① Sharp W. 1966. Mutual fund performance. Journal of Business，（39）：119-138

② Cohen K，Pogue J. 1967. An empirical evaluation of portfolio selection models. Journal of Business，（46）：166-193

宏观要素模型、基本要素模型和混合模型等。

（二）因素模型与分散化

因为因素模型是建立在马克维茨投资组合理论的基本框架之上的，所以它们关于分散化投资的结论也应该是一致的，现在就以单因素模型为例来进行说明。

由夏普创建的单因素模型 $R_i=\alpha_i+\beta_i R_M+\varepsilon_i$（此处 R_i, R_M 表示超额收益率，即 $R_i=r_i-r_f, R_M=r_M-r_f$）可知，证券投资组合的预期收益率为

$$R_P=\alpha_P+\beta_P R_M+\varepsilon_P \tag{8.1}$$

现在需要验证的是马克维茨投资组合理论的结论，在因素模型中是否仍然成立。即随着证券投资组合中证券品种数量的增加，由非市场因素引起的非系统性风险变小了，而由市场因素引起的系统性风险则不受证券品种数量增加的影响。

以等权重的证券投资组合为例，假设每个证券的权重为 $x_i=\dfrac{1}{n}$，则

$$R_P=\sum_{i=1}^{n}x_i R_i=\frac{1}{n}\sum_{i=1}^{n}R_i=\frac{1}{n}\sum_{i=1}^{n}\alpha_i+\left(\frac{1}{n}\sum_{i=1}^{n}\beta_i\right)R_M+\frac{1}{n}\sum_{i=1}^{n}\varepsilon_i \tag{8.2}$$

通过比对式（8.1）和式（8.2），可以将证券投资组合的收益率与非市场因素之间的敏感度可以表示为 $\alpha_P=\dfrac{1}{n}\sum\limits_{i=1}^{n}\alpha_i$，而其收益率与市场因素之间的敏感度可以表示为 $\beta_P=\dfrac{1}{n}\sum\limits_{i=1}^{n}\beta_i$，$\varepsilon_P=\dfrac{1}{n}\sum\limits_{i=1}^{n}\varepsilon_i$ 为零均值变量。所以，

$$\sigma_P^2=\beta_P^2\sigma_M^2+\sigma^2(\varepsilon_P) \tag{8.3}$$

其中，$\beta_P^2\sigma_M^2$ 取决于 β_P 和 σ_M^2，不受证券组合分散化的影响。

$$\sigma^2(\varepsilon_P)=\sum_{i=1}^{n}\left(\frac{1}{n}\right)^2\sigma^2(\varepsilon_i)=\frac{1}{n}\bar{\sigma}^2(\varepsilon) \tag{8.4}$$

$\bar{\sigma}^2(\varepsilon)$ 是证券特有风险因素的方差的平均值，从式（8.4）可以看出，当 n 很大时，$\sigma^2(\varepsilon_P)$ 趋近于 0。因此，根据因素模型也可以得出这样的结论，随着分散化程度的增加，证券投资组合的总方差会逐渐降低直至接近于由 β 系数和市场风险因素 σ_M^2 共同描述的系统性风险。

二、单因素模型

（一）马克维茨模型的计算困难

在马克维茨投资组合理论的研究中，并未对各证券之间的协方差或相关系数进行任何的限定性假设，证券之间的相互关系可以是由于各种证券资产之间存在的任意数量和种类的关系而产生，并且可以通过它们的历史数据和统计方法来进行估算。但是如果证券投资组合中证券资产的品种数目太大，就必须进行大量的协方差估计，这使得在计算任意一个给定的证券投资组合的方差时，简直就成为了一项不可能轻易完成的任务。

根据马克维茨均值-方差模型，证券投资组合的收益可以由公式$E(r_P)=\sum_{i=1}^{n}x_iE(r_i)$来表示，同样证券投资组合的风险可以用公式$\sigma_P^2=\sum_{i=1}^{n}x_i^2\sigma_i^2+\sum_{i=1}^{n}\sum_{j=1}^{n}x_ix_j\rho_{ij}\sigma_i\sigma_j$来表示。如果投资者面对的是一个由 n 种证券资产构成的证券投资组合，那么在进行证券投资组合分析时，必须掌握三个方面的基本数据：①单个证券资产的预期收益率$E(r_i)$，共需n个；②单个证券资产收益率的方差σ_i^2，共需n个；③两两证券资产之间的相关系数ρ_{ij}，这个数量已经变成了令人惊讶的$\frac{n(n-1)}{2}$个。总计需要$2n+\frac{n(n-1)}{2}$个基础性数据。

如此庞大的需要估算的数据让投资选择的问题变得更加复杂。对于每天追踪 30～50 种证券的投资者来说，如果要运用马克维茨投资组合理论来进行投资组合分析，那么他需要估算的数据量为495～1325个；如果追踪的证券数量放大到150～250种，投资者需要处理的数据量就增长为11 475～31 625个；如果证券数量2500～3000种（这基本符合2015年中国沪深股市的上市股票数量），那么投资者需要估计的数据就变成了 3 128 750～4 504 500 个了！显然，不论是对个人投资者还是机构投资者而言，都是一件非常耗时的事情。这种实务操作中的障碍促进了现代证券投资组合理论的新发展，在描述和估算证券之间相关性的模型方面，最先提出来的就是单因素模型。

（二）单因素模型概述

1. 单因素模型的前提假设

单因素模型假定，证券之间的相互关系是取决于单一的共同因素的。在针对股票市场的观察中可以发现，作为股票市场的整体衡量指标，当股票价格指数上涨时，大多数股票价格确实出现了协同上涨。相反，当股票价格指数下跌时，大多数股票价格也同样倾向于下跌。虽然可能有一些股票的价格变化相对要快一些，但总的来说都是呈现出相同趋势的变化。因此可以假设，证券收益之间出现相互变动的原因可能是由于对市场变动的共同反应，市场整体收益的变化就能够充分地反映各种证券资产的共同变化趋势。这样把单个证券的收益与市场整体收益联系在一起，就可以得到衡量风险和收益的简化指标。也就是说，对于各个证券资产收益率之间的协方差或相关系数的计算，就可以用每一证券收益率与市场整体收益率之间的协方差代替。单因素模型就是在假定证券资产的收益率只受市场整体收益率这个单因素的影响这个前提下来确定证券投资组合的权重的。

设证券资产的收益率具有简单线性结构，即其收益率 r_i 和市场整体收益率 r_M 具有线性关系，用公式可以表示为

$$r_i=\alpha+\beta r_M+\varepsilon \tag{8.5}$$

其中，α,β 为待估参数；ε 为残差。

假定市场中有 n 个资产，则按上述结构，第 i 个资产的收益率满足

$$r_i=\alpha_i+\beta_i r_M+\varepsilon_i,\quad i=1,2,\cdots,n \tag{8.6}$$

2. 影响因素的类型

在单因素模型的讨论中，假定影响各个证券资产收益率的因素有两类：第一类为宏观

因素。例如，通货膨胀率、主要利率的变化、就业率等，在任何情况下，这些因素的影响都是相当大的，几乎所有公司都不同程度地受到它们的影响，会引起证券资产价格总体水平的变化，再通过市场的推动，会影响到证券市场整体收益率水平，进而影响到各证券资产的收益率。因此，宏观因素影响了市场整体收益率。第二类为微观因素。例如，一种新产品的推出或老产品的淘汰，局部地区或一个公司主要领导的变化，它们都只对个别公司产生影响而不会影响到市场整体收益率，从而使个别证券资产的收益率出现独立于市场整体的随机变化。所以微观因素仅影响个别证券资产的收益率。

其他类型的因素在单因素模型中不予考虑。例如，行业因素，某些事件对某一行业内的所有企业产生影响，但却不足以影响到整个经济形势或市场整体收益率。虽然这类因素也能引起单个证券资产的收益变动，但假定单个证券资产收益率的残差只是由微观因素所致。从而有如下假设，对所有的证券资产 i，j（i,j=1, 2,⋯, n）而言，有

$$\operatorname{cov}(\varepsilon_i,\varepsilon_j)=0 \quad (i \neq j) \tag{8.7}$$

式（8.7）意味着，单个证券同时出现协同变动的唯一原因是随着市场整体共同变动，除了市场整体因素之外，不存在其他原因（如行业因素等）而导致的证券协同运动。

同时假定

$$E(\varepsilon_i)=0 \tag{8.8}$$

$$\operatorname{cov}(\varepsilon_i,\varepsilon_M)=0 \tag{8.9}$$

式（8.8）说明在任一时期残差可能为正，也可能为负，但期望值为零。式（8.9）说明单个证券资产收益率的残差与市场整体收益率不相关，即它与市场整体是多头还是空头无关，它独立于市场整体收益的表现。

3. 单因素模型的基本形式

由单因素模型的结构假设 $r_i=\alpha_i+\beta_i r_M+\varepsilon_i$ 和式（8.7）、式（8.8）、式（8.9）的假设条件，根据定义，可以得到单因素模型关于收益、风险、协方差的公式描述。

预期收益率：

$$E(r_i)=\alpha_i+\beta_i E(r_M) \tag{8.10}$$

方差：

$$\begin{aligned}\sigma^2(r_i)&=E[r_i-E(r_i)]^2=E\{\beta_i[r_M-E(r_M)]+\varepsilon_i\}^2\\&=\beta_i^2\sigma^2(r_M)+\sigma^2(\varepsilon_i)\end{aligned} \tag{8.11}$$

协方差：

$$\begin{aligned}\operatorname{cov}(r_i,r_j)&=E\{[r_i-E(r_i)][r_j-E(r_j)]\}\\&=E\langle\{\beta_i[r_M-E(r_M)]+\varepsilon_i\}\{\beta_j[r_M-E(r_M)]+\varepsilon_j\}\rangle\\&=\beta_i\beta_j\sigma^2(r_M)\end{aligned} \tag{8.12}$$

$$\begin{aligned}\operatorname{cov}(r_i,r_M)&=E\{[r_i-E(r_i)][r_M-E(r_M)]\}\\&=E\langle\{\beta_i[r_M-E(r_M)]+\varepsilon_i\}[r_M-E(r_M)]\rangle\\&=\beta_i\sigma^2(r_M)\end{aligned} \tag{8.13}$$

从而

$$\beta_i = \frac{\mathrm{cov}(r_i, r_M)}{\sigma^2(r_M)} \tag{8.14}$$

式（8.10）给出了证券资产 i 收益率的特征方程，式（8.14）表明证券资产收益率的特征方程中的 β 系数即模型结构中 r_M 的系数，恰好为证券资产 i 的收益率相对于市场整体收益的敏感性指标。式（8.11）给出了证券资产 i 收益率的方差，它刻画出了证券资产 i 的风险，其中右边的第一项称为证券投资的系统性风险，可以视为是与市场整体有关的风险，它是由证券市场中能够对所有单个证券资产产生协同变动的因素即宏观因素所导致的，是所有单个证券资产都无法避免的风险。式（8.11）右边的第二项称为残差或非系统性风险，可以看做是由微观因素所带来的风险，它仅影响到个别证券资产，是可以通过证券投资组合而抵消掉的风险。因此，式（8.11）$\sigma^2(r_i) = \beta_i^2\sigma^2(r_M) + \sigma^2(\varepsilon_i)$ 表达了这样的思想：证券资产的总体风险=系统性风险+非系统性风险。

因此，系统性风险本身是两个变量的乘积，第一个变量是证券资产的 β 系数，它表示证券资产收益率跟随市场整体的变动的敏感程度，第二个变量是市场整体收益率的方差，表示市场整体收益率的变化幅度。而非系统性风险，即残差的方差，表示证券资产收益率由于偏离了市场整体风险因素而引起的那部分方差的大小。

4. 单因素模型下证券投资组合的结构

如果组成证券投资组合的 n 个单个证券资产，都满足单因素模型，那么该证券投资组合也具有单因素结构。

$$r_P = \sum_{i=1}^{n} x_i r_i = \sum_{i=1}^{n} x_i \alpha_i + \left(\sum_{i=1}^{n} x_i \beta_i\right) r_M + \sum_{i=1}^{n} x_i \varepsilon_i$$

$$E(r_P) = \sum_{i=1}^{n} x_i E(r_i) = \sum_{i=1}^{n} x_i \alpha_i + \left(\sum_{i=1}^{n} x_i \beta_i\right) E(r_M) + \sum_{i=1}^{n} x_i E(\varepsilon_i) \tag{8.15}$$

简写为

$$r_P = \alpha_P + \beta_P R_M + \varepsilon_P \tag{8.16}$$

$$\begin{aligned} \beta_P &= \frac{\mathrm{cov}(r_P, r_M)}{\sigma^2(r_M)} = \frac{\mathrm{cov}\left(\sum_{i=1}^{n} x_i r_i, r_M\right)}{\sigma^2(r_M)} \\ &= \frac{\sum_{i=1}^{n} x_i \,\mathrm{cov}(r_i, r_M)}{\sigma^2(r_M)} = \sum_{i=1}^{n} x_i \beta_i \end{aligned} \tag{8.17}$$

由 $\mathrm{cov}(\varepsilon_i, \varepsilon_j) = 0$（$i \neq j$）和式（8.8）、式（8.9），可得

$$\sigma^2(r_P) = \left(\sum_{i=1}^{n} x_i \beta_i\right)^2 \sigma^2(r_M) + \sum_{i=1}^{n} x_i^2 \sigma^2(\varepsilon_i) \tag{8.18}$$

式（8.17）表明，由符合单因素模型特征的单个证券资产所构成的投资组合，其收益率分布仍然具有同类的单因素结构，其中证券投资组合的 β 系数为各证券资产 β 系数的加权平均；而式（8.18）表明证券投资组合的方差（风险）与单个证券资产类似，仍由两

部分构成，第一项是由市场整体方差反映的系统性风险，第二项是投资组合中各证券资产的非系统性风险的加权平均（以 x_i^2 为权重）。

（三）单因素模型的特征应用

1. 马克维茨模型的简化

通过以上分析可知，在单因素模型下，马克维茨均值-方差模型可以简化为

$$\min \sigma^2(r_P) = \left(\sum_{i=1}^{n} x_i \beta_i\right)^2 \sigma^2(r_M) + \sum_{i=1}^{n} x_i^2 \sigma^2(\varepsilon_i) \tag{8.19}$$

$$\text{s.t.}\begin{cases} \sum_{i=1}^{n} x_i = 1 \\ E(r_P) = \sum_{i=1}^{n} x_i E(r_i) = \sum_{i=1}^{n} x_i \alpha_i + \left(\sum_{i=1}^{n} x_i \beta_i\right) E(r_M) \end{cases} \tag{8.20}$$

根据式（8.19）和式（8.20）可知，利用单因素模型进行资产组合，所需要估计的基本数据的数量为：①n 个市场整体风险敏感度指标 β_i；②n 个独立的风险指标 $\sigma^2(\varepsilon_i)$；③n 个与市场整体无关的平均收益率 α_i；④1 个市场整体的预期收益率 $E(r_M)$；⑤1 个市场整体的风险指标 $\sigma^2(r_M)$。

也就是说，利用单因素模型总共只需要估计 $3n+2$ 个基本数据。这样，对于每天追踪 30～50 种证券的投资者，每天需要收集处理 92～152 个数据；对于每天追踪 150～250 种证券的投资者来说，每天仅需要收集处理 452～752 个数据即可。即便是每天都要追踪 2500～3000 种证券的投资者，其每天收集处理的数据也不过 7502～9002 个。单因素模型只需要估计各证券资产的 α_i 值、β_i 值、残差方差 $\sigma^2(\varepsilon_i)$ 及市场投资组合的预期收益率 $E(r_M)$ 和方差 $\sigma^2(r_M)$，就可以确定证券投资组合的有效边界，需要进行估计的数值大为减少，相比较马克维茨模型，必须估计各证券资产之间的协方差的工作量就大为减少了。但是单因素模型具有所有简化模型的通病，就是其精确度不如原来较为复杂的马克维茨模型，结果的正确性依赖于各证券资产收益率的单因素结构假设的合理性。

2. 分散化与降低风险

马克维茨投资组合理论已经证明了，分散化能够抵消非系统性风险，这一结论在因素模型中同样成立。在单因素模型中，根据式（8.11），证券资产的方差可以写作 $\sigma^2(r_i) = \beta_i^2 \sigma^2(r_M) + \sigma^2(\varepsilon_i)$，其中，$\beta_i^2 \sigma^2(r_M)$ 是对市场整体产生影响的系统性风险，$\sigma^2(\varepsilon_i)$ 是对单个证券资产造成个别影响的非系统性风险。根据式（8.18），证券投资组合的方差可以写作 $\sigma^2(r_P) = \left(\sum_{i=1}^{n} x_i \beta_i\right)^2 \sigma^2(r_M) + \sum_{i=1}^{n} x_i^2 \sigma^2(\varepsilon_i)$，其中 $\left(\sum_{i=1}^{n} x_i \beta_i\right)^2 \sigma^2(r_M)$ 是证券投资组合所面临的系统性风险，$\sum_{i=1}^{n} x_i^2 \sigma^2(\varepsilon_i)$ 是证券投资组合所面临的非系统性风险。如果在证券投资组合中加入更多的证券，即让投资更加分散化，那么权数 x_i 就会变得更小。不过 $\left(\sum_{i=1}^{n} x_i \beta_i\right)^2 \sigma^2(r_M)$ 并不会有明显的增加或下降，因为其中起到决定性作用的是 β_i 的大小。

也就是说，证券投资组合所承担的市场整体风险的大小只取决于在投资中是否刻意加上一些较高或较低 β_i 系数的证券资产，而不取决于证券的数量。但是对于 $\sum_{i=1}^{n} x_i^2 \sigma^2(\varepsilon_i)$ 而言，情况就完全不一样了，投资越分散，则非系统性风险就下降得越多。例如，将初始资金以等比例分散投资于 n 种证券，那么就可以用 $\frac{1}{n}$ 代替 x_i，即

$$\sum_{i=1}^{n} x_i^2 \sigma^2(\varepsilon_i) = \sum_{i=1}^{n}\left(\frac{1}{n}\right)^2 \sigma^2(\varepsilon_i) = \frac{1}{n}\left[\frac{\sigma^2(\varepsilon_1)+\sigma^2(\varepsilon_2)+\cdots+\sigma^2(\varepsilon_n)}{n}\right]$$

其中，$\frac{\sigma^2(\varepsilon_1)+\sigma^2(\varepsilon_2)+\cdots+\sigma^2(\varepsilon_n)}{n}$ 仅仅为证券投资组合中所有证券的非系统性风险的平均值，而证券组合的非系统性风险仅仅只有它的 $\frac{1}{n}$，所有当 n 足够大时，证券投资组合的非系统性风险会变得越来越小，直至被完全抵消。

三、多因素模型

（一）单因素与多因素

在单因素模型中，假定所有证券资产的收益率都只受单一的市场因素的影响，因此证券资产收益率之间的协方差也只受这个单一的市场因素的影响，这个单一的市场因素用市场整体收益率 r_M 来描述。

然而在现实投资中，投资者发现，证券资产的收益率要受到包括市场因素在内的多种因素的共同作用的影响，使得影响协方差的因素有很多个。单因素模型运用起来虽然是非常简便的，但是不符合现实市场状况，因此得出的结论的实际指导意义不强。因此在证券投资组合的研究领域，因素模型中的自变量逐渐增多了。这些影响因素，可能是一系列的经济指标，如通货膨胀率、失业率、利率、工业增长率等。假设单个证券资产共受到 n 种影响因素的协同作用，它们的收益率分别用 $I_1, I_2, \cdots, I_n$ 表示。

显然，如果各因素收益之间不存在相关关系，那么它们就可以直接用于证券投资分析。但是现在经济活动中的各因素之间，往往存在某种程度的相关性，这样就需要先剔除它们之间的相关性。为简化问题，在下面的讨论中，假定各因素收益率之间不存在相关性。

（二）多因素模型

根据因素模型的定义，任一证券资产 j 的收益率可以表示成如下的多因素模型：

$$r_j = \alpha_j + \sum_{i=1}^{n} \beta_{ji} I_i + \varepsilon_j \tag{8.21}$$

其中，I_i 为影响证券资产 j 收益率的第 i 种因素的收益率（i=1, 2,⋯, n）；β_{ji} 为度量第 i 种因素收益率变化对证券资产 j 的收益率的影响的系数；α_j 为资产 j 与各影响因素无关的平均收益率；ε_j 为证券资产 j 收益率中与各影响因素无关的残差。

根据均值和方差的数学定义，我们可以在多因素模型中假设：

$E(\varepsilon_j)=0$

$\text{cov}(I_i,I_j)=0 \quad (i\neq j,i,j=1,2,\cdots,n)$

$\text{cov}(\varepsilon_j,I_i)=0 \quad (i=1,\cdots,n)$

$\text{cov}(\varepsilon_j,\varepsilon_k)=0 \quad (j\neq k)$

在上述假设下，根据因素模型的结构特征，可以得到单个证券资产的预期收益率和方差：

$$E(r_j)=\alpha_j+\sum_{i-1}^{n}\beta_{ji}E(I_i) \tag{8.22}$$

$$\sigma_{jk}=\text{cov}(r_j,r_k)=\sum_{i=1}^{n}\beta_{ji}\beta_{ki}\sigma^2(I_i)$$

$$\sigma^2(r_j)=\sum_{i=1}^{n}\beta_{ji}^2\sigma^2(I_i)+\sigma^2(\varepsilon_j) \tag{8.23}$$

与单因素模型一样，对于由 m 种证券资产构成的证券投资组合而言，其预期收益率和方差可以表述为

$$r_P=\alpha_P+\sum_{i=1}^{n}\beta_{Pi}I_i+\varepsilon_P$$

$$E(r_P)=\alpha_P+\sum_{i=1}^{n}\beta_{Pi}E(I_i) \tag{8.24}$$

$$\sigma^2(r_P)=\sum_{i=1}^{n}\beta_{Pi}^2\sigma^2(I_i)+\sigma^2(\varepsilon_P) \tag{8.25}$$

因为在式（8.25）中，有 $\alpha_P=\sum_{j=1}^{m}x_j\alpha_j$，$\beta_{Pi}=\sum_{j=1}^{m}x_j\beta_{ji}\ (j=1,\cdots,m)$，以及根据 $\varepsilon_P=\sum_{j=1}^{m}x_j\varepsilon_j$ 可得 $\sigma^2(\varepsilon_P)=\sum_{j=1}^{m}x_j^2\sigma^2(\varepsilon_j)$，所以在多因素模型中，证券投资组合收益率的方差也可以表述为

$$\sigma^2(r_P)=\sum_{i=1}^{n}\left(\sum_{j=1}^{m}x_j\beta_{ji}\right)^2\sigma^2(I_i)+\sum_{j=1}^{m}x_j^2\sigma^2(\varepsilon_j) \tag{8.26}$$

根据多因素模型，可以将马克维茨模型变形为

$$\min\sigma^2(r_P)=\sum_{i=1}^{n}\left(\sum_{j=1}^{m}x_j\beta_{ji}\right)^2\sigma^2(I_i)+\sum_{j=1}^{m}x_j^2\sigma^2(\varepsilon_j)$$

$$\text{s.t.}\begin{cases}\sum_{j=1}^{m}x_j=1\\ \sum_{j=1}^{m}x_jE(r_j)=\sum_{j=1}^{m}x_j\alpha_j+\sum_{i=1}^{n}\left(\sum_{j=1}^{m}x_j\beta_{ji}\right)E(I_i)\end{cases}$$

（三）双因素模型

在多因素模型的使用中较为广泛的一种情形是，假定证券资产的收益率依赖于一个市

场因素（以市场指数来衡量）M 和一个行业因素 g 的双因素模型。因此，双因素模型可以视为多因素模型在应用中的一个特例。此时用双因素模型描述的由 m 种单个证券所构成的证券投资组合的预期收益率和方差可以写作：

$$E(r_P)=\alpha_P+\beta_{PM}E(r_M)+\beta_{Pg}E(r_g) \tag{8.27}$$

$$\sigma^2(r_P)=\beta_{PM}^2\sigma^2(r_M)+\beta_{Pg}^2\sigma^2(r_g) \tag{8.28}$$

其中，

$$\beta_{PM}=\sum_{j=1}^{m}x_j\beta_{jM}\,,\quad \beta_{Pg}=\sum_{j=1}^{m}x_j\beta_{jg}\,,\quad \sigma^2(\varepsilon_P)=\sum_{j=1}^{m}x_j^2\sigma^2(\varepsilon_j)$$

（四）多因素模型的意义

在构建证券投资组合的过程中，如果利用多因素模型来进行证券选择，确定最优证券投资组合，那么所需要估计的数据量包括：①m 个证券资产的预期收益率 α_j，$j=1,2,\cdots,m$；②m 个证券资产收益率的残差的方差 $\sigma^2(\varepsilon_j)$，$j=1,2,\cdots,n$；③$n\times m$ 个市场因素的 β 系数 β_{ji}，$j=1,2,\cdots,m, i=1,2,\cdots,n$；④$n$ 个市场因素的预期收益率 $E(I_i)$，$i=1,2,\cdots,n$；⑤n 个市场因素收益率的方差 $\sigma(I_i)$，$i=1,2,\cdots,n$。

也就是说，总共需要估算 $2(m+n)+m\cdot n$ 个基本数据，虽然要多于单因素模型，但是也显然要大大少于马克维茨模型所需估算的数据量。这样，在给定的预期收益率的目标之下，就可以构造出风险最小的最优证券投资组合，即通过求出证券投资组合中各证券的权重，使该证券组合具有最小的方差即可。

而且多因素模型对宏观经济因素的描述更贴近现实，它试图去识别影响市场整体风险的各个宏观经济因素，而不是仅用单一因素来解释市场波动，用多个特定因素及其各自的 β 系数取代了未经定义的统计变量，而且各因素的 β 系数本身也会随着经济周期的不同阶段而改变其取值，这使得多因素模型在实际运用中显得更加直观和适用。

当然，多因素模型也无法真正完全列举出所有可能会对证券投资产生影响的市场因素，多因素模型所决定的证券投资组合也仅仅是所有可能组合中的一部分。但是考虑到如果真的要罗列尽可能多的影响因素，那么因素模型中将可能会出现成百上千个变量，这对简化投资分析简直是毫无益处。所有投资者在进行投资分析时，只用选择有限个他们认为是最重要的影响因素，并依此进行风险收益的判断即可，这也是多因素模型在实际应用中所遵循的原则。

第二节　资本资产定价模型

资本资产定价模型是现代证券投资组合理论的重要组成部分。该模型是在严格的限定条件下对单期静态的最优证券投资组合进行求解，最终对证券资产的收益和风险的关系给出了精确的分析和判断。传统的资本资产定价模型并未考虑到不同证券投资者的异质性、动态跨期均衡、信息条件差异、资产价格形成过程等对资产定价的影响，因而从严格意义上来看，传统的资本资产定价模型被称为证券市场风险-收益关系模型更为合适。

资本资产定价模型是关于资本市场的均衡模型，是在马克维茨投资组合理论和单因素模型的基础之上发展起来的。马克维茨投资组合理论通过数学规划的原则，系统阐述了如何通过有效的分散化来选择最优的证券投资组合，但这一理论具有一定的局限性，即偏重规范性分析（投资者应如何去行动），而缺乏实证性分析（投资组合的风险收益如何度量）。在证券投资组合分析中，投资者最关心的是证券资产及证券投资组合的风险-收益关系，但马克维茨投资组合理论并不能确定在均衡状态下收益和风险之间的对应关系，证券投资者也无从知晓证券组合该分散到何种程度才能实现低风险高收益的最优组合的目标。为解决这些问题，夏普在马克维茨投资组合理论的基础上对均衡状态下证券的风险-收益关系进入了深入研究，并于 1964 年提出了资本资产定价模型。此后，林特纳（Lintner）和莫辛（Mossin）又分别于 1965 年和 1966 年独立提出了具有类似观点和结论的资本资产定价模型。现在一般把夏普、林特纳、莫森等共同视为资本资产定价模型的创建者，夏普还因此贡献荣获了 1990 年度的诺贝尔经济学奖。

虽然资本资产定价模型也具有单因素模型的形式，但是需要注意的是二者具有本质的不同，单因素模型只是在描述证券或证券组合的收益的影响因素，即证券或证券组合收益变动与影响因素变动之间的相互关系，对应着最优证券组合的构建；而资本资产定价模型则是描述了证券市场均衡状态下的风险与收益之间的关系，对应着证券投资者的最优行为准则。

一、模型的前提假设

（一）必要的说明

资本资产定价模型对资本资产的定价问题从理论上给出了一个十分完美的解答，以一个简洁的方程描述了单个证券资产收益与市场收益之间的关系。这一模型是建立在一些严格前提假设条件之上的，尽管有些假设与现实不符，但还是抓住了一些主要因素，对实际问题在一定程度上给出了有力的说明，具有一定的指导作用。

需要注意的是，此处的“定价”不同于本书第三章中的股票、债券的定价。此处对应的“资本资产”是指能够被当做资本使用的资产，即能够作为股权或债权被长期使用的资金，对于此类资本资产的定价就是股权类融资或债权类融资的资金价格，所以其价格单位与利率是一样的，都是“%”，而不是证券定价的货币单位“元”。

（二）资本资产定价模型的前提假设

资本资产定价模型考虑的是一个单一期限的情形，投资者在期初进行投资，在期末卖出资产，期间不考虑消费问题，同样假设市场上存在 n 个风险证券资产和 1 个无风险资产，同时有如下关于市场和投资者的假设。

前提假设 1：所有证券资产均为责任有限的，即对任何证券资产，其期末价值总是大于或等于零，不可能小于零。

前提假设 2：资本市场是完美的，即不存在交易成本和税收，而且所有证券资产均为可以无限分割的。

前提假设 3：市场上有足够多的投资者，使得他们总可以根据自己的决策按照市场价格买卖他们所想买卖的任何数量的任何可交易的证券资产。

前提假设 4：资本市场上的借贷利率相等，且对所有投资者都相同。

前提假设 5：所有投资者均可免费地获得信息，市场上信息是公开的、完备的。

前提假设 6：所有投资者均为风险厌恶者，同时具有对收益的不满足性，即对于任何投资者而言，财富都是越多越好。

前提假设 7：所有投资者都追求期末财富的预期效用的最大化。

前提假设 8：所有投资者对未来具有一致性的预期，都能够正确地认识到所有证券资产的收益服从联合的正态分布。

前提假设 9：对于任何风险证券资产，投资者对其评价有收益和风险两个主要的指标，用风险证券资产的预期收益率和方差（或标准差）表示，预期收益率代表收益，方差（或标准差）代表风险。

前提假设 1～5 是对资本市场的一种理想化假定，其实质概括起来就是认为一个理想的证券市场应该是完美的、无摩擦的、信息有效的，从而对资源的配置是有效的。当然，这种理想的市场在现实中是不存在的，但可以对这些条件逐渐进行放松，并发现放松这些前提假设后，并不会从根本上完全推翻原来的结果，即是说，这些关于理想市场的假设抓住了主要矛盾，那么资本资产定价模型的结果也就具有一定的现实意义。同时，随着科学技术尤其是信息技术的发展，现实中的资本市场也正在一步一步地向着呈现出无摩擦、信息有效等典型特征的理想市场靠拢。

前提假设 6～9 是关于投资者的假设，核心在于证券投资者是理性的，风险厌恶是理性投资者的具有代表性的特征，当然资本市场上也存在偏好风险的投资者，只是他们并不会占据主导地位。同时，这些前提假设还对投资者的证券或证券组合的选择标准给出了说明，这些假设不但与有效市场假说、马克维茨投资组合理论等是一致的，而且与资本市场的现实较为相符。

二、模型中的基本概念

（一）无风险借贷

1. 引入无风险借贷后的投资组合

根据资本资产定价模型的前提假设可知，资本市场上存在可供投资的无风险资产，且投资者可根据自己的意愿以无风险利率 r_f 随意借入和贷出任意数量的资金。在此基础上，投资者还可以将无风险资产与包含了所有风险证券资产的市场投资组合 M 混合起来，得到满足自己效用最大化需要的风险-收益的新的证券投资组合。

假定投资于无风险资产的比例为 w，则无风险资产与市场组合所构成的新证券投资组合的预期收益率为

$$E(r_P)=wr_f+(1-w)E(r_M) \tag{8.29}$$

$$\sigma_P=(1-w)\sigma_M \tag{8.30}$$

其中，$E(r_P)$ 为新组合的预期收益率；r_f 为无风险利率；$E(r_M)$ 为包含所有风险证券资产

的市场组合的预期收益率；σ_P 为新组合的标准差；σ_M 为市场组合的标准差。

2. 不同借贷组合情况下的可行集与有效集

考虑三种不同情形的投资选择：一是贷出无风险资产和投资于风险证券资产，即把初始资金分为两部分，一部分投资于无风险资产，如国库券，另一部分投资于风险证券资产；二是仅投资于风险资产，即不涉及无风险借贷；三是借入无风险资产并投资于风险证券资产，即以无风险利率借入资金，再加上初始资金一起投资于风险证券资产。根据式（8.29）和式（8.30），可以得到表 8.1 中的结果。

表 8.1　不同借贷组合情况下的风险与收益率

无风险资产比重 w	无风险利率 r_f	风险证券资产比重（1–w）	风险证券资产收益率 E（r_i）	风险证券资产的标准差 σ_i	新组合收益率 E（r_P）	新组合的风险 σ_P
0.5	5%	0.5	10%	0.2	7.5%	0.1
0	5%	1	10%	0.2	10%	0.2
–0.5	5%	1.5	10%	0.2	12.5%	0.3

根据马克维茨投资组合理论，可知可行集、有效集，以及引入无风险借贷后的有效集如图 8.1 和图 8.2 所示。从图 8.2 中可以直观地看到，在引入了无风险资产的借入和贷出之后，将原来的曲线形式的有效集（或有效边界）被改变成了直线 AT，新有效集与原有效集相切于点 T，这条直线对应的新有效集所描述的新组合包含了所有风险证券所构成的市场组合 M 及无风险借贷。

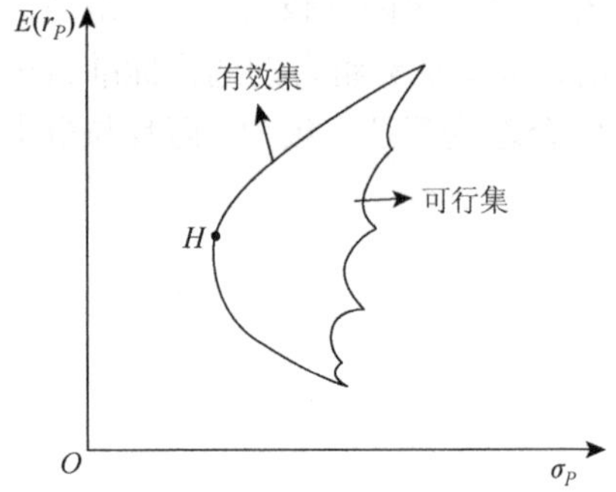

图 8.1　可行集与有效集

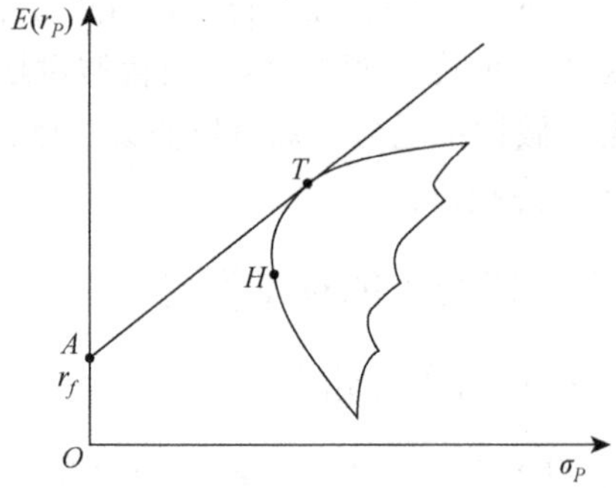

图 8.2　引入无风险资产后的有效集

跟原来的有效集相比，无风险资产的引入可以允许证券投资者在一系列全新的不同风险、不同预期收益率的可能证券投资组合中进行选择，这些证券投资组合在同等风险水平上具有更高的预期收益率（点 T 除外，因为该点处的风险收益未发生改变），或者是在更低的风险水平上提供收益回报（同理，点 T 除外）。如图 8.3 所示，若没有无风险资产，投资者只能选择市场组合 M 点，而引入无风险资产后，过 M 点和 A 点（无风险利率点）的切线上的所有证券投资组合都是可以选择的。激进型的证券投资者会以无风险利率大量借入资金而购进更多的风险证券资产，而保守型的证券投资者则会将一部分资金投资于无风险资产（即以无风险利率水平贷出），再将剩余的资产配置在风险证券资产上面。在

图 8.3 中，I_1 代表保守型投资者的证券投资组合，它位于市场组合 M 点的左侧；I_2 代表激进型投资者的证券投资组合，它位于市场组合 M 点的右侧。注意由于切点 M 代表市场组合，当市场组合发生变动时，M 点也会发生相应变动。

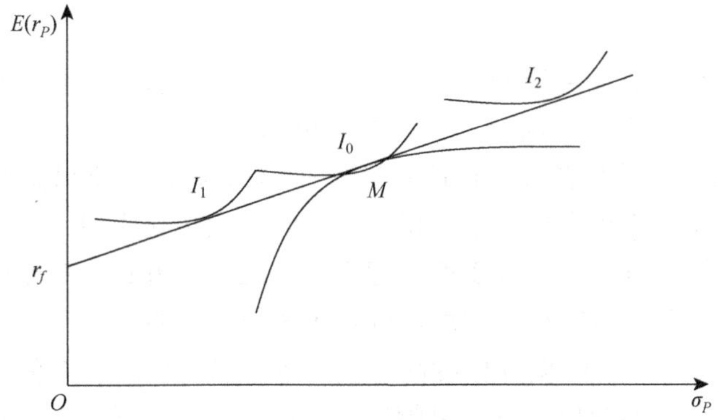

图 8.3 无风险借贷对投资者效用的影响

3. 指数化投资策略

以无风险借贷和市场组合为理论基础，可以推导出被动的指数化投资策略的合理有效性。被动的指数化投资策略分为两个步骤：第一步，把资本市场上所有证券品种按照一定的比例（一般是按照市值占比）为权数来构建风险证券资产的市场组合，以充分地实现证券投资风险的分散化。第二步，证券投资者将初始资金按照各自的风险-收益偏好分配在无风险资产和市场组合上，因为可以买空卖空，所有二者的权数可以大于 1。因为无风险资产不对新组合的风险造成任何影响，所以，整个指数化投资策略所构建的新组合的风险和收益均由市场组合所占的权重来决定，如果证券投资者希望调高或调低新组合的风险，他只需要调节在市场组合上的投资比例即可。

因为指数化投资策略中市场组合的构成往往是比照市场价格指数编制中的权数占比来操作的，而在金融市场上，市场价格指数反映了对应的市场中所交易的各种证券资产的构成比例。以此指数为基础而开发的指数化投资产品，往往作为包含所有风险证券资产的市场组合的替代品，因而这种投资策略被称为指数化投资策略。这种被动式的指数化投资策略在西方被养老基金、共同基金等金融机构广泛的采用，并用作评估其他主动型投资策略绩效的依据。

（二）分离定理与资本市场均衡

1. 分离定理

在资本市场处于均衡时，由于每个投资者对证券的预期收益率、方差、两两证券之间的协方差及无风险利率的估计是一致的，每个投资者的线性有效集是相同的。由于所有投资者都有相同的有效集，他们选择不同的证券组合的原因只是他们拥有不同的风险-收益偏好，即有不同的无差异曲线。因此，不同投资者对风险-收益的偏好不同，将导致他们在同一个有效集上选择到的具体的证券投资组合的点是不一致的。无论风险-收益偏好如何，所有的投资者在构造证券投资组合时，都可以通过无风险利率借贷使其效用趋于最大化，也就是通过将市场组合 M 和无风险资产进行搭配得到最优证券投资组合。因此，市场组合 M 和无风险资产的组合将会产生新的有效集，这个新的有效边界将比其他任何风险证券资产的组合与无风险资产的搭配，所产生的有效边界更陡峭，那么通过无风险借贷和投资于市场组合 M，不同风险-收益偏好的投资者都可以实现最大化的预期效用。

以无风险利率进行资金借贷的可能性将证券投资者的投资过程分成了两个阶段：第一，寻找合适的风险证券投资组合，该组合由市场本身所决定，与投资者自身的风险-收益偏好无关。第二，投资者根据自己的风险-收益偏好，确定风险资产与无风险资产的投资比例，即以无风险利率借入或贷出资金。此时就必须要利用到投资者自身的无差异曲线。在无风险资产与风险证券资产的组合中，融资的方式（即无风险资产的数量及占比）取决于投资者对风险的厌恶程度，风险厌恶程度高的投资者将以投资于无风险资产的方式贷出更多资金，风险偏好程度高的投资者将以无风险利率借入资金从而更多地投资于市场组合 M。而不论投资者的风险厌恶程度如何，都不会改变其证券投资组合的风险结构，因为这是由市场组合的风险结构所决定的，这就是分离定理，也称为托宾分割定理。

2. 资本市场均衡

根据分离定理，可推导出资本市场均衡的状态描述。如果存在一个收益率向量为 $\bar{r}=(r_1,\cdots,r_N)^{\mathrm{T}}$ 的风险证券资产和无风险利率 r_f，使对资金的借贷量相等，并且对所有风险证券资产的供给等于需求，那么这种市场状态就可以称为资本市场均衡，相应的风险证券资产的价格向量和无风险利率就称为均衡价格。

如果一个资本市场达到了均衡状态，则该市场具有如下性质：①每个投资者都持有正的一定数量的风险证券，即在切点市场组合 M 的构成中都占有非零的比例，这是由分离定理决定。根据分离定理，每个投资者所选择的证券组合中的风险证券的组成是一样的，都选择市场组合 M 作为资产组合中的风险证券组成部分。②证券的价格使得对每种证券的需求量正好等于市场上存在的证券数量。③无风险利率使得对资金的借贷量相等，即市场上所有无风险资产必须结清。所有个体的初始财富的和等于所有风险证券的市场总价值。

三、资本资产定价模型的推导

（一）资本资产定价模型的含义

资本资产定价模型是证券投资者分析风险与投资收益的关系并作出投资决策时经常采用的一种方法。在进行证券投资活动的决策时，单纯分析风险或投资收益都是不现实的，只有将风险和收益联系在一起，才具有实际意义。因为证券投资者所关心的是风险和收益的关系，即在给定风险大小的情况下，需要多大的收益才能补偿这一风险。如果风险补偿不够，投资者无利可图，则不会有投资活动发生的；如果风险补偿超出了正常范围，也会导致投资者们的疯狂介入，最终摊薄这个超额部分。资本资产定价模型试图解释证券投资中的两个基本问题：①证券或证券投资组合的风险的衡量标准是什么？②在均衡条件下，证券或证券投资组合的预期收益和证券或证券投资组合的风险之间是什么样的关系？资本资产定价模型自从20世纪60年代经夏普、林特纳、莫辛等提出后，经过几十年的发展，产生了许多新模式的资本资产定价模型，以及套利定价模型等，形成了资本市场均衡理论体系。

不过，资本资产定价模型和套利定价模型等在本质上，都是建立在马克维茨投资组合理论的基础之上，试图解决在均衡的资本市场中，如何选择最优证券投资组合的问题，或者说是去解释证券或证券投资组合的均衡价格是如何在风险-收益的抉择中形成的。

（二）资本市场线

1. 资本市场线的公式推导

资本市场线（capital market line，CML）是资本资产定价模型的两大主要结论之一，它描述的是均衡的资本市场上任一证券投资组合的预期收益率与其风险之间的关系。

当资本市场处于均衡状态时，市场组合 M 是由市场上所有的风险证券组成，并且各风险证券在组合中的权数与证券的相对市场价值一致，此时最优证券投资组合与市场组合也是一致的。实务操作中，一般用资本市场上的某种指数所对应的证券组合来作为市场组合的近似替代。需要注意的是，由于现实资本市场瞬息万变、信息效率并不充分等原因，市场组合可能和最优证券投资组合之间存在着相当的差异，这也就意味着投资者即使选择了市场组合也不一定就是最优的。

市场组合代表了所有投资者对风险证券资产的投资选择，所有投资者在进行最优证券投资组合的选择时都是将其初始资金在无风险资产与市场组合 M 之间进行分配，所以无风险利率 r_f 与市场组合 M 的连线就是投资者的有效集，如图 8.4 所示，这条呈现出直线形状的有效集就是资本市场线。

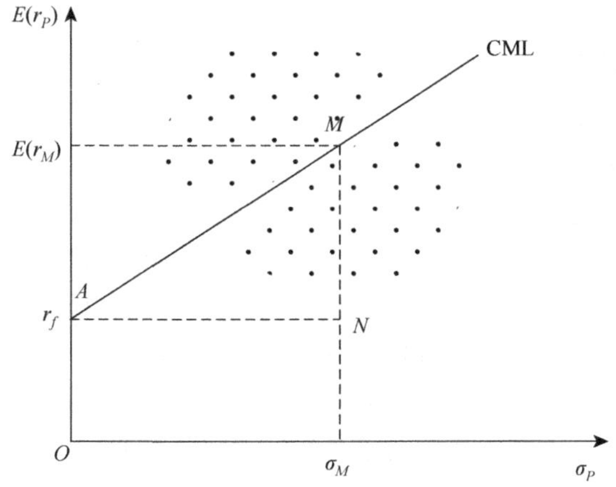

图 8.4　资本市场线

资本市场线描述了当市场处于均衡状态时，最优证券投资组合的预期收益率和风险之间的关系。它表明证券投资组合的收益与风险之间呈线性关系，风险越高，所带来的预期收益越高；风险越低，则带来的预期收益越低。

根据图 8.4，资本市场线必然要经过点 $A(0, r_f)$和点 $M(\sigma_M, E(r_M))$，据此可以推导出资

本市场线的线性方程式，即标准的资本市场线的方程式为

$$E(r_P)=r_f+\frac{E(r_M)-r_f}{\sigma_M}\sigma_p \tag{8.31}$$

式（8.31）中的斜率 $\frac{E(r_M)-r_f}{\sigma_M}$，表示的就是对风险的补偿，衡量的是增加单位风险所需增加的预期收益率，或称为承担单位风险所要求的收益率。而 $E(r_M)-r_f$ 则表示市场组合所带来的超出无风险利率的超额收益。

资本市场线实际上给出了风险证券资产或证券投资组合的风险与收益之间的数学关系，提供了衡量最优证券投资组合的方法。在引入无风险资金借贷活动之后，最优证券投资组合就是分布在资本市场线上的点，资本市场线这一直线就代表了新的有效边界。这一结论还表明：最优证券投资者组合的风险与收益之间是一种线性关系。

例：假定无风险利率为 4%，市场组合由 A、B、C 三种证券组成，它们各自的投资比例为 12%、19%、69%，三种证券的预期收益率和方差-协方差矩阵为

$$\begin{bmatrix}16.2\%\\24.6\%\\22.8\%\end{bmatrix}\text{和}\begin{bmatrix}0.0146 & 0.0187 & 0.0145\\0.0187 & 0.0854 & 0.0104\\0.0145 & 0.0104 & 0.0289\end{bmatrix}$$

协方差矩阵的对角线依次对应着 A、B、C 三种证券的方差，其他位置列出的是协方差，由上可知：

$$\text{cov}(r_\text{A},r_\text{B})=0.0187,\quad \text{cov}(r_\text{A},r_\text{C})=0.0145,\quad \text{cov}(r_\text{B},r_\text{C})=0.0104$$

可求得 $E(r_M)=22.4\%$，$\sigma_M=15.01\%$，则

$$\frac{E(r_M)-r_f}{\sigma_M}=1.226$$

则资本市场线的方程式为

$$E(r_P)=4\%+1.226\sigma_P$$

2. 资本市场线的局限

资本市场线描述的是有效投资组合的预期收益率与标准差之间的均衡关系，即投资的收益与风险之间的关系，但这一结论并没有说明单个证券的情况。只要市场上的风险资产不止一个，而且任何证券都不能表示为其他证券的线性投资组合，那么任何一个证券都不可能位于直线形式的有效集上，它们都将在该直线之下。因此，单个证券的预期收益率和标准差将不存在上述的直线关系。即到此为止，资本资产定价模型都还没有说明关于单个证券的预期收益和风险之间的关系。对于单个证券风险和收益的性质，必须明确：第一，证券对市场组合预期收益的贡献如何？第二，单个证券对市场组合标准差的贡献如何？第三，单个证券的风险与预期收益的关系如何？

由 n 个证券构成的市场组合的预期收益率可简单的表示为构成市场组合的单个证券的预期收益率与其相关权重的加权之和：

$$E(r_M)=\sum_{i=1}^{n}w_{Mi}E(r_i)$$

即证券 i 对市场组合预期收益率的贡献为 $w_{Mi}E(r_i)$。单个证券 i 对投资组合的贡献为

$$\frac{\partial E(r_M)}{\partial w_{Mi}}=E(r_i)$$

由 n 个证券构成的市场组合的方差可以表述为

$$\sigma_M^2=\sum_{i=1}^{n}\sum_{j=1}^{n}w_{Mi}w_{Mj}\sigma_{ij}$$

由于

$$\sigma_{iM}=\text{cov}(r_i,r_M)=\sum_{j=1}^{n}w_{Mj}\sigma_{ij}$$

则

$$\sigma_M^2=\sum_{i=1}^{N}w_{Mi}\sigma_{iM}$$

即单个证券对市场组合风险的贡献为 $w_{Mi}\text{cov}(r_i,r_m)$，而单个证券的风险可表示为

$$\frac{\partial\sigma_M}{\partial w_{Mi}}=\frac{1}{2}\cdot\frac{\text{cov}(r_i,r_M)}{\sigma_M}$$

最后，单个证券的风险与预期收益的关系这个问题，就要交由证券市场线（security market line，SML）来回答了。

（三）证券市场线

1. 证券市场线的公式推导

资本市场线反映了当市场达到均衡状态时，最优证券投资组合的预期收益与风险之间的关系。但是由于作为构成市场组合的单个风险证券资产及它们其他的组合形式都是非有效的，资本市场线无法反映其预期收益与风险之间的关系，那么应该如何预测均衡市场条件下单个风险证券资产及其组合的预期收益，以及证券资产及其组合的价格呢？首先仍然需要从资本市场线入手。

通过资本市场线可知，当证券市场达到均衡状态时，市场组合中各个单个风险证券资产及其组合的比重都是既定的，此时无法通过调整单个风险证券资产或其组合的投资比例，找到更优的风险-收益的组合。

如图 8.5 所示，直线 AMB 就是资本市场线，切点 M 为证券市场均衡状态下的市场组合。现在构建一个包含市场组合 M 和任意一种风险证券资产或其组合的新组合 P。假定风险证券资产或其组合 i 在新组合 P 中所占的比重为 w，即投资者将初始资金按 w、$1-w$ 的比例投入风险证券资产或其组合 i 及市场组合 M，形成新的证券投资组合 P。如果 $w=1$，则说明新组合 P 仅有风险证券资产或其组合 i 构成；如果 $w=0$，则说明新组合 P 就是市场组合 M。但是有趣的是，如果 $w=0.5$，风险证券资产或其组合 i 在新组合 P 中的投资比例却不是 50%，为什么呢？因为 i 本身也是市场组合中的一部分，所以显然此时 i 在新组合 P 中的占比是超过了 50%的。根据期望和方差的数学定义，可知，证券投资组合 P 的预期收益率和方差为

$$E(r_P)=wE(r_i)+(1-w)E(r_M) \tag{8.32}$$

$$\sigma_P^2 = w^2\sigma_i^2 + (1-w)^2\sigma_M^2 + 2w(1-w)\sigma_{iM} \tag{8.33}$$

将式（8.32）和式（8.33）分别对参数 w 求导，可得

$$\frac{\mathrm{d}E(r_P)}{\mathrm{d}w} = E(r_i) - E(r_M) \tag{8.34}$$

$$\frac{\mathrm{d}\sigma_P}{\mathrm{d}w} = \frac{w\sigma_i^2 - \sigma_M^2 + w\sigma_M^2 + \sigma_{iM} - 2w\sigma_{iM}}{\sqrt[2]{w^2\sigma_i^2 + (1-w)^2\sigma_M^2 + 2w(1-w)\sigma_{iM}}} \tag{8.35}$$

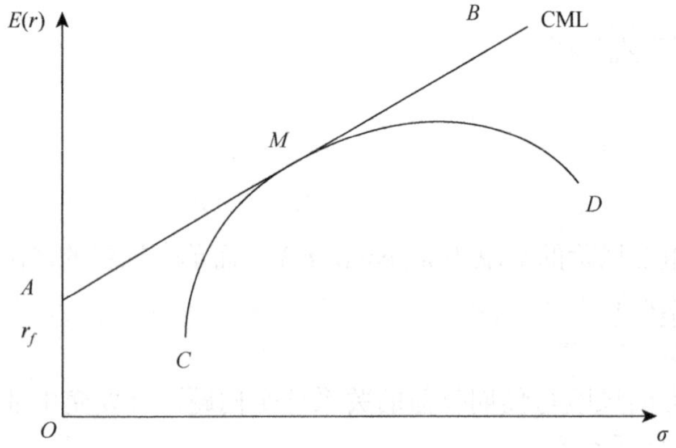

图 8.5 风险证券资产组合的动态调整

因为最受关注的是图 8.5 中的曲线 CD 的斜率，根据式（8.34）和式（8.35），可以得到曲线 CD 的斜率为

$$\begin{aligned}\frac{\mathrm{d}E(r_P)}{\mathrm{d}\sigma_P} &= \frac{\mathrm{d}E(r_P)/\mathrm{d}w}{\mathrm{d}\sigma_P/\mathrm{d}w} \\ &= \frac{[E(r_i)-E(r_M)]\cdot\sqrt[2]{w^2\sigma_i^2 + (1-w)^2\sigma_M^2 + 2w(1-w)\sigma_{iM}}}{w\sigma_i^2 - \sigma_M^2 + w\sigma_M^2 + \sigma_{iM} - 2w\sigma_{iM}}\end{aligned} \tag{8.36}$$

根据前文的分析，当 w=0 时，意味着所有初始资金都投入到市场组合 M 上，那么此时的新的证券投资组合 P 和市场组合 M 是等同的，即有 $\sigma_P = \sigma_M$ 。将之带入式（8.36）可以变形为

$$\left.\frac{\mathrm{d}E(r_P)}{\mathrm{d}\sigma_P}\right|_{P=M} = \frac{[E(r_i)-E(r_M)]\sigma_M}{\sigma_{iM} - \sigma_M^2} \tag{8.37}$$

由于 M 点在有效边界 AMB 上，连接风险证券资产或其组合 i 的点（该点在最小方差曲线组成的区域之内但并不一定在有效边界上）和代表市场组合 M 的点的曲线 CD 是不可能穿越有效边界 AMB，而资本市场线与曲线 CD 在市场组合 M 点处相切，所以在切点处资本市场线的斜率与曲线 CD 的斜率相等，因此根据式（8.31）和式（8.37）可得

$$\frac{[E(r_i)-E(r_M)]\sigma_M}{\sigma_{iM} - \sigma_M^2} = \frac{E(r_M) - r_f}{\sigma_M}$$

经过整理可得

$$E(r_i) = r_f + \frac{E(r_M) - r_f}{\sigma_M^2}\sigma_{iM} \tag{8.38}$$

这就是证券市场线的方程式。若令 $\beta_i=\frac{\sigma_{iM}}{\sigma_M^2}$，可以得到证券市场线的更为常见的表达方式：

$$E(r_i)=r_f+\beta_i[E(r_M)-r_f] \tag{8.39}$$

其中，β_i 为风险证券资产或其组合 i 的 β 系数，是衡量系统性风险的重要指标。证券市场线反映了，当市场处于均衡状态时，单个风险证券资产或其组合（无论它是最优的，还是非最优的）的预期收益率与 β 系数之间的关系，风险证券资产 i 的预期收益率等于无风险利率和风险报酬之和，即风险证券资产的预期收益率等于无风险利率 r_f，加上该项风险证券资产的风险报酬。风险报酬又可分解为两个部分，即市场组合的风险报酬和特定资产的风险 β 系数，其中市场组合的风险报酬 $E(r_m)-r_f$ 是证券市场线的斜率，也是单位风险的预期收益率，它对于所有的风险证券资产都是相同的，所以 β 系数是决定风险证券资产 i 的必要风险报酬的大小的唯一因素。

需要注意的是，在证券市场线中衡量风险指标不是方差（或标准差），而是用该风险资产与市场组合的协方差来衡量的。这与前面提到的观点是一致的，即占据市场投资者主体的风险厌恶型的投资者，都会尽量通过分散化投资来降低风险，这样导致的结果就是，当资本市场达到均衡状态时，风险厌恶型投资者所持有的证券投资组合都是由无风险资产和市场组合按照某种比例所构成的，因此非系统性风险已经通过市场组合被完全抵消了，剩下的只有系统性风险。从这个意义上讲，必要报酬率是给予系统性风险的补偿，而不会给非系统性风险提供补偿。

2. 证券市场线的意义

资本市场线说明了最优证券投资组合的风险和收益率之间的关系，但并没有对非最优的证券投资组合及单个证券的相应情况进行说明。实际投资活动中，因为单个证券被看成是非最优的选择，所以单个风险证券总是在资本市场线以下，即意味着既定风险水平下收益较低，或既定收益水平下风险较高。既然如此，那么单个证券的预期收益率和标准差之间是否存在着均衡关系呢？

作为资本资产定价模型的另一大主要结论，证券市场线描述的就是当证券市场达到均衡时，单个风险证券的收益与风险之间的关系。根据前文的分析，结合式(8.38)和式(8.39)，当资本市场处于均衡状态时，证券市场线的方程式可以写作：

$$E(r_i)=r_f+\frac{E(r_M)-r_f}{{\sigma_M}^2}\sigma_{iM}=r_f+\beta_i[E(r_M)-r_f]$$

其中，$\beta_i=\frac{\sigma_{iM}}{\sigma_M^2}=\frac{\operatorname{cov}(r_i,r_M)}{\sigma_M^2}$。

证券市场线的方程式还可写为

$$E(r_i)-r_f=\beta_i[E(r_M)-r_f] \tag{8.40}$$

式（8.40）表明，风险证券资产 i 的超额收益 $E(r_i)-r_f$ 与其 β 系数成正比。证券市场线这条直线是由无风险资产的收益率和市场组合的预期收益率共同决定的，当市场处于均衡状态时，所有证券和投资组合，不管是有效的还是非有效的（即最优的或非最优的）全部都落在证券市场线上。

如图 8.6 所示，所有风险证券资产或其组合都将落在证券市场线上，那么根据这条直线就可以确定某一风险证券的预期收益率。一般而言，每个 β 系数都代表一个风险等级，根据证券市场线，落在某一风险等级内的所有证券都可获得与这个风险等级相等的收益率。这就是说，只要知道了某个风险证券资产的 β 系数，就可根据资本资产定价模型的方程式求得其预期收益率。

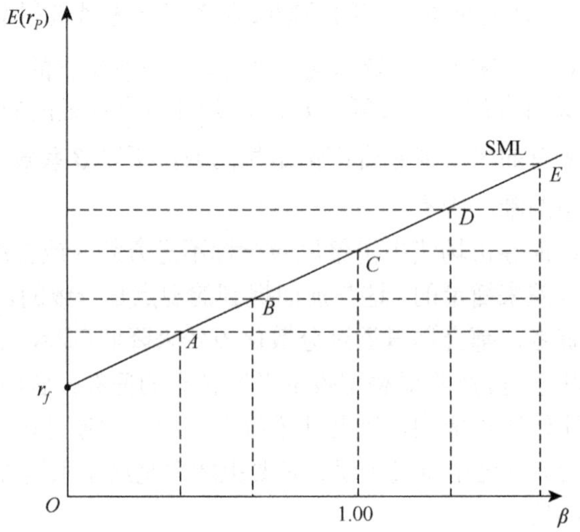

图 8.6 证券市场线

3. β 系数的计算

β 系数衡量的是证券收益相对于市场组合收益的变化，可以度量一项风险证券资产的系统性风险的大小，按照 β 系数及协方差、相关系数的定义，可得

$$\beta_i = \frac{\sigma_{iM}}{\sigma_M^2} = \frac{\text{cov}(r_i, r_M)}{\sigma_M^2} = \rho_{iM} \cdot \frac{\sigma_i}{\sigma_M} \tag{8.41}$$

式（8.41）表明，β 系数取决于该风险证券与整个市场组合的相关性、风险证券自身的标准差和整个市场组合的标准差。β 系数的计算主要有以下两种方法。

第一，回归直线法。根据数理统计的线性回归原理，β 系数可以采用同一时期内的风险证券资产收益率和市场组合收益率的历史数据，使用线性回归方程预测出来。β 系数就是该线性回归方程的回归系数。

例如，某股票的历史收益率及市场组合的历史收益率的资料如表 8.2 所示，表 8.2 中还给出了计算 β 系数的数据准备过程。求解回归方程 $y = a + bx$ 的系数的计算公式如下：

$$a = \frac{\sum_{i=1}^{n} X_i^2 \times \sum_{i=1}^{n} Y_i - \sum_{i=1}^{n} X_i \times \sum_{i=1}^{n} X_i Y_i}{n\sum_{i=1}^{n} X_i^2 - \left(\sum_{i=1}^{n} X_i\right)^2}, \quad b = \frac{n\sum_{i=1}^{n} X_i Y_i - \sum_{i=1}^{n} X_i \times \sum_{i=1}^{n} Y_i}{n\sum_{i=1}^{n} X_i^2 - \left(\sum_{i=1}^{n} X_i\right)^2}$$

表 8.2　某股票 β 系数的计算

年度	股票收益率 Y_i	市场组合收益率 X_i	X_i^2	X_iY_i	$X_i-\bar{X}$（Ⅰ）	$Y_i-\bar{Y}$（Ⅱ）	Ⅰ×Ⅱ	Ⅰ^2	Ⅱ^2
1	1.8	1.5	2.25	2.7	0.25	−0.08	−0.02	0.0625	0.0064
2	−0.5	1	1	−0.5	−0.25	−2.38	0.595	0.625	5.6644
3	2	0	0	0	−1.25	0.12	−0.15	1.5625	0.0144
4	−2	−2	4	4	−3.25	−3.88	12.61	10.5625	15.0544
5	5	4	16	20	2.75	3.12	8.58	7.5625	9.7344
6	5	3	9	15	1.75	3.12	5.46	3.0625	9.7344
合计	11.3	7.5	32.25	41.2			27.075	22.875	
平均	1.88	1.25							
标准差	2.8358	2.1389							

将数据代入回归方程 $y=a+bx$，可求出 a=0.40，b=1.18，其中斜率 b 就是该股票的 β 系数。

第二，按照 β 系数的定义，根据证券与市场组合收益率的相关系数、市场组合的标准差和股票收益的标准差可以直接计算 β 系数。同样采用表 8.2 中的数据，可得

$$\rho_{iM}=\frac{\sum_{i=1}^{n}[(X_i-\bar{X})\times(Y_i-\bar{Y})]}{\sqrt{\sum_{i=1}^{n}(X_i-\bar{X})^2\times\sum_{i=1}^{n}(Y_i-\bar{Y})^2}}=0.8928$$

$$\sigma_M=\sqrt{\frac{\sum_{i=1}^{n}(X_i-\bar{X})^2}{n-1}}=2.1389,\quad \sigma_i=2.8358$$

则

$$\beta_i=\rho_{iM}\cdot\frac{\sigma_i}{\sigma_M}=1.18$$

4. 证券投资组合的 β 系数

β 系数简化了证券投资组合的风险衡量。β 系数的一个重要特征就是线性可加性，如果一个证券投资组合中各项证券资产比重为 w_i，则组合的 β 系数可以直接通过加总得到：

$$\beta_P=\sum_{i}^{n}w_i\beta_i \tag{8.42}$$

可见，通过 β 系数描述的组合风险的计算过程比马克维茨投资组合理论的计算过程要简便很多。不过需要注意的是，β 系数对应的只是系统性风险，没有包括非系统性风险在内；而马克维茨投资组合理论中的标准差 σ 对应的是总风险，其中包含了系统性风险和非系统性风险。

（四）资本市场线与证券市场线的关系

资本市场线和证券市场线都是资本资产定价模型的重要结论，二者是从不同侧面来描述风险资产的收益与风险之间的关系。

如图 8.7 所示，资本市场线描述的是有效的证券投资组合所满足的风险-收益关系，给出的是最优组合的预期收益率与其标准差（即总风险）之间的线性关系，单个风险证券资产或其组合（除了市场组合外）总是在资本市场线的右侧（实际上是落在资本市场线右侧的那条曲线上）；而证券市场线描述的是均衡状态下单个风险证券资产所满足的风险-收益关系，给出的是单个风险证券资产或其组合的预期收益率与 β 系数（即系统性风险）之间的关系，在均衡的资本市场中，所有的单个风险证券或其组合（包括市场组合）都落在证券市场线这条直线上。

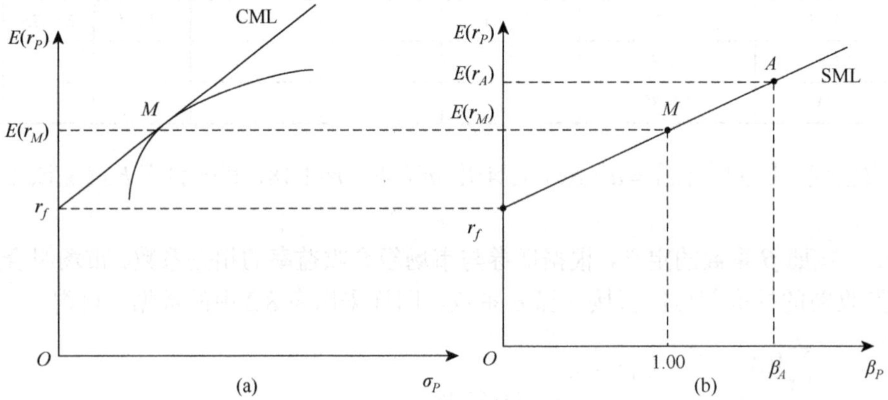

图 8.7　资本市场线与证券市场线之间的关系

实际上，证券市场线是资本市场线的一个特例。即当单个风险证券资产或其组合是最优的，因为市场组合 M 本身也是最优的，所以该项风险证券资产或其组合与市场组合 M 的相关系数 ρ_{PM} 为 1，此时的证券市场线和资本市场线就是相同的。这可以通过下列推导过程证明。

根据证券市场线的方程式 $E(r_P)=r_f+\dfrac{E(r_M)-r_f}{\sigma_M^2}\sigma_{PM}$，以及协方差的定义，可得

$$\begin{aligned}E(r_P)&=r_f+\frac{E(r_M)-r_f}{\sigma_M^2}\sigma_{PM}\\&=r_f+[E(r_M)-r_f]\frac{\rho_{PM}\sigma_P\sigma_M}{\sigma_M^2}\\&=r_f+[E(r_M)-r_f]\frac{\rho_{PM}\sigma_P}{\sigma_M}\\&=r_f+[E(r_M)-r_f]\frac{\sigma_P}{\sigma_M}\end{aligned}$$

而根据式（8.31）可知，$E(r_P)=r_f+[E(r_M)-r_f]\dfrac{\sigma_P}{\sigma_M}$ 就是资本市场线的方程式。

（五）特征线

根据式（8.40）可知，只考虑一种证券的投资组合，将证券市场线的方程式可以写作：

$$E(r_i)-r_f=\beta_i[E(r_M)-r_f]$$

但由于现实中的资本市场不可能总是处于均衡状态，单个证券的实际收益与市场组合的实际收益之间可能存在的线性关系应表述为

$$E(r_i)-r_f=\alpha_i+\beta_i[E(r_M)-r_f] \tag{8.43}$$

式（8.43）左边为单个风险证券的超额收益率，右边第一项α_i为该风险证券的回归系数，第二项$\beta_i[E(r_M)-r_f]$为市场组合的超额收益率与β系数的乘积。如果单个证券收益与市场组合收益之间的关系是依赖于过去的经验的，而且超额收益也可以依据历史数据计算出，那么特征线模型就可以用来估计证券的未来收益。

如图 8.8 所示，在计算出单个证券和市场组合的超额收益之后，以横轴表示市场组合超额收益率，纵轴表示单个证券的超额收益，将单个证券与市场组合的超额收益之间的关系可以用坐标系中的点来描述。根据图 8.8 中的散点图作出的回归曲线就是特征线。各个散点与特征线之间的偏离是该证券的非系统性风险，是特定公司所特有的，通过投资组合可以降低非系统性风险。由图 8.8 可见，特征线的斜率为正，市场组合的超额收益越高，单个证券的超额收益也就越大。

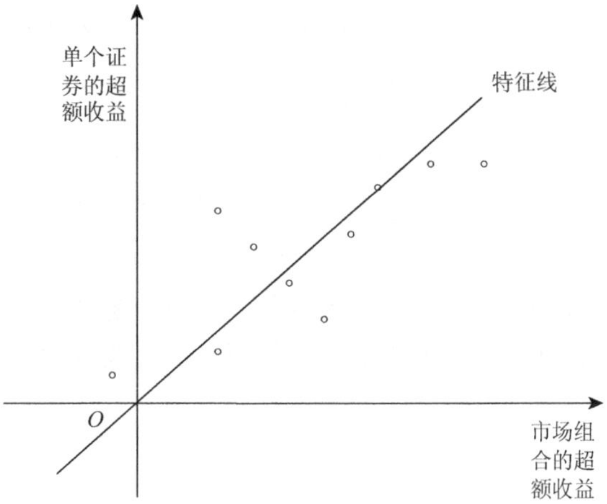

图 8.8　股票与市场组合超额收益之间的关系

因为现实的资本市场并不总是有在有效的均衡点上运作。特征线在纵轴上的截距α_i，表示市场组合预期超额收益为 0 时，单个证券的预期超额收益。如果截距值α_i小于 0，则表示该证券的预期收益小于无风险收益，理性的投资者将不会投资于这种证券的，这样就会导致该证券的价格下降，收益提高，特征线平行上移使得截距值为 0；同理，当截距值α_i大于 0 时，利益机制则会吸引投资者的购买，导致该证券价格上升，收益下降，最终特征线平行下移使得截距值为 0。

特征线的斜率就是β系数。β系数在证券市场线的方程式中反映为单个证券对于整个市场组合的风险程度，在特征线上反映为证券的超额收益对市场组合的超额收益变动的敏感程度。如果β系数为 1，表示证券的超额收益同市场组合超额收益的变动相同，也就是说该证券具有与整个市场相同的系统性风险。如果β系数大于 1，则单个证券的系统性

风险要大于整个市场的系统性风险；如果β系数小于 1，则该证券的系统性风险小于整个市场的系统性风险。

四、资本资产定价模型的应用

资本资产定价模型分析了风险资产的收益率与其对应的风险之间的关系，并指出所有的有效的风险资产或投资组合必定位于资本市场线上，而在均衡条件下（有效的或非有效的）所有证券或投资组合必定位于证券市场线上。利用这些结论，可以判断单个证券或其组合的市场交易价格是否被高估或低估，还可以用来作为预测未来风险资产价格的基准。

（一）证券价格的高估与低估

利用资本资产定价模型可以判断证券的市场交易价格相对于其内在价值而言是否存在高估或低估的情况。资本资产定价模型，高风险的证券具有较高的收益率，低风险的证券具有较低的收益率；在现实资本市场中，较高收益率的证券价格相对于其内在价值较低，较低收益率水平的证券价格相对于其内在价值较高。如果资本市场上某证券的实际收益与资本资产定价模型所决定的收益水平不一致，那么该证券就有可能存在市场价格被高估或低估。因此通过检验单个风险证券或其组合是否存在着异常收益率，就可以判断该证券或其组合是否存在着价格高估或低估现象。

如图 8.9 所示，A、B、C 三种证券位于证券市场线的上方，证券 H、I、J 位于证券市场线的下方，证券 D、E、F 正好落在证券市场线上。而且，证券 A、D、H 的β系数为 0.5，证券 B、E、I 的β系数为 1，证券 C、F、J 的β系数为 1.5，因此可知这三类证券分别代表了三种风险级别：低风险、平均风险和高风险。根据资本资产定价模型可知，证券 A、B、C 位于证券市场线的上方，对于具有相同风险的证券 D、E、F 而言，其收益率明显偏高，因而对于投资者具有更强的吸引力，投资者的购买行为会推高证券 A、B、C 的

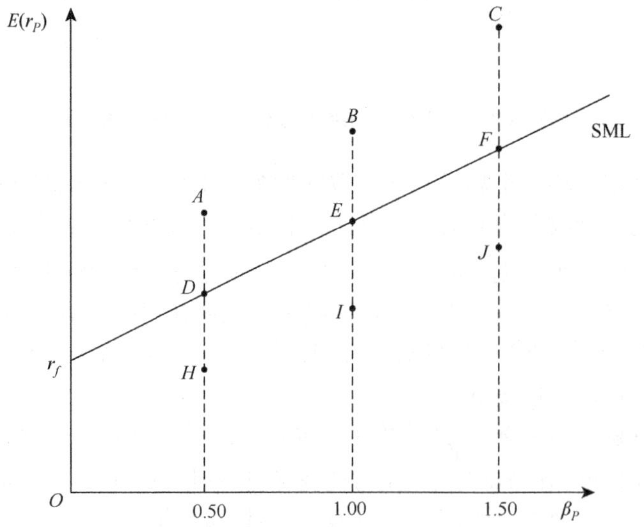

图 8.9 证券价值的高估与低估

市场价格，导致它们的收益率降低到由资本资产定价模型所决定的正常水平，这也就说明证券 A、B、C 的市场价格处于被低估的状况。相反的情况是，证券 H、I、J 位于证券市场线的下方，其收益率明显低于同等风险所对应的证券 D、E、F 的收益率，相对缺乏吸引力，投资者的抛售行为压低了它们的价格，并将它们的收益率推高到资本资产定价模型所决定的正常水平，因此证券 H、I、J 的当期市场价格处于被高估的状况。证券 D、E、F 位于证券市场线上，其收益率为正常的平均水平，所以其市场价格既未被高估，也未被低估。

当然，在现实的资本市场上，由于存在交易成本、税收等种种制约因素，市场不可能是完美的，所以风险证券或其组合一般也不会恰好落在证券市场线上，其风险-收益特征分布可能呈现为如图 8.10 所示的一个带状的区域，而不是一条简单的直线，并且这个带状区域的宽度会随着资本市场的不完美的程度而出现宽窄不同。

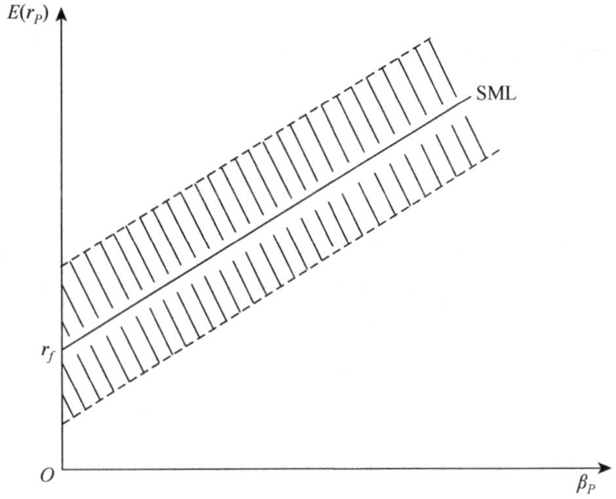

图 8.10　现实中的证券市场“带”

（二）风险资产的定价

资本资产定价模型描述了有效的证券投资组合的收益与风险之间的线性关系，以及均衡状态下单个风险证券资产的收益与风险之间的关系，因此该理论可以用来作为风险资产定价的基准。

假设证券 i 的期初和期末价格分别为 $P_{i(t-1)}$ 和 P_{it}， P_{it} 是随机变量，在期初是无法确切知道的，因此只能对其期望值进行估计，根据收益率的定义有

$$E(r_i)=\frac{P_{it}-P_{i(t-1)}}{P_{i(t-1)}} \tag{8.44}$$

根据资本资产定价模型，有

$$E(r_i)=r_f+[E(r_M)-r_f]\frac{\mathrm{cov}(r_i,r_M)}{\sigma_M^2}=r_f+\lambda\mathrm{cov}(r_i,r_M) \tag{8.45}$$

其中，$\lambda=\frac{E(r_M)-r_f}{\sigma_M^2}$，表示单位风险的市场价格。

将式（8.45）带入式（8.44），则有

$$\frac{P_{it}-P_{i(t-1)}}{P_{i(t-1)}}=r_f+\lambda\text{cov}(r_i,r_M)\text{，即}$$

$$P_{i(t-1)}=\frac{P_{it}}{1+r_f+\lambda\text{cov}(r_i,r_M)}$$

进一步地，有

$$\begin{aligned}\text{cov}(r_i,r_M)&=\text{cov}\left[\frac{P_{it}-P_{i(t-1)}}{P_{i(t-1)}},r_M\right]\\&=E\left\{\left[\frac{P_{it}-P_{i(t-1)}}{P_{i(t-1)}}-\frac{E(P_{it})-P_{i(t-1)}}{P_{i(t-1)}}\right][r_M-E(r_M)]\right\}\\&=\frac{1}{P_{i(t-1)}}\text{cov}(P_{it},r_M)\end{aligned}$$

即

$$P_{i(t-1)}=\frac{P_{it}-\lambda\text{cov}(P_{it},r_M)}{1+r_f} \tag{8.46}$$

利用资本资产定价模型和预期收益率的定义，可以推导出式（8.46）。也就是说，只要知道了无风险利率、市场组合的风险和收益、风险证券资产的市场交易价格等数据，就可以对风险证券资产的未来定价进行预测。

例如，假定某基金的收益率有10%的概率等于无风险利率7%，有90%的概率等于市场组合的预期收益率15%，且该基金的β系数为0.9，若期初每份基金的价格为100元，则可以使用式（8.46）来预测该基金的期末价格。

由式（8.45）可得

$$\begin{aligned}\lambda\text{cov}(P_{it},r_M)&=\beta_i[E(r_M)-r_f]\\&=0.9\times(0.15-0.07)=0.072\end{aligned}$$

带入式（8.46），有

$$P_{i(t-1)}=\frac{P_{it}}{1+r_f+\lambda\text{cov}(r_i,r_M)}=\frac{P_{it}}{1.07+0.90\times0.072}=100$$

所以该基金期末价格的期望值为

$P_{it}=114.20$（元）

（三）β系数的应用

β系数被作为度量证券投资中的系统性风险的指标，表示风险证券或证券组合的收益随市场组合收益的变动而变动的程度。证券或证券组合的β系数越大，系统性风险越大。在证券投资管理中，β系数被广泛应用于证券分析和投资决策中，其应用主要表现在以下几方面。

1. 证券类型的划分

根据β系数的大小可将证券或证券组合分为以下几种：小于1的时候为防御型证券或

策略组合，证券或证券组合的收益率比市场组合收益率的波动水平低，如公用事业、食品加工业的股票等。等于 1 为中性投资策略，证券或证券组合的收益率与市场组合收益率的波动完全同步。大于 1 时，证券或证券组合的收益率比市场组合收益率的波动水平高，这是一种激进型或攻击型的证券或资产组合，投资风险较高，如高科技行业的股票等。

2. 测度风险报酬与证券估值

β 系数测度的是能够带来风险报酬的系统性风险，这部分风险不能通过投资组合的分散化进行消除。β 系数越大，这一证券或证券组合要求的风险报酬就越高。如果证券收益超过风险报酬，则这一证券或证券组合被市场高估；反之则被市场低估。例如，在证券市场线上，如果 A、B 两资产的 β 系数相同，即风险相同，但 A 的预期收益比 B 高，则投资者愿意买入 A 而卖出 B，这样 A 的价格上升，B 的价格下降，直到恢复为均衡状态。可见，位于证券市场线上方面的证券价格被低估了，因为在给定的系统性风险水平的条件下，它可以提供更高的预期收益率；同理，位于证券市场线下方的证券价格则被高估。

3. 作为证券投资组合的重要参数

在进行投资组合选择时，如果根据马克维茨投资组合理论，直接以协方差进行计算，计算量大而复杂，如果用 β 系数来替代，能大大简化计算过程，因而 β 系数的应用更为广泛，成为投资组合决策的重要参数。

4. 衡量证券投资组合的特性

不同的证券投资基金由于风险收益偏好不同，因而构造了不同投资风格的证券组合，如激进型、稳健型等。不同投资风格的基金，证券组合的 β 系数差异很大，这为投资策略选择和策略调整提供了依据。因此中小投资者可根据自身风险承受程度选择不同风格和风险水平的基金，而基金经理可根据投资组合的 β 系数调整组合结构。

5. 在投资实务中的应用

根据市场走势，选择不同 β 系数的证券或证券组合有可能获得超额收益。由于 β 系数是证券或证券组合与市场组合的敏感性指标，这样投资者可根据不同的市场走势，选择不同 β 系数的证券或证券组合。具体而言，在牛市中，投资者选择高 β 系数证券，从而可以等比例地放大市场组合的收益率，取得高额收益；而在熊市中，则选择低 β 系数证券，从而抵御市场整体下跌风险。这样投资者可选择比市场组合更低风险的证券或证券组合，从而达到战胜市场的效果。

五、传统资本资产定价模型的扩展

（一）零 β 系数模型

1972 年布莱克提出了一种不需要无风险资产的定价模型。在有效的证券资产组合中，存在几种证券组合，其收益与市场组合完全不相关，即这些证券组合与市场组合的 β 系数为零。从这些零 β 系数的证券组合中，选择一个方差最小的证券组合，尽管这个组合没有任何系统性风险，但仍存在非系统性风险，这种零 β 系数的证券组合并不会对资本市场线产生影响，但会对证券市场线的构造产生影响。此时，这种零 β 系数证券组合的证券市场线也会与描述收益率水平的纵轴产生截距，只不过这个截距并不是代表无风险利率，而是表示该零 β 系数证券组合的预期收益率。所以在均衡状态下，零 β 系数的证券组合与市

场组合 M 结合成为新的证券投资组合，其风险-收益关系也同样是呈现出线性特征。

$$E(r_i)=E(r_z)+\beta_i[E(r_M)-E(r_z)]$$

其中，$E(r_z)$ 为零 β 系数证券组合的预期收益率。

（二）考虑税收成本的资本资产定价模型

传统的资本资产定价模型是在不考虑税收成本的条件推导出来的，即投资者不考虑对不同形式收益的税收影响，所有投资者持有相同的风险资产组合——市场组合。然而现实经济中的税收情况并非如此，不同投资者适用不同的税种和税率，不同证券资产交易的所得税也有所不同，并且为鼓励证券投资，政府对资本利得的征税一般低于对股票红利的征税。尽管投资者的证券资产组合的税前期望收益相同，但税收会导致投资者持有的税后实际投资收益不同。相应地，风险证券资产的均衡价格的确定就会与不考虑税收的情况下有所差别。针对这一情况，1970 年布伦南提出了考虑资本利得与红利税负不同时的资本资产定价模型。考虑到税负不同的条件，任意风险证券资产的收益率可表示为

$$r_i=r_f(1-T)+[\overline{r}_M-r_i-T(D_M-r_i)]\beta_i+TD_i$$

$$T=(T_d-T_g)/(1-T_{gi})$$

其中，D_M、D_i 分别为市场组合和资产 i 的红利收益率；T_d、T_g 分别为证券市场资本利得税和红利税；T 为税负调整系数。

在考虑税收成本的资本资产定价模型中，如果红利税率等于资本利得税率，则税负调整系数 T 为 0，那么这个模型就演变为传统形式的资本资产定价模型。如果红利与资本利得的税率是有差别的，那么风险证券资产或其组合的预期收益率就像在传统形式的资本资产定价模型中一样，仍然是线性的依赖于 β 系数。当对红利征税的平均税率高于资本利得税率时，税负调整系数 T 为正，预期的税前收益率是红利收益率的增函数；相应地，红利与资本利得的税率差别越大，预期收益率就越高。

（三）跨期资本资产定价模型

1973 年以莫顿（Merton）为代表的经济学家提出了跨期资本资产定价模型（intertemporal capital asset pricing model，ICAPM），这对传统形式的资本资产定价模型的单期、静态的特征是一个非常大的突破和修正。莫顿等的研究表明，在投资者最大限度地扩大其一生的消费期望效用时，传统形式的单期资本资产定价模型就可以扩充为连续时间模型。在该模型中，由于投资者效用是多阶段条件下的最大化求解，除了资产投资收益外，还要考虑收入、消费支出、利率等约束变量，通过构建多阶段的动态规划模型进行均衡求解，以此得出类似证券市场线的结果。

$$\overline{r}_i=r_f+\beta_{iM}(\overline{r}_M-r_f)+\beta_{i1}(\overline{r}_{i1}-r_f)+\beta_{i2}(\overline{r}_{i2}-r_f)+\beta_{i3}(\overline{r}_{i3}-r_f)+\cdots$$

其中，$\overline{r}_{ij}$ $(j=1,2,3,\cdots)$ 为投资者可用来补偿其所关注证券资产组合的风险的预期收益率。

跨期资本资产定价模型表明在市场动态均衡的条件下，风险证券资产的风险-收益状况不仅与市场组合的敏感度有关，而且与其他状态变量的敏感度有关，从而弥补了传统的资本资产定价模型仅对市场系统性风险予以补偿的缺陷，因而具有更强的现实解释力。不足之处在于，跨期资本资产定价模型并未描述影响证券投资组合的可行集的状态变量是什

么，也没有给出寻找与状态变量完全相关的证券资产（组合）的具体途径。

六、资本资产定价模型评述

（一）资本资产定价模型的理论贡献

资本资产定价模型独特的优点是简单和易于操作，为在投资实践中解决单项风险证券资产的价格问题提供了简便的方法，在条件适合的情况下能够得到较为精确的结果。具体来说，资本资产定价模型的理论贡献在于以下几点。

（1）用 β 系数来衡量单项风险证券资产所包含的系统性风险，为风险度量提供了有效的解决方法。

（2）通过市场组合的概念，可以确定系统性风险的风险溢价（即证券市场线的斜率），将风险-收益的关系研究推上了一个新的台阶。

（3）将单项风险证券资产的系统性风险和风险溢价联系在一起，从而得出了在均衡市场条件下衡量单项风险证券资产价值的标准化公式。

（二）资本资产定价模型的主要缺陷

自从资本资产定价模型在理论上确立后，在大量的实践检验中，却遭遇到巨大的挑战和质疑。

首先，资本资产定价模型建立在严格的前提假定条件的基础之上，跟现实资本市场差距较大，即使在欧美这样的资本市场较为成熟的环境中进行实践检验，都不太具有完全的适用性，更不用说在众多的资本市场发展尚不成熟、没有达到完美市场条件的发展中国家了。因此，资本资产定价模型得出的结论对于资本市场投资实践而言也仅仅是指导性的。

其次，资本资产定价模型把收益率当作随机变量，因此其理论基础之一就是随机漫步理论（即有效市场假说），那么有效市场假说自身的理论缺陷也导致了资本资产定价模型可能得到与实际市场运行状况不一致的相悖结论。

再次，资本资产定价模型只研究了资本市场的均衡状态。但是众所周知的是，资本市场的波动幅度是相当大的，影响因素也很多，也就是说资本市场经常是处于不均衡状态之中的，而且处于不均衡状态下的风险证券资产并不一定总是会向着均衡状态运动，因此资本资产定价模型在实际投资实践中并不一定能够给出正确的指导性结论。

最后，资本资产定价模型中大量使用的市场组合，本身只是一个较为理论化的概念，在实际资本市场中很难得到真正的市场组合，而作为理论研究或投资实践中的替代的某种市场指数，往往并不能真正反映市场整体运行状况，这也导致资本资产定价模型很难在实践中得到有效检验。

尽管资本资产定价模型同实证检验并不完全一致，但是以夏普为代表的金融经济学家们已经把理性预期和有效市场假说作为前提假设，并对风险证券资产和投资组合的风险衡量做了深入的研究，论证了风险证券资产的预期收益率与其系统性风险之间的均衡关系，从而推导出了各种风险证券资产根据其系统性风险来进行定价的资本资产定价模型。应该说，他们的工作是建设性的，把马克维茨投资组合理论向前推进了一大步。正是因为如此，夏普和马克维茨同时获得 1990 年诺贝尔经济学奖，这是现代证券投资组合理论在研究领域获得的重大成就，也是世人对这些经济学家们在确定资本市场均衡价格模型的有效性方面所做的工作给予的充分肯定。

第三节 套利定价模型

资本资产定价模型揭示了在资本市场均衡状态下的证券预期收益率与风险之间的关系，简洁、明确地回答了证券风险的合理度量问题及资本市场上的证券定价问题。由于资本资产定价模型是在一定的前提假定条件下，经过严密的逻辑推理而得到的，并且所得到的结论与现实资本市场的直观结果存在着大量吻合之处，因此被理论研究者与投资者们广泛地采用。但是正如前文提到的，资本资产定价模型也存在大量缺陷，其中最主要证据是缺乏实证检验的有力支持。此外，资本资产定价模型中的市场组合是一个较为理论化的概念，从理论上讲市场组合应该是位于有效边界上的，但因为在进行实证分析时很难得到真正的市场组合，人们往往只能以某种资本市场指数作为市场组合的替代，而这种指数组合却不一定位于有效边界上，这样就导致作为参照物的指数组合所计算得到的β系数与资本资产定价模型中真正的β系数之间存在着偏差。另外，任何的估价模型都是基于对历史数据的搜集整理，来估算未来数据，但是资本资产定价模型描述的是证券预期收益率与风险之间的关系，在模型中需要使用的预期收益率、β系数等不可观测的变量，即便是历史数据也只能采用估算的方法，由此在对未来数据进行预测时就有可能产生更大的误差，这也使得其检验结果不能令人信服。

基于资本资产定价模型的不足，后续的研究者们提出了一种新的思路来进行资本市场的均衡研究，这就是套利定价理论。该理论由美国经济学家罗斯于 1976 年创立，其基本思路是从套利的角度来进行资本市场的均衡研究，即利用套利原理推导出市场均衡状态下资本资产定价关系，即套利定价模型。由于套利定价模型具有同资本资产定价模型一样的解释功能，而且相关假定条件较为宽松，与现实更加贴切，因此该模型越来越受到理论研究与投资实务的关注。

一、套利与均衡

（一）套利

套利是资本市场上的一个基本概念，是指由于同一资产在不同市场上或不同资产在同一市场上存在的价格差异，那么利用这一价格差异，就可以通过低买高卖的交易而获取超额利润的行为。一种最简单、最明显的产生套利机会的情形是，相同的资产在两个市场上的价格不同，此时投资者只需要针对该资产在价格较高的市场上进行卖空交易，并同时在价格较低的市场上进行买空交易，这样投资者就可从该套利交易中获取一个正的无风险的超额收益。

很明显，无风险的套利机会一旦被发现，投资者就会利用它进行套利交易以获取超额收益。这样，即使是少数几个（甚至一个）套利者的套利行为都会导致价格波动，最终必然会导致套利机会的逐渐缩小直至消失。这种现象的作用机理在于，无风险的套利机会的存在对任何一个投资者（无论他是否厌恶风险）而言都是有利的，只要投资者发现这种机会，他就会力图通过在两个市场上不断地低买高卖，以实现最大化的无风险的超额收益。

但是，在套利者进行买卖的同时，两个市场上对同种资产的供给和需求会发生相对变化。以证券为例，当套利交易者在某证券市场上不断卖空证券 A，会导致证券 A 的供给增加，从而该市场上的证券 A 的价格下降；而在另一证券市场上不断地买空证券 A，使得证券 A 的需求增加，从而在该市场上证券 A 的价格上升。最终，当同时发生的价格上升与下降调整，使得两个证券市场上的证券 A 的价格趋于同一水平时（如果不考虑交易成本），套利机会不再存在，套利者就会结束其套利交易。

（二）套利与均衡

相同证券在不同市场（或同类证券在同一市场）的定价水平应该相等的原理就叫一价定律（the law of one price）。如果一价定律能够成立就意味着套利机会的消失；相反，如果违背了一价定律就意味着套利机会的存在。一般来讲，一个完全竞争、有效的市场总是遵循一价定律的。在现代资本市场上，得益于先进的信息传输工具的应用，使得市场信息能够被快速传递和接收，而且使证券交易能够在瞬间完成，一旦市场违背了一价定律，投资者就会迅速通过套利交易而获利，最终市场价格将恢复到遵循一价定律的状态。

在同一市场上，不同证券之间也有可能存在套利机会，当套利机会出现时，投资者会通过低买高卖赚取差价。这时存在着套利机会的那些证券，因为它们的定价是不合理的，所以套利者会利用它们进行套利交易，这样就会导致这些证券的需求与供给在市场上处于非均衡状态。在套利者不断进行套利交易的过程中，这些证券的不均衡的市场价格就会随着供给-需求的变化而发生上升或下跌，直到某种新的均衡价格水平出现，使套利机会不再存在时，套利者的套利交易行为就会终止，市场将重新恢复到均衡状态，此时各种证券的定价就处于相对合理的水平。再从另一个角度看，当资本市场经过一系列调整达到均衡时，各种证券交易的价格都处于合理水平，在这种状态下是不存在任何套利机会的。这就是套利与均衡的关系，这也是资本市场均衡理论的一个基本论点。

当市场不存在任何无风险套利机会或者说市场处于均衡状态时，各种证券及证券组合应该如何进行合理定价？它们的预期收益率与风险之间存在什么关系？这些问题正是套利定价理论所要回答的。

虽然本章第二节的资本资产定价模型已经回答了市场均衡状态下证券及证券组合的预期收益率与风险之间的关系，但资本资产定价模型是在一系列严格的前提假设条件下推导出来的理论模型，并且它是一个仅以市场组合为参照来描述证券均衡价格的关系式。由于资本资产定价模型的一些假设条件太过苛刻，时常会出现理论结论与现实市场不一致的情况。而本节所介绍的套利定价理论则是从套利的角度来考察均衡状态下证券预期收益率与风险的关系，由于套利定价理论没有严苛的假设条件，与实际市场状况较为吻合，它对均衡状态下证券价格的解释要强于资本资产定价模型，甚至从某种意义上讲，可以把资本资产定价模型视为套利定价理论的一种特殊情形。

二、单因素套利定价模型

（一）修正的因素模型

资本资产定价模型是一个典型的单因素模型，其特点（这也正是被后来者所诟病的缺陷)之一就是用一个设定的因素——市场组合的收益率来解释各种风险证券资产的收益率构成。尽管在因素模型的讨论中可以将影响证券收益率的因素由一个扩展到多个，但是仍然在沿用老的思维模式，即事先人为地设定影响因素的种类和数量。显然，要使解释证券收益率构成的模型包含更多更有用的信息，就需在模型的设定上进行一些调整。1976 年罗斯构建了资本资产定价的修正模型，并在此基础上从套利的角度出发，对市场均衡状态下的证券定价进行深入研究。

与因素模型类似，在套利定价理论中，假定证券的收益会受到一些共同因素的影响，并且收益率与这些影响因素之间有着如下关系：

$$r_i = E(r_i) + \beta_{i1}F_1 + \beta_{i2}F_2 + \cdots + \beta_{in}F_n + \varepsilon_i \tag{8.47}$$

其中，r_i 为证券 i 的未来的收益率，它是一个随机变量；$E(r_i)$ 为证券 i 的预期收益率；β_{ik} 为证券 i 的收益率对第 k 项影响因素的敏感度，也可以称为风险因素；F_k 为对证券收益率产生影响的第 k 项影响因素，它的期望值为零；ε_i 为证券 i 的收益率中所特有的受自身不确定因素影响的随机误差，它的期望值为零，且与各影响因素 F_k 无关。

根据式（8.47）可知，证券 i 的未来收益率等于平均收益率（即预期收益率）$E(r_i)$ 加上各影响因素对收益率的影响值，再加上自身特有的随机因素对收益率的影响值。需要注意的是，在式（8.47）中并没有预先设定这些影响因素到底是什么及一共有多少个影响因素，这就是套利定价理论在模型设定上对因素模型的修正之处。

（二）单个证券的套利定价模型

为了得到套利定价模型，先从最简单的情形开始，即考虑证券收益率只受到某一个影响因素的影响。毫无疑问，具有更一般的现实意义的情形是收益率会受到多个影响因素的影响，但是为了使分析的过程简单明了，首先考虑单因素模型，然后过渡到多因素模型的讨论。

如果证券收益率只受到一个影响因素 F 的影响，那么由式（8.47）可得，证券 i 的收益率为

$$r_i = E(r_i) + \beta_i F + \varepsilon_i \tag{8.48}$$

根据式（8.47）的性质，可知：$E(F)=0$，$E(\varepsilon_i)=0$，$\mathrm{cov}(\varepsilon_i,F)=0$，$\mathrm{cov}(\varepsilon_i,\varepsilon_j)=0$。

（三）充分分散化的证券投资组合的套利定价模型

假定某证券投资组合 P 由 n 种证券构成，各证券在组合中所占的权数为 $x_i\left(\sum_{i=1}^{n} x_i = 1\right)$，则根据式（8.48）可得，证券投资组合 P 的收益率构成为

$$\begin{aligned} r_P &= \sum_{i=1}^{n} x_i r_i \\ &= \sum_{i=1}^{n} x_i \left[E(r_i) + \beta_i F + \varepsilon_i\right] \\ &= E(r_P) + \beta_P F + \varepsilon_P \end{aligned} \tag{8.49}$$

其中，$\beta_P = \sum_{i=1}^{n} x_i \beta_i$ 代表投资组合 P 对影响因素 F 的敏感度；$\varepsilon_P = \sum_{i=1}^{n} x_i \varepsilon_i$ 为 P 的非系统收益率。

类似于利用因素模型对证券风险的讨论，可将证券及证券组合的风险分成由影响因素引起的系统性风险与由特殊因素引起的非系统性风险两部分。那么根据式（8.48），有

$$\begin{aligned}\sigma^2(r_i) &= \text{var}[E(r_i)+\beta_i F+\varepsilon_i] \\ &= \beta_i^2\sigma_F^2+\sigma^2(\varepsilon_i)\end{aligned}$$

其中，$\beta_i^2\sigma_F^2$ 为证券 i 的系统性风险；$\sigma^2(\varepsilon_i)$ 为证券 i 的非系统性风险。现在讨论在市场均衡状态下，证券投资组合的风险状况，就可以根据式（8.49）得到

$$\begin{aligned}\sigma^2(r_P) &= \text{var}[E(r_P)+\beta_P F+\varepsilon_P] \\ &= \beta_P^2\sigma_F^2+\sigma^2(\varepsilon_P)\end{aligned} \tag{8.50}$$

其中，$\sigma^2(\varepsilon_P)$ 为证券投资组合 P 的非系统性风险，且有 $\sigma^2(\varepsilon_P)=\sum_{i=1}^{n}x_i^2\sigma^2(\varepsilon_i)$，意味着证券投资组合 P 的非系统性风险是构成组合的各单个证券的非系统性风险按照权数进行的加总。因此，当证券投资组合 P 中所包含的证券数量越多（$n\to\infty$），组合中各证券的权数 x_i 就越小，那么式（8.50）中的非系统性风险 $\sigma^2(\varepsilon_P)=\sum_{i=1}^{n}x_i^2\sigma^2(\varepsilon_i)$ 将逐渐趋于零。

通过以上分析可以看出，对于一个充分分散化的证券投资组合，其非系统性风险几乎是等于零的，因此在实际应用中可将 $\sigma^2(\varepsilon_P)$ 忽略不计，即可以将之视为零。又因为 ε_P 的期望值为零，并且方差 $\sigma^2(\varepsilon_P)$ 也为零，所以可以推断 ε_P 的实际值就是零，那么式(8.49)和式（8.50）就可以改写为

$$r_P = E(r_P)+\beta_P F \tag{8.51}$$

$$\sigma_P^2=\beta_P^2\sigma_F^2 \quad（或\ \sigma_P=\beta_P\sigma_F） \tag{8.52}$$

这就是根据单因素套利定价模型得到的充分分散化的证券投资组合的收益率和风险的构造方程。将式（8.51）与式（8.48）进行对比可以发现，单个证券收益率与影响因素之间不存在完全的线性关系（因为有随机误差项 ε_i 的存在），但充分分散化的证券投资组合的收益率与影响因素之间具有完全的线性关系。

图 8.11 中对比了证券投资组合 P 及单个证券 i 的收益率与影响因素 F 之间的关系，其中证券投资组合 P 是充分分散化的，其 β 系数为 1，证券 i 的 β 系数也为 1。

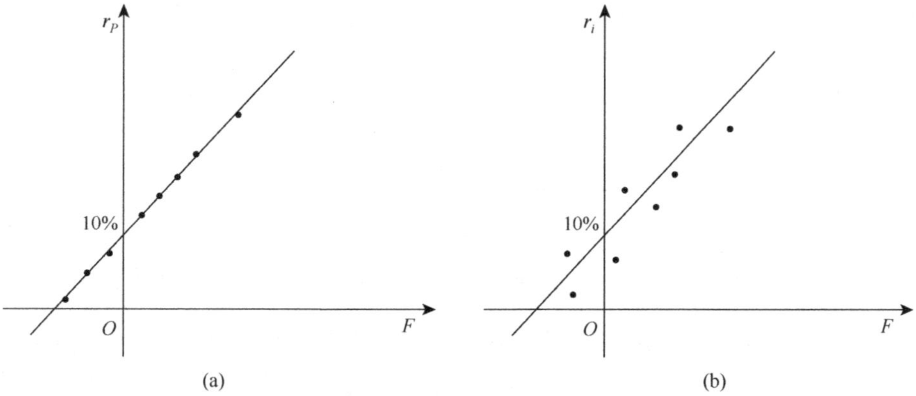

图 8.11　收益率与影响因素

在图 8.11（a）中，证券投资组合 P 的预期收益率为 10%，它代表影响因素为零时证券投资组合 P 的收益率，图中直线的斜率代表了证券投资组合 P 对影响因素 F 的敏感度（$\beta=1$），直线上的不同点代表了在影响因素处于不同水平时证券投资组合 P 的相应收益率水平。若影响因素 F 为正，则组合 P 的实际收益率将超过预期收益率，反之则低于预期收益率。此时，证券投资组合 P 的收益率水平满足下列方程式：$r_P = E(r_P)+\beta_P F = 0.10 + 1.0\times F$。

在图 8.11（b）中，单个证券 i 的预期收益率也为 10%，代表与影响因素之间的关系 β 系数为 1，但由于单个证券 i 的收益率会受到影响因素 F 与非系统性因素的共同影响，其收益率与影响因素 F 的关系是围绕直线分布的散点图，证券 i 的收益率满足如下关系式：$r_i = E(r_i)+\beta_i F+\varepsilon_i = 0.10+1.0\times F+\varepsilon_i$。

图 8.12 中给出了另一组充分分散化的证券投资组合 B 的收益率水平与影响因素 F 之间的关系。其中，当 F 为零时，组合 B 的预期收益率为 8%，β 系数为 1。

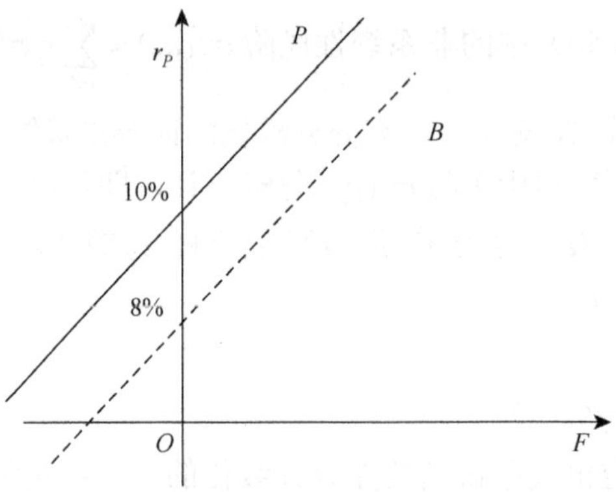

图 8.12　两组受到因素 F 影响的证券组合不能并存

同样都是充分分散化的证券投资组合，都是受到因素 F 的影响，β 系数均为 1，但是组合 P 与组合 B 的收益不同，它们能否同时并存于市场上呢？根据套利定价模型，答案是不可能。因为无论影响因素 F 处于何种水平，证券投资组合 P 的收益率水平都优于证券投资组合 B，这样二者之间就存在着无风险的套利机会，会吸引投资者进行买空卖空的套利交易，导致无风险套利机会的消失，最终组合 P 和组合 B 的收益率水平将趋于一致。

例如，投资者可卖空价值 100 万元的组合 B，同时买空价值一百万元的组合 P，构造出一个总投资额度为零的新的证券投资组合，最终其收益额为：$[(0.10+1.0\times F)-(0.08+1.0\times F)]\times 100$ 万=2（万元）。注意，此时投资者并没有投入自己的任何资金，仅凭买空卖空的套利交易就获得了 2 万元的收益，并且由于实行等额的卖空与买空，新的证券投资组合的 β 系数就为零（即 $\beta=\frac{1}{2}\beta_P-\frac{1}{2}\beta_B=0$），因此因素 F 对新组合的影响完全被抵消了，同时由于组合 P 与组合 B 都是充分分散化的组合，非系统性风险也是被完全抵消了的，这个新的证券投资组合实际上没有任何风险，这就是无风险的套利机会。当然事实上这也是不可能存在的，因为即使无风险套利机会出现了，也不可能持续太长时间，正如前面分析的那样，套利者的套利行为将引起市场上对组合 P 与组合 B 的供需数量的变化，进而改变二者的市场价格，从而最终消除这两个证券组合在收益水平上的差异。换句话说，在市场均衡状态下，具有相同 β 系数的证券组合必然具有相同的预期收益率，否则便会产生无风险套利机会，使之趋于一致。

既然在市场均衡状态下，具有同 β 系数的充分分散化的证券投资组合应该具有相同的预期收益率。那么对于不同 β 系数的充分分散化的证券投资组合，它们的预期收益率与 β 系数之间存在着什么关系呢？

在图 8.13 中给出另一组充分分散化的证券投资组合 C，其 β 系数为 0.5，当因素 F 为零时的预期收益率为 $E(r_C)$=6%，无风险利率 r_f 为 4%。根据投资组合理论可知，组合 C 位于由无风险利率 r_f 与前文中组合 P 的连接线的下方。这也就意味着，组合 C 所提供的风险补偿要低于组合 P 所提供的风险补偿。现在以无风险资产和组合 P 来构造一个新的证券投资组合 D，其中无风险资产和组合 P 各自占 50%的权数，那么新组合 D 的 β 系数为

$$\beta_D = 50\% \times \beta_f + 50\% \times \beta_P = 0.5 \times 0 + 0.5 \times 1 = 0.5$$

则新组合 D 的预期收益率等于：

$$E(r_D) = 50\% \times r_f + 50\% \times E(r_P) = 0.5 \times 0.04 + 0.5 \times 0.10 = 0.07$$

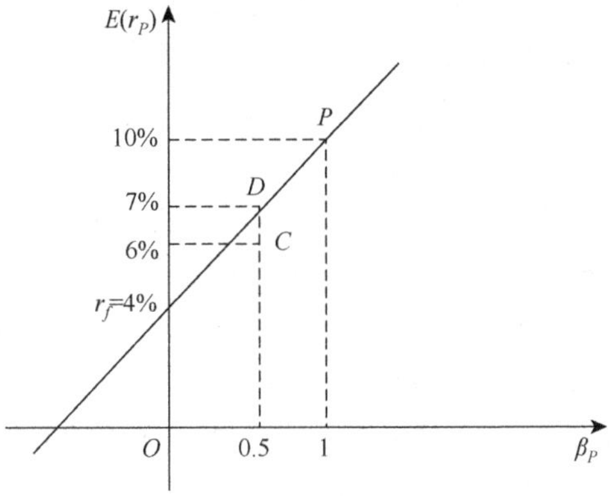

图 8.13　不同 β 系数的证券投资组合

此处可以发现，证券投资组合 D 与组合 C 有着相同的 β 系数，但组合 D 的预期收益率明显高于组合 C。根据前文的分析可知，此时将出现无风险套利机会。所以，可以得出这样的结论，在市场处于均衡状态下即不存在无风险套利机会时，所有的充分分散化的证券投资组合必然是位于同一条起始于 r_f 的直线上的，且该直线的方程式可以写作：

$$E(r_P) = r_f + \lambda \beta_P \tag{8.53}$$

其中，λ 为单位风险的报酬，也可以将它称为风险因素的价格。式（8.53）就是关于充分分散化的证券投资组合的套利定价模型，它描述了在市场均衡状态下，任意充分分散化的证券投资组合的收益率 $E(r_P)$ 与风险 β_P 之间的关系。

（四）单个风险证券的套利定价模型

通过式（8.53）可以知道，如果利用充分分散化的证券投资组合进行套利交易的机会不存在时，每一个充分分散化的证券投资组合的预期收益率与它的 β 系数之间一定会呈现出一个固定的比例，即对任意两个充分分散化的证券投资组合 P 和 T，总有如下等式成立：

$$\frac{E(r_P)-r_f}{\beta_P}=\frac{E(r_T)-r_f}{\beta_T}=\lambda \tag{8.54}$$

也就是说，处于市场均衡状态下的任何充分分散化的证券投资组合都应该具有相同的风险补偿 λ（或单位风险价格）。那么对于充分分散化的证券投资组合而言能够成立的式（8.53）和式（8.54），对于构成组合的单个风险证券而言是否也能够成立呢？如果公式仍然成立，则说明在市场均衡状态下，无论是证券投资组合还是单个风险证券，只有它们的系统性风险能得到风险补偿，而且系统性风险的单位风险价格是相同的。

为了验证单个风险证券的预期收益率与风险之间的关系，假定各个风险证券的单位风险价格不相等，那么可以通过选择不同的单位风险价格的证券来构造证券投资组合，检验市场上是否存在着套利机会。首先，选择一个单位风险价格较高的风险证券 A 与另一个单位风险价格较低的证券 C 来构建证券投资组合，通过卖空证券 C 并同时买空证券 A，可以构造一个零 β 系数的证券投资组合。在条件 $x_A\beta_A+x_C\beta_C=0$ 且 $x_A+x_C=1$ 之下，就可构建一个零 β 系数的证券投资组合 Z，则组合 Z 的预期收益率为：$E(r_Z)=x_AE(r_A)+x_CE(r_C)$。

因为证券投资组合 Z 的 β 系数为零，所以它没有系统性风险，但是因为存在着非零的投资额，所以它是有非系统性风险的。以此类推，可以通过卖空单位风险价格较低的证券 C、D 而投资于单位风险价格较高的证券 A、B，在条件 $x_A\beta_A+x_B\beta_B+x_C\beta_C+x_D\beta_D=0$ 且 $x_A+x_B+x_C+x_D=1$ 之下，就能够构建一个预期收益率仍为 $E(r_Z)$ 的另一个零 β 系数的证券投资组合，但与前面的零 β 系数的证券投资组合相比，组合中的证券种类为四种，即组合被进一步分散化了。继续以此类推，如果卖空足够多种单位风险价格较低的证券而同时买空相同数目的单位风险价格较高的证券，最终就能够得到一个几乎没有非系统性风险（充分分散化的结果）的零 β 系数的证券投资组合。此时这个证券投资组合的预期收益率为 $E(r_Z)$，但是没有任何风险，不过该投资组合仍然需要非零的投资额。

同理，也可以构造另一个预期收益率为 $E(r_{Z'})$，既没有系统性风险也没有非系统性风险的证券投资组合，它同样也存在着非零的投资额。至此，已构造了两个无任何风险的证券投资组合，而它们的预期收益率却不同。很明显地，此时市场上已经产生了无风险套利机会，套利者只需要在投资组合 Z 和 Z' 之间进行买空卖空的套利交易，就可以获得无风险套利的超额利润。而随着套利者的不断买空与卖空交易，单位风险价格较低的证券的价格将随着供给增加而下降，从而预期收益率上升；而单位风险价格较高的证券，由于需求增加，其价格上升，从而预期收益率下降。最终市场将调节到“几乎所有”的证券的风险补偿都趋于一致的状态，无风险套利机会消失。因此在市场均衡状态下，单个风险证券同样也满足如下关系式：

$$\frac{E(r_i)-r_f}{\beta_i}=k\text{（}k\text{ 为既定的常数）}$$

也可以写作：

$$E(r_i)=r_f+k\beta_i \tag{8.55}$$

这就是市场均衡状态下单个风险证券的套利定价模型，它描述了单个风险证券在均衡状态下的预期收益率与风险之间的关系。

现在来比较市场均衡状态下充分分散化的证券投资组合所适用的式（8.53），与市场均衡状态下的单个风险证券所适用的式（8.56）。假设充分分散化的证券投资组合 P，是由权数为 x_i 的单个证券所构建的，那么通过式（8.56）可知，

$$E(r_P)=\sum_{i=1}^{n}x_iE(r_i)=r_f\sum_{i=1}^{n}x_i+k\sum_{i=1}^{n}x_i\beta_i=r_f+k\beta_P \tag{8.56}$$

如果令 $k=\lambda$，可以发现式（8.53）与式（8.56）是完全等价的。这说明在市场均衡状态下，无论是单个风险证券还是证券投资组合，它们的预期收益率与衡量风险的 β 系数之间都存在着相同的线性关系：

$$E(r)=r_f+\lambda\beta \tag{8.57}$$

式（8.57）就是单因素套利定价模型的一般形式。它的经济意义在于，任何一种证券（或证券组合）的预期收益率都是由两部分构成的，一部分为无风险利率；另一部分为风险溢价，风险溢价等于证券（或证券组合）对影响因素的敏感度（用 β 系数衡量）与单位风险价格 λ 的乘积。

三、多因素套利定价模型

在单因素套利定价模型中，假定各证券收益率只受一个风险因素的影响。很明显，这种假设过于简单，与现实不一定相符。更一般的情形是各证券收益率受多个风险因素的影响。下面考察证券收益率由多因素模型决定时，证券的套利定价模型。

假设各证券收益率受两个风险因素的影响（如果影响因素多于两个，可进行类似推广），那么证券收益率的方程式为

$$r_i=E(r_i)+\beta_{i1}F_1+\beta_{i2}F_2+\varepsilon_i \tag{8.58}$$

与讨论单因素套利定价模型一样，分别考察充分分散化的证券投资组合与单个风险证券的套利定价模型。

（一）充分分散化的证券投资组合的双因素套利定价模型

对于由 n 种证券构成的证券投资组合 P，如果各证券在组合中所占的权数为 x_i，那么组合 P 的收益率就为

$$\begin{aligned}r_P&=\sum_{i=1}^{n}x_ir_i=\sum_{i=1}^{n}x_i[E(r_i)+\beta_{i1}F_1+\beta_{i2}F_{2n}+\varepsilon_i]\\&=\sum_{i=1}^{n}x_iE(r_i)+\left(\sum_{i=1}^{n}x_i\beta_{i1}\right)F_1+\left(\sum_{i=1}^{n}x_i\beta_{i2}\right)F_2+\sum_{i=1}^{n}x_i\varepsilon_i\\&=E(r_P)+\beta_{P1}F_1+\beta_{P2}F_2+\varepsilon_P\end{aligned}$$

而组合 P 以方差来描述的总风险可以表述为

$$\sigma_P^2 = \text{var}[E(r_P) + \beta_{P1}F_1 + \beta_{P2}F_2 + \varepsilon_P]$$
$$= \beta_{P1}^2\sigma_{F1}^2 + \beta_{P2}^2\sigma_{F2}^2 + \sigma^2(\varepsilon_P)$$

其中，σ_{F1}^2、σ_{F2}^2 分别为影响因素 F_1、F_2 的方差；$\beta_{P1}^2\sigma_{F1}^2 + \beta_{P2}^2\sigma_{F2}^2$ 为由两个影响因素变化的不确定性所带来的系统性风险；$\sigma^2(\varepsilon_P) = \sum_{i=1}^{n} x_i^2\sigma^2(\varepsilon_i)$ 为证券投资组合 P 的非系统性风险。当证券投资组合 P 充分分散时，组合 P 的非系统性风险 $\sigma^2(\varepsilon_P)$ 可以视为零。因此，充分分散化的证券投资组合 P 的收益率构成可以改写为

$$r_p = E(r_P) + \beta_{P1}F_1 + \beta_{P2}F_2$$

并且组合 P 的总风险就几乎全部是系统性风险，即

$$\sigma_P^2 = \beta_{P1}^2\sigma_{F1}^2 + \beta_{P2}^2\sigma_{F2}^2$$

下面分析当资本市场处于均衡状态即不存在无风险套利机会时，充分分散化的证券投资组合的预期收益率与风险之间存在着何种关系。

首先，具有相同 β 系数的充分分散化的证券投资组合，应该具有相同的预期收益率。因为，如果存在两个充分分散化的证券投资组合 P 和 Q，它们的 β 系数相同，即 $\beta_{P1}=\beta_{Q1}$，$\beta_{P2}=\beta_{Q2}$。而预期收益率 $E(r_P)$ 与 $E(r_Q)$ 不相同，那么通过卖空一定数额的较低预期收益率的证券组合而同时买空相等价值的较高预期收益率的证券组合，就可形成一个净投资额为零的证券投资组合，该组合的 β 系数为零，即系统性风险为零。这样，套利者无需任何资本就可获得没有任何风险的超额收益。面对这种套利机会，人人都会利用它去谋取巨额收益，大量的买空卖空最终导致证券组合 P 与 Q 的预期收益率趋于一致。

其次，充分分散化的证券投资组合的预期收益率与其 β 系数之间存在线性关系，即

$$E(r_P) = r_f + \lambda_1\beta_{P1} + \lambda_2\beta_{P2} \tag{8.59}$$

也就是说，所有充分分散化的证券投资组合必定位于同一个二维平面上。

为了说明这一结论的正确性，先引入"纯因素"组合的概念，所谓"纯因素"组合，是指对某个影响因素的敏感度为 1，而对其他影响因素的敏感度为零的充分分散化的证券投资组合。构造纯因素组合是能实现的，因为可供选择的证券众多而影响因素的个数相对来说要少得多。比如，在双因素模型的情况下，可以通过求解如下方程（当 n 足够大时）：

$$\begin{cases} x_1\beta_{11} + x_2\beta_{21} + \cdots + x_n\beta_{n1} = 1 \\ x_1\beta_{12} + x_2\beta_{22} + \cdots + x_n\beta_{n2} = 0 \end{cases}$$

可以得到解 $x_1, x_2, \cdots, x_n$。以 $x_1, x_2, \cdots, x_n$ 为权数构造一个充分分散化的证券投资组合 A，则 A 对影响因素 F_1 的敏感度 $\beta_{A1} = \sum_{i=1}^{n} x_i\beta_{i1} = 1$，而对影响因素 F_2 的敏感度 $\beta_{A2} = \sum_{i=1}^{n} x_i\beta_{i2} = 0$，从而组合 A 就是一个"纯因素 F_1"的充分分散化的组合。使用同样的方法，可以构造一个"纯因素 F_2"的充分分散化的组合 B（即 $\beta_{B1}=0$，$\beta_{B2}=1$）。

现在假设有一充分分散化的证券投资组合 W，它并不与"纯因素"组合 A 和 B 位于同一个二维平面上，而是位于该平面的下方，组合 W 的风险因素（即关于影响因素的敏

感度）分别为 β_{W1} 与 β_{W2}，预期收益率为 $E(r_W)$，通过分析可以发现这种情况在市场均衡状态下是不可能出现的。

利用“纯因素”组合 A 和 B，可以构造出一个与组合 W 有着相同的风险因素但是预期收益率大于 $E(r_W)$ 的证券组合，以权重为 $x_A=\beta_{W1}$ 的资金投资于证券组合 A，权重 $x_B=\beta_{W2}$ 的资金投资于证券组合 B，并将权重为 $x_f=1-\beta_{W1}-\beta_{W2}$ 的资金投资于无风险资产 r_f，构成出一个证券投资组合 D，则组合 D 的风险因素等于构成新组合的 A、B、r_f 的风险因素的加权平均：

$$\begin{aligned}\beta_{D1}&=x_A\beta_{A1}+x_B\beta_{B1}+x_f\beta_{f1}\\&=\beta_{W1}\cdot\beta_{A1}+\beta_{W2}\cdot\beta_{B1}+(1-\beta_{W1}-\beta_{W2})\beta_{f1}\end{aligned}$$

由于 $\beta_{A1}=1$，$\beta_{B1}=0$，$\beta_{f1}=0$，

$$\beta_{D1}=\beta_{W1}$$

同理可得

$$\beta_{D2}=\beta_{W2}$$

这样，投资组合 D 与 W 就具有相同的风险因素，但组合 D 的预期收益率为

$$\begin{aligned}E(r_D)&=x_AE(r_A)+x_BE(r_B)+x_fr_f\\&=\beta_{W1}E(r_A)+\beta_{W2}E(r_B)+(1-\beta_{W1}-\beta_{W2})r_f\end{aligned}$$

也就是说，组合 D 与“纯因素”组合 A 和 B 一样位于同一个二维平面上，组合 D 的预期收益率大于组合 W，这样就产生了无风险套利机会，与市场均衡状态下不存在无风险套利机会的情况是矛盾的，所以充分分散化的证券投资组合 W 必定与“纯因素”组合 A 和 B 一样位于同一个二维平面上。

由此可见，在市场均衡状态下，任意的充分分散化的证券投资组合的预期收益率与 β 系数之间必然存在着线性关系，式（8.59）就是在双因素模型成立的情况下，充分分散化的证券投资组合的套利定价模型。它表明，任何充分分散化的证券投资组合的风险报酬都是风险因素的线性函数，影响因素越大，风险报酬就越高，而 λ_1,λ_2 分别代表了两个风险因素 β_1,β_2 的单位风险价格。

（二）单个风险证券的双因素套利定价模型

假设在市场均衡状态下各单个风险证券预期收益率与影响因素之间是非线性的关系，那么通过买空卖空的各种单个证券，只要买空卖空的品种和数量选择恰当，就可构造出对两个影响因素的敏感度都为零的证券组合 Z（即零 β 系数的证券投资组合），其的预期收益率为 $E(r_Z)$。由于组合 Z 的两个 β 值都是零，组合 Z 没有系统性风险，如果组合 Z 能够实现充分分散化，那么也不存在非系统性风险，但仍然需要非零的投资额。

同理，如果选择其他的单个风险证券来进行买空卖空交易，只要品种和数量合适，同样也可以构造出充分分散化的证券投资组合 Z'，使组合 Z' 对两个影响因素的敏感度都为零，这样组合 Z' 既无系统性风险，同时由于已经充分分散化投资而消除了非系统性风险，但组合 Z' 仍需要非零的投资额。

对比证券投资组合 Z 和 Z' 可以看出，只要构成组合 Z 和 Z' 的单个证券的收益率与

风险之间存在着非线性关系，那么组合 Z 和 Z' 就可能存在着风险均为零，但是收益率不一致的情况。这就意味着市场上存在着无风险套利机会，投资者只需要在组合 Z 和 Z' 上进行买空卖空的套利交易，无需任何本金，就可获得无风险的超额收益。显然，这种套利机会造成了价格压力，套利者的买空卖空行为使得证券数量供需状况发生改变，市场将对证券价格作出调整，最终使套利机会消失，最终所有的单个证券的收益率和风险之间恢复到一致的线性关系，即证券的预期收益率与其 β 值之间将保持线性关系，用数学式表示就是

$$E(r_i)=r_f+\lambda_1\beta_{i1}+\lambda_2\beta_{i2} \tag{8.60}$$

式（8.60）这就是双因素模型成立的情况下，单个证券的套利定价模型，它在形式上与充分分散化的证券投资组合所满足的套利定价模型是完全一致。也就是说，当市场处于均衡状态时，所有的证券及证券组合都可以用相同的方式进行定价，它们预期收益率的高低均是取决于风险因素的大小和风险因素的单位价格。

如果影响证券收益率的影响因素不止两个，采用相同的分析方法和步骤，可以得出与双因素模型完全类似的均衡定价模型，具体形式如下：

$$E(r)=r_f+\lambda_1\beta_1+\lambda_2\beta_2+\cdots+\lambda_n\beta_n \tag{8.61}$$

式（8.61）就是一般形式的套利定价模型。其中，$\beta_1,\beta_2,\cdots,\beta_n$ 为证券或证券组合的 n 个影响因素；而 $\lambda_1,\lambda_2,\cdots,\lambda_n$ 则为各个影响因素的单位风险价格。

四、套利定价模型与资本资产定价模型的比较

（一）套利定价模型与资本资产定价模型的区别

套利定价模型与资本资产定价模型所描述的都是市场均衡状态下风险证券资产的预期收益率与其风险之间的关系，即如何确定风险资产的均衡价格。但这两个模型并不完全相同，它们的区别体现在如下几个方面。

1. 模型的假定条件不同

套利定价模型假定证券收益率的产生同某些影响因素有关，但这些影响因素到底是什么及有多少个，模型并没有事先人为地加以设定。而资本资产定价模型事先假定证券收益率同市场组合的收益率有关。此外，资本资产定价模型（无论是简化模型还是扩展模型）的一个基本假设是投资者都以预期收益率和标准差作为分析基础，并按照风险-收益标准来选择投资方案，而套利定价模型则无此假设。

2. 建立模型的出发点不同

套利定价模型考察的是当市场不存在无风险套利而达到均衡时，风险资产如何均衡定价。而资本资产定价模型考察的是当所有投资者都以相似的方法投资，市场最终调节到均衡时，风险资产如何定价。

3. 描述形成均衡状态的机理不同

当市场面临风险证券资产定价不合理而产生价格压力时，按照套利定价模型的思想，即使是少数几个投资者的套利行为也会使市场尽快地重新恢复均衡。而按资本资产定价模型的思想，所有投资者都将改变其投资策略，调整他们选择的投资组合，他们共同行为的

结果才会促使市场重新回到均衡状态。

4. 定价范围及精度不同

资本资产定价模型是从它的假定条件经过逻辑推理得到的，它提供了关于所有证券及证券组合的预期收益率与风险关系的明确描述，只要模型条件满足，以此确定的任何证券或证券组合的均衡价格都是准确的。而套利定价模型是从不存在无风险套利机会的角度推出的，由于市场中有可能存在少数证券定价不合理而整个市场处于均衡之中（不合理定价的证券数量少到尚不足以在整个市场中产生无风险套利），套利定价模型提供的均衡定价关系有可能对少数证券不成立。也就是说，在满足套利定价模型的前提条件的情况下，用套利定价模型来确定证券或证券组合的均衡价格，对少数证券而言是有可能出现偏差的。

（二）套利定价模型与资本资产定价模型的结合

尽管套利定价模型与资本资产定价模型存在上述差别，但并不能说明这两种模型是相互矛盾的。事实上，有可能出现这种情况，收益率由因素模型产生，而同时套利定价模型的假定条件及资本资产定价模型的假定条件都成立，此时套利定价模型与资本资产定价模型的结论就是一致的。

例如，如果影响证券收益率的因素只有一个，而且是市场组合的收益率 r_M，即证券收益率构成如下：

$$r_i = E(r_i) + \beta_i[r_M - E(r_M)] + \varepsilon_i$$

其中，

$$\beta_i = \frac{\mathrm{cov}(r_i, r_M)}{\sigma_M^2}$$

那么，由此推出的套利定价模型的均衡关系式为

$$E(r_i) = r_f + \lambda\beta_i$$

对于市场组合 M 来讲，上式也成立。而且因为 $\beta_M=1$，所以有

$$E(r_M) = r_f + \lambda\beta_M = r_f + \lambda$$

即有

$$\lambda = E(r_M) - r_f$$

因此可以得到

$$E(r_i) = r_f + \beta_i(E(r_M) - r_f)$$

这就与资本资产定价模型所描述的均衡状态下的预期收益率与风险的关系是完全一致的。

所以说，从某种意义上讲，资本资产定价模型可以算作是套利定价模型的一个特例。

进一步分析还可以发现，上述一致性并不是偶然的个别现象，即使对于比较复杂的收益率产生过程，由此推导的套利定价模型所描述的资本市场均衡关系与资本资产定价模型所描述的均衡关系也是一致的。

例如，假设某风险证券资产的收益率满足于双因素模型，即

$$r_i = E(r_i) + \beta_{i1}F_1 + \beta_{i2}F_2 + \varepsilon_i$$

其中，F_1、F_2为两种影响因素；β_1、β_2分别为证券i对两种影响因素的敏感度。那么在套利定价模型的假定条件与资本资产定价模型的假定条件都成立的情况下，套利定价模型与资本资产定价模型的结论是一致的。

根据套利定价模型，该风险证券资产的预期收益率为

$$E(r_i) = r_f + \lambda_1\beta_1 + \lambda_2\beta_2$$

假设存在两个充分分散化的证券投资组合A、B，分别是“纯因素F_1”组合和“纯因素F_2”组合，由于$\beta_{A1}=1$，$\beta_{A2}=0$，$\varepsilon_A=0$，$\beta_{B1}=0$，$\beta_{B2}=1$，$e_B=0$，所以有

$$r_A = E(r_A) + F_1$$

$$r_B = E(r_B) + F_2$$

根据套利定价模型，可得

$$E(r_A) = r_f + \lambda_1$$

$$E(r_B) = r_f + \lambda_2$$

而根据资本资产定价模型，可得

$$E(r_A) = r_f + \beta_{AM}[E(r_M) - r_f]$$

$$E(r_B) = r_f + \beta_{BM}[E(r_M) - r_f]$$

所以有

$$\lambda_1 = \beta_{AM}[E(r_M) - r_f]$$

$$\lambda_2 = \beta_{BM}[E(r_M) - r_f]$$

代入套利定价模型中有

$$E(r_i) = r_f + (\beta_{i1}\beta_{AM} + \beta_{i2}\beta_{BM})E(r_M - r_f)$$

根据资本资产定价模型中β系数的定义，有

$$\begin{aligned}\beta_i &= \frac{\text{cov}(r_i, r_M)}{\sigma_M^2} \\ &= \frac{\text{cov}[E(r_i) + \beta_{i1}F_1 + \beta_{i2}F_2 + \varepsilon_i, r_M]}{\sigma_M^2} \\ &= \frac{\text{cov}(F_1, r_M)}{\sigma_M^2}\beta_{i1} + \frac{\text{cov}(F_2, r_M)}{\sigma_M^2}\beta_{i2} + \frac{\text{cov}(\varepsilon_i, r_M)}{\sigma_M^2}\end{aligned}$$

而

$$\beta_{AM} = \frac{\text{cov}(r_A, r_M)}{\sigma_M^2} = \frac{\text{cov}(E(r_A) + F_1, r_M)}{\sigma_M^2} = \frac{\text{cov}(F_1, r_M)}{\sigma_M^2}$$

同理

$$\beta_{BM} = \frac{\text{cov}(F_2, r_M)}{\sigma_M^2}$$

所以

$$\beta_i = \beta_{i1}\beta_{AM} + \beta_{i2}\beta_{BM}$$

从而

$$E(r_i) = r_f + \beta_i[E(r_M) - r_f]$$

这恰好是资本资产定价模型的方程式，说明套利定价模型与资本资产定价模型是相通的。

套利定价模型能够推导出与资本资产定价模型相似的一种市场关系。以收益率形成过程的多因素模型为基础，假设证券收益率与一组影响因素呈现线性相关，这组影响因素代表证券收益率的一些基本因素。事实上，当收益率通过单因素（市场组合）形成时，将会发现套利定价模型形成了一种与资本资产定价模型相同的关系。因此，套利定价模型可以被认为是一种广义的资本资产定价模型，为投资者提供了一种替代性的方法，来理解市场中的风险与收益之间的均衡关系。

五、套利定价模型的检验

（一）检验过程中的难点

如前所述，如果用多因素模型来解释证券收益率的形成过程，即

$$r_i = E(r_i) + \sum_{j=1}^{n}\beta_{ij}F_j + \varepsilon_i$$

那么，由此得到的套利定价模型是

$$E(r_i) = r_f + \sum_{j=1}^{n}\lambda_j\beta_{ij}$$

在这两个关系中，变量 β_{ij}, F_j 和 λ_j 显得尤为重要。根据收益率形成过程的计算公式，每个证券 i（$i = 1,2,\cdots,N$）对每一个 F_j（$j = 1,2,\cdots,n$）都有一个敏感度 β_{ij}，但对于全部证券而言，只存在一个 F_j 的取值，任意一个 F_j 都将对一个以上的证券的收益率产生直接的影响。否则，如果它只对某个证券的收益率产生影响的话，就应该被纳入到该证券的非系统性风险 ε_i 之中。这些 F_j 在多因素模型中，以及在套利定价模型中，都是能够对收益率产生影响的系统性风险因素。其差别只在于，在多因素模型中这些因素都是在事先就被定义好了的，每一个因素都具有特定的意义，表示特定的经济指标；而对于套利定价模型来说，这些影响因素在事先都是未被确定的，没有特定的意义，投资者所知的只是这些因素都对一个以上的证券的收益率产生影响，因而它们是证券之间协方差的根源。

所有的 β_{ij} 都是与某个证券 i 相对应的，也就是说，是该证券所特有的。在多因素模型中，它们表示证券对某个特定因素的反应灵敏度，也可以看成是证券风险的测度。但在套利定价模型中，它们仅仅表示该证券所具有的某种特性，这种特性也许是对某一特殊因素的敏感度，也有可能是诸如股息支付等属于证券自身的东西，因此 β_{ij} 可以看成是

证券的特征值。

从所推导出的套利定价模型的均衡关系式看，λ_j 是由某一证券 i 对该证券的第 j 个影响因素的敏感性而带来的超额收益。对于套利定价模型进行检验，就是验证其均衡方程式的正确性，即检验该证券的均衡收益率是否满足和在多大程度上满足均衡方程式，这就意味着必须首先确定 β_{ij} 的取值。为了确定 β_{ij} 的取值，必须先确定相关的 F_j 。但由于套利定价模型所强调的是资本资产定价的过程和方式，而对可能影响证券预期收益率的经济指标或特殊因素不作任何规范，β_{ij} 和 F_j 在事先都是无法确知的，这就在现实操作中可能造成无从下手的局面。

（二）检验的方法

检验套利定价模型的方法类似于检验资本资产定价模型时所使用的方法，即首先根据各证券收益率的时间序列数据估计出证券对各个影响因素的敏感度 β_{ij} ，然后利用证券平均收益率及估计的 β 系数的截面数据来对证券预期收益率和 β 系数之间的关系作出估计，从而对套利定价模型所预测的证券均衡定价关系作出验证。

由于套利定价模型只假定证券收益率受一些影响因素的影响，而这些影响因素分别代表什么，它们共有多少个，模型并没有明确定义，因此对证券的 β 系数的估计过程中必然伴随着要确定影响因素。为此就需找到一种方法，能同时确定影响因素及各证券对影响因素的敏感度。这种方法就是统计学中的因素分析法。

因素分析法的操作思路是，根据各证券收益率的时间序列数据估计出证券收益率之间的协方差矩阵，并以此作为因素分析的研究对象，最终确定出能够解释证券收益率变异的影响因素及证券对这些影响因素的敏感度。一般具体的作法是，首先考察如果只用一个影响因素来解释证券的收益率，得到各证券收益率残差的协方差；再考察如果用第一和第二个影响因素来解释证券的收益率，各证券收益率残差之间的协方差比只用第一个影响因素解释时下降的百分比；再考察如果用第一、第二和第三个因素来解释证券的收益率，各证券收益率残差之间的协方差比只用第一个因素解释时下降的百分比。然后持续不断地重复这一过程，看增加因素后各证券收益率残差之间协方差下降的幅度，如果增加某一因素后证券收益率残差协方差下降的幅度低于某个事先设定的解释精度，如 5%或者 0%，那么该因素就被认为对证券收益率不可能产生明显的影响，从而应该被剔除。最后，入选的因素都能使证券收益率残差之间的协方差下降的幅度达到某一个精度指标所规定的要求，从而确定出恰当的影响因素，并且同时估计出证券对这些影响因素的敏感度 β_{ij}（在因素分析中称为因素载荷）。

得到 β 系数的估计值后，下一步就是对预期收益率与 β 系数之间的关系作出估计。利用各证券的平均收益率及估计的 β 系数作截面数据的回归就可做到这一点，并可由回归结果去判断套利定价模型所预测的结论是否合理。

罗尔和罗斯于 1980 年运用 1962 年 6 月～1972 年 12 月纽约股票交易所 1260 种股票收益率数据，以每组 30 种证券将 1260 种证券分成 42 组进行因素分析，发现存在 4 个或 5 个因素具有非常有效的解释力，而且发现证券平均收益率与风险因素之间确实存在着线性关系，而证券的残差与平均收益率无关。

课后练习

一、名词解释

因素模型 单因素模型 β系数 多因素模型 资本资产定价模型 分离定理 资本市场均衡 资本市场线 证券市场线 套利 一价定律 套利定价模型 纯因素组合

二、简答题

1. 简述单因素模型下的证券投资组合的收益率结构。
2. 简要分析单因素模型的优势及应用。
3. 简述多因素模型下的证券投资组合的收益率结构。
4. 资本资产定价模型有哪些前提假设？
5. 试阐述资本市场线与证券市场线的区别和联系。
6. β系数在投资实践中有哪些具体的运用？
7. 简述套利机会的产生及消失过程。
8. 套利定价模型的核心思想是什么？

三、论述题

1. 为什么说在市场均衡状态下，证券投资组合的风险结构与投资者自身的风险-收益偏好无关？
2. 如何利用资本资产定价模型来评判证券的市场价格？
3. 比较资本资产定价模型和套利定价模型。

四、延伸性阅读推荐

1. Sharpe W F. Capital asset prices：a theory of market equilibrium under conditions of risk. Journal of Finance，1964，19（3）：425-442

2. Lintner J. Security prices，risks，and maximal gains from diversification. Journal of Finance，1965，20（4）：587-615

3. Modigliani F，Pogue J. An introduction to risk and return. Financial Analysts Journal，1974，30（2）：68-80

4. Mossion J. Equilibrium in a capital asset market. Econometrica，1996，34：768-783

5. Ross S A. The arbitrage theory of capital asset pricing. Journal of Economic Theory，1976，13：341-360

6. Roll R，Ross S A. An empirical investigation of the arbitrage pricing theory. Journal of Finance，1980，35（5）：1073-1103

第九章

行为金融投资理论

传统的金融理论对投资者行为的解释都是建立在市场有效的假设基础之上，但实际上这个假设很难成立，因此传统的金融理论对现实中的投资者行为的解释能力非常有限。由于金融市场上各种“异象”不断被挖掘出来，行为金融学家主张摒弃有效市场假说，并试图建立以心理学和社会学相关研究成果为基础的行为金融投资理论来解释这些“异象”。行为金融学在放松了市场有效性假设的背景下，尝试对市场中的投资者心理做出更符合现实的描述，从而对原来被传统金融理论视为“异象”的事件进行了合乎逻辑的解释。行为金融投资理论使人们对证券投资领域的研究由“人们应该怎样做出投资决策”进入到“人们实际是怎样进行投资决策”，从而使投资领域的研究更加多样化，也更加接近现实。因此，尽管行为金融投资理论还存在着很多的不足，但其相关研究却是非常有意义的。本章将在介绍行为金融理论的基础上，重点讲述行为资产定价模型和行为资产组合模型，并简要分析了各种相对成熟的行为金融投资策略，最后对行为金融投资理论进行了简要的评述。

第一节　行为金融投资理论的发展历程

2013 年美国著名经济学家罗伯特·席勒和尤金·法玛获得诺贝尔经济学后，行为金融投资理论和有效市场假说再次成为人们热议的话题。现代证券投资组合理论从 1952 年马克维茨提出投资组合理论后，经过几十年的发展取得了辉煌的成绩。资本资产定价模型、套利定价模型及期权定价模型的提出与运用，使得证券投资组合的研究成为社会科学领域最令人瞩目的领域之一。细致研究这些成果可以发现，无论是早期的资本资产定价模型（威廉·夏普、约翰·林特纳、简·莫辛），还是后来的套利定价模型（罗斯），以及布莱克-斯克尔斯期权定价模型都是以有效市场为假设条件的。20 世纪 80 年代后，随着证券市场实证研究的深入，与有效市场假说不相符的金融异象逐渐引起了经济学家的注意。部分经济学家尝试在原来的经典假设条件下对这些“异象”进行解释，但迄今为止，这些尝试都未取得很好的效果。而另一些经济学家则放松了部分假设条件，在假定投资者是有限理性的条件下，借鉴心理学、社会学等理论研究成果，从投资者心理和行为出发建立模型来解释这些“异象”，这就是行为金融投资理论。行为金融投资理论主要是将心理学和社会学的相关研究成果，尤其是人的行为感知融入到证券投资研究中，从微观个体的主观感受和行为出发来解释、研究和预测证券市场的现象和问题的一种理论。作为一种新兴的理论，行为金融投资理论的发展大致经历了以下几个阶段。

一、行为金融投资理论的萌芽阶段

（一）心理学在早期经济学研究中的应用

基于不同的视角出发从而得出不同的结论，与传统的经济学相比，行为金融投资理论似乎开创了一个完全崭新的研究领域，但其实不然，行为金融投资理论中的某些重要的理论基础来源于经典的经济学理论。亚当·斯密（Adam Smith）在《国富论》和《道德情操论》中就已经描写一些关于人的实际投资行为和心理的观点，如损失厌恶、过度自信、公平、跨期选择、自我控制和利他主义等，其中很多观点都构成了现代行为金融投资理论的理论基础。除此之外一些新古典经济学家同样重视人的心理对经济活动的影响，英国经济学家杰里米·边沁（Jeremy Bentham）认为人本身具有功力主义特点，人的选择是为了获取更大的效用，而效用本身是一种心理的满足感。杰文斯（Jevons）等同样试图把经济学建立在享乐主义心理的基础上，注重将人的心理感受融入到经济行为分析当中。这些早期的经济学家已经意识到经济学相关问题的分析只有和心理学进行有机结合才有可能取得突破性的进展。

（二）行为金融投资理论的萌芽

20 世纪初凯恩斯提出心理预期在投资决策中起着重要作用，他在《通论》中分析投资的时候指出“市场会为乐观情绪或悲观情绪的浪潮所支配”，此外他还基于人的心理预期提出了证券市场投资的“选美理论”。普莱尔（Purell）也是现代意义上的行为金融投资理论最早的研究者，其在 1951 年的发表的论文《以实验方法进行投资研究的可能性》中开拓了应用实验将投资模型与人的心理行为特征相结合的金融新领域。后来巴曼（Bauman）和斯诺维奇（Slovic）等继续进行了一些投资者投资决策过程的心理学研究。

总体来说，行为金融投资理论的萌芽是以继承传统经济学的一些相关理论为基础的，但对传统经济学中关于效用、预期、心理感受等方面的内容进行了更加符合现实的修正。例如，当时处于主流地位的新古典经济学认为人的选择是为了满足效用最大化，而效用与个人的心理并无多大联系。早期的行为金融投资理论则认为古典和新古典经济学的公理化假设不符合现实，应该通过借助个体行为过程的观察，以发现更为准确的行为决策标准。

二、行为投资组合理论的发展阶段

（一）前景理论的提出

从 1960 年至 20 世纪 80 年代中期是行为金融投资理论的发展阶段，这一阶段的行为金融投资理论以特维斯基（Tversky）和卡尼曼（Kahneman）为代表，他们共同提出的“前景理论”成为了后来行为金融投资理论中的最具代表性的学说之一。

当时有很多具有探索精神的经济学家和心理学家开始合作研究个体经济行为的发生机制，并试图建立个体经济行为的心理基础，由此形成了现代行为金融投资理论。

（二）现代行为金融投资理论的成型

现代行为金融投资理论是在心理学发展的基础上，系统地对新古典经济学的公理化假设进行了论证，在推翻新古典经济学的前提假设的基础上构建了自己的理论模型。

现代行为金融投资理论以前景理论为基础，挑战了传统经济学和金融学理论。虽然尚未建立起完整的理论体系，但随着越来越多的心理学研究成果被应用于金融投资的行为分析，现代行为金融投资理论已经基本成型。拉宾、卡尼曼等相继获得克拉克奖和诺贝尔经济学奖，也反映了主流经济学对该领域研究的肯定。

现代行为金融投资理论在研究中增加了更多的符合心理事实的内容，使得原先的公理化假设更趋向于科学合理，提高了原有理论的预测能力，更为科学。然而当时行为金融的研究还没有得到理论界和实务界的足够重视，一方面是因为当时的有效市场假说正是各界关注的焦点；另一方面是因为人们普遍认为分析人的心理和情绪对于金融投资研究来说并不是十分的科学。

三、行为投资组合理论的兴盛阶段

（一）行为金融投资理论逐渐成为热点

从 20 世纪 80 年代中期到现在，金融市场出现了很多金融异象，而这些金融异象无法用传统的金融理论进行很好的解释，大量的证据表明传统的金融理论还并不完善。再加上前景理论得到了广泛认可和经验求证，这为现代行为金融投资理论的快速发展提供了较好的条件。与 20 世纪 80 年代以前相比，当代的行为金融投资理论研究主要是针对证券市场的金融异象进行解释说明，同时注意把心理学的研究成果和投资决策结合起来。

20 世纪 80 年代以后，各种基于行为金融投资理论的投资交易模型大量出现，其中比较有代表性的包括 BAPM 模型、BSV 模型、DHS 模型和 HS 模型等。1999 年和 2001 年的克拉克奖及 2002 年的诺贝尔经济学奖都是授予了行为金融学家，使得行为投资组合理论逐渐被大家所接受，并成为继制度经济学之后另一个对主流经济学产生重要影响的新流派。

（二）当代行为金融投资理论的代表人物——罗伯特·席勒

2013 年美国著名经济学家罗伯特·席勒和尤金·法玛获得诺贝尔经济学后，行为金融投资理论和有效市场假说再次成为人们热议的话题。罗伯特·席勒是现代行为金融投资理论的奠基人之一，他侧重从心理学和人类行为的角度对金融市场进行分析。他认为，资本市场的分析很像研究一种流行性疾病，病情具有传染性，当病情严重的时候，总让人印象深刻，但是病情也有好转的时候。这种从医学角度的预后思想（预测疾病的可能病程和结局）激发了他与格林斯潘对 20 世纪 90 年代网络经济泡沫的探讨。

20 世纪 90 年代末期，美国的股票市场在网络经济的刺激下呈现出空前的繁荣状态，道琼斯指数、标准普尔指数及纳斯达克指数不断创出新高，股票投资成为人们茶余饭后热议的话题。格林斯潘运用“非理性繁荣”形容当时的金融市场泡沫，并表示对当时的股票市场运行十分担忧。2000 年年初，在股市仍在全面上涨的时候，罗伯特·席勒总结多年来对金融市场的研究成果，出版了股市风险分析专著——《非理性繁荣》，提醒投资者注意股票投资风险。该著作出版后立刻引起了学术界和投资者的关注。而在两个月后，罗伯特·席勒对股市的预测不幸成为了现实。网络经济泡沫破灭，股市全线下跌，金融市场开始走向逐步回归理性的阶段，而罗伯特·席勒的预后思想也逐渐被大家所熟知。

对于房地产市场，罗伯特·席勒认为它跟股票市场、债券市场和衍生品市场一样具有浓厚的投机气氛，可以看成金融市场的一个组成部分。他指出，除了那些最有钱的人外，绝大多数的家庭都将大部分财富投资于房地产商品上。通过资产投资组合，房地产市场会影响到传统的金融市场，反之传统的金融市场也会影响到房地产市场。他一直担心房地产市场的过热和过度投机现象会影响到美国经济的健康发展。2005 年他曾警示美国正处于房地产泡沫破灭的边缘，2007 年爆发的美国次贷危机再次证实了他的观点。2013 年获得诺贝尔经济学奖后，罗伯特·席勒多次来中国演讲，并在多个重要场合指出中国房地产市场存在严重的泡沫，警示投资者注意房地产市场投资风险。

第二节　行为金融投资理论的理论基础

传统的金融投资理论在假设市场有效和理性人的基础上创造并发展一系列经典理论，它沿袭了古典经济学的均衡研究范式，并取得了较大的成功。有效市场假说主要包括投资者是理性的；投资者之间的交易是随机的；市场中存在理性的、完全的、有效的套利。随着金融市场研究的不断深入，人们逐渐发现传统的金融理论与投资者在证券市场中的实际投资决策行为和心理预期并不是相符的。行为金融投资理论正是在批评和修正传统的金融理论的基础上，形成了自己的核心理论。

一、心理预期与投资决策

（一）预期效用理论

长期以来，现代金融理论的理论基础——预期效用理论（expected utility theory）假定投资者是风险厌恶者，投资者根据未来的风险收益状况作出投资决策，并且总是作出一致、准确和无偏差的理性预期，并且不会受到主观心理及行为因素的左右。然而近年来的研究表明，传统的投资决策理论假定与现实并不相符：首先，投资者未必有一致无偏的理性预期；其次，投资者投资决策与投资者的既得利益密切相关，而并非只由未来的风险收益状况决定。具体来说，某只股票现在是 20 元，一位投资者是 22 元买入的，而另一位投资者是 18 元买入的，当股价产生变化时，这两位投资者的反应是极为不同的。当股价上涨时，18 元买入的投资者会坚定地持有，因为对于他来说，只是利润的扩大化；而对于 22 元的投资者来说，只是意味着亏损的减少，其坚定持有的信心不强。由于厌恶亏损，他极有可能在解套之时卖出股票；而当股价下跌之时，两者的反应恰好相反。18 元买入的投资者会急于兑现利润，因为他害怕利润会化为乌有。同时，由于厌恶亏损可能发生，会极早获利了结。但对于 22 元买入的投资者来说，持股不卖或是继续买入可能是最好的策略，因为割肉出局意味着实现亏损，这是投资者最不愿看到的结果。投资者受到某些心理因素的影响，导致投资行为呈现出显著的非理性特征，这些无法用基于风险与收益的前景理论进行解释。

（二）前景理论

1979 年，行为经济学家丹尼尔·卡尔曼和特沃斯基在《前景理论：风险下的决策分析》一文中提出了前景理论，改进了预期效用理论的不足，为人们提供了不确定条件下的投资决策标准。他们通过实验发现，大多数投资者并非标准意义上的金融投资者，而是典型的行为投资者。也就是说，他们的投资行为并非总是理性的，他们的效用不仅受到财富的影响，他们并不是在任何时候都是风险厌恶的。

标准意义上的金融投资者的效用依赖于财富的绝对水平，而行为投资者的效用则反映在前景理论的价值曲线 $V(x)$中，如图 9.1 所示，在损失范围内行为投资者的价值曲线表现为凸型特征，在盈利范围内行为投资者的价值曲线表现为凹形特征，且曲线的倾斜程度在损失范围内要比在盈利范围内更加陡峭。这表明，投资者在损失的情况下通常是风险偏好的，而在盈利的情况下是风险规避的，且在投资损失时投资者所获得的痛苦程度大于盈利时所获得的喜悦程度，这与现实情况更加相符。所以投资人的效用函数中经常对损失带来的负效用赋予较大的权重，而对收入带来的正效用则赋予较小的权重。

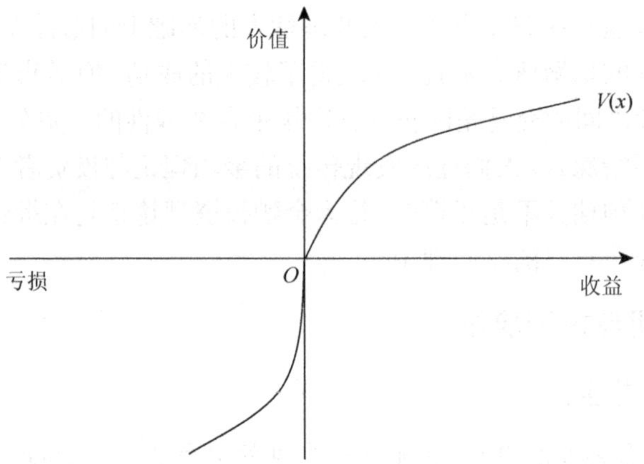

图 9.1　前景理论效用函数

前景理论弥补了预期效用理论的不足，能更准确地描述在不确定条件下投资者的投资决策心理行为。随后丹尼尔·卡尔曼和特沃斯基在 1980 年提出了前景理论中“参考点”的概念；1992 年他们又针对概率转换问题，提出了积累前景理论。此外，泰勒（1985 年）、Lopes（1987 年）、谢弗林（Shefrin，1988 年、2000 年）等也在他们的基础上对前景理论进行了适当的补充和发展。

二、投资者的认知过程偏差

在经典经济学理论中，一般把人们对不确定条件下各种未知变量的认知假定为了解其概率分布的过程，而具体到决策的时候，则认为个体决策遵循贝叶斯法则（Bayesian rules）：人们根据先验概率（prior probability）得到后验概率（posterior probability），从而刻画出未知变量的概率分布。然而认知心理学却认为个体的认知决策系统是一个基于信息的“输入-处理-输出”系统，人们在对信息的收集处理过程中可能存在有限注意力和认知偏差两个方面的局限性，从而导致最终的实际结果与理想状态并非一致。下面简要介绍几种认知过程中可能出现的代表性偏差。

（一）先验概率

先验概率是指事情还没有发生，要求知道这件事情发生的可能性有多大，也就是人们根据以往的经验和事实分析判断得到的预测概率。但如果事情已经发生，要求知道这件事情发生是由某个因素引起的可能性有多大，这是后验概率。

先验概率对人们能否做出正确判断有很大的影响，所以如果人们对先验概率做出错误的判断，则会使得最终的决策结果与理想状态的结果相差很大。下面用特维斯基和卡尼曼在 1983 年做的身份判断实验加以说明。

案例 1 身份判断实验

实验设计

对于下面的描述，请问该对象是（1）或（2）的可能性哪个更大？

某女，31 岁，单身。坦诚，非常聪明，专业为哲学，在学生时代积极关心歧视问题和社会公平问题，同时参加过反核示威游行。现在请你对该人的描述按照准确性大小进行排序。

（1）该女是银行出纳员。

（2）该女是银行出纳员和女权运动者。

实验结果及分析

实验发现近 90%的被试验者将（2）排在（1）的前面。

（二）对偶然事件的误解

人们有时会认为一个由随机过程产生的事件结果代表了该过程的本质特质。例如，在抛硬币时（其中 H 表示正面，T 表示反面），人们错误地认为 H-T-H-T-H-T-H-T 这个结果比 H-H-H-H-H-H-H-H 这个结果更有可能出现，这就是由小数定律引起的“局部代表性”（local representativeness）。

局部代表性概念的一个结果就是“赌徒谬误”（gambler’s fallacy）。所谓的赌徒谬误是指对于那些具有确定概率的机会，人们会错误地受到当前经历的影响而给予错误的判断。

例如，在上述抛硬币的实验中抛一个相同的硬币 8 次都是正面，那么第 9 次抛到反面的可能性有多大呢？表 9.1 表明，抛一次得到正面的概率是 1/2，而连续抛到 8 次正面的概率是 1/256，连续抛到 9 次正面的概率是 1/512。

表 9.1 抛掷硬币的概率

连续抛掷得到正面（H）的概率		连续抛掷得到正面（H）的概率	
硬币出现的顺序	概率	硬币出现的顺序	概率
H	1/2	HHHHHH	1/64
HH	1/4	HHHHHHH	1/128
HHH	1/8	HHHHHHHH	1/256
HHHH	1/16	HHHHHHHHH	1/512
HHHHH	1/32	HHHHHHHHHH	1/1024

那么，连续8次正面后，下一次你估计会出现什么？很多人可能会回答“反面”，因为太久没有出现反面了；也有可能会回答“正面”，因为前面总是出现正面意味着出现正面的机会要大一些。然而事实上这两种解释都不对，因为第9次的结果并不受前面8次的结果的影响，它们是相互独立的，第9次出现正面和反面的概率都是1/2。而人们可能都有这样的印象，当一个相同的硬币依次抛掷若干次后，最后的结果应该是正面和反面出现的次数一样多，所以当抛了8次正面后，人们根据经验法则通常预测第9次会是反面。因而他们相信小样本可以代表投掷硬币出现正反的相等概率，因而人们会将出现反面的可能性赋予较高的权重。

在上述实验中，H-T-H-T-H-T-H-T仅仅是一次抛掷实验中的偶然事件。偶然性事件的发生在金融投资中通常被视为一个自我矫正（均值回归）的过程，其中某一方向的偏离后会接着出现相反方向的偏离，从而重新达到平衡。然而如果事件本事的运动轨迹是一个随机过程，那么这个随机过程并不会矫正偏离。

（三）锚定效应

在行为决策过程中，人们可能通常因为最初得到的信息产生锚定效应（anchoring effect），从而制约对整个事件的估计。所谓锚定效应就是指人们需要对某个事件进行定量估计时，会将某些特定的数值作为起始值，起始值会像船锚一样制约着估计的准确性。人们通常以一个初始值作为开端进行估计和调整，以获取问题的正确答案。而调整是指以最初的信息作为参照来调整对事件的估计。而这种调整通常是不充分的，不同的起点会产生不同的估计，这就容易偏离其初始值。锚定效应导致的偏差大致可以分为以下两类。

1. 不充分调整

人们在对后面的事件进行判断时，前面类似现象的印象，制约着后面的判断范围，导致了不充分的调整。

案例2　数字连乘实验

实验设计

高校学生被要求在5秒内对一数字连乘结果进行估计。一组学生所给出的算式是：8×7×6×5×4×3×2×1。而另一组学术所给出的算式是：1×2×3×4×5×6×7×8。

限定这么短的时间，为的是不让被试验者做完整套计算。为了迅速回答这类问题，人们会进行几个步骤的估算，并通过推断和调整来估计最后的结果。因为调整通常不充分，从而导致估计不足。而且，因为开始几步乘法的结果在降序中比在升序中更大，所以前面的表述应该比后面的更大。

实验结果及分析

降序那组同学给出的估计的均值是2250，而升序的那组学生给出的估计的均值是512。

而正确答案为40 320，两个组的估计与正确答案的估计差别很大，而值得注意的是，两个小组的估计互相之间存在着很大的差别。这两道题仅在乘数数字的排列顺序上有所不同，前者从大到小，后者从小到大。可以认为被试验者是在对问题作出了最初的几步运算后，就以获得的初步结果作为参照来调节对整个乘积的估计。最初几步运算的结果产生了锚定效应，以后的调整均布充分，未达到应有的水平，说明了调整策略的局限性。

锚定现象与经济学家所谈论的“价格黏性”（stick prices）有关。只要过去的价格被用作对新价格提供建议，新价格就趋于接近过去的价格。锚定调整偏差在证券市场往往表现为证券价格的锚定。在判断股票的价格水平时，最可能锚定的数字是记忆中离现在最近的价格。另外，股价指数在最近达到的顶峰和最近的整体水平，都可能对投资者产生锚定的作用，以至于影响他们的投资决策。对单只股票而言，价格的变化会受到其他股票价格变化的锚定，市盈率也会受到其他公司市盈率的锚定。这种联系有助于解释为什么不同的股票会一起涨跌，可以解释为什么不同行业但总部设在同一国家的企业比同一行业但总部设在不同国家的企业有着更加相似的股价变动趋势。证券市场中出现的这些特征都可以用人们倾向于参考方便的数字的锚定做出解释。

2. 对联合和分离事件评估时的偏差

在一个实验中，被试验者获得一个机会对两个事件中的一个下赌注。用到了三种类型的事件。

简单事件：从一个 50%是红球，50%是黑球的缸中拿出一个红球（P=0.5）。

联合事件：从一个 90%是红球，10%是黑球的缸中可放回地取出 7 个红球（P=0.48）。

分离事件：从一个 90%是黑球，10%是红球的缸中可放回地在 7 次抽取中至少获得一个红球（P=0.52）。

对简单事件和联合事件下赌注时，绝大部分的被试验者对联合事件下赌注（P=0.48），而不对简单事件（P=0.5）下赌注。而在对简单事件和分离事件下赌注时，被试验者喜欢对简单事件下赌注（P=0.5），而不喜欢对分离事件下赌注（P=0.52）。这种选择模式说明人们倾向于高估联合事件的概率而低估分离事件的概率。

对联合事件评估的偏差普遍存在于按计划进行的工作中。一项工作的成功完成，如一个新产品的推出，由很多环节和部件所组成，每一个环节和部件都有成功和失败的可能性，即便是每个环节成功的概率很高，但如果事件数量很大的话，成功的总概率就会很小。高估联合事件概率的一般趋势，导致人们在估计某一计划成功或某一项目将按时完成时过于乐观。对于一个复杂系统而言，任何关键部分出问题都可能发生故障。即使每部分出现问题的可能想很小，如果考虑到许多部分时，出问题的总概率就会很高。由于锚定，人们倾向于低估复杂系统出问题的概率。

（四）框定依赖偏差

由于人们对事物的认知和判断存在对背景的依赖，那么事物的表面形式会影响人们对事物本质的看法。事物的形式当被用来描述决策问题时常称为“框定”。框定独立指问题的形式与人们的判断和行为无关，然而许多框定不是透明而是晦涩难懂的。当一个人通过不是透明的框定来看问题时，他的判断与决定将在很大程度上取决问题所表现出来的特殊框定，这就是所谓的框定依赖，有框定依赖导致的认知和判断偏差即为“框定偏差”，它是指人们的判断与决策依赖于所面临的决策问题的形式，即尽管问题的本质相同但因形式的不同也会导致人们做出不同的决策。下面以特维斯基和卡尼曼的经典实验进行介绍。

案例 3　士兵突围实验

实验设计

一位将军在敌人优势兵力威胁下，处于进退两难的境地。他的情报员说：除非他带领士兵们沿两条可行的路线之一撤出，否则他们会遭到伏击，使 600 名士兵全部被歼灭。如果走第一条路线，200 名士兵可以得救；如果走第二条路线，有 1/3 的可能性全部获救，但有 2/3 的可能全军覆灭。

假设情况有所变化，这一次他的情况员告诉他，他还得在两条撤退线路中进行选择。如果选择第一条路线，将有 400 名士兵遇难；如果选择第二条路线，有 1/3 的可能无一遇难，有 2/3 的可能全部遇难。假设你就是这位军官，那么请问你会选择哪条路线？

实验结果

绝大多数人在第一问中选择走第一路线。理由是：保全能保全的生命，比冒险造成更大损失的风险要好。但是在第二问中绝大部分选择走第二条路线。因为走第一条路线，终归要有 400 人死亡，而走第二条路，至少有 1/3 的人可能得到保全。

实验结果分析

关于这两个问题，绝大部分人得出了截然相反的结论。只要粗略地考察一下就可以发现，这两个问题的实质是一样的。仅有的差别是：第一个问题是从保全士兵的生命角度提出来的，第二个是从丧失生命的角度提出来的。特维斯基和卡尼曼发现，这种对于理性认识的背离是经常出现的，并可以预见的，是头脑在权衡各种复杂的可能性时走捷径的结果。此外，人们对于一个问题的答案可以如此容易地改变，甚至在生死攸关的问题上也是如此。这表明人们的判断未必就能做出正确的决策。因为这些判断自身可能是有缺陷的。

三、心理偏差与偏好

心理偏差是指有限理性的决策者对外部信息进行识别、编辑和评价等认知过程中产生的、有偏于理性人假定的心理现象。人们的行为是基于客观事物的主管人事，显然基于这些心理和认知偏差而做出的决策行为将不同于古典经济学中的预测行为。准确、全面把握人类决策过程中的心理偏差与偏好，有利于从心理学角度寻找纠正偏差、提高决策的理性程度的心理学依据。人们的心理偏差和偏好主要表现为过度自信、损失厌恶、后悔厌恶、心理账户等。

（一）过度自信

心理学家通过实验观察和实证研究发现，人们往往过于相信自己的判断力，高估自己成功的概率，把成功归功于自己的能力，而低估运气、机遇和外部力量在其中的作用。这种现象称为过度自信（overconfidence）。过度自信是一种典型的心理偏差，并在投资决策过程中发挥着重要的作用。投资者对他们自身的交易水平往往是过度自信的。比如，有机构对投资者投资行为进行研究时发现，投资者并不是基于流动性需求、税负方面的考虑而重新调整投资组合，或将资金移往低风险的股票等原因而了结某种股票的投资，而是自信的认为应该获利了解了，继续持有这些股票将会降低未来收益水平。而事实证明，相对于那些被抛售掉的股票而言，继续持有的股票的未来收益反而更低。同时个人投资者在卖出股票后又会很快地买入另一只股票，但平均来说，即使扣除交易成本，他们卖的股票会比他们买进的股票表现得更好，这样的结果可能是因为投资者对自己交易的水平过度自信。

股票市场的繁荣往往导致人们更加过度自信，投资者往往认为自己是精明的。“骄傲”常常在人的投资行为中起到很大的作用，并会在他获得一系列成功后增加他的自信。过长的牛市行情可能引起赌场资金效应，即赌博者获得收益时有不断提高赌注的愿望。一方面已经获得收益的投资者在未来的决策中会倾向于更加过度自行；另一方面已经获得收益的投资者在损失时痛苦较小，因为赌金额本就来自赌场，如果在接下来的赌博中也输了，他心里会认为这些钱本身就不是他的，因此感受到的痛苦相对较小。

过度自信也导致事后聪明偏差。事后聪明偏差是指，把已经发生的事情视为必然和明显的，而没有意识到对结果的回顾会影响人们的判断，使他们认为事情是很容易预测的，但人们无法说出是什么样的信息导致了结果的产生，过度自信是导致事后聪明偏差的心理因素。

案例 4 什么时候反弹

1987 年 10 月 19 日美国出现“黑色星期一”之后，罗伯特•席勒做过一个问卷调查。其中的一个问题是“你当天就知道市场会在什么事后发生反弹吗？”在没有参与交易的人中，有 29.2%的个人和 28%的机构的答案是“知道”，在参加交易的个人和机构中也将近一半的人认为“知道”何时反弹。令人吃惊的是这个回答与当天出现的极度恐慌的事实截然不同。然而，股指能在下跌后迅速反弹，至少对大多数人而言简直是个奇迹。值得注意的是，席勒接下来的一个问题：“如果回答是知道的话，你是如何估计什么事后发生反弹的呢？”多数人的答案是“直觉”、“内心想法”、“历史证据和常识”或者是“股市心理学”，即使机构投资者也不例外，很少提到具体的事实或明确的理论，如美联储可能的干预等。

上述调查结果表明，这种典型的事后聪明会使投资者不重视对自己行为的反省，忽视对市场趋势的预测，增加了投资者行为的不确定性。

（二）心理账户

人们常常错误地将一些资金的价值估计得比另一些低，如赌场赢得的资金、意外得到的财富、所得税的返还等都会被估价得比常规的收入低。并且人们倾向于更轻率地或随意地使用这些被低估的资产。人们根据资金的来源、资金的所在和资金的用途等因素对资金进行归类，这种现象称为“心理账户”（mental account），传统的经济理论假设资金是可替代的，也就是说所有的资金都是等价的，那么1000元赌场赢得的资金和1000元工资收入是等价的，这样使用赌场赢得的资金和工资收入就没有差别。然而，在人们的眼里资金通常并不是那样可替代的。人们倾向于把不同的资金分配到不同的心理账户中，并做出不同的投资决策。

在实际决策中，人们自发地运用了局部账户进行判断，或者说“心理账户的局部组织”在起作用。一般来说，人们通过三种心理账户对他们所面临选择的得失进行评价。

最小账户（minimal account）：仅仅与可选方案间的差异有关，而与各个方案的共同特征无关。

局部账户（topical account）：描述的是可选方案的结果与参考水平之间的关系，这个参考水平由决策的背景所决定。

综合账户（comprehensive account）：从更广的类别对可选方案的得失进行评价。

下面以特维斯基和卡尼曼的经典实验进行解释。

案例5　购买商品实验

实验设计

假设你买一件夹克要125美元，买一个计算器要15美元。售货员告诉你，你要买的计算器在另一家商店只需要10美元，但需要走20分钟的路。你会去另一家商店吗？实验设计者安排了另一组实验，实验的情景是：假设你要买一件夹克要125美元，买一个计算器要15美元。售货员告诉你，你要买的夹克在另一家商店只需要120美元。但是要走20分钟的路。你会去另一家商店吗？

实验结果

前一组实验，88名被试验者中，68%的人愿意到另一家商店，为15美元的计算器节省5美元。而在第二组实验中，93名被试验者中，29%的人愿意到另一家商店，为125美元的夹克节省5美元。愿意前往另一家商店的人数比例显著减少。

实验结果分析

人们通过心理账户对他们所面临选择的得失进行评价：

（1）最小账户：在这两个问题中，前往另一家商店被框定为“节省了5美元”，这就是最小账户的估值。

（2）局部账户：在问题1中，相关的局部是“购买计算器”，前往另一家商店的好处被框定为“价格从15美元降低到10美元”。因为这里潜在的节省只与计算器有关，所以夹克的价格没有被考虑。在问题2中，相关的局部是“购买夹克”，前往另一家商店的好处被框定为“价格从125美元降到120美元”。

（3）综合账户：在这两个问题中，综合账户可以描述为，前往另一家商店被框定为“综合价格从140美元降到135美元”。

第一组和第二组实验在最小账户和综合账户来看是同等的，也就是说，如果以最小账户或综合账户来进行估值的话，那么人们对第一种情况和第二种情况应该有相同的反应。实验中人们对两者做出的不同选择，说明心理账户的局部性使得人们用相对值而不是绝对值来评价事物，从而在两个商品价格变化后产生了不同的实验结果。

心理账户是金融投资领域中人们普遍存在的一种现象，并且对人们的投资行为决策有非常重要的影响，并且可以解释金融市场中的很多现象：由于心理账户的存在，个人投资者自然地认为在他们的投资组合中有一个受最低风险保护的安全部分和一个设计投资致富的风险部分，资产在不同的心理账户中，风险承受能力自然是不一样的。人们的收入主要来自三类，分别是工资性收入、资产收入和其他收入，人们把这些收入也放入不同的心理账户，从而出现了区别对待的现象。心理账户还可以对金融市场中一些金融异象进行解释，如股利之谜、1 月效应等。

（三）羊群行为

羊群行为也就是“从众行为”，是指行为上的模仿性和一致性。该词源于生物学对动物群聚特征的研究。

延伸到金融市场，借用生物学上羊群的群聚行为的概念，指代投资者在信息不确定的情况下，行为受到其他投资者的影响，模仿他人的决策，或者过多依赖于舆论，而不考虑私人信息的行为。大量证据显示，投资者的羊群行为既不利于个人的投资收益，也不利于金融市场的稳定。对投资者而言，羊群行为的投资者在金融市场中获得的收益率比较低，而对整个金融市场而言，羊群行为所导致的群体一致性行为会促使股票价格对价值的偏离，形成一种正反馈机制，导致股票市场的非理性繁荣与恐慌，加剧了股票市场的系统性风险。

金融投资决策中羊群行为是普遍存在的，其发生的原因可以归纳为以下几个方面：①投资者信息不对称、不完全。模仿他人的行为可以节约自己搜寻信息的成本。人们越是缺少信息，越是容易听从他人的意见。②推卸责任的需要。后悔厌恶心理使决策者为了避免个人决策失误可能带来的后悔和痛苦，从而选择与其他人相同的策略，或听从他人的建议，因为这样的话，即使决策失误，决策者也能从心理把责任推卸给别人，而减轻自己的后悔。③减少恐惧的需要。人类属于群体动物，偏离大多数人往往会产生一种孤单和恐惧感。④缺乏知识经验及其他一些个性方面的特征，如知识水平、智力水平、接受信息的能力、思维的灵活性、自信心等都是产生羊群行为的影响因素。一般有较高社会赞誉需要的人比较注重社会对他的评价，希望得到他人的赞许，也容易表现出从众倾向；还有具有焦虑心态的人从众心理也比较强；普遍而言女性比男性更具有从众心理与行为。

通过对中国股市的研究发现，中国股市个人投资者羊群行为大致表现出以下特征：①中国股票市场个体投资者呈现出非常显著的羊群行为，并且卖方羊群行为强于买方羊群行为，时间因素对投资者羊群行为没有显著影响。②不同市场态势下，投资者都表现出显著的羊群行为，并且在指数高位下跌时，投资者的争相抛售现象更为明显。无论投资者是风险偏好还是风险厌恶，都表现出显著的羊群效应。③股票规模是影响投资者羊群行为的另一重要因素。随着股票流通股本规模的减小，投资者羊群行为逐步增强。④股票收益率是影响投资者羊群行为的重要因素。

（四）损失厌恶

预期效用理论的公理化假设的前提是，人们是风险厌恶的。但特维斯基和卡尼曼通过心理学实验得到的结论是：人们并非总是厌恶风险，当他们认为合适时，他们会选择赌上一把，但人们如果不是厌恶风险又是什么呢？他们认为，人们厌恶的是损失而不是不确定性。人们对损失的感受比收益更敏感，损失带来的副效用为等量收益的正效用的 2.5 倍。人们在面对收益和损失的决策时表现出不对称性。人们面对等量的收益和损失时，随时会使他们产生更大的情绪波动，这就是损失厌恶（loss aversion）。损失厌恶反映了人们的风险偏好并非总是保持一致，当涉及收益时，人们表现为风险厌恶，但当涉及损失时，人们则表现为风险寻求（risk seeking）。损失厌恶的存在导致在决策中形成禀赋效应和短视偏差。

1. 损失厌恶与禀赋效应

由于人放弃他所拥有的一个物品而感受的痛苦，要大于得到一个原本不属于他的物品所带来的喜悦，在定价方面，同一种物品在这种情况下的卖价高于买价，这种现象称为“禀赋效应”（endowment effect）。即同样一个东西，如果本来就拥有，那么卖价会高；如果本来就没有，那么愿意支付的价格会相对卖价来说较低。禀赋效应是与损失厌恶相关联的现象。许多决策时在两种方案间的选择：维持现状或者接受一个新的方案（新的方案在一些方面有利而在另一些方面不利），如果将现状视为参考水平，那么决策者偏爱维持现状，因为盈利的诱惑力不足以抵消对损失的厌恶感。

禀赋效应导致了交易惰性（reluctance to trade），交易惰性的产生，主要源于投资者对于自身所持有的股票。由于其禀赋效应的存在，需要市场提供更高的价格才肯卖出，从而使其不愿意进行股票交易。

2. 短视的损失厌恶

在股票投资中，长期收益可能会周期性地被短期损失所打断，短视的投资者把股票市场视为赌场，过分强调潜在的短期损失。投资者不愿意承受这种短期损失的现象被称为“短视的损失厌恶”（myopic loss aversion）。投资者可能没有意识到，通货膨胀的长期影响可能会远远超过短期内股票的涨跌。

短视的损失厌恶是建立在两个概念之上的：一是投资者是损失厌恶的，即决策者倾向于把损失看的重要一些。二是投资者是短视的，也会经常性地评价他们的投资组合。这样，短视的损失厌恶可能导致人们在其长期的资产配置中过于保守，即投资于国库券或安全级别的企业债券，而不投资短期内波动性较大但长期收益率较高的股票，这就造成了所谓的股权溢价之谜。

（五）后悔厌恶

“后悔”是没有做出正确决策时的情绪体验，是人事到一个人本该做得更好而感到痛苦。后悔比收到损失更加痛苦，因为这种痛苦让人觉得要为损失承担责任。“后悔厌恶”（regret aversion）是指当人们做出错误的决策时，对自己的行为感到痛苦，为了避免后悔，人们常常做出一些非理性行为。例如，投资者趋向于获得一定信息后，才做出决策，几遍是这些信息对决策来讲并不重要，没有他们也能做出决策，这主要是减少后悔对自身的精神损失。

后悔厌恶理论的核心主要包括以下三个方面：第一，胁迫情形下采取行动所引起的后悔比非胁迫情形下的后悔要轻微。第二，没有采取行动引起的后悔比做了错误的行动引起的后悔要轻微。第三，个体需对行为的最终结果承担责任情形下引起的后悔比无需承担责任情形下的后悔要强烈。有利的结果会使责任者感到骄傲，不理的结果会使责任者感到后悔。如图 9.2 所示，如果后悔比较强烈，责任者会尽量避免采取这一行动。

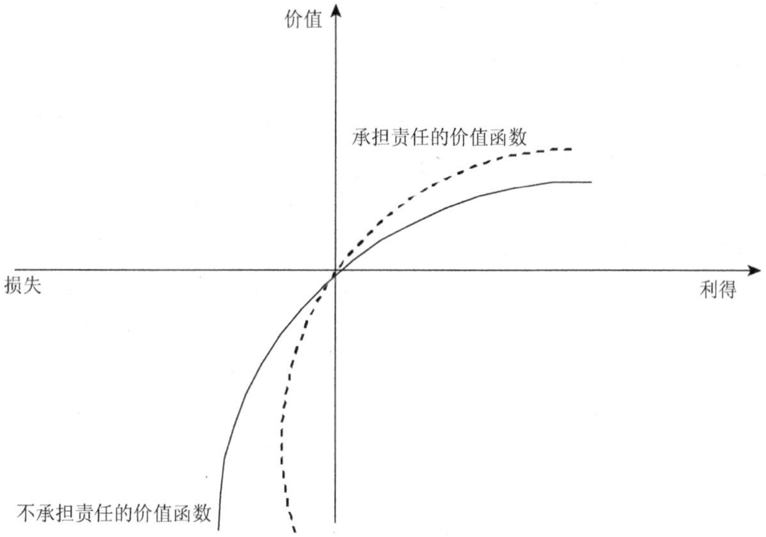

图 9.2　后悔厌恶理论示意图

在图 9.2 中，实线表示不承担责任的价值函数，虚线表示承担责任的价值函数。骄傲随着利得值得增加而增加，后悔随着损失值得增加而增加。后悔效应（regret effect，以第三象限的两条函数的垂直距离表示）比骄傲效应（pride effect，以第一象限的两条函数的垂直距离表示）要大，所以对行动的最终结果承担责任的个体会尽量避免采取这一行动。

与后悔厌恶相关的是“认知失调”（cognitive dissonance），认知失调是指当人们面对他们的观点或假设是错误的证据时内心的矛盾。认知失调可以认为是一种后悔厌恶，即对错误观点的后悔。和后悔理论结合后，认知失调理论认为人们可能不愿意接受新信息或提出歪曲的理念以继续维持自己的信念或假设。

在日常生活中，人们经常犯认知失调带来的偏差。例如，新买入车子的人在购买完成后有选择性的避免阅读他们没有选择的车型的广告，而关注他们所选择的车子的广告。并且，认知失调理论可以解释共同基金的一种现象，即资金流向业绩好的共同基金的速度比资金流出业绩差的共同基金速度要快得多，也就是说发生损失的基金持有人不愿意通过赎回他们持有的基金来面对投资失败的事实。

后悔厌恶在金融投资的市场中广泛存在，投资者在做出决策时要把现时情绪和他们过去遇到过的不同选择的情形进行比对，如果个体认识到不同选择会使他们处于更好的境地，他就会因为自己做出了错误的决定而自责不已，这种情绪就是后悔。相反，如果从现时选择中得到了更好的结果，他就会有一种欣喜的感觉。马克维茨也用后悔延误来解释其投资组合理论，他说："我的意图在于减少未来的后悔。因此我将出资额平均分成两部分，分别投资于债券和股票。"换句话说，如果马克维茨全部选择股票投资，而随后的股票行情极差，他就很容易陷入一种情绪中——如果我选择一个保守的方式就好了，这就使他产生了相当大的自责，即后悔。后悔最小化致使一些投资者使用股息而不是卖出股票来获得消费的资金，因为卖出股票而获得资金的人在发现股价上升以后，很可能会相当地后悔。

第三节 行为资产定价模型

一、信息交易者和噪声交易者

资本资产定价模型中，假定所有投资者只关心投资回报和投资组合的协方差，二者的均衡便可以得出资产的收益。然而行为金融学家却认为资本资产定价模型对投资者的假设是不符合现实的，为此谢弗林和斯塔特曼（Statman）构筑了行为资产定价模型（behavioral asset pricing model，BAPM），对传统的资本资产定价模型进行了相应的调整。与传统的资本资产定价模型不同，在行为资产定价模型中的投资者并非都有相同的理性信息，可以将投资者分为信息交易者（information traders）和噪声交易者（noise traders）两种类型。信息交易者是严格按照资本资产定价模型行事的理性投资者，因而他们不会受到认知偏差的影响，只关心组合的均值和方差，而且不同个体之间表现有良好的统计均方差性。而噪声交易者则不按照资本资产定价模型行事，他们信息不充分，会犯各种认知偏差错误，并没有严格的对均值方差的偏好，不同个体之间具有较为显著的异方差性。这两类交易者相互影响，共同决定金融市场上资产的价格。当信息交易者在金融市场上起主导作用时，市场将表现出有效率，而当噪声交易者在市场上起主导作用时，市场将表现得无效率。

二、行为资产定价模型

在行为资产定价模型中，证券的预期收益是由其"行为贝塔系数"（behavioral Beta coefficient）决定的，行为资产组合与市场组合相比，要人为地调高成长型股票在组合中所占的比例。此外，行为资产定价模型与传统的资本资产定价模型拥有几乎一致的前提假设条件，即所有投资者都有相同的风险-收益效用函数且追求期望效用的最大化、投资者关于资产和经济形势的判断是一致的、市场是完美的等。

假定市场存在一种无风险资产和 n 种风险证券资产，期末各资产的收益率分别为 r_f，r_1，…，r_n。如果期初各资产在财富总额中所占的比例分别为 x_f，x_1，…，x_n，且有 $x_f+\sum_{i=1}^{n}x_i=1$。如果允许买空卖空或进行无风险借贷，那么 x_f 或 x_i 可以小于零。由所有风险证券资产和无风险资产所构成的市场组合的期末收益率为 $r_M=x_f r_f+\sum_{i=1}^{n}x_i r_i$。

如果投资者在投资期初的财富总额为 W_0，那么投资期末各资产的财富额可以表示为

$W_f = x_f r_f W_0$，$W_i = x_i r_i W_0$。投资者的投资效用函数可以表示为$U = U(W)$，如果要使投资者的投资效用最大化，那么其投资效用函数存在二阶导数且不恒为零。即有

$$\max U = E[U(W)]$$

$$\text{s.t.}\begin{cases} x_f + \sum_{i=1}^{n} x_i = 1 \\ W = x_f r_f W_0 + \sum_{i=1}^{n} x_i r_i W_0 \end{cases}$$

要使$E[U(W)]$最大，则必须有一阶导数$\frac{\partial U}{\partial x} = 0$。

$$E[U'(W) r_i W_0] = E[U'(W) r_f W_0] = E[U'(W)]E[r_f W_0]$$

$$\begin{aligned} \operatorname{cov}[U'(W), r_i W_0] &= E[U'(W) r_i W_0] - E[U'(W)]E(r_i W_0) \\ &= E[U'(W)]E(W_0)[r_f - E(r_i)] \end{aligned}$$

$$\begin{aligned} \operatorname{cov}[U'(W), W] &= \operatorname{cov}[U'(W), r_M W_0] \\ &= \sum_{i=1}^{n} x_i \cdot \operatorname{cov}[U'(W), r_i W_0] + x_f \cdot \operatorname{cov}[U'(W), r_f W_0] \\ &= E[U'(W)]E(W_0)[r_f - E(r_M)] \end{aligned}$$

所以有

$$\frac{\operatorname{cov}[U'(W), r_i W_0]}{\operatorname{cov}[U'(W), r_M W_0]} = \frac{r_f - E(r_i)}{r_f - E(r_M)}$$

即

$$E(r_i) - r_f = \frac{\operatorname{cov}[U'(W), r_i]}{\operatorname{cov}[U'(W), r_M]}[E(r_M) - r_f] \tag{9.1}$$

令$\beta_i = \frac{\operatorname{cov}[U'(W), r_i]}{\operatorname{cov}[U'(W), r_M]}$，则有

$$E(r_i) - r_f = \beta_i [E(r_M) - r_f] \tag{9.2}$$

从式（9.2）可以看出，风险证券资产i的超额收益与市场组合的超额收益成正比，系数β_i就是行为贝塔系数，它与投资者的投资效用函数、市场组合的收益率及所选择的风险证券资产的收益率等变量相关。而且式（9.2）从形式上看与传统的资本资产定价模型是一致的，二者的区别仅在于β系数的含义不同。具体而言，传统的CAPM模型表明风险证券资产的收益率是完全由无风险利率、市场组合的收益率、风险证券资产与市场组合之间的相对波动来确定的。而行为资产定价模型将投资者的心理因素引入资产定价过程中，从投资者实际的心理规律出发来研究金融资产的定价，体现不同类型的投资者之间的差别。也就是说，即使是面临相同的无风险资产和相同的市场组合，对于不同类型的投资者而言，也很有可能会对相同的风险证券资产得出完全不同的结论。

三、行为资产组合模型

谢弗林和斯塔曼借鉴均值-方差模型中的有益部分，在前景理论及传统投资组合理论的基础上建立了行为资产组合模型（behavioral portfolio theory，BPT）。均值-方差模型认为投资的最优组合配置位于均值-方差有效边界上，而行为资产组合模型认为现实中的投资者无法做到这一点，他们实际构建的资产组合是基于对不同资产的风险程度的认识及投资目的所形成的一种金字塔式的行为资产组合。位于金字塔各层的资产都与特定的目标和风险态度相联系，而各层之间的相关性被忽略了。投资者通过综合考虑预期财富、投资安全性、增值潜力及达到期望水平的概率等因素来选择符合个人意愿的最优组合。与均值-方差模型相比，行为资产组合模型与实际投资行为更为接近。

在某些方面，行为资产组合理论关于资产组合的选择类似于均值-方差模型中的证券组合选择。均值-方差理论的核心是收益-风险平面中由均值-方差决定的有效边界。行为资产组合理论与之对应的则是 $(E_h(W),\text{prob}\{W \leqslant A\})$ 平面中的有效边界。在两种情况下，投资者都将选择具有较高值的预期收益率或 $E_h(W)$，以及具有较低值的风险值或 $\text{prob}\{W \leqslant A\}$。因此，均值-方差的有效边界通过选取既定的标准差下的预期收益率的最大值而得到，行为资产组合理论的有效边界则是通过获取既定的 $\text{prob}\{W \leqslant A\}$ 下 $E_h(W)$ 的最大值而获得。

假定投资者只有一个心理账户，在时点 0 该心理账户有 n 种基于某状态的或有债权。如果投资者在时点 0 购买一个单位的状态 i 的或有债权（contingent claim）（设状态 i 或有债权的单价为 v_i），即初期投入为 v_i，那么当状态 i 在时点 1 出现时投资者将获得一个单位的收益，否则收益为 0。设状态 i 在时点 1 出现的概率为 p_i，若投资者在时点 0 对状态 i 或有债权的投入为 v_iW_i，则状态 i 在时点 1 出现后投资者在该后有债权的收益为 W_i，并设想各状态按照一定的规则排序，以使得 v_i/p_i（每单位概率的状态价格）随着 i 的增加而单调递减。假设投资者在时点 0 有财富 W_0，通过购买一系列的或有债权以期待在时点 1 获得 $W_1,W_2,W_3,\cdots,W_n$ 的收益（满足 $\sum v_iW_i \leqslant W_0$）并在安全优先的约束下寻求最大化时点 1 的期望财富 $E_k(W)$。

由此，行为资产组合选择模型为

目标 $\max E_h(W) = \sum r_iW_i$

条件 $\text{prob}\{W \leqslant A\} \leqslant a$

$$\sum v_iW_i \leqslant W_0$$

其中，$\sum v_iW_i \leqslant W_0$ 是预算约束条件。

在此假定下可得其最优解为

$W_i = 0$，条件：i不属于T

$W_i = 1$，条件：i属于$T/\{s_n\}$

$W_n = (W_0 - \sum v_iW_i)/v_n$，当$W_0 > v_nA$，$W_n > A$时

$\sum v_iW_i$ 为状态 1 到 n–1 下的财富之和，T 是一个状态的子集，包括第 n 种状态 s_n，且

$\text{prob}\{T\} \geqslant a$，但是 T 中不存在真子集 T' 使得 $\text{prob}\{T'\} \geqslant a$。目标函数中的 r_i 是经过调整的概率权重。

如果所有的状态都是等概率的，则必将存在一个关键状态 i_c，使得最优的资产组合有以下形式：

$$W_i = 0,\quad 对于 i \leqslant i_c$$

$$W_i = A,\quad 对于 i_c \leqslant i < n$$

$$W_n = \left(W_0 - \sum_{i=1}^{n-1} v_i W_i \right) \Big/ v_n,\ 且当 W_0 > v_n A 时,\quad W_n > A$$

其中，i_c 为满足 $\sum_{i>i_c} p_i \geqslant a$ 的最小整数。

对最优解的解释：首先注意到 $E_h(W)$ 是了概率与财富的成绩 r_iW_i 之和。考虑没有约束条件下的最大化问题：$\max E_h(W)$。为了最大化概率与财富乘积的和，购买的或有债权应该是单位概率价格最低的那种或有债权，这将是状态 n，也即 $v_n/r_n=\min\{v_j/r_i\}$。因此，对于没有约束条件情况下最大化 $E_h(W)$ 的最优解是：$W_n=W_0/v_n$ 且对于所有其他的 i 有 $W_i=0$，特别当 $p_n \geqslant \alpha$ 时，在有约束条件下的最优解和这里无约束的最优解是一样的。下面进一步调整这个无约束条件下的最优解，考虑最便宜的满足约束条件的方法，可以看到所有包含状态 s_n 且 $\text{prob}\{T''\} \geqslant \alpha$ 的集合 $\{T''\}$，且 T'' 的任意真子集 T' 均不满足 $\text{prob}\ \{T'\} \geqslant \alpha$，对于这样的一个集合，设 $v_A(T'') = A\sum_{i \in T''} v_i$。从有限个数的结合 T'' 中挑选一个 T，且 $v_A(T)$ 值是最小的。然后通过重新分配 $v_A(T)$ 的值，把原来只投资在状态 s_n 上债权的资产分配到集合 $T/\{s_n\}$ 中的状态以使得此集合中的每一个状态都以相应的概率获得收益 A。

在等概率状态的情况下，对于所有的 i 有 $p_i=p$，为了达到概率约束条件，最小的状态个数应该是大于 α/p 的第一个整数，记为 n_a。由于比率 v_i/r_i 随着 i 的增加而减少，最优的分配方式就是投资者而选择金字塔顶部的 n_a 种状态，而底部的 $n\text{-}n_a$ 种状态分配的或有债权为 0。与前面一样，除了状态 s_n 以外，其他的术语这个 n_a 种状态则分配 A 个单位的单价财富。

由此可以确定行为资产组合理论有效边界。它就是在 $\text{prob}\{W \leqslant A\} \leqslant a$ 的约束条件下由许多 $\text{prob}\{W \leqslant A\}$ 值和对应其最大值 $E_h(W)$ 所构成的有序数对在（$E_h(W)$，$\text{prob}\{W \leqslant A\}$）平面上绘出的曲线。投资者将通过沿有效边界最大化函数 $U(E_h(W), D(A))$ 来选择最优证券组合。

从模型解得形式可以看出行为资产组合理论的有效证券组合收益的分布形式。其收益有三种可能的结构 0、A，以及高于 A 的值 W_n。这种收益分布类似于由收益为 A 或 0 的无风险资产和收益为 W_n 的彩票所构成的组合的收益分布。这与弗里德曼和萨维奇所观察到的人们同时购买保险和彩票的现象是一致的。

第四节　行为金融投资理论对金融异象的解释

在过去几十年中，人们发现证券市场上主要有股权溢价之谜、波动性之谜、可预测之谜等几种金融异象是经典金融理论和有效市场假说无法解释的。行为金融投资理论在发展过程中的一个重要运用便是解释这些传统金融理论无法解释的金融异象。

一、股权溢价之谜的解释

股权溢价之谜是指，从短期看股票比债券风险更大，但股票投资的历史平均收益率相对于债券投资来说却要高出很多，即相对于债券而言，人们在股票上为何要求如此高的收益率，这是经典金融理论无法解释的。

而行为金融投资理论用前景理论的解释是：这是投资者损失厌恶的心理和对收益与损失进行频繁评估的结果。损失厌恶和频繁评估的结合被行为金融投资理论称为“短视的损失厌恶”，其主要表现为：如果一个投资者每天对其投资组合的价值进行评价，股票价格每日涨跌的可能各占一半，而投资损失对投资者的效用影响大于投资收益对效用的影响，这会使投资者感到股票投资的风险很高。相反如果另一个投资者买完股票后十年置之不理，则他在心理上几乎不会感受到股票价格下跌的影响，从而会觉得股票投资的风险很低，是一项吸引人的投资。

现实中，投资者心理上过分频繁地评估手中股票的价值，从而使得投资者心理风险被过分的夸大，进而导致投资者不能正确地认识股票投资真正的风险大小，结果就是其会对投资要求过高的投资收益率。

二、波动性之谜的解释

波动性之谜是指，实证研究结果显示，股票价格和股价/股利比率都是高度波动的，同时股价的波动性高于股利增长的波动性。依照有效市场假说的观点，股价波动应该取决于公司未来支付的股利水平，只有在股利起伏很大的情况下，股价才会大幅波动。而实际情况却刚好相反，在股利现值稳定增长的时候，股价却是剧烈波动的。行为金融投资理论用前景理论将此解释为：证券市场接收到一些利好消息，会导致整个股市上扬，投资者将获得大量先期收益。因为有盈利作为垫底，投资者损失厌恶程度会适度降低，即任何损失都可以用积累的收益来弥补，所以投资者以一个较低的折现率来将未来股利折现，这将使股价相对于现期股利被推得更高，从而导致股价的进一步上涨，增加了股价的波动性并导致股价比股利增长的波动性更大。

此外，行为金融投资理论认为投资者的认知偏差，如代表性偏差也会导致股利的高波动性，如当投资者看到股利发生了一次意料之外的增长时，他们会过快地相信公司的基本面发生了好转，进而高估公司的价值，于是他们的投资热情将使得股票价格相对于股利增长得更快。反过来，当股利出现突然减少时，投资者的悲观情绪会使股票价格相对于股利下降得更多，于是股价波动会永远大于股利的波动。

三、可预测之谜的解释

不同于有效市场假说认为的股价变动是随机游走、不可预测的观点，通过实证研究发现了一些预测股价变动的模式，如短期价格动量效应、长期价格反转效应、规模效应和日历效应等，这是很难通过传统金融理论得到合理解释的，于是就被称之为可预测之谜。

对于日历效应，行为金融投资理论认为可能是由于人们在某些时间段内可能会处于与其他时间段不同的情绪状态中，如周末及假日之前人们情绪较为高昂，而在星期一则情绪较为低落，这样，这种投资者的情绪变动将会影响他们的投资决策，进而导致市场上的反常价格行为。

对于规模效应，行为金融投资理论的解释是，这可能是由于小市值股票主要是由个人投资者持有，而个人投资者相对于机构投资者来说，风险承受能力较低，故他们所要求的风险补偿必然较大，所以小市值股票的预期收益率会比大市值股票的预期收益率要高。此外，一些行为金融模型从不同角度对过度反应的反应不足现象进行相关解释。

四、封闭式基金之谜的解释

封闭式基金之谜是指，基金的单位价格不等于净资产价值，总是折价进行交易，同时基金发行时其单位价格往往高于资产净值，而当基金期满终结时，单位价格又与净资产价格持平。

封闭式基金的这种价格行为是有效市场假说无法解释的，由于封闭式基金的部分个人投资者是噪声交易者，他们对于未来的基金回报有时候过于乐观，有时候过于悲观，从而导致了基金价格的忽高忽低及频繁变化。

这时，理性的基金投资者就面临着两种风险，即基金价值的波动风险和噪声交易者情绪波动的风险。这样理性交易者就会对第二种风险要求得到补偿，这就是基金会折价交易的原理。而另外，当封闭式基金终结时，因为价格必须等于净资产价值，理性投资者会不再担心噪声交易者情绪的波动，即不再要求对该风险的补偿，基金价格自然回升到净资产价值的水平，至于为何基金会溢价发行，行为金融投资理论认为基金管理公司总是会选择投资者情绪高昂的时候创立封闭式基金，而这时基金无疑将以超过实际价值的价格出售。

五、投资者行为的解释

行为金融投资理论的成功运用还在与解释了实践中观察到的投资者投资决策行为，其中最为有名的是对投资者“处置效应”的解释。

“处置效应”是指在证券市场上投资者倾向于过早地卖出盈利股而过长地持有亏损股的现象。而这一现象可以用前景理论和后悔厌恶来解释，即投资者会以买价作为参考点，来决定是否要继续持有或卖出股票。如果价格上涨，会产生盈利，此时价值函数是凹函数，投资者是风险厌恶的，同时为了避免以后股票价格下跌时因为没卖而感到后悔，他将会倾向于卖出该股票以获得确定性的盈利。而如果股票价格下跌，该项投资产生了损失，但此时的价值函数为凸函数，在这种情况下，投资者处于损失厌恶和后悔厌恶，会不愿意实现确定的损失，而尝试可能的扳平机会，即他会倾向于继续持有亏损的股票。

此外，行为金融投资理论还对其他一些经典理论无法解释的投资者决策行为加以有效的解释，如大量证据显示投资者的分散投资组合达不到标准模型的要求，即分散化不足，而这可以用“乡土情结”加以解释即投资者在熟悉的投资领域，心理上会感到更加安全；再如投资者往往用一种极为简单的方法进行分散投资，最典型的表现是当有 N 种投资选择时，投资者就对每种投资选择投入 $1/N$ 的资金。对于这种单纯分散化的原因，行为金融投资理论认为是由于投资者的有限理性，他们一般达不到运用数学模型进行分散投资的要求；还有就是投资者的过度交易行为，在理性投资者的假定下，交易量应该是较小的，因为在理性的一方愿意卖时，另一理性方是不愿意买的，但实证研究表明世界上股票交易所的成交量都是很大的。对此行为金融投资理论的解释是，投资者过度自信，他们相信自己掌握了有必要进行投机性交易的信息，进而导致了大量过度交易的产生。

第五节　行为金融投资策略

市场参与者的非理性造成的行为偏差导致了市场价格的偏离，而如果能合理利用这一偏差将给投资者带来超额收益，这就形成了行为金融投资理论的投资策略。近年来随着行为金融投资理论的迅速发展，基于行为金融投资理论的投资策略在西方发达国家已经被广泛应用。目前在美国已经有以富勒（Fuller）和泰勒资产管理公司为代表的明确基于行为金融投资理论的投资基金，并且这些投资基金的业绩也不错，运行情况良好。以下简单介绍几种具有代表性的投资者投资策略和技巧。

一、反向投资策略

反向投资策略是行为金融投资理论发展至今较为成熟，同时也是最受关注的投资策略之一。反向投资策略是基于人们对信息过度反应的结果，其主要依据是投资者心理的锚定和过度自信特征。

反向投资策略就是买进过去表现较差的股票而卖出过去表现较好的股票来进行套利的投资方法，这种策略的提出最初是基于德彭特（Debondt）和泰勒对股市过度反应的实证研究。1985 年德彭特和泰勒在研究中发现，选取美国证券市场 1926～1982 年的样本数据，在测试的前 3～5 年，持有比道琼斯指数表现差的股票组合的收益较小，而比道琼斯指数表现好的股票组合的收益较大；但之后 3～5 年内，持有前者的收益比后者的显著较大。1990 年，杰格迪什（Jegadeesh）与雷曼（Lehmann）提供了短期收益回归趋势的证据，此后乔普拉等人的研究结果也对美国股市过度反应现象的结论提供了有力支持。对此行为金融投资理论认为，这是由于投资者在实际投资决策中，往往过分注重上市公司近期表现的结果，通过简单外推的方法，根据公司的近期表现对其未来进行预测，从而导致对公司近期业绩情况作出持续过度反应，形成对绩差公司股价的过分低估和对绩优公司股价的过分高估现象，为投资者利用反向投资策略提供了套利的机会。在实际操作中，反向投资策略可以利用证券市场参与者“羊群行为”造成的价格偏差来进行操作。我国以工薪阶层为主的投资者具有明显的认知偏差，倾向于从专家、机构投资者那里寻求依靠，并且我国股票市场具有明显的政策市特征，投资者极易形成羊群行为，羊群行为使得整个市场的预测出现系统性偏差，导致股票价格的偏离，这些对股票价格的高估和低估最终都会随着金融市场的价值回归而出现频繁的股价下挫或上扬，其潜藏着无限的投资机会。

上述这些研究，多年来也受到很多争议。1988 年夏奈尔（Chanel）就指出，发现支持过度反应假设的证据其实是很好的；法玛和弗伦奇也认为，上述现象是投资者所承担的基本面风险的补偿；麦金莱（Mackinlay）、杰格迪什与迪特曼（Titman）等也在1990～1991年提出了与过度反应假设不一致的证据和解释；法玛则认为，在以往的研究中最终的结果对于计算收益所采用的方法和模型太敏感，可能会导致错误的结论。尽管如此，在金融投资实践中，反向投资策略仍然受到相当一部分投资者的追捧，特别是在长期投资中。

二、动量交易策略

动量交易策略，即预先对股票收益和交易量设定过滤规则，当股票收益或股票收益与交易量同时满足过滤规则就买入或卖出股票的投资策略。它与投资者的过度自信和赌博、投机心理有关。该投资策略起源于对股票中期收益延续性的研究。杰格迪什与迪特曼在对资产股票组合的中期收益进行研究时发现，以3～12个月为间隔所构成的股票组合的中期收益会呈现出延续性，即中期价格具有向某一方向连续变动的动量效应。因此，动量交易策略主要是基于股票价格的实际变动表现出一定的黏性，利用这种价格的黏性来指导实际的投资操作。1998年罗文霍斯特（Rouvenhorst）对12个国家的股票市场进行研究后，也发现了类似的中期价格动量效应，表明这种效应并非来自数据采集样本的偏差。对于中期价格动量效应的解释，目前比对价格长期和短期回归趋势的解释要少一些，夏奈尔、杰格迪什等认为这是对收益消息的反映不足所导致的；康拉德（Conrad）和考尔（Kaul）则认为是单个证券的平均收益的截面变化引起的；而莫斯考维茨（Moskowitz）和格林布拉特（Grinblatt）则认为是由特定公司的行业动量所导致的。不管怎样，动量交易策略早在上述研究前就已经得到了广泛的运用。

三、成本平均策略和时间分散化策略

成本平均策略，是指投资者在将现金投入股票时，通常总是按照预定的计划根据不同的价格分批进行，以备不测时摊低成本，从而规避一次性投入可能造成较大风险的策略。它与投资者的有限理性、损失厌恶及思维分隔有关。时间分散化策略，是指承担投资股票的风险能力可能会随着投资期限的延长而降低，建议投资者在年轻时让股票占其资产组合较大的比例，而随着年龄的增长将此比例逐步减少的投资策略。该策略也与投资者的有限理性和思维分隔有关。

成本平均策略和时间分散化策略有很多相似之处，都是个人投资者和机构投资者中普遍采用并广泛受欢迎的投资策略，同时又都被指责为收益较差的投资策略，其与现代投资理论的预期效用最大化原则明显相违背。康斯坦丁尼迪斯（Constantinidis）、罗瑟夫（Roseff）、萨缪尔森、克里兹曼（Kritzman）和博迪（Bodie）分别对这两种投资策略提出质疑。行为金融投资理论的支持者则认为，不能单纯地评价这两种投资策略的好坏。事实上，两者体现了投资者的感受和偏好对投资决策的影响，可以运用行为金融投资理论来解释，属于行为控制策略。斯塔特曼、费雪（Fisher）等运用行为金融投资理论中的前景理论、认知偏差、悔恨厌恶和不完全的自我控制等，分别对成本平均策略和时间分散策略进行了系统的解释，指出了其合理性，并提出了实施过程中自我加强控制的改进意见。

四、小公司投资策略

20 世纪 80 年代，芝加哥大学的班兹通过实证研究发现小公司的实际收益率显著高于同期的大公司收益率，其验证了小公司股票收益率在长期内优于市场平均水平，这就是所谓的规模效应。小盘股投资策略就是利用这种规模效应，对小盘股进行投资的一种策略。在使用这种策略时，投资者找到具有投资价值的小盘股，当预期小盘股的实际价值与将来股票价格的变动有较大的差距时，可以考虑选择买入这种股票；先前被低估的小盘价值股一旦有利好的消息传出时，市场上可能导致投资者对新信息反应过度，从而使股票价格大幅上涨。另外，由于小盘股流通盘较小，市场上投资者所犯系统性错误对其股价波动的影响更大，从而为掌握该种投资策略的投资者带来超额投资收益。由于规模效应与 1 月效应存在紧密的联系，因此其投资策略可以进一步发展为 1 月月初买进小公司股票而在 1 月月底卖出小公司股票。

小盘股可以分为小盘价值股和小盘成长股。法玛和弗伦奇的研究表明，小盘股效应很可能是由小盘价值股引起的。国外研究了在纽约证券交易所（New York Stock Exchange，NYSE）交易的小盘股（主要是小盘价值股）与纳斯达克（National Association of Securities Dealers Automated Quotations，NASDAQ）交易的小盘股（主要是小盘成长股）的业绩，结果发现纽约证券交易所的小盘股收益远远超过 NASDAQ 的小盘股收益。当名义收益增长时，小盘股的投资收益率增长超过大盘股的投资收益率增长。

五、避免自身的认知偏差和决策失误

投资者在交易过程中既要考虑到自己的非理性问题又要把握市场的非理性。投资者在清楚自己对新信息的反应是否过度或不足的基础上，才能考虑市场是否对信息存在反应不足和过度，这也是行为金融投资理论对投资实践的一个重要建议。

许多学者发现过度自信会导致投资者交易过度频繁，这种过度频繁的交易会损害投资者自身的财富，在这种情况下，投资者应当采取措施来纠正自己的过度自信。比如，对自己的决策过程进行详细的记录，同时分析产生这种交易的原因和条件，采取一些自我控制的方法，减少交易。

基于行为金融投资理论的投资策略就是在尽量避免自身决策中的认知偏差的同时，利用其他投资者的认知偏差和判断错误来发现投资机会，制定投资策略，获取超额回报。行为金融投资理论对于投资者的指导意义在于：可以采用正对非理性市场行为的投资策略来实现投资目标。也就是说，在大多数投资者认识到自己的错误以前，投资那些定价错误的股票，并在股票价格正确定位之后获利了结。

第六节　行为金融投资理论的缺陷

行为金融投资理论从投资者的角度来分析证券市场投资行为，将投资者心理和行为模式与金融理论相结合，能够部分说明传统金融理论无法解释的金融异象，这无疑将成为未来金融学理论重要的发展方向。而作为一个新兴的研究领域，行为金融投资理论的发展还

不够完善，现行的理论基础还存在一定的缺陷，主要表现在以下三个方面。

一、缺乏统一的理论基础

行为金融投资理论的不同研究者根据自己设定的心理假设，构建自己的理论和模型，没有在公认的共同标准下进行探讨研究，因而限制了行为金融投资理论的规范化、标准化和科学化。行为金融投资理论应该形成规范化的，可以为众多行为金融研究者接受的行为假设，然后在此基础上建立具有核心地位的理论框架，为今后行为金融投资理论的深入研究奠定坚实的分析基础。

二、不具有普遍适用性模型

现有的行为金融投资理论模型在解释不同的金融市场异象时所依据的行为假设均存在较大的差异，其论证结果局限于用投资者某些固定行为偏差解释各种异常现象，缺少能够普遍解释金融市场异象的理论和直接用于实际投资的金融模型，因此其采用的模型不具有普遍的适用性。

三、尚未形成完整的理论体系

行为金融投资理论的研究者均按照自己的假设和思路进行研究，形成了很多不同派别，虽然体现了多样灵活的特点，但各个学说之间形成的理论内容较为松散，相互之间联系不够密切，根本无法形成统一完善的理论体系。一些理论分支可以解释一种现象却不能解释另一种现象，可以解释个别现象却无法解释群体现象，因而无法对资本市场上的种种异象做出系统性的权威解释，这在一定程度上阻碍了行为金融投资理论的发展。如何能够建立一套统一的可以解释不同情况下投资者行为心理偏差的行为金融投资理论，成为一个迫切需要解决的问题。

尽管行为金融投资理论还存在着诸多的问题，但是行为金融投资理论的研究成果还是备受学术界和实务界的肯定，它以更接近现实的假设条件来分析金融市场的实际情况，为人们理解金融市场的运行提供了一个新的视角。并且目前行为金融投资理论还呈现出与其他学科相互融合发展的态势，这也为未来行为金融投资理论的发展创造了更为广阔的空间。

课后练习

一、名词解释

前景理论　先验概率　锚定效应　框定依赖　心理账户　羊群效应　损失厌恶　后悔厌恶　行为资产定价模型　股权溢价之谜　行为资产组合模型　反向投资策略　动量交易策略

二、简答题

1. 损失厌恶与风险厌恶的关系是什么？

2. 损失厌恶会导致投资者产生哪些偏差？
3. 情绪受到哪些因素的影响？
4. 情绪在 BAPM 中具有什么样的作用？
5. 在投资决策中，投资者如何运用心理账户进行决策？

三、论述题

1. 现代证券投资组合理论的均值-方差模型为什么不能解释投资者的现实投资组合选择？

2. 各种行为投资策略进行投资选择的依据分别是什么？它们为什么存在战胜市场的优势？

四、延伸性阅读推荐

1. Bakshi G S，Chen Z W. The spirit of capitalism and stock market prices. Americal Economic Review，1996，86：133-157

2. Barberis N，Huang M，Santos T. Prospect theory and asset prices. Quarterly Journal of Economics，2001，116（1）：1-53

3. Kahneman D，Tversky A. Prospect theory：an analysis of decision making under risk. Econometrica，1979，47：263-291

4. Lopes L，Oden G C. The role of aspiration level in risky choice：a comparison of cumulative prospect theory and SP-A theory. Journal of Mathematical Psychology，1999，43（2）：286-313

5. Harrison G W，List J A. Field Experiments. Journal of Economic Literature，2004，42（4）：1009-1055

6. Pompian M M. Behavioral Finance and Wealth Management. Hoboken：John Wiley & Sons，Inc.，2006

7. Hirshleifer D. Psychological bias as a driver of financial regulation. European Financial Management，2008，14（5）：856-874

8. Thaler R. Mental accounting and consumer choice. Marketing Science，1985，4：199-214

9. Lopes L. Between hope and fear：the psychology of risk. Advances in Experimental Social Psychology，1987，20：255-295

10. Shefrin H，Statman M. Behavioral portfolio theory. Financial Quantitative Analysis，2000，35：127-151

11. 赫什·舍夫林. 资产定价的行为方法. 王闻译. 北京：中国人民大学出版社，2007

12. 陈彦斌. 行为资产定价理论. 北京：中国人民大学出版社，2006

第十章

证券投资组合实务

理论学习和研究是为了总结和指导实践，在掌握了关于证券市场、证券投资分析、证券投资组合理论等的基础知识和基本原理后，就应该把理论知识和证券投资实务活动结合起来。本章将讲解如何将证券投资组合相关理论用于指导现实的投资实践活动。证券投资组合实务通常被看作是一个系统、动态的过程，具体涉及证券投资组合的构建、证券投资组合的管理和证券投资组合的业绩评价三大步骤，而这三个步骤之间是没有明确的界限的，它们将随着投资周期的持续而交替往复地循环出现。

第一节　证券投资组合构建

一、证券投资组合目标

确立证券投资组合的目标实质上就是权衡证券投资组合所具有的风险与收益问题。通常，确立证券投资组合的目标是整个证券投资活动的核心，其对具体的投资品种的配置和最后的绩效评价有着重要的影响。建立一个以投资目标为核心的投资决策框架是证券投资组合管理的根本任务，因为投资目标确立了今后的具体投资方向，在各个投资品种上面的选择依据等，从而对投资组合的管理更为有效。通常，投资管理目标的设定受到宏观经济环境，投资的行业发展潜力，以及投资管理人的投资经验和投资实力等因素的限制。

（一）证券投资组合的目标类型

根据不同的收益和风险特征，投资管理目标分为以下四类：价值型、收入型、成长型和平衡型。

（1）价值型目标。价值型投资目标较为注重公司股票价格与公司价值是否相符。根据经济学理论，股票的价格应该是公司价值的外在表现，价格围绕价值上下波动。投资经理一般对当前股票价格较为敏感，会选择市盈率和市净率均较低的公司。由于一些特殊事件或投资者的情绪波动对股价造成不利影响也会引起投资经理的注意。此外，当一些周期性的股票如汽车类、资源类和钢铁类等在一个经济周期底部时，也将是价值型投资经理关注的重点投资品种。

（2）收入型目标。收入型投资目标更为强调当期收入最大化，以及收入的稳定性和长期性。投资经理一般会选择那些绩优股及派息较高的债券，可转让大额定期存单等收入较高且比较稳定的有价证券。此外，为了保证收入的稳定和持久，投资经理十分强调投资组合多元化以分散风险，其投资决策也相对比较稳健，经常持有较高比例的现金资产，收入型的证券投资基金一般会坚持按时派发收益。

（3）成长型目标。成长型投资目标不在于当前收入多少，而在于投资组合的未来价值的增长潜力。投资经理比较看重资本利得，而较少考虑现金红利，以牺牲近期的收入来换取资本的增值。投资经理主要选择市场中有较大升值空间的小公司股票，有的也会投资于一些新兴的但目前经营还比较困难的行业股票。

（4）平衡型目标。平衡型投资目标既追求长期资本增值，又追求当期收入，从而使投资组合在承受相对较小风险的情况下，有可能获得较高的投资收益。投资经理主要投资债券、优先股和部分普通股，这些有价证券在投资组合中有比较稳定的投资组合比例，一般是把资产总额的25%～50%投资于优先股和债券，其余的用于投资普通股，其风险和收益状况会介于成长型和收入型投资之间。

（二）投资目标的影响因素

投资目标是决定投资组合业绩的关键因素，它的制定、实施和修正贯穿于投资组合管理的整个过程。当然，在确立投资目标时，往往受到诸多因素的影响。

（1）投资目标的选择会受到当时的社会、经济与科技发展状况的影响。当经济进入快速发展阶段时，成长型投资组合往往会取得比价值型投资组合更显著的业绩，成长型投资目标及策略会比较盛行；当经济处在缓慢发展或衰退时，因为众多行业发展停滞，而使非周期行业（如耐用品、公共事业等）开始崭露头角，显现出稳定的特点。这时投资非周期性行业的收入型投资策略更受青睐。

（2）投资目标也与市场环境密不可分。通常，在牛市阶段，市场人气高涨，投机气氛浓厚，人们并不关注公司当前的业绩，而更加强调公司未来的成长性，股票换手率高、流动性好，机构投资者往往实施进攻型战略，把获取资本利得作为主要的盈利模式，大多数投资经理将选择成长型投资目标；在熊市阶段，市场人气低迷，人们不再对不可测的未来抱有幻想，而更加注重公司的当前业绩及红利回报，股票交易清淡、流动性差，投资者被迫采用防守型战略，以获取上市公司红利为主要盈利模式，因此收入型目标更有效率。

二、资产配置过程

一旦确立好证券投资组合的目标后，接下来就是构建投资组合。这里讨论的主要是投资范围的确定、证券的选择和组合的优化。实务中一旦证券投资组合目标形成，它们就与投资管理者对资本市场和对单个资产的预期一起被用来选择证券投资组合中的资产。

（一）证券投资组合的构建步骤

从宽泛的角度来说，证券投资组合的构建过程主要由以下三个步骤构成。

（1）定义特定资产组合中的证券范围。对机构投资者而言，传统的资产类别有股票、债券和现金等价物等。随着中国金融市场的不断发展和开放，机构投资者已经拓宽了投资工具，主要包括外国证券、金融衍生产品、不动产和风险资本等。

（2）设计最优程序挑选证券并决定这些证券的组合权重。细致分析待选定证券的风险收益特征，根据投资者的风险偏好，运用证券投资组合理论选出符合投资目标的标的证券。下面将详细讨论具体的配置过程。

（3）资产组合的评估与调整。对设计好的证券投资组合进行评估，预测其是否能够达到预先设定的目标，并在此基础上对证券投资组合进行二次调整。

（二）资产配置的内涵及条件

资产配置实质是指根据投资者的不同风险偏好，将投资者的资金在不同资产之间进行有效的分配，从而达到特定投资目的的过程。在金融市场快速发展的今天，投资者面对不同的金融市场，根据投资需求将投资资金在股票、债券、金融衍生工具和现金等价物等不同类别之间进行分配，从而起到通过平衡各种可供投资标的的风险-收益特征的作用，以减少市场波动对投资组合的影响。对多数专业的投资者而言，资产配置意味着：①计算各种不同资产的收益率、标准差和相关性；②运用这些变量进行均值-方差最优化，从而选择不同风险收益率的资产组合；③根据投资者的投资目标、历史、偏好、限制及其他因素，分析和执行备选的某一资产配置方案。

在构建投资组合的过程中，投资者不仅要考虑投资构成中资产的类型，还必须决定在整个投资组合中不同资产的构成比例。

投资者如何选择资产进行投资组合配置，通常需要首先考虑以下两个条件：①资本市场条件；②投资者的目标和限制条件。结合这些条件构建的投资组合才能更好地满足投资者的需要。在构建投资组合的过程中应该注意到，投资者的目标和限制条件及资本市场环境都可能会发生变化。因此，在不同的阶段需要根据更新的投资者需求和资本市场的预期随时对组合进行调整，以求得到最优组合。

（三）资产配置的程序

图 10.1 说明了这种构建证券投资组合的方法。在资产配置程序中有以下三个关键程序。

1. 明确投资决策的内外部条件

在确定投资组合构建之前，首先应该了解并分析资本市场条件和投资者的具体目标及限制条件。由于资本市场条件不同，投资者风险收益的预期水平也会存在差异，这必然会影响到投资者的投资动机和资产配置决策。

首先要分析资本市场条件对投资者行为决策的影响。

图 10.2 中，比较了投资者在不同资本市场环境中的投资动机。在牛市中，投资者的主要动机是获利，其提高了收益和风险预期，倾向于接受广泛的资产类别和执行策略。许多投资者经常运用“激进和进取型”投资策略，强调实现资本增值，投资标的多集中于股票或类似于股票的标的资产。而在熊市中，投资者的主要投资动机却是避免损失，投资标的主要集中于资本保本和具有防御性特征的投资品种，如短期和中期的固定收益债券。由于风险意识的提高，投资者倾向选择“防御型风格”的投资品种。

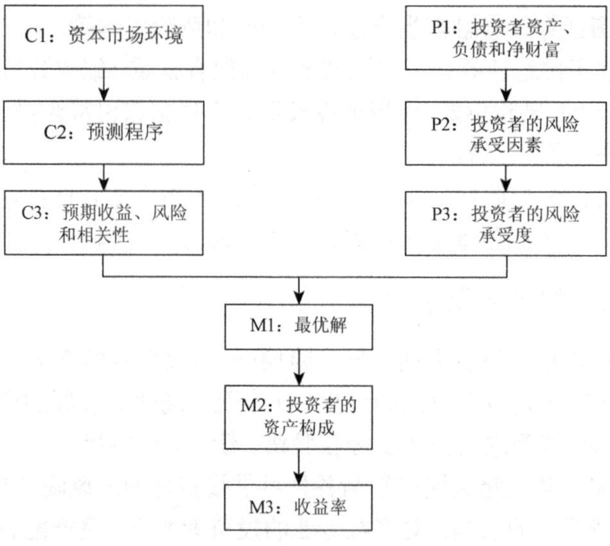

图 10.1 资产配置程序示意图

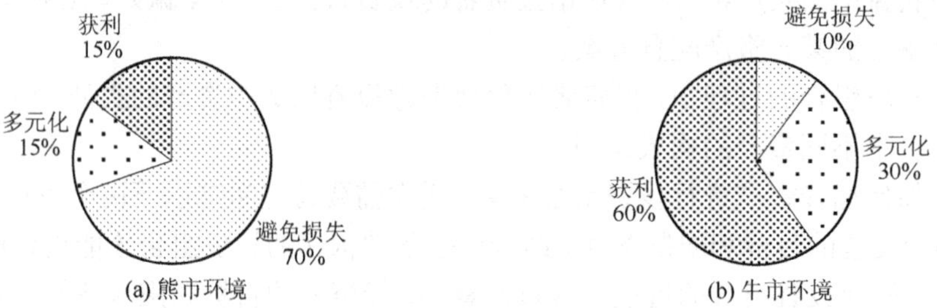

图 10.2 不同资本市场条件下的资产配置动机

除了资本市场条件这一外部环境外，投资者的具体投资目标和限制性条件形成了资产配置决策的自身约束条件。因此，制定不同投资者需求的投资决策，需要根据投资者的风险-收益偏好对其风险容忍度进行估算。如果投资者较为厌恶风险，那么就选择一些稳健型的投资品种；如果投资者喜欢冒险，那么就选择一些高风险高收益的品种，在市场条件允许的情况下还可以进行杠杆投资。这是投资者制定投资决策过程中较为重要的一步。

2. 选择最佳投资组合

根据第一步的相关条件，来选择投资者所要求的最佳投资组合。由于资产配置的本质为投资者的效用最大化，即在控制风险的同时尽可能获取较高的收益。因此在这一步骤中，投资者要注意两个合理搭配：①风险和收益合理搭配，根据投资者的具体情况，确定合适的风险承受水平和预期收益目标；②投资品种合理搭配，结合市场形势，合理确定重点投资品种。

为了弄清楚选择最佳投资组合的具体流程，一个简单的方式就是利用下面公式计算出每一种可能的资产构成的预期效用（U）：

$$\overline{U_{Pk}} = \overline{R_P} - \left[\frac{\delta_P^2}{\mathrm{RT}_k}\right] = \overline{R_P} - (\text{风险“惩罚”})$$

其中，$\overline{R_P}$ 和 δ_P 分别为组合的预期收益和方差；RT_k 为投资者 k 的风险承受因素。估计潜在资产风险-收益的关系的基本方法有两个：一是历史法，即假设未来与过去相似，并根据过去的历史推测未来；二是情景法，即通过建立适当的经济情景，并估计各种情景下的收益率和风险。估算出资产的预期收益和方差后，结合投资者的风险偏好，运用证券投资组合理论确定每种投资品种的投资比例。

3. 投资组合的修正与评估

资产组合的评估与调整，就是对资产配置进行风险-收益再平衡的过程。最优资产组合的实际绩效要达到投资者的投资预期或者投资目标，可能需要经历较长的时间，之后进入资产配置程序的第三步，即资产组合的评估、调整与再平衡过程。按照这一程序，投资者通过将新信息加入到最优资产配置中，可以对投资组合进行调整。在现实中，资本市场条件或许发生了根本性变化或者投资者条件出现了变化。这样，投资者根据他们对风险及市场收益率的判断和对无风险收益率变化幅度的预测，调整对风险资产和无风险资产的投资比率，以及不同投资工具之间的比率，从而使投资组合管理成为一种动态过程。

第二节　证券投资组合管理

构建证券投资组合只是投资经理工作的一部分。构建好的投资组合还需要不断地维护和定期地修正。随着时间的推移，客户的需求和组合中各种证券的相对价值也在不断发生变化，证券投资管理者必须根据这些变化来适当地调整投资组合。管理者一般都会根据投资决策和相关的管理战略来适时地修正投资组合。管理者在对证券投资组合进行管理时需要充分认识市场的有效性问题。如果证券市场是一个有效市场，证券的价格反映了所有的相关信息，那么证券市场上就不存在价值低估或高估的证券，因此投资者不可能通过寻找错误定价的证券获取超额收益，而是努力获取与市场相同的平均收益水平，降低交易成本，这就是通常所说的消极管理策略。如果市场并不是有效的市场，证券的价格不能完全反映所有信息，那么市场上就有可能存在错误定价的证券，管理者可以通过对证券的分析和判断，识别出错误定价的证券，通过买入价值低估的证券，卖出价值高估的证券，获取超过市场平均水平的收益率，或者在同等收益的情况下承担较低的风险水平。此时管理者应该采取积极投资管理策略，通过低买高卖获取超额收益。

虽然我国的股票市场无论是市场规模还是规范化方面都有了较大的发展和进步，但是基于以下几个主要原因，目前的股票市场依然不是一个强式有效的市场：①由于我国投资者以中小散户为主，他们缺乏投资方面的专业技能，当上市公司披露相关信息时，他们并不能立即对信息进行准确的评估，也就是说信息并不会立即反映在股票的价格中，会存在滞后效应或者反应过度现象。②由于内幕交易还没有得到彻底的根除，同时上市公司在信息披露方面依旧有不够规范的地方，所以投资者可以通过内幕消息获取超额收益。③由于法规和监管方面存在难以避免的漏洞，有的上市公司在公布财务数据时掺假，依据对此类公开信息而得到的公司价值也是有偏离的，并不能真实地反映公司的经营和财务状况，股票的市场价格也不能有效地反映上市公司的内在价值。

国内的众多学者大多也证实了我国股票市场的非强式有效性，在这种非强式有效的市场条件下，一个进取型的投资者应该采取积极投资管理策略，通过对上市公司的分析研究，寻找价值被低估的股票，利用市场的非强式有效战胜市场。但是投资管理策略的选取也并非完全取决于市场的有效性，管理者的专业技能，以及挑选股票和不断调整股票所付出的成本也是应该考虑的因素，实践证明，消极投资管理策略中的指数化策略也不失为证券投资管理者可以考虑的投资管理方法。

一、消极投资管理策略

（一）消极投资管理策略的理论基础

消极投资管理策略的理论基础在于有效市场假说，即认为人不可能准确预测投资市场的未来运动轨迹，因而在长期中不能获得超过其风险承担水平之外的额外收益。消极投资管理策略否定了投资时机抉择技术的有效性。随着市场的发展，尤其是投资理论的发展和市场研究方法的进步，消极投资管理策略已经逐步扩大了在投资者尤其是机构投资者中的影响，主要表现在退休及养老基金、指数基金等投资者上。

对投资者而言，所持有的最优风险投资组合就应该是市场组合 M 点（实际中 M 点常用市场指数代替）。若市场允许借入或贷出，那么还应该包括 M 点与借入或贷出资产的组合，这就是消极管理策略。理论上，采用消极管理策略的投资者似乎无需对投资组合进行管理，只要简单地买进 M，并将其与一定数量的无风险资产 r_f（实际中用 1 年期的国债可以代替）一并持有，即可以确保得到效用最大化的 P^*点（图 10.3）。

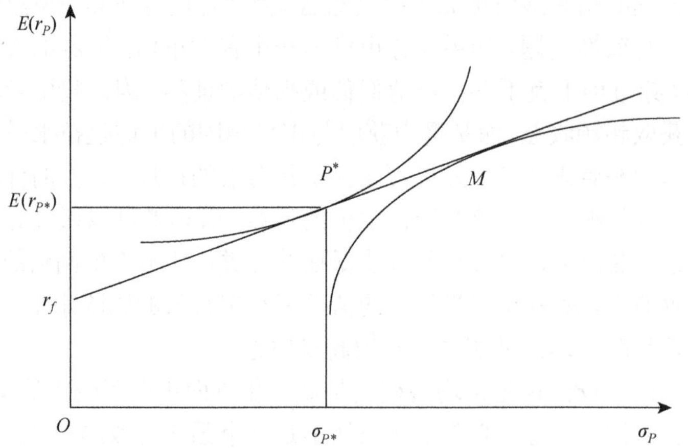

图 10.3 最优消极投资组合

为了进一步解释消极证券投资组合管理策略，考察图 10.4 中最优消极证券投资组合 P^*，这一证券投资组合是通过将投资者的财富 α 的部分投资于市场组合 M，以无风险利率 r_f 贷出剩余财富部分 $1-\alpha$ 得到的。P^*点的预期均衡收益为：$E(r_{P*})=(1-\alpha)r_f+\alpha E(r_M)$，$P^*$点的均方差为：$\sigma_{P*}=\alpha\sigma_M$，图 10.4 描述了证券组合 P^*在 $E(r_i)$ 与 β_i 的坐标系即证券市场线构架中的情形，P^*点的均衡位置位于 $E(r_{P*})$ 和 β_{P*} 点。证券市场线方程决定的两者的均衡关系为：$E(r_{P*})=r_f+\beta_{P*}(E(r_M)-r_f)$，若 α 为 70%，r_f为 10%，$E(r_M)$ 为 20%时，则 $E(r_{P*})$ 为 17%，最优消极证券投资组合 P^*恰好落在证券市场线上。此时投资者既不会得到更优的投资机会，也不会接受更劣的投资机会。

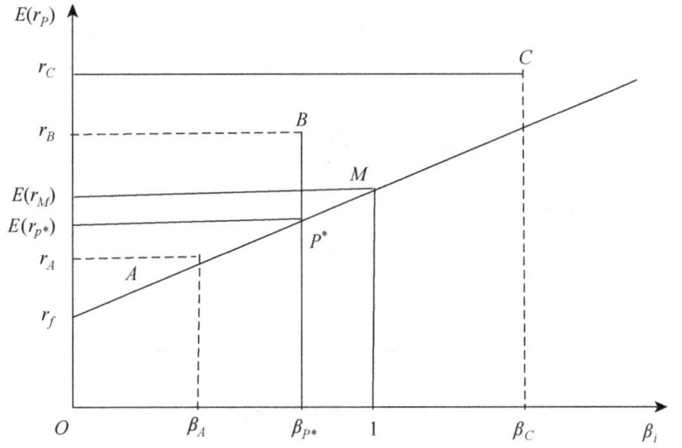

图 10.4 证券市场中的均衡

（二）消极投资管理策略的实践应用

一般情况下，消极投资管理策略可以通过构建消极指数进行投资，实现投资组合的多样化。它是基于这样一种投资理念：长期而言，持续地战胜市场指数是十分困难的，因此最好的策略就是复制市场组合，争取获得同市场指数相同的回报。在这种情况下，投资目标就是跟踪某一个指数。因而这种方法也被称为“指数化方法”。投资组合偶尔也会因为股利再投资，或者某些股票合并、被目标指数剔除及有其他新的股票加入，需要重新调整从而实现再平衡。值得注意的是，指数化投资组合的目标并非一定要“战胜”目标指数，而是要与目标指数的业绩相匹配。评价一个指数投资组合经理是要看其追踪目标指数的能力，即能否使投资组合的收益率与目标指数投资收益率之间的差距缩小，使得跟踪误差最小化。当然，如果投资者采用完全复制法，就能够保证投资组合紧密跟踪指数，但是它可能并不是最优的方法。原因在于该方法需要按照证券在指数中的权重购买所有证券，这将增加交易费用从而降低投资绩效。

事实上，大量的学术研究表明，投资者的业绩在经过风险调整之后往往并没有简单执行购买并持有策略的效果好。麦克·C. 杰森（Michael C. Jensen）通过对 1955～1964 年共计 115 位共同基金经理的投资业绩进行考察发现：在经过风险调整后，共同基金的平均收益率比投资于国债和市场指数收益率还要低 0.1%，这说明投资经理未必总能获得比市场更高的投资收益率。与此类似，位于芝加哥的共同基金咨询服务公司晨星（Morningstar）对 1990 年 4 月 30 号之前的 10 年共计 278 只美国共同基金做了一项细致的研究。他们先将这 278 只基金按照其换手率进行排序，通过对比发现很多换手率高的共同基金的业绩比同期市场平均收益水平低 15.1%。这说明换手率高的公司未必就能获得高的收益率，相反还可能减少收益。

巴贝尔（Barber）和欧登（Odean）对个人投资的研究也得出了类似的结论。他们从一家大型贴现经纪公司那里收集了 78 000 名客户 6 年的资料。然后将这些客户按照不同的特点分为三类：积极型投资者（每人每年交易次数超过 48 次，占到交易总量的 7.7%）、富裕型投资者（他们往往拥有价值十多万的股票，但每年交易次数少于积极型投资者）、其他类型投资者（即剩下的投资者）。表 10.1 分别列出了这三类交易者的收益率情况。从表 10.1 中可以看出交易最频繁的投资者所能获得的回报是最少的。

表 10.1　个人投资者的业绩（月收益率）

种类	总收益率	净收益率
积极型投资者	1.54%	1.19%
富裕型投资者	1.52%	1.42%
其他类型投资者	1.39%	1.22%

然而现实中，投资者对绝对的消极管理策略的投资选择能力会受到许多因素的影响。

第一，理论上的市场组合包含所有的风险证券。由于市场中交易成本的存在，构造这样一种证券组合实际上是不可能的，其组成成分也是不充分的。

第二，实践中，市场组合 M 通常是用具有广泛代表性的价值加权指数来代替。而这些指数仅包含了部分市场中交易活跃的证券，并没有包含所有的有价证券。例如，我国的上证综合指数只包含了在上海证券交易所交易的股票，而没有包含在深圳证券交易所交易的股票。因此，并不能找到一种能够包含市场上所有能够交易的证券的指数标的。

指数基金是一种开放式的共同基金，其目标是获得某一特定股指的投资绩效，为了实现这一点，基金将代表若干个人投资者财富的资产，按照某一特定的市场指数，分别投资各个单个证券中，且其具有更低的交易成本和费用，因此现实中许多投资者通常跟踪或选择开放式基金从而实现消极的投资管理策略。

二、积极投资管理策略

（一）积极投资管理策略的理论基础

与消极投资管理策略相反，持积极投资管理策略的投资者认为只要积极地寻找被市场错误定价的证券或随着周期性的事件审慎选择投资时机，那么金融市场就会提供超过消极管理策略的风险调整收益。积极投资管理策略主要是通过对不同类型股票的收益状况作出的预测和判断，主动改变投资组合中各种类型股票的权重的股票投资管理策略。积极投资管理策略是投资者在长期投资实践中逐步形成的多样化投资策略的集合表现形式，归纳起来主要包括在否定弱式有效市场前提下的以技术分析为基础的投资策略，如道氏理论、移动平均法、价格与交易量的关系理论；在否定半强式有效市场前提下的以基本分析为基础的投资策略，如低市盈率法和股利贴现模型等；结合对弱式有效市场和半强式有效市场挑战的市场异常策略，如小公司效应、日历效应等。

（二）积极投资管理策略的实践运用

具体在运用积极投资管理策略时主要注重两点：一是投资标的种类的选择，即择券；二是投资时机的选择，即“择时”。

1. 投资标的选择

所谓投资标的的选择，简单地来讲就是要寻找到被市场错误定价的证券，投资者通过买进或者卖出现时价格(P_{i0}^{m})低于或高于均衡价格(P_{i0}^{e})的证券来实施该策略。在这一过程中，投资者要做大量的证券分析工作，运用到的证券分析方法主要是本书前面章节所介绍的技术分析和基本分析方法，其目的主要是发现那些现价高于或低于证券市场线的投资标的。高于证券市场线的证券，价格被低估，投资者可以对其做多，买入该证券；低于证券市场线的证券，其价格被高估，投资者可以对其做空，卖出该证券。目前我国可以通过融券业务实现部分股票做空，以期获得超额风险调整收益。

采用积极的股票选择策略的投资者在某种程度上相信市场的有效性。唯有当积极投资者认定的错误定价股票被市场事后所证实，才会产生超过均衡收益的收益，即证券 i 的市场价格由(P_{i0}^{m})移动到(P_{i0}^{e})，相应地落在证券市场线上方或者下方的证券i恰好回到证券市场线上。由于证券估值的分析（或相关信息流）与市场价格出现调整反映的结果之间存在足够的时滞，积极投资者有时间甄别获得非均衡收益的机会。

例如，如表 10.2 所示，证券 A，预期收益 $E^{k}(\tilde{r}_i)=14\%$，在相同 β 值的条件下，投资者 k 的预测值 $\tilde{r}_i=16\%$，大于其均衡预期收益，处于证券市场的上方位置（图 10.5），因此该证券的价值被低估了。同理，证券 B、C 的价值也被低估了。积极投资策略就是将投资者财富在这三种价值低估的风险证券中予以分配，运用投资组合理论，找出仅含有这三种证券的有效边界，最优股票投资组合为 S^{*}（图 10.5），它之所以最优是因为当其与无风险资产 r_f 组合时，优于 A、B 和 C 证券的任何其他组合。

表 10.2　可供选择的证券投资品种的相关信息

证券及证券组合	预期收益 $E(\tilde{r}_i)$	投资者 k 的预测值 $\hat{r}_i$	超额收益 $\hat{r}_i-E^{k}(\tilde{r}_i)$	β_i^{k}	标准差 $\sigma(\tilde{r}_i)$
A	14%	16%	0.02	0.4	0.20
B	17%	25%	0.07	0.7	0.40
C	22%	35%	0.13	1.2	0.50
P^{*}	17%	17%	0	0.7	0.14
M	20%	20%	0	1.0	0.20
无风险资产	10%	10	0	0.0	0.00

投资者 k 认为 S^{*}点超过了隐含市场所有证券的原边界。因为 k 认为 A、B 和 C 的价格被市场严重低估，持有这三种证券的最优组合，较持有市场组合 M 会取得更优的风险-收益组合。但 S^{*}点存在分散不足的问题，一旦投资者对价值低估的证券 A、B 和 C 的选择出现差错，S^{*}点的预期收益和均方差有可能会低于市场组合 M。由于采取积极证券投资组合策略的投资者只在被认为是错误定价的风险证券中持有头寸，他要承担的分散不足和收益

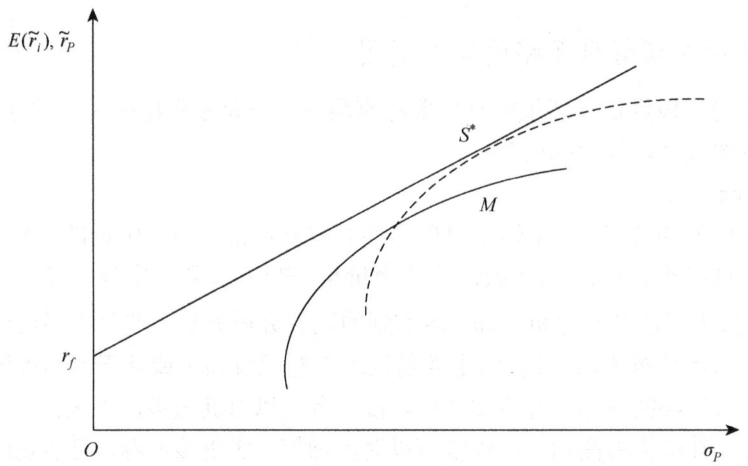

图 10.5 最优股票选择投资组合

估计失误的风险。积极股票选择策略是在牺牲分散化利益的情况下，获得超额收益的机会，存在分散化不足的问题；消极管理策略虽然不存在分散化不足的问题，却有着牺牲超额收益的问题。

2. 投资时机的选择

投资时机的选择是指把握市场大致的趋势，选择正确的股票买卖时机。投资时机选择策略是指投资者决定在何时和多大程度上投资于风险和无风险证券的管理过程。采用这一策略的投资者相信自己比其他投资者有更强的大势把握能力，能够更加准确地预测市场组合收益和均方差的变动。投资者通过调整持有市场组合 M 和无风险资产的比例，获得超额收益。

图 10.6 给出了三种有效边界的集合，实曲线边界代表市场中所有可得风险证券组合的一致性预期。

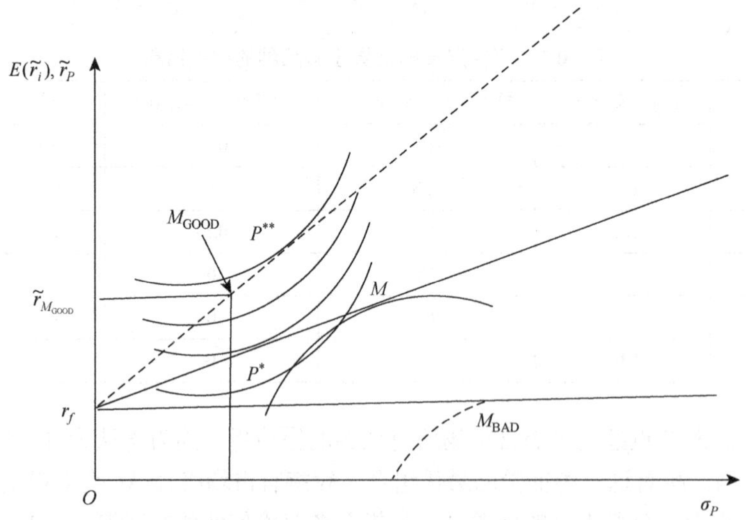

图 10.6 积极投资组合管理策略下投资时机的选择

若投资者 k 采用消极投资组合管理策略，其将持有投资组合 P^* 点。假设此时投资者 k

对大势的判断与其他投资者不同，当 k 预测到市场会出现“好年景”（good year）时，预测的市场组合收益高于市场均衡预测值，风险证券组合的有效边界（图 10.6 中较高的虚线）将位于其他曲线之上，此时市场组合位于 M_{GOOD} 点。基于此判断，投资者 k 可以减少对无风险资产 r_f 的投资比例（以无风险利率借入），增加对市场组合 M 的投资比例，得到最优的 P^{**} 点。相应地，当投资者 k 预测市场可能出现“坏年景”（bad year）时，如图中描述的较低的边界，市场组合将预计落在 M_{BAD} 点，由于此时的市场组合预期收益过低，投资者 k 将会回避风险证券，把所有财富分配于安全的无风险资产。一般地，当投资者对市场收益的预测越高时，投资于 M 的资金比例就越大；反之，投资者对市场收益的预测越低时，投资于 M 的比例就越小。

（三）积极投资管理的混合策略

积极投资策略是指通过积极的组合管理和市场时机的把握来获取高于市场平均收益的绩效，其投资目标是为了获取 Alpha 收益，因此这一类策略也被称为 Alpha 策略。为了战胜市场，积极投资者非常强调时机选择和精选个股。力图通过自上而下和自下而上的混合策略来获取 Alpha 收益。

1. 自上而下的投资策略

采取自上而下的投资策略，投资者首先对宏观经济的环境进行适当评估，并预测近期经济前景，在此基础上决定资金在资本市场不同部分之间的分配，特别是有多少以现金等价物的形式持有，也就是所谓的资产配置阶段。然后投资者根据预期的经济前景对股票或其他市场的各个板块和行业进行分析，从而选出那些可以获取最好收益的市场板块和行业进行重点配置。最后，决定在每个板块和行业中个别股票的分布。

2. 自下而上的投资策略

自下而上的组合构筑方法，主要关注个别股票的分析，而对宏观经济和资本市场的周期波动不是很重视。投资者主要通过基本分析的方法来预测股票的未来收益，然后根据股票所处的行业及其他一些参数确定股票的内在价值，通过比较股票的内在价值和现行的市价决定是否要将股票加入组合。最后的组合是满足这些选股条件的个别股票的集合。随着近年来自动交易程序和量化投资的兴起，积极策略者也通常采用量化因子的方式，按照一定标准选择个股。

作为积极投资策略，强调投资时机选择对投资组合业绩的贡献度，关注市场情绪波动等市场扰动因素，试图实现投资组合仓位的灵活控制，从而达到积极投资的目标。

三、混合投资管理策略

以上描述的消极投资管理策略和积极投资管理策略是两种极端的管理方式，这两种方式都存在明显的缺陷。积极投资管理策略是在牺牲分散化利益的情况下，得到获取超额收益的机会，存在分散不足的问题；消极投资管理策略虽然不存在这个问题，却有牺牲超额收益的问题。如果将这两种极端的管理策略融合到一起运用，就可能克服这些缺陷，使投资者既能够享有积极投资管理策略的超额收益，又享有消极投资管理策略的分散化收益，这就是混合投资管理策略的优势。

（一）混合投资管理策略的含义

假设投资者 k 持有证券投资组合 P^*（图 10.7），同时又发现证券 A、B 和 C 为错误定价的证券。此时，该投资者面临的投资选择实际有三部分：①无风险资产 r_f；②风险证券组合 M（消极部分）；③错误定价的风险证券组合（积极部分）。面对这些投资机会，k 要解决的投资决策问题主要有两点：第一，三项投资机会中，分配到每一项的资金数额是多少？第二，如何向积极部分中的个股分配资金？

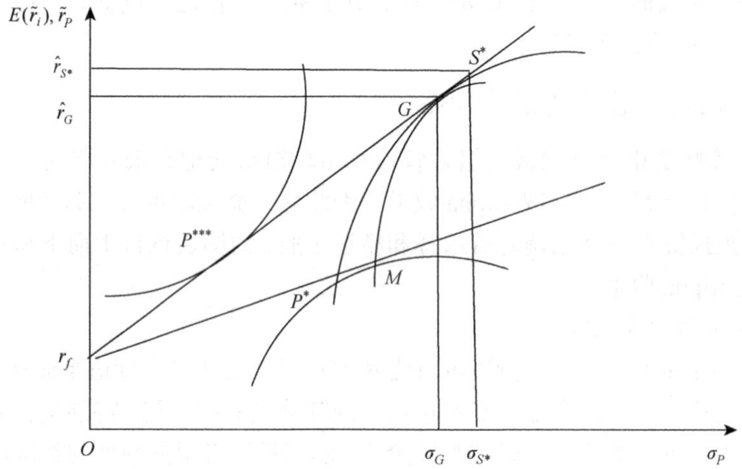

图 10.7　最优积极和消极证券投资组合

开始时，投资者 k 的消极投资组合 P^* 是由投资于 M 与无风险利率贷出 r_f 构成。当 k 发现有三种证券被错误定价时，投资组合 S^* 就是由 A、B 和 C 构成的最优股票投资组合（图 10.7）。当投资者 k 考虑把 S^* 和 M 结合时，出现一个新的最优风险证券组合 G，该点位于借入/贷出线与连接 M 和 S^* 的曲线相切处，是由 q 部分的投资资金分配于 M 和 $1-q$ 部分的资金分配于 S^* 构成。根据证券 A、B、C 和市场组合 M 的预期收益、均方差和相关系数的信息，一旦 G 点得以确定，投资者 k 即可以找到最优证券组合 P^{***}（α 比例资金投资于 G，$1-\alpha$ 比例的资金投资于 r_f）。该点位于投资者的无差异曲线与连接 r_f 和 G 的借入/贷出线的切点上。

综上所述，投资者资金分配的三项构成，可以简单归结为：①（$1-\alpha$）部分的资金分配于无风险资产 r_f；②αq 部分的资金分配于消极部分 M；③$\alpha(1-q)$部分的资金分配于积极部分 S^*。投资组合 G 表示 k 所持风险资产的总和，既含积极部分，又含有消极部分。随着时间的推移，投资者 k 的预期将发生改变，新的错误定价证券又被识别出来，积极部分 S^* 的构成亦会进行调整，投资于 G 点的资金将在市场组合 M 及积极部分 S^* 中重新进行分配。

（二）混合投资管理策略的求解

用混合投资管理策略方法解决资产配置的实际问题时，由于计算工作量非常大，需要借助计算机寻找最优解。实际求解过程中，求解步骤可以分为以下三步。

第一步，求解积极投资组合 S^*的最优分配方案。可设定投资者 k 分配于积极投资组合的资金方案是：分配于价值低估证券的资金数额与预计的每单位 β 值的超额收益成正比。对任意价值低估证券 i，计算式为

$$X_i^k/\beta_i^k=\{\hat{r}_i-[r_f^k+\beta_i^k(E^k(\tilde{r}_M)-r_i^k)]\}/\beta_i^k$$

其中，$\hat{r}_i$ 为投资者 k 对任意价值低估证券 i 的预测收益；r_f^k 为投资者 k 预测的无风险资产利率；β_i^k 为投资者 k 对任意价值低估证券 i 的预测风险系数；$E^k(\tilde{r}_M)$为投资者 k 预期的市场组合均衡收益；r_i^k 为超额收益，等于投资者 k 对任意证券 i 的预测收益与预期均衡收益之差。

假设积极投资策略组合 S^*是由 n 种证券构成的集合，那么分配于 S^*中每一种证券的资金比例为

$$X_i^{S*}=\frac{X_i^k/\beta_i^k}{\sum_{i=1}^{n}X_i^k/\beta_i^k}\quad (i=1,2,\cdots,n)$$

且

$$\sum_{i=1}^{n}X_i^{S*}=1\quad (i=1,2,\cdots,n)$$

这种分配资金方式的特点在于资金是按照每单位 β 风险下，预测收益偏离预期均衡收益的大小来分配的，每单位风险超额收益越大的证券，分配投资的比例也越大。在该方式下，投资者 k 在 S^*点的预期收益为

$$\hat{r}_{S*}=\sum_{i=1}^{n}X_i^{S*}\hat{r}_i\quad (i=1,2,\cdots,n)$$

风险系数为

$$\beta_{S*}^k=\sum_{i=1}^{n}X_i^{S*}\beta_i^k\quad (i=1,2,\cdots,n)$$

引用表 10.4 中的数据，可以得到每一证券的单位风险超额收益为

证券 A：（0.16–0.14）/0.4=0.05

证券 B：（0.25–0.17）/0.7=0.11

证券 C：（0.35–0.22）/1.2=0.108

这样，包含于 S^*中的每一证券的投资比例为

证券 A：$X_A^{S*}=0.05/(0.05+0.11+0.108)=0.187$

证券 B：$X_B^{S*}=0.11/(0.05+0.11+0.108)=0.410$

证券 C：$X_C^{S*}=0.108/(0.05+0.11+0.108)=0.403$

对于投资者 k，S^*点的预期收益为

$$\begin{aligned}\hat{r}_{S*}&=X_A^{S*}\hat{r}_A+X_B^{S*}\hat{r}_B+X_C^{S*}\hat{r}_C\\&=0.187\times0.16+0.410\times0.25+0.403\times0.35\\&=27.3\%\end{aligned}$$

其β值为

$$\begin{aligned}\beta_{S*}^{k} &= X_{A}^{S*}\beta_{A}^{k} + X_{B}^{S*}\beta_{B}^{k} + X_{C}^{S*}\beta_{C}^{k} \\ &= 0.187\times0.4+0.410\times0.7+0.403\times1.2 \\ &= 0.85\end{aligned}$$

由于没有S^*中任意两证券i, j（$i=1,2,\cdots,n$；$j=1,2,\cdots,n$）之间的相关系数ρ_{ij}的相关资料，无法决定S^*的均方差。为了简化起见，实际运用中，可以采用市场中所有证券间的平均相关系数ρ来近似代替。在一定性质的证券市场中，所有证券间的平均相关系数约为一常数，如纽约证券交易所的平均相关系数约为0.5，美国一些大型金融机构投资者常用该值简单代替ρ_{ij}，缺点是损失了部分计算精度。因此如果用ρ来近似替代ρ_{ij}，那么S^*的均方差为

$$\sigma_{S*} = \left[\sum_{i=1}^{n}(X_{i}^{S*})^{2}[\sigma_{i}]^{2} + \sum_{i=1}^{n}\sum_{j=1,i\neq j}^{n}X_{i}^{S*}X_{j}^{S*}\rho\sigma_{i}\sigma_{j}\right]^{1/2}$$

沿用上例数值

$$\begin{aligned}\sigma_{S*} &= [(X_{A}^{S*})^{2}\sigma_{A}^{2} + (X_{B}^{S*})^{2}\sigma_{B}^{2} + (X_{C}^{S*})^{2}\sigma_{C}^{2} + 2(X_{A}^{S*})(X_{B}^{S*})\rho_{AB}\sigma_{A}\sigma_{B} \\ &\quad + 2(X_{A}^{S*})(X_{C}^{S*})\rho_{AC}\sigma_{A}\sigma_{C} + 2(X_{C}^{S*})(X_{B}^{S*})\rho_{CB}\sigma_{C}\sigma_{B}]^{1/2} \\ &= [(0.187)^{2}(0.2)^{2} + (0.410)^{2}(0.4)^{2} + (0.403)^{2}(0.5)^{2} + 2(0.187)(0.410)(0.5)(0.2)(0.4) \\ &\quad + 2(0.187)(0.403)(0.5)(0.2)(0.5) + 2(0.403)(0.410)(0.5)(0.4)(0.5)]^{1/2} \\ &= 0.340\end{aligned}$$

第二步，求解积极和消极组合G的最优投资分配方案，即解决投资者资金在S^*与M点最优分配的问题。首先给出S^*与M间的相关系数：

$$\rho_{S*M} = 1-\left(\frac{1}{\sqrt{n}}\right)\rho$$

其中，ρ为任意证券i与M的平均相关系数；n为积极投资组合的证券数，已知这些数据，即可求解G点的投资组合。对于G点，有目标函数θ，并对其求最大值：

$$\max\theta = (\tilde{r}_G - \tilde{r}_f)/\sigma_G$$

其中，

$$\hat{r}_G = qE^{k}\hat{r}_M + (1-q)\hat{r}_{S*}$$

$$\sigma_G = [q^{2}\sigma_{M}^{2} + (1-q)^{2}\sigma_{S*}^{2} + 2q(1-q)\rho_{S*M}\sigma_{M}\sigma_{S*}]^{1/2}$$

求解目标函数，可得G点的构成q和风险-收益的数值：

$$q = \frac{-b\pm\sqrt{b^{2}-4ac}}{2a}$$

其中，a，b和c为常数，它们分别为

$$a = 2[\hat{r}_{S*}\sigma_{M}^{2} + E(\tilde{r}_M)\sigma_{S*}^{2} - \hat{r}_{S*}\sigma_{S*}^{2} + 2\rho_{S*M}\sigma_{M}\sigma_{S*}\hat{r}_{S*}]$$

$$\begin{aligned}b &= -\sigma_{S*}^{2}E(\tilde{r}_M) + E(\tilde{r}_M)\rho_{S*M}\sigma_{M}\sigma_{S*} + 4\hat{r}_{S*}\sigma_{S*}^{2} - 5\hat{r}_{S*}\rho_{S*M}\sigma_{M}\sigma_{S*} \\ &\quad + \hat{r}_{S*}\sigma_{M}^{2} - r_f\sigma_{M}^{2} - r_f\sigma_{S*}^{2} + 2r_f\rho_{S*M}\sigma_{M}\sigma_{S*}\end{aligned}$$

$$c=\sigma_{S^*}^2E(\tilde{r}_M)-2\sigma_{S^*}^2\hat{r}_{S^*}+\hat{r}_{S^*}\rho_{S^*M}\sigma_M\sigma_{S^*}+r_f\sigma_{S^*}^2-r_f\rho_{S^*M}\sigma_M\sigma_{S^*}$$

运用上述公式，代入已知数据，S^*点与 M 点的相关系数为

$$\rho_{S^*M}=1.0-\left(\frac{1}{\sqrt{3}}\right)(0.5)=0.711$$

现在可用这一资料解 G 点的投资组合，对于 G 点，可求解目标函数 θ，得到 q=0.20，这意味着投资组合 G 有 20%是由市场组合 M，有 80%是由积极投资组合 S^*构成的。

第三步，寻找最优资金分配方案 P^{***}点组合。解决投资者资金在无风险资产 r_f与积极和消极混合投资组合 G 之间分配的问题，方法之一是图上作业法，连接一条从 r_f穿过 G 点的直线，然后，在图上移动投资者的无差异曲线，两线相切处即为最优资金分配方案；方法二是公式法，由投资者根据风险偏好，构建一目标投资组合风险系数 $\beta_{P^{***}}$，在已知 β_G 的情况下，资金在 G 点与无风险资产 r_f间的合意分配，可通过解下式得到：

$$\beta_{P^{***}}=\alpha\beta_G+(1-\alpha)(0)=\alpha\beta_G$$

$$\alpha=\beta_{P^{***}}/\beta_G$$

其中，α 值为投资于 G 的比例；$1-\alpha$ 为投资于 r_f的比例。

若目标投资组合的 $\beta_{P^{***}}$ 值为 0.8，则 G 点的 β 值为

$$\beta_G=(0.20)(1.0)+(0.8)(1.13)=1.104$$

$$\alpha=0.8/1.104=0.725$$

当目标风险系数为 0.8 时，投资者 k 的最优消极和积极投资组合见图 10.8。

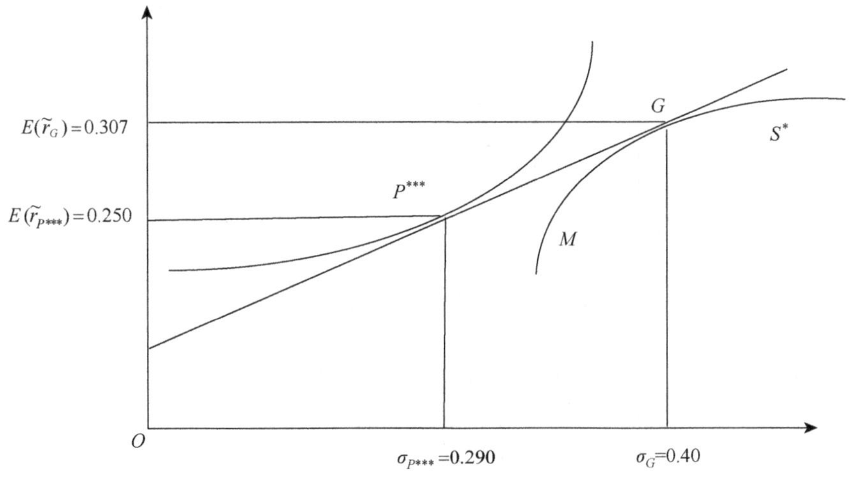

图 10.8　目标风险系数为 0.8 时，投资者 k 持有的最优投资组合

若投资者 k 有 1 万元进行投资，那么其最优资金配置情况如表 10.3 所示。

表 10.3　投资者 k 的最优资金分配方案

证券	财富比例	资金数值/元
A	$\alpha(1-q)(5/123)=0.024$	240
B	$\alpha(1-q)(10/123)=0.047$	470

续表

证券	财富比例	资金数值/元
C	$\alpha(1-q)(108/123)=0.509$	5090
M	$\alpha q=0.145$	1450
无风险资产	$1-\alpha=0.275$	2275

混合投资策略是介于消极投资策略和积极投资策略之间的一种策略选择，投资者主动利用股票选择能力，而在投资时机选择或类别选择是消极或者中性的。

图 10.9 描述了这三种证券投资组合管理策略的风险-收益特征。其中水平线是整个市场的平均收益率，它是业绩基准，在市场收益率以上的任何部分均高于市场平均收益率，在市场收益率直线之下的任何部分均低于平均收益率。方框中虚线表示各种策略的预期收益率。长方形的高度分别表示各个策略的预期收益率范围，也可以表示用标准差衡量的风险水平。

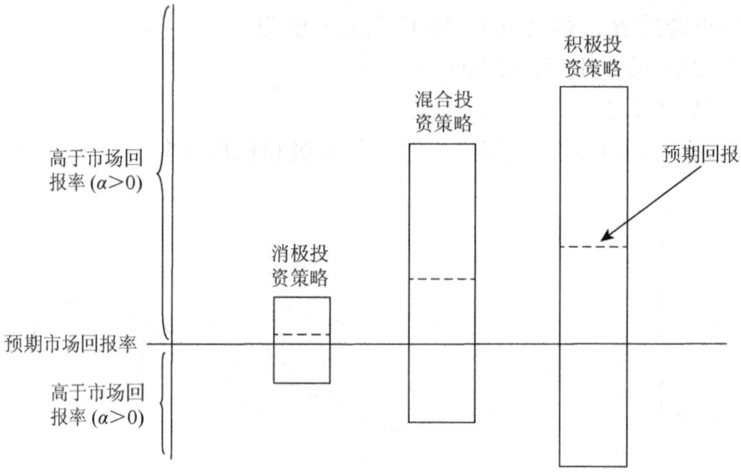

图 10.9 不同投资策略的风险-收益关系

从图 10.9 可以看出，完全消极的指数基金位于风险-收益示意图的下端，这是因为该策略对市场上短期出现的投资回报机会保持完全被动。一个指数基金被认为不仅不能提供高于市场指数的收益率，而且表明其与中间业绩有相对较小的偏离。相反，积极投资策略包含了三个投资回报机会：市场时机选择机会、类别资产替换机会和单个股票选择机会。如果一个投资者对这三个投资机会都有较强的预测和掌握能力，则他将取得高于市场或指数基金的收益率。同时，他将面临与其收益率相联系的更大的预期收益率范围或者风险。当然，任何人的预测准确率不可能达到 100%。由于混合策略能够主动利用股票选择能力，但是对投资时机或资产类别的选择上是中性或者消极的，这类投资策略的投资回报预期将高于市场平均收益水平，但会低于积极投资策略。同时其所承受的风险也介于消极投资策略和积极投资策略之间。

第三节 证券投资组合的风险对冲

投资组合的风险对冲是证券投资组合领域的一个新兴课题，并日益受到市场的关注和青睐，其主要利用金融衍生证券与标的产品价格的相关性达到风险对冲的目的。事实上，金融衍生证券在产生之初就是源于市场主体管理风险的需要。例如，最初的远期和期货合约，是农场主管理农产品价格变动风险的产物；这里主要介绍远期与期货的套期保值和期权的风险对冲过程。实务操作中可以利用远期、互换、期货、期权等众多金融衍生产品达到风险对冲的目的，为了保证对冲效果，下面以远期或期货、股票期权为例讲述运用金融衍生产品对冲投资组合风险的问题。

一、运用远期与期货进行套期保值

（一）远期和期货

金融远期合约是指双方约定在未来的某一确定时间，按照确定的价格买卖一定数量的某种金融资产的合约。而金融期货合约是一种标准化的远期合约，合约交割的时间、规模等都有统一的规定。利用远期或期货进行证券投资组合的风险对冲管理过程实际上是一个套期保值的过程，是指由于投资者在现货市场上已有一定的头寸和风险暴露，运用远期与期货的相反头寸对冲已有风险的风险对冲行为。具体来说，无论是现在就持有一现货资产，还是预期在未来的某个时刻具有对该资产的需求或是确定将持有该资产，该种资产的价格变动都可能给投资者带来风险，都可以看作投资者对该种资产有着一定的风险暴露。此时投资者通过进入远期与期货的相反头寸，只要现货价格与衍生品价格同涨同跌，无论价格上涨还是下跌，现货与远期的盈亏都已可以相互抵消，从而消除了投资者所承担的价格风险。

运用远期或期货合约进行套期保值主要有两种类型：多头套期保值（long hedge）与空头套期保值（short hedge）。多头套期保值也成买入套期保值，即通过买入远期或期货市场的多头对现货市场进行套期保值。很明显，担心价格上涨的投资者会运用多头套期保值策略，如计划在未来时刻买入标的资产的投资者或已经卖空资产的投资者，其主要目的是锁定未来买入价格。而空头套期保值也成为卖出套期保值，即通过进入远期或期货市场的空头对现货市场进行套期保值。很明显，担心价格下跌的投资者会运用空头套期保值的策略，如持有现货资产多头的投资者，其主要目的是锁定未来卖出的价格。

（二）远期与期货套期保值中的注意事项

运用远期或期货合约进行套期保值的时候，需要考虑以下四个问题：第一，选择远期或期货合约的种类。第二，选择远期或期货合约的到期日。第三，选择远期或期货的头寸方向，即考虑进入多头还是空头的问题。第四，确定远期或期货合约的交易数量。

1. 合约的选择

在合约的选择中，实际上需要考虑两个问题：第一，在被套期保值的现货既有远期合约又有期货合约交易的情况下，应该选择远期还是期货。第二，在被套期保值的现货与期货市场上可得的期货合约标的资产匹配的情况下，要选择何种标的资产的合约。

总体来看，套期保值者应该选择具有足够流动性且与被套期保值的现货资产高度相关的合约品种。从远期与期货的选择来看，远期合约比较适合个性化需求与持有到期的情况；期货合约则在大多数情况下流动性较好，且可以采取提前平仓的方式结束头寸，但往往可得的品种较少。另外，期货有特殊的每日盯市制度和保证金要求，一般来说初始保值金的缴纳并不会造成远期与期货头寸较大的差异，但是在期货存续期间可能会发生补交保证金的情况，这在远期与期货的选择中也是一个重要的考虑因素。从合约标的的资产来看，选择一个 $H=S$（即期货标的资产与现货资产一致）是相当重要的，因为交叉套期保值的基差风险往往很大，在不可得的情况下，也要尽量选择与被套期保值的现货资产高度相关的合约品种，尽量减少基差风险。

2. 合约到期日的选择

投资者选择了期货进行套期保值后，可能发生市场中可得的期货到期日与套期保值到期时间无法完全吻合的现象。一般的操作原则是避免在期货到期的月份中持有期货头寸，因为到期月中期货价格往往出现异常波动，可能给套期保值者带来额外的风险。因此，在到期时间无法完全吻合的情况下，投资者通常会选择比所需的套期保值月份略晚但尽量接近的期货品种，因为期货可以用提前平仓的方式方便地结清头寸，避免单独的风险暴露。有时可能出现套期保值的到期时间超过市场上所有可能的期货合约到期时间的情形。在这种情况下，套期保值者可以使用较短期限的期货合约，到期后再进入下一个到期月份的新头寸，直至套期保值结束。这个过程被称为展期，但其有可能给套期保值者带来额外的风险。

3. 合约头寸方向的选择

基本的原则是当价格的上升可能给投资者带来不利影响时，应该选择多头套期保值；当价格的下跌可能给投资者带来不利影响时，应该选择空头套期保值。

4. 最优套期保值比率的确定

所谓的最优套期保值比率，是指能够最有效、最大限度地消除被保值对象价格变动风险的套期保值比率。下面以多头套期保值为例讨论套期保值比率问题。

在 1 单位现货空头用 n 单位期货多头进行套期保值的情况下，投资组合的价值变动可以表示为 $\Delta\Pi = n\Delta G - \Delta H = n(G_1 - G_0) - (H_1 - H_0)$（其中，$G$ 代表远期或期货价格，H 代表标的资产价格）。从直觉上讲最优套期保值比率是使得组合的价值变动对标的资产价格变化敏感性为 0 的套期保值比率，也就是完全消除了现货资产价值变动带来的风险的套期保值比率，即使得 $\frac{\mathrm{d}(\Delta\Pi)}{\mathrm{d}(\Delta H)}=0$ 的套期保值比率。简单计算可以得到，无论是多头套期保值还是空头套期保值，都有 $n=\frac{\mathrm{d}(\Delta H)}{\mathrm{d}(\Delta G)}=\frac{\mathrm{d}r_H \times H_0}{\mathrm{d}r_G \times G_0}$，其中，$r_H$ 和 r_G 分别为 H 和 G 的收益率。该式代表 1 单位现货资产需要 n 单位的远期或期货合约来对其进行套期保值，才能达到最优的风险消除效果。在实际进行套期保值时，由于上述最优套期保值比率 n 是针对单位价值变动的，实际的最优套期保值数量 N 还应该在 n 的基础上考虑具体的头寸规模，即

$$N = n \times \frac{Q_H}{Q_G} = \frac{\mathrm{d}(\Delta H) \times Q_H}{\mathrm{d}(\Delta G) \times Q_G} = \frac{\mathrm{d}r_H \times H_0 \times Q_H}{\mathrm{d}r_G \times G_0 \times Q_G} = \frac{\mathrm{d}r_H \times V_H}{\mathrm{d}r_G \times V_G}$$

其中，Q_H 和 V_H 分别为需要进行套期保值的现货资产头寸的数量和总价值；Q_G 为用于套期保值的每份期货合约中的数量或乘数，具体由期货合约规则确定；V_G 则为每份期货合约的合约规模。该表达式表示需要交易的远期或期货合约份数 N 就是使得现货头寸总价值变动等于期货头寸总价值变动的量。那么这样就估算出了为了达到套期保值的目的，需要持有远期或期货合约的数量。

二、利用期权进行套期保值

（一）期权

期权是指在未来一定时期可以买卖的权力，是买方向卖方支付一定数量的金额（期权费）后拥有的在未来指定的时间按照事先约定的价格向卖方购买或出售一定数量标的资产的权力。期权与期货合约最大的区别在于期权合约赋予了买方选择权，即在合约到期的时候期权多头可以选择行权或不行权，而期权的空头只有义务，由于期权合约双方的权利义务不对等，所以在合约签订之初，期权的多头需要向空头支付一定的费用，即期权费。

（二）利用单个股票期权进行风险对冲

下面通过简单的案例说明怎么用单只股票的期权来对投资做适当的保护。

假设某人以 50 元的价格买入了 1 份 X 公司的股票。假设不考虑股票的分红，那么投资者收益将主要来源于资本利得，当股票价格下降到 0 时，该项投资将达到最大亏损额度–50 元。而理论上股票价格可以无限上涨，所以该项投资的最大收益将是无限的。投资者的盈利或亏损情况如图 10.10 所示。

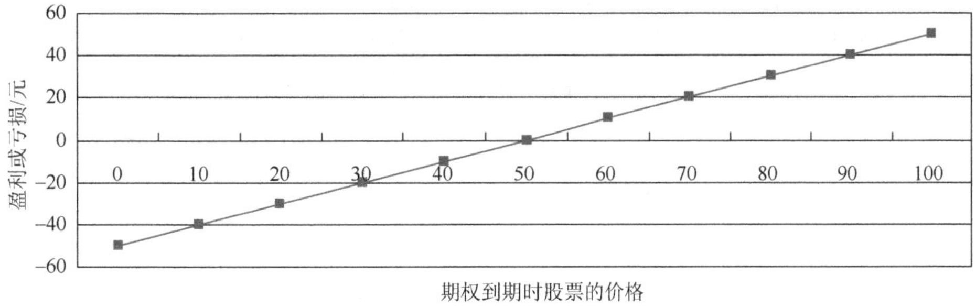

图 10.10　期权到期时股票投资的盈亏状况

从上面的分析可以看出，投资者投资 X 公司股票的风险是比较大的，极端的情况将导致所有的投资血本无归。假定市面上有 X 公司的股票期权在交易，投资者通过持有 X 公司股票期权的头寸，情况将变得不一样。表 10.4 是 X 公司股票期权的价格。

表 10.4 X 公司股票期权的价格

执行价格	看涨期权/元			看跌期权/元		
	6 月	7 月	9 月	6 月	7 月	9 月
40	10.25	10.50	11.25	0.06	0.13	0.25
45	5.50	6.13	7.13	0.13	0.50	1.00
50	1.13	2.75	4.00	1.50	2.13	2.75
55	0.38	0.88	2.00	5.00	5.25	5.63

注：X 公司股票的当前价格=50 元

图 10.11 是投资者买入一份 X 公司股票的看跌期权（期权价格为 1 元，执行价格为 45 元）的盈亏分布图。持有该头寸的最大可能盈利是 44 元。因为当股价下降为 0 时，看跌期权的持有者能够以 45 元的价格出售这只股票，购买期权时支付的期权费是 1 元，所以净盈利是 44 元。而持有该头寸的最大损失为 1 元，因为当股票价格大于或等于 45 元时，期权的买方将选择将股票拿到市场上去卖，而不是选择执行看跌期权，此时看跌期权的价值为 0，那么这时亏损的额度就为期初买入期权的期权费 1 元。

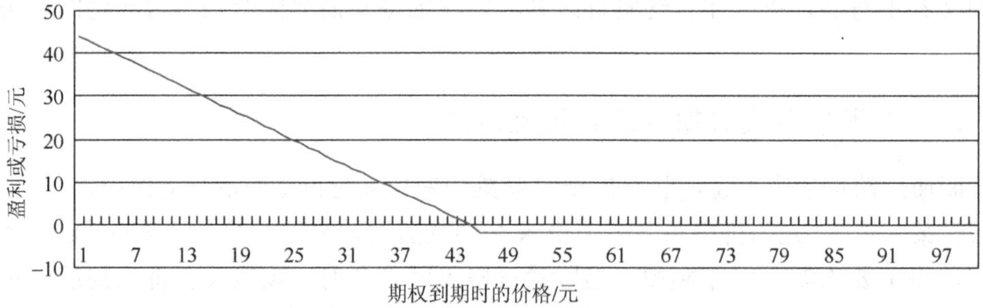

图 10.11 看跌期权多头的盈亏分布图

因此，如果运用看跌期权对买入的股票进行套期保值，那么整个投资的收益将来自股票和股票期权两部分收益之和，投资的最大亏损为 6 元，因为股票价格为 0 时，股票投资将亏损 50 元，而股票期权投资将盈利 44 元。套期保值后投资的盈亏分布如图 10.12 所示。

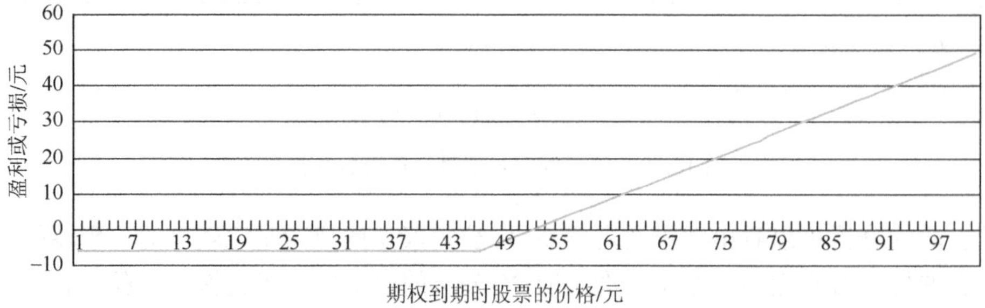

图 10.12 做套期保值后期权到期时投资者的盈亏分布

比较图 10.10 和图 10.12 可知，套期保值后能将投资的亏损额度控制在 6 元以下，达到了控制风险的目的。

（三）利用指数期权进行套期保值

假定目前市场上流通着 X 公司的行业指数期权。表 10.5 给出了部分该行业指数期权，并假定当前的行业指数为 327.19。对于股票期权而言，行业指数合约价值等于报上公布的期权费的 100 倍。

表 10.5 X 公司的行业指数期权价格公布样表

执行价格	看涨期权/元			看跌期权/元		
	9 月	10 月	11 月	9 月	10 月	11 月
310	18	—	—	0.63	2.38	3.63
315	13.63	17.75	—	1	3.25	4.13
320	9.25	14	16.25	1.75	4.38	6.38

考察 10 月、执行价格为 315 的行业分类指数看跌期权，公布的价格为 3.25 元。购买一份这种合约需要支付 100×3.25=325（元）。除非期权被执行，否则这就是处于风险暴露下的最大金额。投资者购买指数看跌期权的原因和购买其他看跌期权一样，要么是估计市场整体走势会下跌，要么是希望保护已有的股票多头。假设你购买看跌期权的动机属于后者，你想要使一项投资多元化的股票组合免受市场行情下跌的影响。如果市场走势真的下跌，你希望在看跌期权上获得的收益可以大大弥补股票组合遭受的损失。

马上就有两个问题出现了：第一，需要买入多少份看跌期权？第二，应该如何选择执行价格？原则上而言，你可以使用任何看跌期权，决定看跌期权合理购买数目的关键在于 Δ 的值。而 Δ 是用于衡量期权价格是如何随着既定的基础股价的小幅波动而变化，因此，它可以用来决定消除所有股价波动风险所需要的看跌期权的数目。

由于随着股价下跌，看跌期权的价值会上涨，所以看跌期权的 Δ 值为负值。假设 10 月、执行价格为 315 的看跌期权的 Δ 为–0.235（相应的计算公式可以参照 B-S 期权定价模型）。这表明，行业指数值每下降 1 个点，该看跌期权的价值会上升 0.235 个单位。有了这个信息，你就可以计算套期保值比率（hedge ratio，HR）。套期保值比率是一个计算得出的数值，它反映的是为了消除一项投资的某一类风险所需要的另一项资产的数量。其计算公式如下：

$$\text{HR}=\frac{\text{组合价值}}{\text{合约价值}}\times\text{组合的}\beta\text{值}\times\frac{1}{|\Delta|}\quad（\text{合约价值=执行价格}\times 100）$$

假设套期保值的组合市值为 125 000 美元，β 值为 1.10。套期保值所需要的看跌期权的合约数是 $\frac{125\,000}{31\,500}\times 1.10\times\frac{1}{0.235}=18.57$。

为了对该组合进行套期保值，你要买入 19 份 10 月、执行价格为 315 的分类指数看跌期权合约。这个数目使得任何股票组合价格的下降都会被看跌期权价值的上涨抵消。

假设买入这 19 份看跌期权后，股票价格立即下跌了 0.25%。这就意味着分类指数下降到了 326.37。β 值为 1.10 的组合价值会下降（0.25%×1.10）=0.275%，也就是 124 656 元。那么这个组合的价值就损失了 344 元。

下跌的市场价格会导致看跌期权价值的上升。运用 B-S 模型得出新的看跌期权的价格为 3.44 元。你以每份 3.25 元的价格买入 19 份看跌期权，所以获得的收益为 19×100×（3.44–3.25）=361（元）。看跌期权上获得的收益抵消了股票上的损失。

事实上，看跌期权上获得的收益高于抵消股票损失所需的资金额。原因之一是期权合约的整股限制导致实际看跌期权的数目偏多。此外，Δ 值会随着股价的变化和时间的推移而变化，从而导致套期保值率也随着变化。为了精确实施投资组合保护，必须不断监测套期保值率，并在需要时通过买卖看跌期权（或者在组合中增加其他期权）来调整期权头寸。

在本例中，假设行业分类指数当天一直保持在 326.37 的水平。10 月、执行价格为 315 的期权合约的 Δ 值为–0.240，于是套期保值比率变为：$\frac{124\,656}{31\,500}\times 1.10\times\frac{1}{0.240}=18.1$。

为了保证套期保值的效率，你应该从原有的期权中出售一份看跌期权。

第四节　证券投资组合绩效评价

对于一个证券投资组合，应该如何评价其投资业绩呢？投资组合的平均收益似乎可以直接作为评价尺度，但其实并非如此。另外，风险调整的收益带来了其他的一系列问题。在本节中，将从测算投资组合的收益率开始，然后转入讨论风险调整的常用方法，其中包括单因素与多因素的组合整体业绩评估方法。考虑到证券投资组合管理人的投资品种和投资时机选择是产生投资收益差异的根本原因，因此从这一角度出发对证券投资组合的业绩进行评价的方法也纳入本节的内容。

一、投资组合收益率的计算

（一）投资组合的收益

评价证券投资组合业绩的第一步，是计算出在可比期内证券投资组合的收益率，即收益率。在评价投资组合的表现时，大多数的评价方法都是建立在投资组合的收益率上，因此准确计算投资组合的收益率是合理地评价投资组合业绩的重要基础。

投资回报定义为在评价期间证券投资组合的资产价值变化加上在同一期间所取得的任何收益。证券投资组合的收益一般情况下包含两部分：一部分是资本利得，即投资管理人利用证券二级市场价格的波动而获得的买卖价差收益；另一部分是投资组合在投资评估期间内所获得的利息、股利等收益。

（二）投资组合收益率的计算

在投资期间不发生分红时，证券投资组合的收益率等于其净值增长率。

$$r_{\rho t}=\frac{V_E-V_B}{V_B}$$

其中，V_E为资产组合的终值；V_B为资产组合的现值。

在投资期间有红利或利息发放时，证券投资组合收益率为

$$r_1=\frac{V_A-V_B}{V_B},\quad r_2=\frac{V_E-(V_A-D)}{V_A-D},\quad r_{\rho t}=(1+r_1)(1+r_2)-1$$

其中，V_A为证券资产组合在业绩评价期间红利除息或利息派发日之前的组合净值；D为业绩评价期间内所发放的红利或利息。

这种计算方法假设在测度证券资产组合业绩的这段时间里投资者没有向组合中添加资金也没从组合中取出资金。如果发生了这样的交易，收益率R_P将不再是证券资产组合的正确业绩测度。例如，如果投资者在将近测度时期结束时向组合中添加了资金，此时的计算将可能得出错误的结果。

（三）货币加权收益率与时间加权收益率

针对这种情况，有人提出应用货币加权收益率（money-weighted returns，MWR）进行收益测度，其等价于金融计算中使用的内部收益率，是资产组合的初值和给定时期内的任何资金净流入的现值相等时得出的真实收益率。因为MWR反映了计算期内不同时点的现金流影响，因此其似乎能够正确地反映投资者的收益率。尽管如此，DWR也存在着一些致命的缺陷，由于DWR受到现金流的影响，当与其他互斥类的证券投资组合进行比较时，它并不适合。而在进行证券投资组合业绩评价时，不同组合的业绩比较是无法避免的。况且大多数情况下作为证券资产组合管理者不能控制客户存入或取出资金的时间。

为了合理评估证券资产组合业绩，可以考虑运用时间加权收益率（time-weighted returns，TWR）。TWR不受证券资产组合任何现金流的影响，可以正确表示证券资产组合管理者的真实收益率。其具体计算过程通过一个例子来说明。

假设一个顾客给了证券资产组合管理者500 000元，这笔资金在年初时进行了投资。到年末投资组合的市场价值为545 000元。在第二年年初时，顾客又给了证券资产组合管理者55 000元用于投资，年末时投资组合的市场价值变为630 000元。那么证券投资组合管理者的业绩如何？

第一年，证券资产组合的收益率为（545 000–500 000）/500 000=9%。

第二年，证券资产组合的收益率为（630 000–600 000）/600 000=5%。

那么，两年的TWR=（1+9%）（1+5%）–1=14.45%。按年度单位化后，每年的TWR=$\sqrt{(1+9\%)(1+5\%)}$ –1=6.98%。这样就算出了正确的TWR。

（四）风险调整后的投资组合收益率

但是计算出收益率后，还不能将其直接用于评估证券投资组合的业绩。因为在做一项投资时，所需要考虑的不只是收益，还要考虑风险问题，并且大部分投资者会把风险摆在第一位。因此，在进行证券投资组合业绩评价时，需要将TWR进行风险调整。

因此，证券投资组合在业绩评价期内的累计收益率为

$$\mathrm{TR}_P=\left[\prod_{t=1}^{n}(1+r_{Pt})\right]-1$$

从上述时间加权法的证券投资组合收益计算方法可以看出，采用这一方法时可以剔除评估期间由于证券投资组合现金流入和流出的影响，因此其已经成为目前普遍接受的投资组合收益计算方法。

根据选取的投资基准不同，投资组合的超额收益率的计算方式也是不同的。

当采用单一基准投资组合是，超额收益率的计算公式为

$$r_P - r_f = \alpha_P + \beta_P(r_M - r_f) + \varepsilon_P$$

采用多个基准投资组合进行业绩评价时，证券投资组合的超额收益率计算公式为

$$r_P - r_f = \alpha_p + \sum_{j=1}^{n} \beta_{jP}(r_{Ej} - r_f) + \varepsilon_P$$

其中，r_{Ej} 为第 j 个基准证券投资组合的收益率；β_{jP} 为目标投资组合超额收益率相对于第 j 个基准证券投资组合超额收益率的斜率系数。

跟踪误差产生的原因在于：目标证券投资组合可以事先为自己定义投资目标（投资基准），投资基准一旦确定，投资管理者就要追踪该基准证券投资组合，限于资金规模有限、投资管理人能力等原因，在实际投资过程中，无法使得实际投资组合和投资基准做到完全一致，因此就会产生所谓的跟踪误差。

下面以单因素市场评估模型进行说明。

根据资本资产定价模型，由 $r_P - r_f = \alpha_P + \beta_P(r_M - r_f) + \varepsilon_P$ 得到：

$$r_P = r_f + \alpha_P + \beta_P(r_M - r_f) + \varepsilon_P$$

其中，r_P, r_M 分别为组合 P 和市场指数的收益率；r_f 为无风险利率；$\alpha_P, \beta_P, \varepsilon_{Pt}$ 分别为截距项、斜率和跟踪误差项。

对以上回归方程进行方差分析得到：

$$\sigma_P^2 = \beta_P^2 \sigma_M^2 + \sigma^2(\varepsilon_P)$$

其中，σ_P^2 为投资组合收益率的方差；σ_M^2 为市场投资组合的收益率方差；$\sigma^2(\varepsilon_P)$ 为跟踪误差（方差），很多地方将其标准差 $\sigma(\varepsilon_P)$ 称为跟踪误差。

在实践中，如果跟踪误差超过一定比例，就需要投资管理人调整投资组合结构。否则就会由于分散化不够导致非系统性风险上升或者收益率无法达到投资基准。

二、证券投资组合绩效评估模型

虽然 Markowits 理论模型为精确测量证券投资基金的风险和收益提供了良好手段，但是这一模型涉及计算所有资产的协方差矩阵，面对上百种可选择资产，模型的复杂性制约了其在实际中的运用。因此，证券分析家企图建立比较实际的评估证券投资组合业绩的模型，使其得到广泛的运用。以特雷诺（Treynor）、夏普及詹森（Jensen）的三个指数模型为代表，大大简化了证券投资组合整体绩效评估的复杂性，成为单因素整体绩效评估模型。单因素模型是以资本资产定价模型为典型代表来展开研究的。目前这三种评估模型在发达国家的资本市场中都得到了较为广泛的运用。

（一）詹森指数评估模型

詹森测度是建立在资本资产定价模型的测算基础上的资产组合的平均收益，它用到了资产组合的β系数和平均市场收益，其结果即为资产组合的α值。

詹森利用美国1945～1964年115个基金的年收益率资料及S&P500计算的市场收益率进行了实证研究，计算公式为

$$\alpha_i = r_{it} - [r_{it} + \beta_i(r_{Mt} - r_{ft})]$$

其中，α_i为詹森绩效指标；r_{Mt}为市场投资组合在t时期的收益率；r_{it}为i证券投资组合在t时期的收益率；r_{ft}为t时期的无风险收益率；β_i为证券投资组合所承受的系统风险。

詹森指数为绝对绩效评价指标，表示证券投资组合的投资收益率与相同系统风险水平下市场投资组合收益率之间的差异，当其值大于0时，表示证券投资组合的业绩由于市场投资组合的业绩。在不同证券投资组合之间进行比较时，詹森指数越大越好。

詹森模型奠定了证券投资组合评估的理论基础，也是至今为止使用最为广泛的模型之一。但是用詹森指数评估证券投资组合的整体绩效时隐含了一个假设，即证券投资组合的非系统风险已通过投资组合彻底地分散掉了，因此，该模型只反映了收益率和系统性风险因子之间的关系。如果证券投资组合并没有完全消除掉非系统风险，则詹森指数可能给出错误的信息。例如，A，B两种证券投资组合具有相同的平均收益率和β系数，但是证券投资组合A的非系统性风险高于证券投资组合B。按照该模型，这两种证券投资组合具有相同的詹森指数，因此其业绩相同。但实际上，证券投资组合A承担了较多的非系统风险，因而证券投资组合A的管理的投资风险分散能力弱于证券投资组合B的管理，那么证券投资组合A的绩效应该劣于证券投资组合B。由于该模型只反映了收益率和系统风险的关系，证券投资组合管理者的市场判断能力的存在就会使得β系数呈时变性，使得证券投资组合绩效和市场投资组合的绩效之间存在非线性关系，从而导致詹森模型评估存在统计上的偏差。因此特雷诺和玛泽（Mazuy）在模型中引入了二次回归项，莫顿和亨里克森（Heriksson）也提出了双β系数市场模型，并利用二次回归项和随机变量项对证券投资组合管理者的选股能力和市场运用中的时间选择能力进行进一步研究。

（二）特雷诺评估模型

特雷诺测度给出了单位风险的超额收益，但它用的是系统风险而不是全部风险。

特雷诺指数是以单位系统风险收益作为基金绩效评估指标的。特雷诺利用美国1953～1962年20个基金的年收益率资料进行基金绩效评估的实证研究，计算公式为

$$T_i = \frac{r_i - r_f}{\beta_i}$$

其中，T_i为特雷诺绩效指标；r_i为i基金在样本期内的平均收益率；r_f为样本期内的平均无风险收益率；$r_i - r_f$为i基金在样本期内的平均风险报酬。

特雷诺指数表示的是基金承受每单位系数风险所获取风险收益的大小，其评估方法是首先计算样本期内各种基金和市场的特雷诺指数，然后进行比较，较大的特雷诺指数意味着较

好的绩效。特雷诺指数评估法同样隐含了非系统风险已全部被消除的假设，在这个假设前提下，因为特雷诺指数是单位系统风险收益，所以它能反映基金经理的市场调整能力。不管市场是处于上升阶段还是下降阶段，较大的特雷诺指数总是表示较好的绩效。这是特雷诺指数比詹森指数优越之处。但是如果非系统风险没有全部消除，则特雷诺指数和詹森指数一样可能给出错误信息，这时特雷诺指数模型同样不能评估基金经理分散和降低非系统风险的能力。

（三）夏普指数评估模型

夏普测度是用资产组合的长期平均超额收益除以这个时期收益的标准差。它测度了对总波动性权衡的回报。

夏普指数把资本市场线作为评估标准，是在对总风险进行调整基础上的基金绩效评估方式。夏普利用美国 1954～1963 年 34 只开放式基金的年收益率资料进行了绩效的实证研究，计算公式为

$$S_i = \frac{r_i - r_f}{\sigma_i}$$

其中，S_i 为夏普绩效指标；σ_i 为基金 i 收益率的标准差，即基金投资组合所承担的总风险。

当采用夏普指数评估模型时，同时首先计算市场上各种基金在样本期内的夏普指数，然后进行比较，较大的夏普指数表示较好的绩效。夏普指数和特雷诺指数一样，能够反映基金经理的市场调节能力。和特雷诺指数不同的是，特雷诺指数只考虑系统风险，而夏普指数同时考虑了系统风险和非系统风险，即总风险。因此，夏普指数还能够反映基金经理分散和降低非系统风险的能力。如果证券投资基金已经完全分散了非系统风险，则夏普指数和特雷诺指数的评估结果是一样的。

在以上三种模型的运用操作上，夏普指数与特雷诺指数均为相对绩效度量方法，而詹森指数是一种在风险调整基础上的绝对绩效度量方法，表示在完全的风险水平情况下，基金经理对证券价格的准确判断能力。特雷诺指数和詹森指数在对基金绩效评估时，均以 β 系数来测定风险。忽略了基金投资组合中所含证券的数目，只考虑获得超额收益的大小。另外，当基金投资组合的 β 系数处于不断变化的过程中，詹森指数的 α 系数和特雷诺比率都无法恰当地评价基金的表现。而在衡量基金投资组合的绩效时，基金投资组合的广度和深度都必须同时考虑。因此就操作模型的选择上，夏普指数模型和特雷诺指数模型对基金绩效的评估较具客观性，詹森指数模型用来衡量基金实际收益的差异较好。而对夏普指数和特雷诺指数这两种模型的选择，要取决于所评估基金的类型。如果所评估的基金是属于充分分散投资的基金，投资组合的 β 系数能够更好地反映基金的风险，则特雷诺指数模型是较好的选择；如果评估的基金是属于专门投资于某一行业的基金时，相应的风险指标为投资组合收益的标准差，此时运用夏普指数模型比较适宜。

（四）特雷诺-布莱克比率评估模型

特雷诺-布莱克（Treynor-Black）比率评估模型这种方法用资产组合的 α 值除以其非系统风险，它测算的是每单位非系统风险所带来的非常规收益，衡量该风险组合中积极型组合业绩的指标。

使得一段时期内使用股票选择或使用其他技术所增加的收益率都会具有波动性，这些波动性表明了存在于组合管理行为中的风险。与股票选择相联系的风险，成为残值风险。在投资组合管理中，总是期望在增加投资组合价值增量（α）的同时尽可能地减少残值风险。当残值风险较低时，可以以较大的置信度相信 α 值是稳定的；而残值风险较高时，投资组合的价值增量（α）就会有更大的不确定性，即 α 值显著性的置信度降低。为了提高对业绩度量的置信度，应该使价值增量（α）与所面临的残值风险的比率达到最大，这一比率称为信息比率或者估计比率，其公式为

$$\mathrm{IFR}=\frac{\alpha_P}{\sigma(\varepsilon_P)}=\frac{\text{投资组合价值增量（}\alpha\text{）}}{\text{残值风险（跟踪风险）}}$$

$$r_P=r_f+\beta_P(r_M-r_f)+\varepsilon_P+\alpha_P$$

$$E(r_P)=r_f+\beta_P(r_M-r_f)$$

$$\alpha_P=r_P-E(r_P)$$

其中，r_P 为准投资组合的实际收益率；r_M 为评估组合业绩时使用的一个市场组合基准，用来衡量组合业绩优于还是劣于市场一般收益水平；r_f为无风险收益率；$E(r_P)$为在给定的 β_P 值条件下的预期收益率；α_P 为组合的风险调整收益率即詹森指数；β_P 为组合的贝塔系数，衡量组合市场风险的大小；$\sigma(\varepsilon_P)$为误差项 ε_P 的标准差，表示组合的非系统风险。

因为收益率是随着区间延长而线性增加的，但风险是随着区间的平方根增加而增加的，所以 n 年后的置信度可以用下面的函数形式表示：

$$\frac{\text{投资组合}\alpha\text{值}\times\text{区间长度}}{\text{残值风险}\times\sqrt{\text{区间长度}}}$$

使用信息比率的定义可以得到：

$$\text{区间长度=函数}\left[\frac{\text{置信度}}{\text{信息比率}}\right]^2$$

假设收益率符合正态分布，可以使用标准正态分布得到以概率表示的置信度水平。假设 α 取值高于 1.96 个标准差，而相应的概率为 95%，可以计算出一位投资信息比率为 0.7 的经理人员需要 7.8 年时间的业绩支持才能达到要求的置信度水平，计算如下：

$$\text{达到置信度年度数=}\left[\frac{1.96}{0.7}\right]^2=7.8(\text{年})$$

如果投资者要求相当高的统计显著性（如 95%的概率水平），除了最杰出的投资经理之外都需要相当长的时间，或者说需要跨越数个市场周期，来达到要求的置信水平。当表示统计显著性的概率降低时，如达到 80%～90%，需要的时间就会短些，或者说符合传统的实际操作。一般来说，投资者大多需要至少经历一个市场周期来评价投资经理，普遍需要 3～5 年的时间。

科诺（Cornor）等对此进行了实证研究，证明根据该比率对基金业绩进行排序的稳定性较高，因此适于预测基金的未来相对表现。但是，这一结论的成立是建立在一系列假设的基础上的，包括：市场无法预测；收益率服从多元正态分布；所有基金经理的效用函数都是指数型的；所有基金持有的所有投资资产都是可交易的。由于这些约束条件比较严格，

使得这一比率在进行基金排序时实用性不强。而且，由于基金经理具有时机选择能力而不断调整β时，特雷诺-布莱克比率也会出现失效的情况。

以上每一种指标都有其可取之处。由于各种风险调整收益的指标在本质上都是不同的，因此它们对于某一基金业绩的评估并不完全一致。

（五）M^2测度指标

引入M^2测度指标的目的在于纠正投资者只考虑基金原始业绩的倾向，鼓励他们应该同时注意基金业绩中的风险因素，从而帮助投资者挑选出能带来真正最佳业绩的投资基金。与夏普测度类似，M^2测度指标也把全部风险作为风险的度量。这种风险的调整方法很容易解释为什么相对于不同的市场基准指数会有不同的收益水平。其计算方法为

$$M^2 = R_{P^*} - R_M$$

其中，

$$R_M = E(r_M) - r_f$$

$$R_{P^*} = E(r_{P^*}) - r_f = S_P \sigma_M$$

r_M为市场基准指数的收益率；σ_M为市场基准指数的收益标准差；r_f为无风险收益率。

图 10.13 给出了M^2指标的一个图形表述。当把资产组合P与国库券通过适当比例混合的时候，就可以沿着P的资金配置向下移动，直到调整后资产组合的标准差与市场指数的标准差一致。这时P^*与市场指数的垂直距离就是M^2指标。从图 10.13 中可以看出，当投资基金P资金配置线的斜率小于资本市场线的斜率时，P的M^2指标就会低于市场指数，此时它的夏普测度指标也小于市场指数。

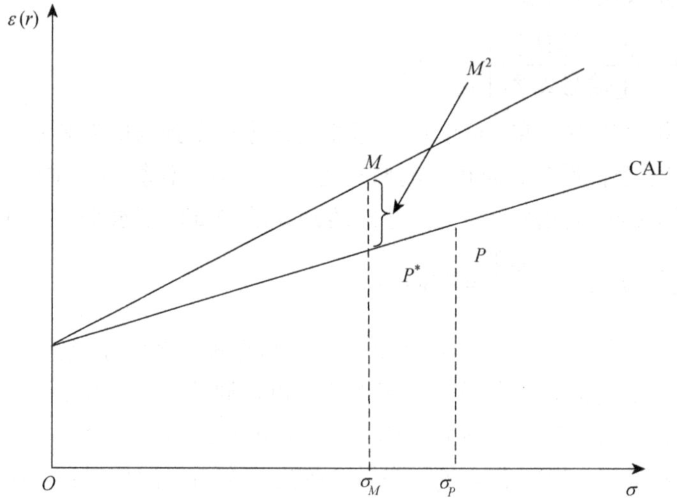

图 10.13 资产组合P的M^2

M^2指标数值越大，业绩相对越好。原理如下：对于一只基金，可以通过一定量的国库券头寸重新构造一个资产组合，使得这个重新调整的资产组合的风险与基准组合指数的风险相当。例如，基金P原先的标准差是市场指数的 1.5 倍，则经重新调整的资产组合应

该包括 $2/3(\sigma_M/\sigma_P)$的基金 P、$1/3(1-\sigma_M/\sigma_P)$的国库券，把这个重新调整的组合称为 P^*，则它与基准组合有着相同的风险水平。如果基金 P 的标准差与市场指数的标准差一致，调整方法就可以是卖空国库券，然后投资于 P。因为 P 的标准差和市场指数的标准差相等，即风险相当，只要比较它们之间的收益率就可以来考察他们的业绩了。这个方法对中国的投资基金有一个特殊的意义。因为基金持有的国债比例不得低于 20%，这在一定程度上限制了基金资产组合的优化行为，但它同时降低了资产组合的波动性（风险），经 M^2 测度的方法的调整，可以与基准组合进行比较。

迄今为止，众多学者提出了很多评价证券投资组合的效益的模型或指标，但实践中如何选择模型和指标对证券投资组合进行有效地绩效评价仍未达成一致的意见，不同的国家和组合样本，用不同的模型和指标都有可能对证券投资组合进行较为准确的评估。在已有的绩效评价模型和方法在实践中得到检验的同时，新的模型和方法将不断产生和发展。

课后练习

一、名词解释

价值型目标　收入型目标　成长型目标　平衡型目标　资产配置　消极投资管理策略　积极投资管理策略　混合投资管理策略　套期保值　货币加权收益率　时间加权收益率　詹森指数评估模型　特雷诺指数评估模型　夏普指数评估模型

二、简答题

1. 试阐述证券投资组合消极管理策略的基本内涵。
2. 说明消极投资管理策略的作用机制。
3. 什么是证券投资组合的积极投资管理策略？
4. 积极投资管理策略一定比消极投资管理策略的业绩更好吗？
5. 简述詹森指数评估模型、特雷诺指数评估模型、夏普指数评估模型之间的区别。

三、论述题

1. 假设股票市场正处于牛市。试分析买入一份买入期权和出售一份卖出期权分别有什么利弊。

2. “如果套期保值比率为 1，则这个套期保值的结果一定是完美的。”这一观点正确吗？为什么？

3. 假设两种组合 A 和 B 之间存在关系：$E(r_A)<E(r_B)$，且 $\sigma_A<\sigma_B$。当不同的投资者比较两种证券投资组合 A 和 B 的优劣时，他们会得到相同的结果吗？为什么？

四、延伸性阅读推荐

1. Treynor J L. How to rate management of investment funds. Harvard Business Review，1965，43（1）：63-75

2. Sharpe W F. Mutual fund performance. Journal of Business. 1966，39（1）：119-138

3. Campbell R，Huisman R，Koedijk K. Optimal portfolio selection in a Value-at-risk framework. Journal of Banking & Finance，2001，25：1789-1804

4. Gupta P，Mehlawat M K，Saxena A. Asset portfolio optimization using fuzzy mathematical programming. Information Sciences，2008，178：1734-1755

5. Freitas F D，de Souza A F，de Almeida A R. Prediction-based portfolio optimization model using neural networks. Neurocomputing，2009，72：2155-2170

6. Anagnostopoulos K P，Mamanis G. A portfolio optimization model with three objectives and discrete variables. Computers & Operations Research，2010，37：1285-1297

7. 郑振龙，陈志英. 现代投资组合理论最新进展评述. 厦门大学学报（哲学社会科学版），2012，2：4

8. 刘明明，高岩. 摩擦市场中允许卖空的最优投资组合选择.中国管理科学，2006，14（5）：23-27

9. 陈国华，陈收，房勇，等.带有模糊收益率的投资组合选择模型.系统理论工程与实践，2009，29（7）：8-15

10. 王秀国，邱菀华. 均值方差偏好和下方风险控制下的动态投资组合决策模型.数量经济技术经济研究，2005，22（12）：107-115

参考文献

埃德温•J. 埃尔顿，马丁•J. 格鲁伯，斯蒂芬•J. 布朗，等. 2006. 现代投资组合理论与投资分析. 6 版. 宋逢明，高峰译. 北京：中国人民大学出版社

陈蓉，郑振龙. 2011. 固定收益证券. 北京：北京大学出版社

陈永新，刘用明. 2005. 证券投资学. 成都：四川大学出版社

弗兰克•K. 赖利，基思•C. 布朗. 2011. 投资分析与组合管理. 8 版. 李伟平译. 北京：中国人民大学出版社

克里斯托弗•布朗. 2013. 价值投资. 刘寅龙译. 广州：世界图书出版公司

李心丹. 2015. 金融市场与金融机构. 北京：中国人民大学出版社

罗伯特•D. 爱德华兹，约翰•迈吉，W. H. C. 巴塞蒂. 2010. 股市趋势技术分析. 9 版. 郑学勤，朱玉辰译.北京：机械工业出版社

罗伯特•雷亚. 2012. 道氏理论. 何平林，孙哲译. 天津：天津社会科学院出版社

马克•道格拉斯. 2011. 交易心理分析. 刘真如译. 北京：电子工业出版社

上海财经大学金融学院《投资学教程》编写组. 2012. 投资学教程. 上海：上海财经大学出版社

史蒂夫•尼森. 1998. 日本蜡烛图技术. 丁圣元译. 北京：地震出版社

威廉•F. 夏普，戈登•J. 亚历山大，杰弗里•V. 贝利. 2013. 投资学. 5 版. 赵锡军，龙永红，季冬生，等译. 北京：中国人民大学出版社

维克托•斯波朗迪. 2010. 专业投机原理. 俞济群，真如译. 北京：机械工业出版社

吴晓求. 2009. 证券投资学. 3 版. 北京：中国人民大学出版社

徐泓. 2012. 基础会计学. 3 版. 北京：中国人民大学出版社

袁天荣. 2010. 企业财务分析. 北京：机械工业出版社

张新民，钱爱民. 2014. 财务报表分析. 3 版. 北京：机械工业出版社

张亦春，郑振龙，林海. 2013. 金融市场学. 4 版. 北京：高等教育出版社

证券考试命题研究组. 2015. 金融市场基础知识. 成都：西南财经大学出版社

证券业从业人员一般从业资格考试辅导教材编委会. 2015. 金融市场基础知识（2015 年）. 北京：中国财政经济出版社

中国证券业协会. 2012. 证券投资分析. 北京：中国金融出版社

滋维•博迪，亚历克斯•凯恩，艾伦•J. 马库斯. 2012. 投资学. 9 版. 汪昌云，张永冀，等译. 北京：机械工业出版社

参考文献

[illegible]